Franck Düvell

Europäische und internationale Migration

EUROPÄISIERUNG

Beiträge zur transnationalen
und transkulturellen Europadebatte

herausgegeben von

Prof. Dr. Ulrike Liebert
und
Prof. Dr. Josef Falke

(Universität Bremen)

Band 5

LIT

Franck Düvell

Europäische und internationale Migration

Einführung in historische, soziologische
und politische Analysen

LIT

Bibliografische Information Der Deutschen Bibliothek
Die Deutsche Bibliothek verzeichnet diese Publikation in der Deutschen
Nationalbibliografie; detaillierte bibliografische Daten sind im Internet
über http://dnb.ddb.de abrufbar.

ISBN 3-8258-9541-6

© LIT VERLAG Hamburg 2006
Auslieferung/Verlagskontakt:
Grevener Str./Fresnostr. 2   48159 Münster
Tel. +49 (0)251–62 03 20   Fax +49 (0)251–23 19 72
e-Mail: lit@lit-verlag.de   http://www.lit-verlag.de

INHALT

EINLEITUNG 1
1. DEFINITIONEN, ZAHLEN, FAKTEN, PROBLEME 5
   1. Definition von Migration 5
      1.1 Die Definition von Flucht und erzwungener Migration 14
      1.2 Abgrenzungsprobleme von freiwilliger und erzwungener Migration 18
   2. Umfang von Migration 19
   3. Schlussfolgerung 24
   4. Nomenklatur der Migration 25
2. GESCHICHTE UND EMPIRIE DER MIGRATION 33
   1. Weltgeschichte der Migration: Schlaglichter 33
   2. Gegenwärtige internationale Migration 42
      2.1 Ost-West und Ost-Ost-Migration 45
      2.2 Süd-Süd-Migration 49
      2.3 Temporäre Migration 53
      2.4 Neue Migration 54
      2.5 Schlussfolgerungen 57
   3. Das Jahrhundert der Flüchtlinge 58
      1. Das internationale Flüchtlingsproblem 58
      2. Flüchtlinge in Europa 63
      3. Schlussfolgerungen 67
3. ERKENNTNISTHEORETISCHE PROBLEME UND FORSCHUNGS-
   LÜCKEN 69
   1. Veränderliche Muster, Dekonstruktion traditioneller Vorstellungen 69
   2. Forschungslücken 76
4. KLASSISCHE MIGRATIONSTHEORIEN 79
   1. Klassische Migrationstheorie 79
   2. (Neo-) Klassische Ökonomie der Migration 81
   3. Theorie dualer, beziehungsweise segmentierter Arbeitsmärkte 82
   4. Mikro-ökonomische Migrationstheorie (Humankapital und Migration) 83
   5. Die Neue Ökonomie der Arbeitsmigration 84
   6. Theorie des Marktversagens 86
   7. Weitere Theorien 88
   8. Zusammenfassung 88
5. NEUE MIGRATIONSTHEORIEN 93
   1. Die Anthropologie der Migration 93
   2. Weltsystemtheorie 94

V

3. Migrationssystemtheorie 95
4. Sozialkapitaltheorie in der Migrationsforschung 100
5. Migrationsnetzwerketheorie 102
6. Theorie der kumulativen Verursachung 104
7. Verhaltenstheoretische Theorien 105
8. Kettenmigration 107
9. Transnationale Migration 108
10. Theorien interner Arbeitsmärkte und Migrationskanäle 111
11. Theorien internationaler Migrationspolitik 113
12. Schlussfolgerungen 121

6. WARUM MENSCHEN NICHT MIGRIEREN 123

7. MIGRATIONSTYPOLOGIEN 127
1. Saisonmigration 129
2. Pendelmigration 130
3. Transitmigration 132
4. Sekundäre Migration und Familienzusammenführung 134
5. Elite-, Experten-, Fachkräfte- und Studentenmigration 136
6. Umweltmigration 138
7. Rückkehrmigration 140
8. Illegale Migration 142
   8.1 Illegale Migration in Europa 145
   8.2 Sklaverei: eine Form illegaler Zwangsmigration 149
9. Menschenhandel und Menschenschmuggel 149
10. Abschiebungen, Rückführungen, Repatriierungen, Ausweisungen 152

8. DIE SOZIALEN KONSEQUENZEN VON MIGRATION 157
1. Konsequenzen der Migration 157
   1.1 Demographischer Wandel 157
   1.2 Geographische Mobilität und soziale Mobilität 158
   1.3 Die Integration und Inklusion von Migranten 158
   1.4 Migration und Rassismus 160
   1.5 „Brain drain" versus „brain gain" 162
   1.6 Migration und Sozialer Wandel 164
2. Migration und Entwicklung 164
   2.1 Remittances 166
3. 'Autonomie' der Migration 167
4. Feminisierung von Migration 173
   4.1 Häusliches Personal 174
   4.2 Krankenpflegepersonal 175
   4.3 Unterhaltungssektor, Sexindustrie und Frauenhandel 176
   4.4 Die Feminisierung der Migration – eine kritische Würdigung 177

9. DIE POLITISCHE ÖKONOMIE DER MIGRATION 181
1. Allgemeine Auswirkungen von Migration auf die Wirtschaft 181
2. Migration und Arbeitskräftenachfrage 183
3. Der Arbeitsmarkteffekt von Migration 184
4. Die politische Ökonomie irregulärer Migration 187
5: Migration, Handel und Auslandsdirektinvestitionen 188
6. Vernachlässigte Faktoren: Ungleicher Handel und Migrationskontrolle 190

10. GLOBALISIERUNG UND MIGRATION 191
1. Globalisierung 193
2. Ursachen der Zunahme der Migration im Zeitalter der Globalisierung 195
3. Globale Arbeitsmärkte, globale Migrationssystemen, globale Akteure 196
4. Globalisierung, Migration und Terrorismus 197
5. Migrationsparadoxon im Zeitalter der Globalisierung 199
6. Ausblick: Neue, globale, Realitäten erfordern neue, globale, Institutionen 200

BIBLIOGRAPHIE 205

KÄSTEN
1.1 Definition von Migration 6
1.2 Zeitachse 7
1.3 Convention Relating to the Status of Refugees. Adopted on 28 July 1951 15
1.4 1967 OAU Convention und 1984 Cartagena Declaration 16
1.5 UNRWA 17
4.1 Klassische Migrationstheorie –Fallbeispiel 81
4.2: Neo-klassische Ökonomie der Migration – Fallbeispiel 82
4.3 Humankapitaltheorie und Migration – Fallbeispiel 84
4.4 Wert-Erwartungstheorie – Fallbeispiel 84
4.5 Die neue Ökonomie der Arbeitsmigration – Fallbeispiel 86
4.6 Übersicht über die klassischen Migrationstheorien 79
5.1 Sozialkapital 101
5.2 Theorie der kumulativen Verursachung I 104
5.3 Theorie der kumulativen Verursachung II 105
5.4 Kettenmigration – Fallbeispiel 108
5.5 Transmigration – Fallbeispiel 110
5.6 Die vier Grundmuster der Interaktion von Migration und Politik 116
5.7 Grundmuster der Ursachen von *policy gaps* 117
7.1 Umweltflüchtlinge 139
7.2 Die politische, juristische und soziale Konstruktion illegaler Migration, 1850-2000 148
7.3 Diskursanalyse der Migration nach Italien 149

KARTEN

2.1 Nettomigration, 1990-2005 44
5.1 Globale Wanderungsbewegungen und regionale Migrationssysteme, 1970-2000 99

TABELLEN

1.1 Die zehn Variablen des Ortswechsels 11
1.2 Schema zur Bestimmung des Typs der Migration anhand ausgewählter Charakteristika I 12
1.3 Schema zur Bestimmung des Typs der Migration anhand ausgewählter Charakteristika II 12
1.4 Schema zur Bestimmung von Motivationstypen 13
1.5 Migrationsbahn („migration trajectory') 13
1.6 Freiwilligkeit und Zwang in Migrationsprozessen 18
1.7 Die fünf Methoden der Migrationserfassung, das Beispiel Deutschland in Millionen, 2002 20
1.8 Global Human Geographic Mobility 22
1.9 Nomenklatur 31
2.1 Massenmigrationen in der Geschichte 37
2.2 Epochen moderner Migrationen 40
2.3 Weltbevölkerung in Milliarden, 1950-2000 42
2.4 Internationale Migration in Millionen und Anteil an der Weltbevölkerung in Prozent 43
2.5 Schätzung der Anzahl der Ausländer nach Hauptmigrationsregionen, 1995, exklusive Flüchtlingen (ILO, 1998) in Millionen 43
2.6 Netto-Migration in Promille nach Kontinenten, 1990-1995 45
2.7 OECD-Staaten und Hauptherkunftsländer von Immigranten in 2001 45
2.8 Lohngefälle zwischen Ost und West (2005) in Euro (Durchschnittseinkommen brutto) 47
2.9 Flüchtlingsbewegungen im Nahen und Mittleren Osten sowie in Nordafrika, 1960-1995 60
2.10 Flüchtlingsbewegungen in Asien, 1960-1995 61
2.11 Flüchtlingsbewegungen in Afrika, 1960-1995 62
2.12 Flüchtlingsbewegungen in Süd- und Mittelamerika, 1960-1995 63
2.13 Flüchtlingsbewegungen in Europa, 1960-1995 64
2.14 Asylanträge in Europa 65
2.15 Hauptherkunftsregionen von Flüchtlingen in den 36 Industriestaaten in 2004 65
2.16 Asylanträge in Deutschland, 2000-2004 66
3.1 Fortzüge von Deutschen aus Deutschland 70
3.2 Wanderungen aus der Türkei nach Regionen in Prozent, 1965 – 1999 73
4.1 Übersicht über die klassischen Migrationstheorien 89
5.1 Übersicht über die neuen Migrationstheorien 93

5.2 Einwanderungspolitik im Lichte von Theorien nationaler Identität 118
5.3 A Factor Model of Immigration Policy Preferences (nach Freeman) 119
5.4 Die vier Antriebskräfte von Migrationen 122
7.1 Anteil der qualifizierten Arbeitsmigranten in Prozent 137
7.2 Irreguläre Immigranten in Europa in Millionen (eine Auswahl) 146
7.3 Abschiebungen aus den OECD-Staaten 153
7.4 Ausländer mit Einreiseverbot in die Schengenstaaten 153
7.5 Abschiebungen, Rückführungen, Ausweisungen in Afrika 155
8.1 Empfängerstaaten von Remittances 166
8.2 Voice, exit, loyalty or apathy 171
8.3 Anteil von Frauen an der internationalen Migration 179
9.1 Der ökonomische Effekt von Migration 182
9.2 Arbeitsmarkteffekte von Migration 185
10.1 Entwicklung der verschiedenen Formen internationaler Mobilität 192
10.2 Immigranten in Global Cities in Prozent 193
10.3 Migrationsparadoxon im Zeitalter der Globalisierung 199

Graphiken
1.1 Migrationsbahn („trajectory') 14
2.1 Perioden europäischer Migration 41
2.2 Globale Verteilung internationaler Migration 44
10.1 Globale zirkuläre Bewegungen von Menschen 199

EINLEITUNG

> *„Menschen sind eine migrierende Spezies" (Massey u.a., 1998: 1).*
> *„Immer war ein erheblicher Teil der Menschheit in Bewegung, auf der Wanderung oder auf der Flucht, aus den verschiedensten Gründen ... – eine Zirkulation die zu fortwährenden Turbulenzen führen muss" (Enzensberger, 1992: 11).*

Die Welt ist in Bewegung, politisch, kulturell und physisch. Migration ist nicht nur ein elementarer Ausdruck der Globalisierung, vielmehr durchziehen Migrationen die gesamte Geschichte der Menschheit, von deren Wiege in Ostafrika, über die große Europäische Emigration bis heute. Migration ist ebenso sehr in der Steinzeit, wie in der Antike oder der Neuzeit zu beobachten. Allerdings nimmt Migration jeweils historisch spezifische und in jeder Epoche besondere Formen an. Am Beginn des 21. Jahrhunderts befindet sich die Welt inmitten eines epochalen Umbruchs. Und auch Migration macht eine Metamorphose durch (Joly, 2004). Immer mehr Menschen ziehen in immer kleineren Abständen über immer größere Distanzen und entwickeln dabei immer neue Strategien. Migranten kommen aus nahezu jedem Winkel der Erde und sind in jedem Winkel der Erde zu finden. Nahezu alle Staaten sind in dieses Phänomen involviert. Globale Unternehmen, globale Arbeitsmärkte sowie globale Ausbildungsmärkte bilden den Rahmen für global mobile Akteure, seien dies IT-Experten, Akademiker, Pflegepersonal oder Hausangestellte, seien es Studierende oder Konsumenten. Entfernungen sind relativ geworden, eine Zugfahrt nach Barcelona dauert etwa ebenso lange, wie ein Flug von Delhi nach London. Und auch die Grenzen sind durchlässiger geworden. Dort, wo Restriktionen herrschen, bewegen sich die Migranten außerhalb der formellen Sphären.

Bauman (2003: 36) charakterisiert ‚die Moderne' mit der fordistischen Fabrik, der Bürokratie, dem Panoptikum und dem (Konzentrations-) Lager. Aus dieser Perspektive eines ‚schweren Kapitalismus' (ebenda: 72) erscheint Migration, und mit ihr individuelle Autonomie als solche, als ‚feindlich'. Doch inzwischen greifen traditionelle Migrationspolitiken immer weniger, sind aufwendig, teuer und ethisch zweifelhaft. In dem Maße, in dem ‚die Moderne' in die ‚zweite Moderne, die ‚Postmoderne', oder, wie Bauman (2003) es nennt, die ‚flüchtige Moderne' übergeht, in dem Maße scheint sich dieser Gegensatz aufzulösen. Während Ortsfestigkeit eher ein (erzwungenes) Merkmal der Moderne war, besteht das Merkmal der Postmoderne in ihrer Flüchtigkeit, beziehungsweise in Mobilität. In anderen Worten, die Globalisierung resultiert in einer neuen Flüchtigkeit des Kapitalismus (sowie der sozialen Beziehungen), und diese Flüchtigkeit des globalisierten Kapitalismus korrespondiert mit einer neuen Flüchtigkeit ‚der Arbeiter' (siehe Bauman, 2003: 68-73).

Märkte, Markt- und Politikversagen treiben die Migration an, beladen mit Wünschen, Erwartungen und Forderungen machen sich Menschen auf den Weg, mal politisch erwünscht, mal unerwünscht. Die Zunahme globaler menschlicher Mobilität, das Gefälle zwischen den alternden und schrumpfenden Gesellschaften im Osten, Norden und Westen und den jugendlichen und wachsenden Gesellschaften im Süden sowie der Bedeutungszuwachs temporärer Muster gegenüber der klassischen dauerhaften Einwanderung und Niederlassung repräsentieren neue politische Herausforderungen. Zwischen den drei großen Akteuren, dem Individuum, den Kräften des Marktes, und den Nationalstaaten hat sich ein enormes Spannungs- und Konfliktpotential aufgebaut.

Das politische Repertoire im Umgang mit dieser gesteigerten Mobilität reicht von Abwehr und Konfrontation, über Steuerungsversuche bis hin zu *laisser faire* sowie nachhaltigen Lösungsstrategien. Insbesondere herkömmliche Politiken sind immer weniger in der Lage, adäquat auf die neuen Herausforderungen zu reagieren. Deshalb gilt auch für die Migration Fuentes (2003) Wort: neue Zeiten erfordern neue Politiken und neue Institutionen.

Es ist die Aufgabe der Migrationssoziologie, ein Bild dieser neuen Zeit zu zeichnen. Doch worin besteht die neue Zeit? So, wie sich die bisherigen politischen Instrumente zunehmend als ungenügend erweisen, so greifen auch die bisherigen wissenschaftlichen Instrumente zunehmend weniger. Oft erweisen sich die herkömmlichen Konzepte und Begriffe als unpassend. So ist es denn kein Wunder, dass auch die Migrationsforschung die Metamorphose ihres Untersuchungsgegenstandes nachvollzieht (Joly, 2004), wenn auch mit einiger zeitlicher Verzögerung. Die Migrationssoziologie hat sich inzwischen zu einer dynamischen und hochproduktiven Disziplin, einer eigenständigen interdisziplinären sozialen Wissenschaft (Castles, 1993: 30), einige hoffen sogar zu einer ‚Leitwissenschaft'[1], entwickelt. Und auch in der Politikwissenschaft ist Migration zu einem Gegenstand der ‚Hochpolitik' aufgestiegen (Cornelius u.a. 1994: 7).

Aus der Perspektive des Nationalstaates – dem Trias Staat, Territorium, Volk – wird Migration, Inbegriff des Flüchtigen, als Bedrohung für den Nationalstaat, Inbegriff des Festen (Bauman, 2003) aufgefasst. Da Migration die Außengrenzen politischer Einheiten penetriert, die Zusammensetzung der Bevölkerung verändert und die Funktionen der Institutionen berührt, wird sie häufig als eine negative Kraft, zumindest aber als ein soziales Problem aufgefasst. Migration ist eine der großen und drängenden gesellschaftlichen Herausforderungen unserer Zeit.

Von den einen wird sie in einem Atemzug mit den großen Bedrohungen und Gefahren der Moderne genannt. So wird Migration mitunter als Krise betrachtet, Weiners Beitrag, „The Global Migration Crisis" (1995) war zunächst ebenso einflussreich, wie notorisch. Seither wurde und wird Migration häufig mit einer Bedrohung von Sicherheit und Ordnung in der westlichen Welt gleichgesetzt (Widgren, 1993[2]). So wurde beispielsweise Ende der 1980er Jahre unterstellt, dass bis zu 50 Millionen Russen oder die Hälfte aller marokkanischen Jugendlichen und 20 Millionen Türken in den Norden zögen, wenn man sie nur ließe[3]. In Politikdokumenten

---

[1] Jonas Widgren, International Centre on Migration Policy Development, zitiert in www.noracism.net, Festung Europa in der Offensive – Staatliche Flüchtlingsabwehr, aufgerufen August 2002.
[2] Für eine Diskursanalyse siehe Zolberg, 2001.
[3] Siehe beispielsweise Iontsev und Ivakhniouk, 2004; Turkish Family Planning and Health Foundation, 2004.

beispielsweise der EU werden Terrorismus, Drogenhandel und Migration mitunter in einem Atemzug genannt (siehe High Level Working Group, 1999).

Diese Bedrohung wird regelmäßig mit Hilfe von naturalistischen Metaphern beschrieben, die Migration als Naturgewalt, irrational und schicksalhaft erscheinen lässt. Typischerweise ist von „Wellen", „Flut" oder „Druck" die Rede. Solche Aussagen sind politisch motiviert, sie generieren moralische Panik und Alarmismus, die dann wiederum politische Prozesse antreiben. Jener Diskurs, der Migration als ein Problem, als Abweichung von der Norm, als deviantes und deshalb erklärungsbedürftiges Phänomen ansieht, ist allerdings der dominante, der Mehrheitsdiskurs.

Andere Stimmen dagegen halten Migration für normales menschliches Verhalten, sehen in den derzeit herrschenden weltweiten Migrationsbeschränkungen sogar eine der wesentlichen Ursachen für wirtschaftliche Stagnation, während andere sogar soweit gehen, zu errechnen, dass die Freigabe der Migration zu einem ungeheuren Wachstumsschub zum Wohle aller führen würde. Dieses Lager, überwiegend US-amerikanische Ostküsten-Ökonomen, befindet sich in der Minderheit, wenn auch Nobelpreisträger und Weltbankberater darunter sind. Die Pole der Kontroverse lauten also in etwa „Gefahren der Migration – Chancen der Migration". Dies soll an dieser Stelle nicht weiter vertieft werden. Es sollte aber deutlich geworden sein, dass Migration hochgradig politisch und ideologisch aufgeladen ist und mitunter ein heißes Eisen darstellt. Die Migrationsforschung und Soziologie kann dazu beitragen, die Auseinandersetzung mit Migration auf eine rationale Ebene zu heben und wohl informierte politische Diskussionen zu ermöglichen.

In Deutschland konzentriert sich der Migrationsdiskurs häufig, wenn nicht sogar in der Regel, auf die Integration von Migrantinnen und Migranten, und damit genau genommen auf den Abschluss von Migrationsprozessen (siehe Treibel, 1990). Migration wird in Deutschland in der Regel erst dann zum Forschungsgegenstand, wenn die Migranten bereits eingetroffen sind. Regelmäßig wird Migration mit Integration gleichgesetzt, betrachtet wird allerdings nur letztere. Diese Einschränkung trifft im Übrigen auch auf die französische Migrationssoziologie zu. Im angelsächsischen Diskurs (Großbritannien, USA, Kanada) dagegen sind beide Themen scharf voneinander abgegrenzt, seit Hammar (1985) die Unterscheidung zwischen Immigrationspolitik und Integrationspolitik eingebracht hat. Dort wird zwischen *migration studies* und *race* beziehungsweise *ethnic relations studies* unterschieden. Tatsächlich sind aber Migration, die Bedingungen, die zum Aufbruch führen, die Entscheidungsprozesse sowie die Wanderung, und die sich daran anschließende Niederlassung, also die informelle, formelle und reelle Integration, tatsächlich zweierlei Prozesse, zumindest aber zwei verschiedene Seiten einer Medaille.

In diesem Buch geht es explizit um den ersten Teil dieses sozialen Prozesses, die Migration, also um Wanderung im eigentlichen Sinne und nicht um Fragen der Integration. Bislang ist die Migrationssoziologie vor allem eine angelsächsische Disziplin, allerdings muss eingeräumt werden, dass der frankophone Diskurs weitgehend parallel dazu verläuft und seltsam unbeachtet bleibt. Auch dieser Band stützt sich vor allem auf die englischsprachige Literatur und versucht, deren Forschungs- und Diskussionsergebnisse dem deutschen Publikum zu vermitteln.

Während allerdings Geschichte und Empirie der Migration auf einem hohen Kenntnisstand sind, existiert bislang keine konsistente Theorie der Migration. Die Komplexität menschlicher Wanderungsmotive, -formen und -abläufe hat sich bislang jeder Generalisierung entzogen. Dies weist vielleicht auf ein grundsätzliches erkenntnistheoretisches Problem hin, das Hegelsche Denkmuster, der Anspruch, das soziale Geschehen zu ordnen, Gesetzmäßigkeiten aufzustellen, etwa nach einem „Wenn-Dann"-Schema scheint hier zu versagen. Auch dieses Buch hat nicht das Anliegen, eine allgemeingültige Theorie aufzustellen. Es wird allerdings den Stand der Forschung sowie den Stand der Theoriebildung kritisch darstellen und Eckpunkte einer integrierten Migrationstheorie formulieren.

Schließlich wird es in dieser Veröffentlichung nur am Rande um Migrationspolitik, also die politischen Entgegnungen von politischen Gruppen, Nationalstaaten, Staatenbündnissen und internationalen Organisationen, gehen, auf die nur insofern eingegangen wird, als sie für die Erklärung von Migrationsprozessen relevant ist.

Im **ersten Teil** dieses Buches[4] geht es um die Grundlagen der Migrationssoziologie, um Definitionen, Größenordnungen und Terminologien, um Typologien und Kategorien. Der **zweite Teil** ist mit Geschichte und Gegenwart der Migration befasst, schlaglichtartig werden einige historische Beispiele und gegenwärtige Muster aufgeführt, dies geschieht weniger an Hand allgemein bekannter Fälle, als vielmehr an Hand von weniger bekannten. Formen erzwungener Migration werden gesondert behandelt. Im **dritten Teil** wird der Stand Forschung kritisch unter die Lupe genommen, Leer- und Schwachstellen ausgemacht sowie eine Reihe forschungspraktischer und erkenntnistheoretischer Probleme sowie offener Fragen beleuchtet. Im **vierten Teil** werden die klassischen überwiegend strukturalistischen Migrationstheorien und im **fünften Teil** die neuen überwiegend behavioristischen Migrationstheorien vorgestellt, kritisch betrachtet und auf ihre Plausibilität überprüft. Der **sechste Teil** setzt einen Kontrapunkt, indem er die Frage stellt, wieso Menschen nicht migrieren, ist dies doch immerhin die Mehrheit der Weltbevölkerung. Der **siebte Teil** befasst sich mit einigen ausgewählten Migrationstypen. Im **achten Teil** geht es um die sozialen Konsequenzen von Wanderungsbewegungen, die vom sozialen Wandel über entwicklungspolitische Fragen bis zu Rassismus und Autonomie der Migration reichen. Der **neunte Teil** setzt sich mit den ökonomischen Aspekten von Migration auseinander und diskutiert die Vor- und Nachteile für alle beteiligten Parteien. Im **zehnten Teil** geht es um den Zusammenhang zwischen Globalisierung und Migration sowie um die politischen Implikationen der gegenwärtigen globalen Wanderungsbewegungen.

---

[4] Dieses Buch basiert auf einem erheblich erweiterten Vorlesungsmanuskript, welches ich für einen gleichnamigen Kurs im Sommersemester 2005 an der Universität Bremen, Fachbereich Sozialwissenschaften, angefertigt hatte.

1. DEFINITIONEN, ZAHLEN, FAKTEN, PROBLEME

1. Definition von Migration

Bislang gibt es keine kohärente Theorie der Migration, dennoch wäre zu erwarten, dass es doch zumindest eine Definition von Migration gibt. Doch auch dem ist leider nicht so. Vielmehr stellen Erf et al. (2005) fest: „Concepts and definitions of legal international migration are a dime a dozen".

Und auch Castles (2000, zitiert in IOM 2003: 8) räumt ein, „as they result from distinct political, social, economic and cultural contexts, definitions of migration are highly varied in nature. This makes comparison difficult not only because statistical criteria differ, but because these differences reflect real variations in migration's social and economic significance, depending on the particular contexts".

In der Grundbedeutung des lateinischen Wortes migrare ist zunächst eine besonders weite Definition angelegt, denn die entspricht „den Ort wechseln" oder „wegziehen" und spiegelt die ursprüngliche antike Lesart wieder (Rosen, 2002: 30-31). Barclay (1958, zitiert in Willis, 1974: 3) räumte deshalb, und unter Bezugnahme auf die problematische Festlegung auf eine Definition, ein, das Charakteristikum des Reisens sei „das einzige unumstrittene Element des gesamten Gegenstandes". Im Gegensatz dazu steht eine moderne, aber auch besonders enge Definition, wonach Bewegung, um als Migration anerkannt zu werden, (1) eine politische Grenze überschreiten, und (2) einen Wechsel des Wohnsitzes, also nicht nur des Aufenthaltsortes, beinhalten muss (Bilsborrow, 1998: 3). Und was die Dauer betrifft, so wurden im Laufe der Zeit verschiedene Definitionen angewendet. Ouchu (1998) beispielsweise spricht bei Wanderungen von mehr als einem Monat bereits von Migration. Die International Organization for Migration (IOM, 2000) definiert internationale Migration als den mehr als einjährigen Aufenthalt in einem anderen Staat als dem der Geburt. Und die United Nations (UN) die Verwendung einer einheitlichen Definition vorgeschlagen haben, wonach Emigration, beziehungsweise Immigration (Langzeit-Migration) der Aufenthalt an einem neuen Ort für mehr als ein Jahr sei, während von (temporärer) Migration schon ab 3 Monaten zu sprechen sei (UN, 1998). Kürzere Wanderungen, auch wenn sie wiederholt stattfinden, fallen demnach nicht in das Konzept Migration.

Solche Definitionen wurden vor allem aus pragmatischen Gründen eingeführt, um Wanderungsbewegungen von Menschen anhand von standardisierten Datensätzen, üblicherweise dem Bevölkerungszensus, messbar zu machen.

> **Kasten 1.1: Definition von Migration**
> "*Country of usual residence* The country in which a person lives, that is to say, the country in which he or she has a place to live where he or she normally spends the daily period of rest. Temporary travel abroad for purposes of recreation, holiday, visits to friends and relatives, business, medical treatment or religious pilgrimage does not change a person's country of usual residence.
> *Long-term migrant* A person who moves to a country other than that of his or her usual residence for a period of at least a year (12 months), so that the country of destination effectively becomes his or her new country of usual residence. From the perspective of the country of departure the person will be a long-term emigrant and from that of the country of arrival the person will be a long-term immigrant.
> *Short-term migrant* A person who moves to a country other than that of his or her usual residence for a period of at least 3 months but less than a year (12 months) except in cases where the movement to that country is for purposes of recreation, holiday, visits to friends and relatives, business, medical treatment or religious pilgrimage. For purposes of international migration statistics, the country of usual residence of short-term migrants is considered to be the country of destination during the period they spend in it" (UN, 1998: 18).

Tatsächlich aber wird aber bislang jeder Versuch, die Erfassung von Migration zu standardisieren, von den Praktiken der Nationalstaaten unterlaufen.
„*Compared to some other areas of statistics, such as labour force data, there exists little international standardization of migration statistics. ... The data reflect migration systems and the policies of national governments and so ... it can be difficult to generate harmonized data*" (OECD 2003: 283).
Beispielsweise betrachten einige Staaten nur jene Migranten als Migranten, die tatsächlich Ausländer sind, also eine fremde Staatsbürgerschaft haben, während Migranten, die sich haben einbürgern lassen, nicht mehr länger als Migranten betrachtet werden. Andere Staaten hingegen wählen den Ort der Geburt als Referenzpunkt und betrachten all jene, die außerhalb des Staates geboren wurden unabhängig von ihrer Staatsbürgerschaft als Migranten (siehe OECD, 2004: 295-304).

All diese Definitionen können angesichts der Komplexität von Migration, insbesondere aufgrund ihrer Flüchtigkeit, ohnehin nicht aufrechterhalten werden. Insofern müssen die Leser enttäuscht werden: es gibt keine einheitliche Definition. Statt einer gibt es viele Definitionen, die meisten sind mit einem beschreibenden Adjektiv versehen und nicht wenige Autoren verzichten aufgrund der Schwierigkeiten inzwischen völlig darauf, das, worüber sie schreiben auch zu definieren. Die verschiedenen Dimensionen von Migration führen unmittelbar in die Abgründe der Migrationssoziologie.

- Da ist zum einen die Dimension der Zeit: ab welcher Dauer spricht man von Migration?
- Zudem gibt es die Dimension der Entfernung: ab welcher Entfernung spricht man von Migration?
- Dann gibt es die politische Dimension: bei Übertretung welcher Art von politischer Grenze spricht man von Migration?
- Weiterhin gibt es die Dimension des Wohn-, beziehungsweise Aufenthaltsortes sowie des Arbeitsortes. Wie lassen die sich klar voneinander unterscheiden?

- Außerdem gibt es die Dimension des Zwecks: welche Zwecke gelten als Migration?
- Dann gibt es die Dimension der Akteure: wird jeder Ortswechsel als Migration verstanden oder erfordert ein Ortswechsel, um als Migration verstanden zu werden, dass die den Ort wechselnden Personen auch die jeweiligen Akteure sind?
- Schließlich wäre die Dimension des Charakters der Wanderung zu berücksichtigen: erfolgt sie freiwillig oder ist sie erzwungen?

Die Zeit-Dimension: Für einige Autoren gilt nur die dauerhafte Verlagerung des Wohnsitzes als Migration. Andere definieren die Verlagerung des Wohnsitzes für mehr als 12 Monate als Migration. Wieder anderen genügt die Verlagerung des Aufenthaltsortes. Einige nehmen hier sechs Monate als Marke an, anderer drei Monate, und wieder andere gehen bei nur einem Monat bereits von Migration aus. So stellt sich also anhand einer Zeitachse von Null bis zu einem Lebensalter die Frage, wo auf dieser Achse die Marken gesetzt werden sollen, die den Charakter einer Bewegung festlegen. Dies ist einerseits eine Frage der Entscheidung. Man könnte aber auch argumentieren, solche Festlegungen sind recht willkürlich. Bislang zumindest hat sich keine einheitliche Regelung durchgesetzt, stattdessen wird an den am häufigsten verwendeten regelmäßig Kritik geübt.

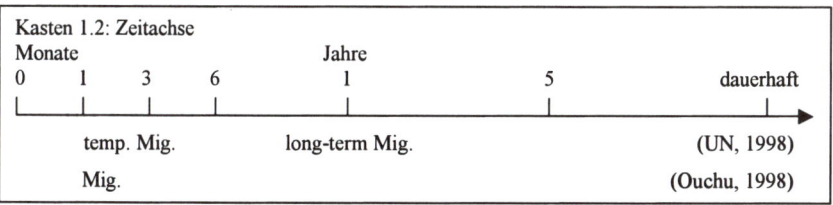

Kasten 1.2: Zeitachse

Die Entfernungsdimension: Menschen verlagern häufig ihren Wohn- und Aufenthaltsort. Einige ziehen vielleicht nur in der näheren Umgebung ihres Geburtsortes umher und wechseln beispielsweise ihren Wohnort innerhalb einer Stadt. Andere ziehen von einer Kommune oder Stadt in die andere. Einige ziehen zwar von einem Bundesland in ein anderes, bleiben aber innerhalb eines Staates. Andere ziehen in einen anderen Staat, der aber auf demselben Kontinent liegt. Und einige zieht es auf andere Kontinente. Ab welcher Entfernung sprechen wir aber von Migration? Einige unterscheiden zwischen lokaler Migration, regionaler Migration und Fernmigration. Andere unterscheiden zwischen Mobilität, also der Bewegung über kurze Distanzen und Migration, also der Bewegung über größere Distanzen. Ein weiteres Problem ergibt sich daraus, dass die Entfernungen aufgrund von technischen Errungenschaften schrumpfen, da die Zeit, die zur Überwindung dieser Entfernung nötig ist, schrumpft. Der technische Fortschritt hat Entfernungen relativ werden lassen. So dauert es etwa ebenso lang, mit dem Zug von Nord- nach Südindien zu fahren, also intern zu migrieren, wie man benötigt, um mit dem Flugzeug von Indien nach England zu fliegen, also international zu migrieren.

Zudem stellt sich die Frage nach der Bedeutung von Entfernung. Oder anders ausgedrückt, neben der geographischen besteht auch eine kulturelle Entfernung. Beispielsweise beinhaltet die Auswanderung eines Engländers nach Australien zwar die Migration über eine große Distanz hinweg, dennoch verbleibt die Person innerhalb des vertrauten Kulturkreises. Im Fall der Migration von Marokko nach Spanien ist hingegen die zurückgelegte Distanz minimal, gerade einmal 15 Kilometer trennen die beiden Staaten, gleichwohl bewegen sich die Menschen von einem Kulturkreis in einen anderen. Geographische Nähe und kulturelle Ferne, und *vice versa* geographische Ferne und kulturelle Nähe sind keineswegs Widersprüche, sondern im weltweiten Migrationsgeschehen vielleicht sogar die Norm.

Die politische Dimension: Hier wird einerseits zwischen einfacher Migration, nämlich innerhalb eines Staates, und internationaler Migration, nämlich über Staatsgrenzen hinweg, unterschieden. Andere Autoren unterscheiden zwischen interner Migration und internationaler Migration. In der EU hat sich ein Sprachgebrauch etabliert, wonach zwischen Mobilität, also Wanderungen innerhalb der politischen Einheit der EU, und Migration, also Wanderungen über diese Grenzen hinweg unterschieden wird. In diesem Fall entsteht aber das Problem, dass politische Grenzen zum einen willkürlich und das sie vergänglich und veränderlich sind. Grenzen werden gezogen, aufgehoben oder verschoben, oder ihnen wird ein veränderter politischer Charakter zugeschrieben. Und während im Verlaufe von Migrationsprozessen Menschen über Grenzen hinweg wandern, kommt es manchmal vor, dass die Grenzen über die Menschen hinweg wandern. Man denke etwa an die jüngste Aufteilung Jugoslawiens oder die Verschiebung der Grenzen der Europäischen Union. In letzterem Fall werden aus so genannten Drittstaatlern oder illegalen Polen allein aufgrund politischer Prozesse quasi über Nacht Bürger der EU, und aus grenzüberschreitenden Migranten werden intern mobile EU-Bürger. Die übliche Unterscheidung zwischen interner und internationaler Migration ist also von „eher administrativem, denn theoretischem Nutzen" (Kubat und Nowotny, 1981: 327).

Zudem definieren die verschiedenen wissenschaftlichen Disziplinen Grenzen unterschiedlich. Die Politologie und oft auch die Migrationssoziologie berücksichtigen nur jene Grenzen, die zwischen Nationalstaaten verlaufen. Demographen, und häufig auch Entwicklungssoziologen, hingegen berücksichtigen jedwede, also auch innerstaatliche administrative Grenzen. Gleichwohl müssen sie erkennen, dass einige Staaten nur zwei, andere drei Ebenen von Verwaltungseinheiten kennen. In den USA beispielsweise werden, ebenso wie in Deutschland, nur Staats- und Bundesgrenzen als migrationsrelevante Grenzen betrachtet, obgleich einige Bundesstaaten (*Counties*), beziehungsweise Bundesländer, größer sind als manche Nationalstaaten. In Indonesien hingegen wird zwischen dreierlei Verwaltungseinheiten unterschieden und bereits die Überschreitung der Grenzen zwischen den kleinsten Einheiten als Migration betrachtet (Bilsborrow, 1998: 4). Dies kann zur Folge haben, dass ein Ortswechsel um nur wenige Kilometer bereits als Migration gewertet wird, weil Grenzen sehr viel kleinräumlicher gezogen sind und eine überschritten wird, während ein Ortswechsel über viele Hundert Kilometer nicht als Migration gewertet wird, da die Grenzen sehr großräumig gezogen sind und im Zuge der Wanderung keine überschritten wird.

Migration beinhaltet die Änderung des Aufenthalts- beziehungsweise des Wohnortes. Doch dies sind zunächst einmal zweierlei Vorgänge. So können Menschen ihren Aufenthaltsort, nicht jedoch ihren Wohnort verändern, in dem Fall gelten sie nicht als Migranten. Ebenso können sie aber ihren Wohnort an einen anderen Ort verlegen, ohne sich dort jedoch für die längste Zeit des Jahres aufzuhalten. Dennoch würden sie im Bevölkerungszensus als Migranten geführt werden. Außerdem stellt sich auch im Rahmen dieser Dimension die Frage der Zeit, wie lange muss sich eine Person an einem Ort aufhalten, damit dieser Aufenthaltsort als Wohnort anerkannt wird. Und muss dieser Zeitraum an einem Stück abgewohnt werden, oder würden auch mehrere kürzere Aufenthalte zu einer Gesamtwohndauer zusammengezogen werden? Inzwischen hat man auch anerkannt, dass zunehmend mehr Menschen mehr als einen Lebensmittelpunkt haben, beispielsweise in zwei Städten, wie oft bei in verschiedenen Orten lebenden und arbeitenden Lebens- oder Ehepartnern, oder, wie im Fall von transnationalen Migranten, etwa Türken, Polen oder Mexikanern, deren Leben sich in zwei Staaten abspielt. Beispielsweise weist Butler (1999) in diesem Zusammenhang auf den Trend zur Zweitwohnung (und sogar Drittwohnung) hin, die sowohl im Inland, wie auch im Ausland liegen kann. Andere Studien stellten fest, dass es Menschen gibt, die gar keinen Lebensmittelpunkt mehr haben, und denen zwar ein Aufenthalts-, aber kein Wohnort zugeschrieben werden konnte (Margolis, 1995). Darüber hinaus hat sich gezeigt, dass zunehmend mehr Menschen zwar häufiger, dafür aber für jeweils kürzere Dauer an einen anderen Ort ziehen, beispielsweise um dort zu arbeiten, zu studieren oder bei ihrer Familie zu sein. Deshalb wurde die ursprüngliche Definition von Migration als dauerhaftem Wohnortwechsel mittlerweile abgelöst von einem sehr viel weniger rigiden Konzept, welches neben der dauerhaften auch die temporäre oder wiederholte Wanderung als Migration begreift.

Die Dimension des Charakters der Entscheidung: Eine weitere Dimension nimmt die Umstände, unter denen die Migrationsentscheidung zustande kommt, zum Unterscheidungsmerkmal. Demnach wird grundsätzlich zwischen freiwilliger und erzwungener Migration (*‚forced migration'*), wie die Flucht im angelsächsischen Diskurs häufig bezeichnet wird, unterschieden. Die Schwierigkeiten bei der Unterscheidung werden in dem folgenden Abschnitt dargestellt.

Die Dimension des Zweckes: Gemeinhin wird zwischen Reisen und Tourismus sowie Migration unterschieden, einerseits aufgrund der Dauer, eine Reise ist kürzer als die Migration, andererseits aufgrund des Zweckes, Migration dient dem Zweck der Arbeit, Familienzusammenführung, Bildung, Schutz- und Asylsuche, eine Reise dagegen hat allein reproduktive Zwecke. Aber was, wenn die Reise länger dauert, drei Monate oder sogar ein Jahr, wenn Menschen während ihrer Reisen lernen, Sprachkurse besuchen oder zwischendurch auch einmal arbeiten, um die Weiterreise zu finanzieren? Auch bei dem Versuch, Unterscheidungen nach dem Zweck der Bewegung vorzunehmen, trifft man auf Abgrenzungsprobleme. Denkt man beispielsweise an die vielen hunderttausend Rentner, die heutzutage den Winter, oder sogar den größten Teil des Jahres in Spanien, in der Türkei oder auf den Kanaren verbringen, so besteht zwar der Zweck allein in der Regeneration, doch die Dauer reicht von einem bis zu zwölf Monaten. Oder wie sind Rucksackreisende zu definieren, die sich ein halbes oder auch ein ganzes Jahr in einem Land, einer Region oder einem Kontinent aufhalten und womöglich auch noch gelegentlich arbeiten, um die Kasse aufzubessern? Einige Autoren vertreten deshalb die Auffassung, dass auch „Tourismus eine Form temporärer Migration ist" (Butler, 1999).

Die Dimension des Akteurs. Angesichts der Dimension des Handelnden steht man vor dem Problem, wie die Tatsache zu bewerten ist, dass sich einerseits Menschen als Ergebnis einer eigenständigen Willensbildung bewegen, dass aber andererseits Menschen gegen ihren Willen und aufgrund des Willens Dritter bewegt werden, also den Aufenthaltsort verändern, weil sie beispielsweise verkauft oder versklavt werden. Letzteres wird zwar als Menschenhandel *(‚human trafficking')* bezeichnet aber doch als eine Form der Migration bewertet. Dennoch ist die Unterscheidung zwischen Migration, erzwungener Migration und Vertreibung sowie dem Menschenhandel problematischer, als es die bisherige Diskurspraxis widerspiegelt. Die geht üblicherweise über die Frage des entscheidenden Akteurs hinweg. Während also der Menschenhandel häufig mit Migration gleichgesetzt, beziehungsweise unter dem Konzept der Migration subsumiert wird, bewegen sich diese Menschen jedoch nicht aufgrund einer Willensentscheidung, sondern werden von anderen bewegt, entweder in betrügerischer Absicht oder sogar mit Gewalt, also geradezu entführt. Zwar sind es nach wie vor Menschen, die doch gleichzeitig behandelt werden, wie eine Ware. Ihr Charakteristikum besteht darin, dass sie eine Ware sind. Aus dieser Perspektive haben sie mehr mit anderen lebenden und toten Gütern, also etwa Fahrrädern oder Kühen gemein, als mit ihrem freien Willen folgenden Menschen. Auch wenn es richtig ist, dass viele Millionen Menschen als Sklaven in andere Länder geschafft wurden, und zwar bis heute, und dort das Gesicht der Gesellschaft nachhaltig geprägt haben, so bleibt angesichts dieser Zweifel die Frage, ob dies mit Migration adäquat beschrieben ist.

Unter die Dimension der Akteure lässt sich auch die von einigen Autoren gemachte Unterscheidung zwischen individueller Wanderung, Gruppen- oder Kollektivwanderung sowie Massenwanderung („Völkerwanderung"), also die Hervorhebung der Anzahl der Akteure und die Form ihrer Organisierung subsumieren (Treibel, 1990: 19, Körner, 990: 13).

Zur Bestimmung der Typologie von Migrationsbewegungen können Wohnsitz und Aufenthaltsort, der Ort der ökonomischen Aktivität sowie der Reproduktion, und die Dauer und Häufigkeit als differenzierende Charakteristika herangezogen werden. Bei der Emigration beispielsweise werden der Wohnsitz und der Aufenthaltsort dauerhaft verlagert. Bei der transnationalen Migration verbleibt der Mittelpunkt der Reproduktion in einem Land, der Mittelpunkt der ökonomischen Tätigkeit wird ausgelagert, während Wohn- und Aufenthaltsort auf zwei Länder aufgeteilt werden. Im Fall der Pendelmigration verbleibt der Mittelpunkt der Reproduktion, der Mittelpunkt der ökonomischen Tätigkeiten sowie der Wohnort in einem Land, nur vorübergehend werden der Ort der ökonomischen Tätigkeit und der Aufenthaltsort verlagert.

Der Oberbegriff für den Ortswechsel von Menschen ist geographische Mobilität. Diese wird anhand von zehn Variablen differenziert.

Tabelle 1.1: Die zehn Variablen des Ortswechsels

Zeit	Demnach handelt es sich bei der geographischen Mobilität um einen Spaziergang, einen Ausflug, eine Reise, einen Urlaub, eine vorübergehende Migration, um dauerhafte Emigration oder um anhaltende Wanderungsprozesse, und bei dem Aufenthalt um temporäre, semi-permanente oder um permanente Vorgänge.
Ort	Es wird unterschieden zwischen dem Wechsel des Aufenthaltsortes und dem Wechsel des Wohnortes.
Geographie	Es wird unterschieden zwischen lokaler, regionaler, inter-regionaler, intra-kontinentaler, interkontinentaler und globaler Migration, nach der Richtung von Migration (Ost-West, Süd-Nord, Süd-Südmigration etc.) sowie der Distanz (Nah- und Fernwanderung).
Zweck und Motiv	Es wird zwischen unterschiedlichen Zwecken, beispielsweise Erholung, Geschäfte, (Aus-) Bildung, Arbeitsaufnahme, Familienzusammenführung, oder die Suche von Schutz vor Verfolgung sowie die Beantragung von Asyl. Weiterhin wird auch zwischen verschiedenen Motiven, arbeiten, lernen und so weiter unterschieden.
Profession	Unterschieden wird auch zwischen dem Bildungsniveau, beziehungsweise den Berufen von Migranten, also zwischen unskilled/low skilled, medium skilled und highly skilled migrants. Bei den Berufsgruppen werden insbesondere Haushaltskräfte, Gesundheitspersonal sowie IT-Experten hervorgehoben.
Akteure	Die Analyse des Ortswechsels muss anhand der Akteure differenziert werden. So wird unterschieden zwischen Menschen die sich bewegen (Migration), und Menschen, die bewegt werden (Menschenhandel). Außerdem wird gelegentlich zwischen Individual-, Gruppen – Massenwanderung unterschieden. Und schlussendlich muss Migration anhand des Genderaspektes unterschieden werden, also ob es sich um männliche Migration, Sekundärmigration (Familiennachzug) oder um Migration von Frauen handelt.
Politische Bedingungen	Der politische Charakter der Grenzen, die überschritten werden, bestimmt den Charakter der Wanderung. Demnach unterscheiden wir zwischen interner Mobilität, transnationalen Bewegungen zwischen zwei Staaten sowie internationaler Migration über Nationalstaatsgrenzen hinweg.
Rechtlicher Status	Grundsätzlich kann zwischen legaler, beziehungsweise illegaler Migration unterschieden werden sowie zwischen Migrationskategorien anhand der Gesetzgebung der Empfängerstaaten. Diese sind jedoch häufig nicht vergleichbar, da die meisten Staaten sehr spezifische und historisch entstandene Regularien aufweisen.
Charakter der Entscheidung	Es muss unterschieden werden zwischen relativ freiwilliger und erzwungener Migration.
Historische Bedingungen	Wanderungen sind historisch spezifisch, finden unter historisch spezifischen Bedingungen statt und lassen sich dem entsprechend periodisieren. Die Transformation von Staaten und Grenzen determiniert den sich wandelnden politischen Charakter von Wanderungen.

Tabelle 1.2: Schema zur Bestimmung des Typs der Migration anhand ausgewählter Charakteristika I

Aufenthaltsort						Verlagerung					
			Wohnort			ökonomischer Mittelpunkt			reproduktiver Mittelpunkt		
D	T	R	D	T	R	D	T	R	D	T	R
P D J J M W	J M W	P D J J M W	J M W	P D J J M W	J M W	P D J J M J J M W

3. Reihe: D: Dauerhaft, T: Temporär, R: Regelmäßig;
4. Reihe: P: Permanent, D: Dekaden, J: Jahre. J: Jahre; M: Monate, W: Wochen. J: Jährlich, M: Monatlich, W: Wöchentlich.

Quer zu diesen eher technischen Variablen liegen Geographie, professionelles Niveau, politischer Charakter, rechtlicher Status, Charakter der Entscheidung und entscheidende Akteure der Wanderung. Die folgende Tabelle soll, zusammen mit der oben präsentierten, dazu dienen, Wanderungen anhand von zehn maßgeblichen Charakteristika zu bestimmen.

Tabelle 1.3: Schema zur Bestimmung des Typs der Migration anhand ausgewählter Charakteristika II

Geographie			Zweck	Profession	Politischer Charakter	Juristischer Charakter	Charakter	Akteur
Geographisch	Richtung	Distanz						
lokal	Ost-West	nah	Erholung	Highly skilled	Interne Migration/ Mobilität	legal	freiwillig	Individuum
regional	Süd-Nord	mittel	Arbeit	Medium skilled	Transnationale Migration	Semi-legal	erzwungen	Dritte Partei
Interregional	Nord-Süd	fern	Bildung	Low skilled	Internationale Migration	illegal		Kollektiv
kontinental	Süd-Süd		Familienzusammenführung	Differenzierung nach Berufsgruppe				Individuum
Interkontinental	Süd-Ost		Asyl					Gender (gemischt, männlich oder weiblich)
global	Ost-Süd							

Schließlich kann eine Klassifizierung von Migration auch anhand von Zweck und Motiv vorgenommen werden. Jordan und Vogel (1997), Jordan und Düvell (2002), Düvell und Jordan (2005) sowie Cyrus und Vogel (2005) wenden beispielsweise spieltheoretische, beziehungsweise allgemein behavioristische Herangehensweisen an und bilden verschiedene Migrationstypen anhand der unterschiedlichen Motivation von Migranten (Motivationstypen). Dementsprechend lassen sich drei Haupt- sowie diverse Untertypen identifizieren.

Tabelle 1.4: Schema zur Bestimmung von Motivationstypen

Arbeiter (*workers*)	Globalisten
	Zweckverdiener („*target earner*")
	Opportunisten
Lernende (*learners*)	Karrieristen
	Erfahrungssammler („*experience builder*")
Reisende (*travellers*)	Abenteurer („*adventurers*")

Globalisten interagieren mit den Möglichkeiten von globalen Arbeitsmärkten, Karrieristen gehen zum Arbeiten ins Ausland, wenn Auslandserfahrung ihrer Karriere förderlich ist (siehe auch Erfahrungssammler), Zweckverdiener gehen im Ausland arbeiten, um Geld für einen bestimmten Zweck zu verdienen, beispielsweise die Anschaffung von Auto, Möbeln, Grundbesitz und so weiter, Opportunisten suchen dagegen nicht aktiv nach Arbeit im Ausland, vielmehr wird sie ihnen angeboten oder sogar aufgedrängt.

Neben solchen Kategorisierungen wird Migration inzwischen zunehmend nicht mehr als ein monolithischer Vorgang, sondern insbesondere aus verhaltenstheoretischer Sicht vielmehr als eine Abfolge von einzelnen Schritten, als Migrationsbahn oder -kurve („*migration trajectory*") aufgefasst. In einem ersten Schritt wird Migration in Betracht gezogen, in einem zweiten Schritt fällt die Entscheidung, im dritten Schritt wird die Migration vorbereitet, im vierten organisiert, im fünften Schritt ausgeführt, der sechste Schritt besteht in der Ankunft, der siebente ist das Bleiben und der achte die vorübergehende oder längerfristige Niederlassung. Schließlich kann nach Phase VIII auch wieder Phase I folgen, die Frage der Rückkehr nämlich, die ebenfalls entweder vollzogen wird, oder auch niemals wirklich umgesetzt wird. Dieser Prozess kann sowohl einmalig als auch wiederholt erfolgen.

Tabelle 1.5: Migrationsbahn („migration trajectory")

Phase I	Phase II	Phase III	Phase IV	Phase V	Phase VI	Phase VII	Phase VIII
consideration	decision	preparation	organisation	move	arrival	stay	settlement
Once or repeated							

Grafik 1.1: Migrationsbahn (‚trajectory')

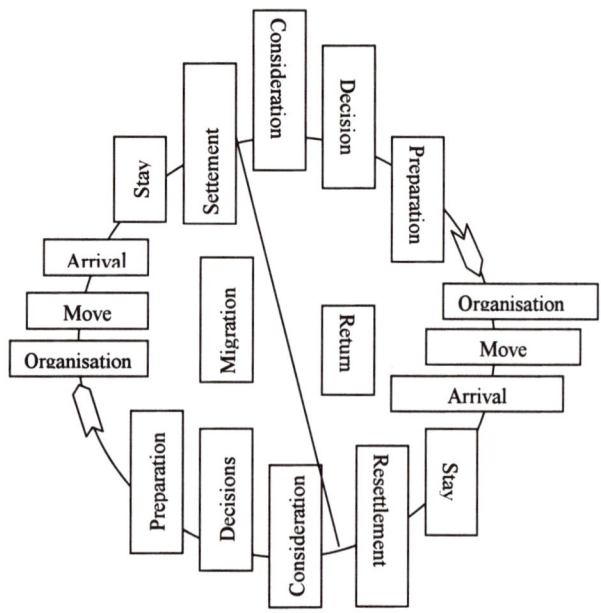

Demzufolge müssen Migrationsprozesse unterschieden werden nach dem Zeitpunkt, zu dem sie beobachtet werden. So kann es sein, dass Personen zu einem Zeitpunkt angetroffen oder befragt werden, an dem sie sich in Phase I-IV befinden und dem entsprechend als Migranten oder zumindest als Möchtegern-Migranten betrachtet werden. Daraus ist aber nicht zu schließen, dass darauf auch tatsächlich Phase V-VI folgt. Vielmehr ist nicht auszuschließen, dass Personen, die Migration in Betracht ziehen oder sogar bereits planen schlussendlich doch nicht migrieren. Ebenso wenig ist zu schließen, dass Personen, die sich in Phase V-VI befinden auch in Phase VII oder VIII eintreten. Und Phase VIII kann entweder der Abschluss eines Migrationsprojektes sein, oder aber es folgt die Erwägung der Rückkehr, also Phase I.

Graphik 1.1 entspricht einem idealtypischen Migrationszirkel. Der soll allerdings nicht als normatives Konzept missbraucht werden und implizieren, dass es ein vollständiges idealtypisches Migrationsprojekt gibt, das mit der Rückkehr endet, vielmehr kann ein solches Projekt an jedem Punkt seinen Abschluss finden.

1.1 Die Definition von Flucht und erzwungener Migration

Nicht minder problematisch, wenn nicht inkonsistent ist die Definition der Unterkategorie der Flüchtlinge und Vertriebenen.

„Es wird zunehmend schwieriger, eine scharfe Trennung zwischen Flüchtlingen und anderen internationalen Migranten zu machen. ...Denn in vielen Fällen ziehen

Menschen in Reaktion auf einen komplexen Satz von Bedrohungen, Härten und Möglichkeiten von einem Land in ein anderes" (Crisp, 2003: 7).

Die UN-Konvention über den Status von Flüchtlingen enthält folgende Definition:

> Kasten 1.3:
> Convention Relating to the Status of Refugees. Adopted on 28 July 1951
> "Article 1. Definition of the term 'refugee'. The term refugee shall apply to any person who:
> (2) [As a result of events occurring before 1 January 1951 in Europe and elsewhere and] owing to well-founded fear of being persecuted for reasons of race, religion, nationality, membership of a particular social group or political opinion, is outside the country of his nationality and is unable, or owing to such fear, is unwilling to avail himself of the protection of that country; or who, not having a nationality and being outside the country of his former habitual residence as a result of such events, is unable, or owing to such fear, is unwilling to return to it.
> ...the United Nations High Commissioner for Refugees [UNHCR] is charged with the task of supervising international conventions providing for the protection of refugees."

In Klammern [] befindet sich die ursprüngliche temporäre und geografische Einschränkung der Konvention, die aber 1967 in Form eines Zusatzprotokolls (*1967 Protocol Relating to the Status of Refugees*) aufgehoben wurde. Als Flüchtling werden nur jene Menschen betrachtet, die diesen Kriterien entsprechen, und nur diese Personen werden vom UNHCR als Flüchtlinge anerkannt *und* registriert. Inzwischen wird diese Praxis des *‚Refugee Status Determination'* (RSD) allerdings von anderen Menschenrechtsorganisationen kritisiert[5]. Zahlenangaben über die Größenordnung des Flüchtlingsproblems spiegeln also nur die vom UNHCR anerkannte Gruppe wieder. Zentral für die Definition der Figur des Flüchtlings gemäß UN-Flüchtlingskonvention sind die Konzepte „Verfolgung" und „Furcht" sowie der Sachverhalt, dass sich die betreffende Person außerhalb des Staates, dem sie angehört, oder wo sie zuletzt wohnhaft war, aufhält. Personen, die aufgrund von allgemeiner Gewalt, etwa im Zuge, von Kriegen oder Bürgerkriegen, aber nicht aufgrund von individueller Verfolgung ein Land verlassen und sich in den Schutz eines anderen Staates begeben, gelten nicht als Flüchtlinge, sondern als befristet zu schützende Personengruppe (*‚temporary protection'*). Zur Unterscheidung werden diese beiden Gruppen auch als *‚de jure refugees'*, beziehungsweise als *‚de facto refugees'* bezeichnet. Und auch Personen, die aus Furcht vor Verfolgung innerhalb eines Staates in andere Landesteile fliehen, sie werden als *„internally displaced persons"* (IDPs) bezeichnet, fallen nicht unter die Definition eines Flüchtlings im Sinne der Konvention, und deshalb auch nicht unter das Mandat des UN-Hochkommissariats für Flüchtlinge (UNHCR).

Neben der UN-Konvention gibt es allerdings noch zwei weitere, regionale, Konvention, die weiter gehende Definitionen enthalten. Dies sind die *'Organization of African Unity Convention Governing the Specific Aspects of Refugee Problems in Africa'* (OAU Convention) von 1967 und Cartagena Declaration der Südamerikanischen Staaten von 1984.

---

[5] Wie etwa von RSD Watch, siehe http://www.rsdwatch.org.

> Kasten 1.4:
> 1967 OAU Convention
> „The term refugee shall also apply to every person which, owing to external aggression, occupation, foreign domination or events seriously disturbing public order in either part or the whole of a country of origin or nationality, is compelled to leave his place of habitual residence in order to seek refuge in another place outside his country of origin or nationality"
> 1984 Cartagena Declaration
> "...persons who have fled their country because their lives, safety or freedom have been threatened by generalised violence, foreign aggression, internal conflicts, massive violation of human rights or other circumstances" are considered refugees.

Dies hat zur Folge, dass Menschen, die unter exakt denselben Umständen fliehen, in einem Teil der Welt als Flüchtlinge anerkannt werden, in einem anderen Teil aber nicht. Keines dieser drei Dokumente ist allerdings bislang gender-sensitiv, das heißt, geschlechtsspezifische Verfolgung wird nicht herausgestellt (Kumin, 2001). Schlussendlich darf nicht aus dem Auge verloren werden, dass diese Konventionen keinerlei Verpflichtung enthält, Flüchtlinge aufzunehmen, dies zu entscheiden bleibt das alleinige Recht von Staaten. Auch über die Rechte von Flüchtligen sagt die Konvention wenig konkretes aus, sie beschränkt sich darauf, dass Staaten die Voraussetzungen zur Befriedigung der Grundbedürfnisse (Nahrung, Unterkunft, medizinische Versorgung) schaffen müssen, später müssen die Voraussetzungen für ein eigenständiges Leben gesichert sein (Artikel 17-24). Außerdem wird die zwangsweise Rückführung in Gebiete, in den Verfolgung droht, ebenso verboten (*„non-refoulement'*, Artikel 33), wie in Staaten in den Folter droht, letztere allerdings als Resultat der 1984 *UN Convention against Torture*.

International anerkannt Konventionen, beziehungsweise Standards über befristet zu schützende Personengruppen (*„temporary protection'*) und *„internally displaced persons'* (IDPs) existieren bislang nicht, wohl aber in Form von Richtlinien[6].

Wissenschaftler, die sich mit erzwungener Migration befassen, bestehen dementsprechend darauf, dass solche Wanderungen differenziert werden müssen anhand (i) der Hauptakteure, um zu klären, ob dies staatliche oder nicht-staatliche Akteure sind, oder es sich um Naturkatastrophen handelt, die die Menschen zur Flucht zwingen (Zhang et al. , 2001) und (ii) anhand des rechtlichen Status, also ob es sich um Flüchtlinge und Asylsuchende, um *de facto* oder um *de jure* Flüchtlinge oder um IDPs handelt.

Neben den genannten Konventionen und Organisationen gibt es noch eine weitere, die der *„United Nations Relief and Works Agency for Palestine Refugees'* (UNRWA). Die wurde bereits 1949, nach den ersten israelisch-arabischen Kämpfen ins Leben gerufen. Für palästinensische Flüchtlinge und deren Nachkommen wurde eine separate Definition vereinbart. Dies hat zur Folge, dass die 4,19 Millionen palästinensischen Flüchtlinge nicht als Flüchtlinge im Sinne der UN-Flüchtlingskonvention berücksichtigt und deshalb auch nicht vom UNHCR betreut wer-

---

[6] Siehe Deng, Francis. 1999. Guiding principles of internal displacement. New York: UN Office for the Coordination of Humanitarian Affairs und das dazugehörige Handbuch.

den, sondern von der UNRWA. Deshalb tauchen sie in auch nicht den Zahlenwerken des UNHCR auf.

> Kasten 1.5: UNRWA
> "For operational purposes, UNRWA has defined Palestine refugee as any person whose 'normal place of residence was Palestine during the period 1 June 1946 to 15 May 1948 and who lost both home and means of livelihood as a result of the 1948 conflict.' Palestine refugees eligible for UNRWA assistance, are mainly persons who fulfil the above definition and descendants of fathers fulfilling the definition". "UNRWA coverage extends to registered Palestine refugees residing in UNRWA's areas of operation in the occupied Palestinian territory, Lebanon, Jordan and the Syrian Arab Republic only."
> (http://www.un.org/unrwa/overview/ qa.html).

Allerdings sind auch die Zahlen des UNRWA unvollständig, weil viele Flüchtlinge nicht registriert sind, entweder weil sie dies nicht wollen oder weil sie außerhalb der Gebiete leben, auf die sich das Mandat des UNRWA erstreckt, also etwa Tunesien, Saudi Arabien oder Ägypten.

Häufig auch werden Flüchtlinge von den Staaten, in die sie fliehen, nicht als solche anerkannt, oder aber die Aufnahmestaaten sind gar nicht Unterzeichner der UN-Flüchtlingskonvention oder haben keine adäquate Gesetzgebung. In diesen Fällen werden Flüchtlinge nicht also solche wahrgenommen, sondern unter der Kategorie „illegale Migranten" subsumiert. Beispielsweise wurden 1997 in Thailand bis zu einer Millionen illegale Migranten aus Burma vermutet, „die meisten von den Minderheitengruppen der Karen, Shan und Mon" (Hugo, 1998: 120), die in Burma um ihre Selbstbestimmung kämpfen, verfolgt werden und deshalb im Sinne der UN-Konvention als Flüchtlinge anerkannt werden müssten aber nicht anerkannt werden. Und im Fall der mittelamerikanischen Aufstände gegen die von den USA gestützten Diktaturen und Nicaragua, El Salvador und Guatemala wurden zwar bis zu zwei Millionen Menschen entwurzelt, aber nur 150.000 vom UNHCR als Flüchtlinge anerkannt. Dieses Missverhältnis war zum Teil auf den Einfluss der USA zurückzuführen, was bedeutet, dass sowohl die Definition, als auch die dementsprechende Berechnung des Umfanges dieser Form der Migration politisch voreingenommen sein können.

Allerdings gibt es auch das umgekehrte Phänomen, dass Migranten, um einen regulären Aufenthaltsstatus zu erwerben, oder aber mangels adäquater Einwanderungsmöglichkeiten Asyl beantragen, ohne aber tatsächlich Flüchtlinge im Sinne der UN-Konvention zu sein, sondern vielmehr ökonomische Beweggründe haben. Auch sie dürften die vorhandenen Statistiken verzehren.

Die Definition der Figur des Flüchtlings ist seit jeher ein Politikum, um den Begriff der Verfolgung, Art und Ursache der Verfolgung sowie Art der Verfolger gibt es ein Seilziehen. Fast immer geht es darum, genehme Gruppen einzuschließen in die privilegierte Behandlung von Flüchtlingen und ungenehme Gruppen davon auszuschließen, wobei auch politische, kulturelle und monetäre Überlegungen eine Rolle spielen.

1.2 Abgrenzungsprobleme von freiwilliger und erzwungener Migration beziehungsweise Immobilität

Auf den ersten Blick erscheint es plausibel, zwischen freiwilliger und unfreiwilliger, also erzwungener Migration sowie zwischen freiwilliger und erzwungener Immobilität zu unterscheiden.

Tabelle 1.6: Freiwilligkeit und Zwang in Migrationsprozessen

Freiwillige Immobilität	Freiwillige Migration
Erzwungene Immobilität	Erzwungene Migration

Die Literatur lässt erzwungene Immobilität bislang weitgehend unbeachtet (siehe Kapitel 6) und im Migrationsdiskurs wird statt zwischen freiwilliger und erzwungener in aller Regel zwischen erzwungener und ökonomischer Migration (*„forced migration, economic migration"*) unterschieden. So werden Flüchtlinge und Vertriebene in Abgrenzung zur freiwilligen sowie explizit in Abgrenzung zur ökonomischen Migration definiert. Ökonomische Migration wird demnach im Umkehrschluss implizit als freiwillige Migration verstanden. Allerdings argumentiert Bade (2002b: 23), dass diese Unterscheidung „mitunter wenig hilfreich und eher irreführend" sei, *„denn auch ‚freiwillige' Migrationen wurden meist von vielerlei materiellen und immateriellen, durchaus nicht immer und insgesamt überblickten oder gar in rationaler ‚Güterabwägung' kalkulierten Bestimmungsfaktoren angetrieben"*.

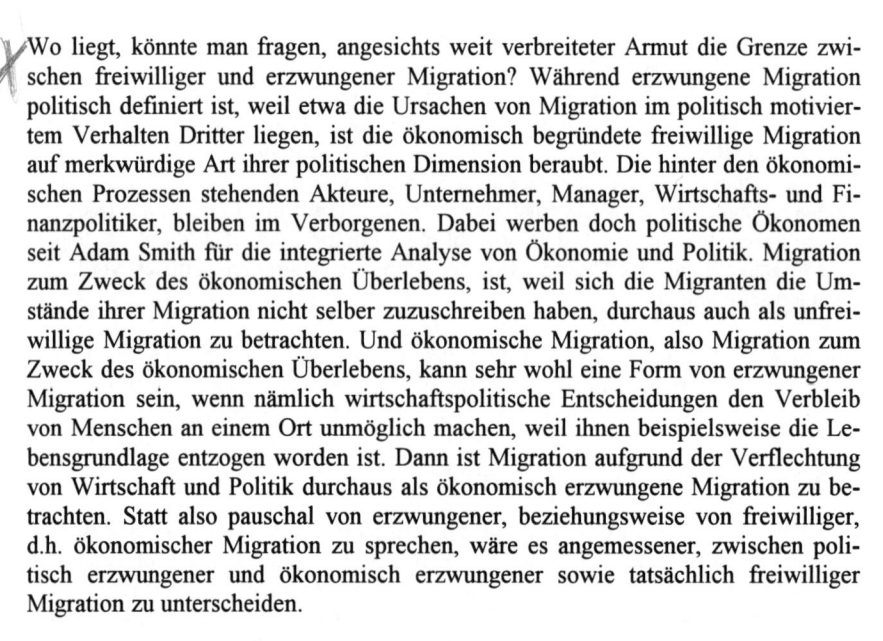

Wo liegt, könnte man fragen, angesichts weit verbreiteter Armut die Grenze zwischen freiwilliger und erzwungener Migration? Während erzwungene Migration politisch definiert ist, weil etwa die Ursachen von Migration im politisch motiviertem Verhalten Dritter liegen, ist die ökonomisch begründete freiwillige Migration auf merkwürdige Art ihrer politischen Dimension beraubt. Die hinter den ökonomischen Prozessen stehenden Akteure, Unternehmer, Manager, Wirtschafts- und Finanzpolitiker, bleiben im Verborgenen. Dabei werben doch politische Ökonomen seit Adam Smith für die integrierte Analyse von Ökonomie und Politik. Migration zum Zweck des ökonomischen Überlebens, ist, weil sich die Migranten die Umstände ihrer Migration nicht selber zuzuschreiben haben, durchaus auch als unfreiwillige Migration zu betrachten. Und ökonomische Migration, also Migration zum Zweck des ökonomischen Überlebens, kann sehr wohl eine Form von erzwungener Migration sein, wenn nämlich wirtschaftspolitische Entscheidungen den Verbleib von Menschen an einem Ort unmöglich machen, weil ihnen beispielsweise die Lebensgrundlage entzogen worden ist. Dann ist Migration aufgrund der Verflechtung von Wirtschaft und Politik durchaus als ökonomisch erzwungene Migration zu betrachten. Statt also pauschal von erzwungener, beziehungsweise von freiwilliger, d.h. ökonomischer Migration zu sprechen, wäre es angemessener, zwischen politisch erzwungener und ökonomisch erzwungener sowie tatsächlich freiwilliger Migration zu unterscheiden.

Zu guter Letzt stellt sich die Frage, wann Flüchtlinge aufhören, Flüchtlinge zu sein. Mögliche Szenarien sind die Rückkehr in den Staat, der verlassen wurde, die freiwillige Weiterwanderung oder die Ansiedlung in einem Drittstaat. Dies soll kurz anhand palästinensischer Flüchtlinge dargestellt werden. Beispielsweise wandelt sich der Status von palästinensischen Flüchtlingen im Libanon zur der einer marginalisierten Minderheit (Peteet, 1996), andere hingegen wanderten aus eigenem Antrieb in einen weiteren Staat, etwa die Golfstaaten, Nordeuropa oder Nordamerika aus (Dorai, 2002) oder aber sie nehmen die Staatsbürgerschaft ihrer Aufnahmestaaten an (Arzt, 1997). Und schließlich stellt Shami (1993) fest, dass Vertreibung oft zu Arbeitsmigration führt, das heißt, dass erzwungene Migration die Voraussetzung für Arbeitsmigration darstellt, beziehungsweise dass die eine Wanderungsform in eine andere übergeht. Demnach verlassen Menschen einen Staat aus politischen Gründen, werden aber bei ihrer Einreise in einen anderen Staat als Arbeitsmigranten betrachtet. Dies zu erkennen erfordert sowohl einen historischen wie auch holistischen Blick auf das Migrationsgeschehen.

2. Umfang von Migration

In Abhängigkeit von dem, was als Migration verstanden werden soll, ist die Quantifizierung von Migration nicht weniger problematisch. Es stehen fünf Methoden zur Auswahl, (i) die Erfassung von Ausländern („*the stock of immigrants*"), (ii) die Erfassung von im Ausland geborenen („*foreign born*"), (iii) die Nettomigration („*net migration*"), (iv) der Fluss in eine Richtung („*immigration*") sowie (v) der Fluss in beide Richtungen („*flows*"). Die daraus resultierenden Probleme sollen zunächst am Beispiel Deutschlands und dann im Weltmaßstab diskutiert werden.

Nach Methode (i) lebten in Deutschland zu Beginn des dritten Jahrtausends (2002) 7.384 Millionen Ausländer („*stock*"). Nach Methode (iii) wurde 2002 ein Zuwanderungssaldo von 219.288 Migranten gezählt. Nach Methode (iv) waren allerdings 842.543 Menschen eingewandert. Und nach Methode (v) lässt sich feststellen, dass 2002 1.465 Millionen Menschen zwischen Deutschland und dem Ausland migriert sind („*flow*"). Und während die Zahl der in Deutschland lebenden Ausländer seit 1991 um 1.275 auf 7,34 Millionen zunahm, migrierten über 20 Millionen Menschen zwischen der Bundesrepublik und dem Ausland, darunter 4,3 Millionen Deutsche (Statistisches Bundesamt, 2005[7]). Die erste Ziffer verweist auf die Veränderung der Zusammensetzung der Bevölkerung, aber nur die zweite Ziffer spiegelt annäherungsweise die tatsächlichen Wanderungsprozesse und deren Umfang wieder. Problematisch an diesen Statistiken ist allerdings, dass (a) nur jene Personen im Ausländerzentralregister statistisch erfasst werden, die sich drei oder mehr Monate in Deutschland aufhalten, während (b) irreguläre Wanderungen ohnehin nicht registriert werden (können). In Relation zur Bevölkerung der Bundesrepublik Deutschland, rund 82,5 Millionen Menschen, war also innerhalb von nur 11 Jahren durchschnittlich jeder Vierte in Migration involviert. Wie hoch die absolute Zahl der Migranten ist, lässt sich, da vermutlich viele Menschen sowohl ein-, als auch

---

[7] Die Zahlen basieren auf verschiedenen Statistiken, siehe unter www.destatis.de/basis/d/bevoe/, allerdings weichen die Statistiken des Bundesamtes für Ausländer und Flüchtlinge (BAFl), inzwischen umbenannt in Bundesamt für Migration und Flüchtlinge (BAMF) nicht unerheblich von diesen Zahlen ab. Beispielsweise nennt das BAMF für 2002 einen Wanderungssaldo von 257.988, gegenüber 219.288, die das Statistische Bundesamt aufführt, siehe www.bafl.de/template/migration/content_migration_aussiedler_1950_2001.htm.

wieder ausgereist sind, oder sogar mehrfach den Ort gewechselt haben, nicht ermitteln. Darüber hinaus hat das Ausländerzentralregister im Jahre 2005 eine Art Inventur gemacht und dabei festgestellt, dass aufgrund von Doppelnennungen, weil zum Beispiel Namen falsch geschrieben und deshalb zweimal aufgeführt wurden oder weil Personen inzwischen verstorben oder ausgereist waren, nicht 7,3 sondern nur 6,8 Millionen Ausländer in Deutschland leben. Demnach lag eine Abweichung von 7 Prozent vor, da aber unterstellt werden muss, dass derartige Fehlmessungen nicht nur oberhalb sondern prinzipiell auch unterhalb des tatsächlichen Wertes liegen können, muss somit eine Fehlerspannbreite von 14 Prozent befürchtet werden. Dies illustriert die Unsicherheiten, mit denen diese und viele ähnliche Messungen behaftet sind.

Tabelle 1.7: Die fünf Methoden der Migrationserfassung, das Beispiel Deutschland in Millionen, 2002

Methode	Personengruppe	Anzahl
Ausländer	Immigranten	7,34
Im Ausland geborene Anwohner	Immigranten und Eingebürgerte	12
Nettomigration	Migrationssaldo	0,22
Fluss in eine Richtung	Zuwanderung	0,84
Fluss in beide Richtungen	Wanderungen	1,28

Quelle: Eigene Kalkulation

Im Weltmaßstab geben internationale Organisationen, die für sich beanspruchen, offizielle, also amtliche Zahlen zu nennen, an, dass es derzeit weltweit etwa 175 Millionen Migranten gibt, also etwa 3 Prozent der Weltbevölkerung (UN, 2003). Andere Organisationen nennen für 2005 bereits annähernd 200 Millionen Migranten (Global Commission on International Migration, 2005). Und für das Jahr 2030 werden bereits 230 Millionen Migranten prognostiziert, was eine steigende Tendenz signalisiert (IOM, 2003). Andererseits gelten 86 Millionen als Arbeitsmigranten, also weniger als die Hälfte aller Migranten (ILO, 2004). Dies seien Menschen, die gemäß Methode (i) dauerhaft in einem anderen Land leben, als jenem, in dem sie geboren wurden. Dies ist jedoch nur eine, und zwar äußerst enge Definition.

Diese sozusagen amtlichen Zahlen sind mit einer Reihe von Problemen behaftet. Beispielsweise erfassen die verschiedenen Organisationen Migration anhand unterschiedlicher Methoden und Definitionen. So zählen die UN all jene Menschen, die in einem anderen Staat wohnen, als dem ihrer Geburt. Die ILO hingegen zählt nur jene Menschen, die eine andere Nationalität haben, als die des Staates, in dem sie arbeiten. Daraus resultieren niedrigere Zahlen, als die der UN, da jene Migranten, die die Staatsbürgerschaft ihres neuen Aufenthaltsstaates angenommen haben, nicht berücksichtigt werden. Daraus ergeben sich jeweils verschiedene und unvergleichbare Zahlen.

Zudem hat man es mit dem Problem illegaler Migration zu tun. Da sich illegale Migranten der Erfassung der zuständigen Behörden entziehen, ist ihr Umfang nicht bekannt, er kann nur vermutet oder geschätzt werden. Die OECD (2001) nimmt allerdings an, dass irreguläre Migration „heute einer der schnellsten wachsende Form von Migration ist" (OECD, 2001). Weltweit kann der Umfang irregulärer Migration bei mindestens 22 – 44 Millionen Menschen liegen (Düvell, 2005). Zum anderen unterliegt die quasi offiziell genannte Zahl von 175 Millionen Migranten der Einschränkung, dass es sich um Menschen handelt, die dauerhaft, also für mindestens ein Jahr, ihren Wohnort gewechselt haben. Seit den frühen 1990er aber nimmt die temporäre Migration kontinuierlich zu (OECD, 2002). Das heißt, ein zunehmend größer werdender Aspekt des globalen Migrationsgeschehens wird gar nicht erfasst.

Eine andere Methode besteht darin, die Nettomigration zu ermitteln. Da sich Zuwanderung und Abwanderung weltweit die Waage halten, liegt sie bei Null. Diese Methode macht also nur Sinn im Vergleich zwischen verschiedenen Staaten, Regionen oder Kontinenten. Sie ist vor allem für Demographen interessant, deren Interesse der Größe von, insbesondere Veränderungen, Populationen gilt. Nettomigration wird allerdings jährlich ermittelt. Sie kombiniert Immigration, Emigration und Rückkehrmigration, das Ergebnis besteht in dem Bevölkerungszuwachs oder Rückgang durch Migration, der im Verlaufe von 12 Monaten unter dem Strich zu verzeichnen ist. Angaben zur Nettomigration machen also keine Aussage über die tatsächlichen Bewegungen im Laufe eines Jahres, die liegen beträchtlich über der Nettomigration. So wird beispielsweise für alle OECD-Staaten nur eine jährliche Nettomigration von 2,7 Millionen Menschen angegeben (*Population and Societies*, 2002: 1).

Außerdem mangelt es den den Erfassungsmethoden zugrunde liegenden Definitionen an Plausibilität. Beispielsweise wird die Wanderung von Menschen aus Deutschland 50 Kilometer über die Grenze ins deutschsprachige Belgien mitgezählt, während aber die Wanderung von Punjabis ins 6.000 Kilometer entfernte Bangalore in Indien, die Wanderung von 100 Millionen Menschen innerhalb Chinas, die häufig aus verschiedenen Kulturkreisen stammen, oder die auch in Russland jede andere Wanderungsform übersteigende interne Migration (33 Millionen, 1979-1994, Codagnone, 1998), nicht berücksichtigt. Das heißt, diese offiziellen Zahlen beinhalten zwar Wanderungen über kurze Distanzen sowie innerhalb eines Kulturkreises, während sie aber andererseits Wanderungen über große Distanzen und von einem Kulturkreis in einen anderen nicht erfassen. Sie sind also auch aus dieser Perspektive nicht geeignet, das weltweite Wanderungsgeschehen auszudrücken.

Ebenso unberücksichtigt bleibt, dass das städtische Wachstum zu 40 Prozent auf Migration zurückzuführen ist, die anderen 60 Prozent beruhen auf dem natürlichen Bevölkerungswachstum. So bestand die städtische Bevölkerung 1950 aus 738 Millionen Menschen. Im Jahre 2000 waren es 2,9 Milliarden. Das heißt, der Zuwachs betrug 2,52 Milliarden Menschen, von denen 40 Prozent in die Stadt migriert sind. Demnach sind also zwischen 1950 und 2000 1,08 Milliarden Menschen in Städte migriert. Allein in Russland sind zwischen 1926 und 1979 rund 93 Millionen Menschen vom Land in die Städte gewandert (Chauvier, 2005: 4). Und eine Stadt wie Istanbul, die 1945 noch eine Millionen Einwohner und 2005 bereits schätzungsweise 17 Millionen Einwohner hatte, verdankt dieses Wachstum der Land-Stadt-migration von rechnerisch 6,4 Millionen Menschen Inzwischen wird das jährliche städtische Bevölkerungswachstum allerdings mit 68 Millionen Menschen angegeben. Davon sind wiederum etwa 40 Prozent in die Städte migriert. Demnach sind seit 2000 bis zu weiteren 136 Millionen Menschen in die Städte gezogen, also seit 1950 etwa 1,216 Milliarden Menschen (vergl. zu diesem Absatz Chen et al., 1998: 59-60). In dieser Kalkulation ist bislang nur die Land-Stadt-Migration berücksichtigt. Das heißt nun aber nicht, dass sich Migration allein auf Land-Stadt-Migration beschränkt. Tatsächlich ist zusätzlich Stadt-Stadt-Migration, Stadt-Land-Migration oder Land-Land-Migration in Rechnung zu stellen. Land-Landmigration kann beispielsweise Saisonmigration sein, die den jeweiligen Erntezeiten entspricht. Sie ist in einigen Teilen der Welt, insbesondere in Afrika, sogar noch höher, als die Land-Stadt-Migration, während in anderen Regionen, beispielsweise Brasilien oder Peru, die Stadt-Stadt-Migration überwiegt. Dazu gibt es allerdings kaum Forschung und dementsprechend auch keinerlei Zahlen (Bilsborrow, 1998: 8). Diese Zahlen repräsentieren das, was bekannt ist, nun wird aber der Zensus in vielerlei voneinander abweichenden Methoden erhoben, die Ergebnisse der einzelnen Staaten sind nicht wirklich vergleichbar und für etliche Staaten gibt es gar keine Daten. Auch aus diesem Grunde dürfte das Niveau der tatsächlichen Migration oberhalb dessen liegen, was bekannt ist.

Tabelle 1.8: Global Human Geographic Mobility

Migrationsform	Umfang
Internationale Migration (2000)	175 Millionen
Davon Arbeitsmigration	86 Millionen
Davon Flüchtlinge	16 Millionen
Land-Stadt-Migration (1950-2000)	1,08 Milliarden
Land-Stadt-Migration (2000-2005)	136 Millionen
Land-Land-Migration	x
Stadt-Stadt-Migration	x
Stadt-Land-Migration	x
Summe: Global Human Geographic Mobility	1,391 Milliarden plus x plus x plus x

Innerhalb der europäischen Union war die, in der Regel als Mobilität bezeichnete Migration bislang, das heißt vor der EU-Osterweiterung, vergleichsweise gering. So lebten 2000 nur etwa 6 Millionen EU-Bürger (1,6 Prozent) in einem anderen Mitgliedsstaat (European Commission, 2001a: 16). Innerhalb der einzelnen Staaten der EU war die Mobilität der Bürger ungleich größer, es lassen sich allerdings auch große Unterschiede zwischen den Staaten feststellen.
In Deutschland wechselten 2001 2,7 Millionen Menschen ihren Wohnort innerhalb eines Bundeslandes, aber über Gemeindegrenzen hinweg, während weitere 1,2 Millionen von einem Bundesland zum anderen wechselten, also zusammen 3,9 Millionen Menschen oder etwas weniger als 5 Prozent der Bevölkerung. In der Bundesrepublik würden, bestünde dieses Muster fort, in zehn Jahren knapp 40 Millionen Umzüge über politische Grenzen hinwegerfolgen. Demnach hätte etwa die Hälfte

der Bevölkerung einen Ortswechsel vorgenommen. Die größte interne Wanderung erfolgte jedoch zwischen 1989 und 1999, der Wanderung von 7,3 Prozent der Bevölkerung aus den fünf neuen Bundesländern, der ehemaligen DDR, nach Westdeutschland (EU, 2001).

In Großbritannien wechselten dagegen von 2000 – 2001 11 Prozent der Bevölkerung ihren Wohnort innerhalb des Landes, theoretisch wären dies in zehn Jahren 110 Prozent, also 60 Millionen Umzüge, mehr als das Land Einwohner (55 Millionen) hat. Realistisch ist aber, anzunehmen, dass einige sehr mobil sind und den Wohnort mehrfach wechseln, während andere sehr sesshaft sind und nie innerhalb des Landes umziehen.

In den USA sind 1996/1997 sogar 42,1 Millionen Menschen, also rund 17 Prozent der Bevölkerung umgezogen, 76 Prozent davon innerhalb von County-Grenzen und 34 Prozent über County-Grenzen hinweg (US Census Bureau, 1997). Rechnerisch hätte dort also die gesamte Bevölkerung innerhalb von nur sechs Jahren einmal den Wohnort gewechselt.

Der Vergleich zeigt, dass die US-amerikanische Bevölkerung etwa dreimal mobiler ist, als die deutsche, während die britische etwa doppelt so mobil ist. Die Zahlen zeigen aber auch, dass die Menschen innerhalb dieser politischen Grenzen hochmobil sind, während sie innerhalb der EU international wenig mobil sind.

Würde man, etwa am Beispiel Deutschland, den Umfang interner Wanderungen mit dem Umfang grenzüberschreitender Wanderungen kombinieren, so ergäbe sich für den Zeitraum 1991 bis 2002 ein Wanderungsumfang von 40 Millionen internen und 20 Millionen internationalen Wanderungen. In nicht einmal 15 Jahren wären also ebenso viele Wanderungen zu verzeichnen, wie es Menschen in der Bevölkerung gibt. Rechnerisch wäre also jede Person innerhalb von 15 Jahren einmal migriert, der Anteil der Migranten läge demnach bei 100 Prozent.

Mit diesen Kalkulationen, Einwänden und Zahlenspielen, die zugegebenermaßen sehr grob sind, soll veranschaulicht werden, dass, wenn von Migration gesprochen wird, eine Zahl von 175 Millionen keineswegs dem tatsächlichen Wanderungsverhalten von Menschen gerecht wird. In dieser Zahl ist weder die Migration innerhalb von Staaten, noch die temporäre Migration enthalten, während die irreguläre Migration nur auf Schätzungen und Vermutungen beruht. Das weltweite Wanderungsgeschehen von Menschen seit 1950 liegt weit jenseits der Milliardenmarge, eher um die 2 Milliarden herum. Das heißt, nicht 2,5 Prozent der Weltbevölkerung können als Migranten gelten, sondern eher um die 30 Prozent.

Weiterführende statistische Quellen:
UN Population Division, www.un.org/popin/wdtrends.htm
International Labour Organisation,
www.ilo.org/public/english/protection/migrant/ilmdb/ilmbd.htm
European Commission,
  http://europa.eu.int/comm/justice_home/doc_centre/immigration/statistics/doc_immigration_statistics_en.htm
European Migration Information Network (EMIN), www.emin.geog.ucl.ac.uk
Salt, John. 2005. *Current trends in international migration in Europe.* Strassburg: Europarat

3. Schlussfolgerung

Man könnte in Anlehnung an und Abwandlung von Bauman (1996: 39) sagen, ‚so gut wie alle Autoren, die sich mit dem Phänomen der Migration auseinandersetzen, müssen erkennen, dass der Begriff entweder zu vage oder zu strikt definiert wird – oder beides'. Zwar glaubt man zu wissen, was Migration sei, doch tatsächlich schlägt diese scheinbare Gewissheit nach einigem Nachdenken schnell in das Gegenteil um. Statt also vorschnell, leichtfertig und letztlich unkritisch zur gewohnten Terminologie zu greifen, scheint es ratsam, zunächst und im Einzelfall zu reflektieren, was genau beschrieben und ausgedrückt werden soll.

Zusammen gefasst lässt sich also festhalten, Migration ist ebenso schwer zu definieren, wie zu quantifizieren. Die Ergebnisse der Migrationsforschung werden zudem von zweierlei Voreingenommenheit der Forscher verzerrt. Zum einen konzentrieren und beschränken sich Forscher auf die grenzüberschreitende Wanderung von einem Staat in einen anderen. Wimmer und Glick-Schiller (2003) werfen der Migrationssoziologie deshalb auch „methodologischen Nationalismus" vor. Mit anderen Worten, die Quantifizierung von Migration ist politisch motiviert und dementsprechend verzerrt. Dem entsprechend argumentiert Hoerder (2002: 140),
„um Wanderungsprozesse zu analysieren, eignen sich sozio-ökonomische Regionen besser als Staaten mit ihren oft willkürlich gezogenen Grenzen oder physisch-geographische Kontinente".

Zur Umgehung dieses Problems schlägt Bade (2002b: 24) vor, „bei der räumlichen Mobilität zwischen der Bewegung in geographischen und sozialen Räumen", und dem wäre hinzuzufügen „zwischen politischen Räumen" zu unterscheiden. Zum anderen fokussieren Migrationsforscher ihr Interesse vor allem auf die Stadt, sie sind gewissermaßen „urban-zentristisch" und vernachlässigen Wanderungen, die nicht in die Stadt führen. Andere Autoren konzentrieren sich allein auf eine Form der Migration, Land-Stadt Wanderungen nämlich, und unterstellen, „fast die ganze Migration der Welt …nimmt ihren Ausgang in der Landwirtschaft" (Gächter, 2000: 157). Diese Behauptung mag für die erste Phase des auf Migration basierenden städtischen Wachstums partiell zutreffend gewesen sein, aber inzwischen ist es die urbane Bevölkerung der Städte aller Kontinente, die am Migrationsgeschehen mitwirkt und von einer Stadt in eine andere zieht.

Schlussendlich muss die offiziell genannte Zahl von 175 Millionen Migranten, drei Prozent der Weltbevölkerung, kritisch hinterfragt werden. Berücksichtigt man interne (Massen-) Wanderungen kommt man auf bis zu zwei Milliarden geographisch mobile Menschen, etwa ein Drittel der Weltbevölkerung. Schlussfolgerungen, wie etwa von Hammar et al. (1997), die argumentieren, dass ein Anteil von nur drei Prozent internationaler Migranten an der Weltbevölkerung ein Beleg dafür sei, dass Immobilität das dominierende Merkmal sei, sind nicht plausibel. Die Mobilität über Staatsgrenzen hinweg ist kein Hinweis auf das Mobilitätsniveau *per se*, lässt man einmal die Staatsgrenzen unbeachtet, wie Hoerder vorschlägt, stellt man vielmehr ein sehr hohes Mobilitätsniveau der Weltbevölkerung fest.

4. Nomenklatur der Migration

Im Folgenden wird eine Liste der in der Forschung und Literatur verwendeten Terminologie präsentiert und kurz erläutert werden. Es kommen allerdings, je nach Stand der Forschung ständig neue Begriffe hinzu, das heißt, diese Liste kann nicht mehr als vorläufig, sprich ‚work in progress' sein. Alle Begriffe sind zunächst in Englisch, denn Englisch ist die Sprache der Migrationssoziologie. Einige, aber nicht alle, werden in diesem Buch eingehender vorgestellt. Diese Nomenklatur ist in etwa identisch mit den bislang verwendeten Migrationstypologien und spiegelt häufig auch zusammenhängende Migrationstheorien wieder.

Human Geographic Mobility
Humane geographische Mobilität, Bewegung, kurz Mobilität, Oberbegriff für die Bewegung von Menschen im geographischen Raum.

Mobility
Häufig verwandt im Sinne interne Mobilität innerhalb von politischen Grenzen, wird in anderen Kontexten aber auch als soziale oder mentale Mobilität verstanden.

Migration
Migration, Wanderung von Menschen im geographischen Raum, überwiegend über größere Distanzen. Deshalb wird Migration als ein Sonderfall geographischer Mobilität betrachtet (Albrecht, 1972).

Internal Migration
Interne Migration, Wanderung innerhalb eines politischen Raumes, überwiegend eines Staates.

International Migration
Migration über die Grenzen von Nationalstaaten hinweg in einen anderen Staat.

Emigration
Auswanderung aus dem Staat der Geburt, dauerhaft oder permanent.

Immigration
Einwanderung, die dauerhafte, überwiegend permanent Niederlassung in einen anderen Staat, als dem der Geburt.

Transnational Migration
Migration zwischen mindestens zwei Staaten, wobei die Migranten Lebensmittelpunkte in beiden Gebieten setzen und nicht von einem in einen anderen wechseln.

Return Migration
Rückkehrmigration, nach einem längeren Aufenthalt im Ausland. Unterschieden wird zwischen einmaliger und permanenter Rückkehr oder mehrmaliger Rückkehr nach jeweils längerem Auslandsaufenthalt.

Nomadism
Dauerhafter Wanderungsprozess von Personen ohne einen festen Wohnort.

Primary and secondary migration
1. Primäre und sekundäre Migration, überwiegend im Kontext der Nachkriegs- und Gastarbeitermigration angewendetes Konzept, mit dem die Erstmigration des männlichen Akteurs so wie der später folgende Nachzug der Familie bezeichnet wird.
2. *Secondary migration* hat allerdings auch noch eine zweite, gänzlich andere Bedeutung. Es bezeichnet, insbesondere in den USA sowie allgemein in Flüchtlingsstudien die Weitermigration von Flüchtlingen (und manchmal auch allgemein von

Migranten) (a) sowohl innerhalb des Aufnahmestaates, als auch (b) von dem Erstaufnahmestaat in einen weiteren Staat (IOM, 2004: 59).

Explorative migration
Erkundungs- oder Sondierungsmigration, Erstbesuche von Möchtegern-Migranten, um die Bedingungen im Zielland entweder für sich oder auch für ihre Familie oder Gemeinschaft zu erkunden.

Pilotmigration and bridgeheads
Die Migration der ersten Person einer ganzen Kette, die dann Brückenköpfe bilden und Kettenmigration auslösen (Sassen, 1991; Cyrus und Vogel, 2005).

Illegal Migration
Illegale, ungesetzliche, illegalisierte oder kriminalisierte Migration, also ausländer- und einwanderungsrechtlich illegale Migration, auch *irregular migration, undocumented migration, unauthorised migration* genannt. Die Migranten nennen sich häufig selbst *sans papiers*/sin papeles/Papierlose, also Menschen ohne die gesetzlich notwendigen Aufenthaltsdokumente oder Visa.

Human Smuggling
Menschenschmuggel, Migration, Grenzüberquerung und Einreise unter Zuhilfenahme der Dienste von professionellen aber ungesetzlichen Agenturen.

Global Migration
Globale Migration, Wanderung im Rahmen von weltumspannenden Migrationssystemen und Arbeitsmärkten.

Rural-Rural, Rural-Urban, Urban-Urban, Urban-Rural Migration
Land-Land-, Land-Stadt-, Stadt-Stadt- und Stadt-Landmigration, überwiegend aber nicht zwangsläufig, interne Migration. Land-Landmigration ist häufig auch Saisonmigration, Land-Stadtmigration ist eine bedeutende Quelle städtischen Wachstums, Stadt-Stadtmigration ist eine bedeutende Quelle des Bevölkerungsaustausches zwischen Städten, und Stadt-Landmigration tritt häufig in Form der Rückkehr aus der Stadt in die ländlichen Herkunftsregionen auf.

Transit Migration
Durchreisemigration, Migration von einem Herkunfts- in einen Zielstaat durch einen anderen Staat, mit einem gewöhnlich, längeren, das heißt bis zu mehrjährigem Aufenthalt im Durchreisestaat. Dort werden jene finanziellen Ressourcen erworben, aber auch Netzwerke geknüpft, die zur Weiterreise erforderlich sind. Wurde auch gelegentlich als Etappenmigration, *migration in stages*, bezeichnet (Treibel, 1990: 24).

Stufenmigration (Step by step) migration
Von der internen Migration, mit einem Zwischenstopp zum Zweck des Geldverdienens für die Reise, zur internationalen Migration (siehe Bade, 2002b: 151). Demnach handelt es sich um eine (staats-) interne Variante der Transitmigration.

Inter-regional Migration
Migration zwischen verschiedenen Regionen entweder innerhalb eines Staates oder auch über die Grenzen von Nationalstaaten hinweg.

East-West, South-North and South-South Migration
Migrationsbewegungen, deren Namensgebung aufgrund ihrer geographischen Richtung erfolgt. Alternativ handelt es sich um Synonyme, die den Entwicklungsstand von Herkunfts- und Zielgebiet bezeichnen. Beispielsweise kann Süd-

Südmigration auch die Wanderung von einem Entwicklungsland in ein anderes meinen.

New Migration
Neue Migration, eine historische Kategorie, die sich bezieht auf den Zusammenbruch des Ostblocks, des Falls des Eisernen Vorhanges, die Folgen des Systemwechsels der ehemals kommunistischen Staaten sowie deren politische Auswirkungen in Form einer neuen Weltordnung (Koser und Lutz, 1998).

Settler Migration
Siedlermigration, bekannt aus der Ära der Kolonisierung, und zwar sowohl in den beiden Amerikas, in Australien und Neuseeland, wie auch den unbesiedelten russischen Territorien an der Wolga.

Ethnic Migration
Ethnische Migration von Juden, Aussiedlern, Nachkommen japanischer Emigranten, pontischen Griechen und Turkomanen in ihre angenommenen „Heimatstaaten" Israel, Deutschland, Japan, Griechenland und die Türkei (Fassman und Münz, 1994). Nicht zu verwechseln mit Rückkehrmigration, da ethnische Migranten zwar genealogische Wurzeln in den Immigrationsstaaten haben, dort aber weder geboren noch zuvor gelebt haben, also auch nicht im Sinne des Wortes dorthin zurückkehren.

Temporary Migration
Zeitlich befristete Migration, sie kann in regelmäßigen oder unregelmäßigen Intervallen stattfinden und ist nicht an spezifische Saisons gebunden (Bilsborrow, 1998: 5).

Yo-Yo Migration
Migranten, die regelmäßig kommen und gehen, ohne die Absicht, sich an einem bestimmten Ort dauerhaft niederzulassen (Margolis, 1995: 32). Sie müssen in Abgrenzung zur transnationalen Migration betrachtet werden, da sie keine besonderen Bindungen oder Loyalitäten an einen bestimmten Ort aufweisen.

Pendulum migration, shuttle migrants
Pendelmigration, regelmäßiges Pendeln in einen Nachbarstaat oder auch einen weiter entfernt liegenden Staat mit längeren Aufenthalten im Zielgebiet sowie regelmäßige, aber kurzfristige Rückkehr in den Herkunftsstaat und Beibehaltung des dortigen Wohnortes (Morawska, 2001b).

Cross-border commuting
Berufspendeln, allerdings über internationale Grenzen hinweg und in der Regel in den Nachbarstaat. Nach Morokvasic (1994) eine Strategie zur Vermeidung dauerhafter Auswanderung.

Seasonal Migration
Saisonmigration, eine spezifische Version der zeitlich befristeten Migration. Sie folgt in jedem Fall einem regelmäßigen Muster und steht im Zusammenhang mit ökologisch oder klimatisch bedingten Arbeitsgelegenheiten während der Erntezeit, der touristischen Hochsaison oder anderen, von den klimatischen Bedingungen abhängigen Industrien und Sektoren.

Circular Migration
Zirkuläre Migration, nach Bilsborrow (1998: 5) eine 'Bewegung innerhalb einer Periode von 30 Tagen, die wiederholte aufeinander folgende Übernachtungen außerhalb des Wohnortes', und zwar unabhängig vom Zweck bezeichnet (siehe auch Rudolph, 1996; Hugo, 2003).

Chain Migration
Dies Konzept meint üblicherweise, dass miteinander verwandte oder bekannte Migranten einander folgen und dem entsprechend Kettenmigration auslösen.

Rotation Migration
Form der Migration, bei sich mehrere Migranten einen Arbeitsplatz teilen, beziehungsweise ein Arbeitsplatz von einem zum anderen weitergereicht wird, also ein Neuankömmling einen Arbeitsplatz übernimmt, während der vorherige Stelleninhaber zurückkehrt (Morokvasic, 1994: 180).

Incomplete Migration
Unvollständig, beziehungsweise unvollendete Migration (Okólski, 2004: 47). Darunter soll eine spezifische Form der Land-Stadtmigration verstanden werden, wonach Menschen vom Land in die Stadt pendeln, ohne doch gänzlich in die Stadt zu ziehen oder aber in der Stadt wohnen, aber auf dem Land arbeiten.

Economic Migration
Wirtschaftsmigration, Wanderung aus ökonomischen Ursachen und zu ökonomischen Zwecken. In der Lesart der klassischen Ökonomie Entscheidungsprozesse von Individuen als rationale ökonomische Akteure (*‚rational choice', ‚homo economicus'*), wird von der historischen Migrationsforschung auch als „*betterment migration*", also Migration zur Verbesserung der ökonomischen Lebensumstände bezeichnet (Bade, 2002b: 22).

New Economic Labour Migration
Wirtschaftsmigration, Wanderung aus ökonomischen Ursachen und zu ökonomischen Zwecken, allerdings im Rahmen von kollektiven, d.h. familiären, Entscheidungsprozessen (Stark, 1991).

Migratory Trade
Wanderhandel, Reisen in andere Regionen, um dort vor allem in der Herkunftsregion produzierte Waren zu verkaufen (Bade, 2002a; Morokvasic).

Shuttle migration
Eine Form der Pendelmigration von ausgesprochen kurzen Aufenthalten, in der Regel zusätzlich zu einem festen Arbeitsverhältnis im Herkunftsland, entweder zum Zweck des Handels oder der Arbeit, wobei beides häufig ineinander übergeht. Dieser Terminus findet überwiegend in der zentral- und osteuropäischen Forschung Verwendung (Central and Eastern European Network on Migration Research, 1998).

Labour Migration
Arbeitsmigranten, Oberbegriff.

Guest workers
Gastarbeiter, Wanderungen im Rahmen von Anwerbeprogrammen und allein zum Zweck der befristeten Arbeitsaufnahme.

Contract workers
Vertragsarbeiter, besondere Form von Gastarbeitern, die zeitlich befristet zur Erfüllung eines Arbeitsvertrages migrieren.

Elite Migration
Expertenmigration, Elitemigration, highly skilled migrants, Wanderung von hochgebildeten Migranten.

Career Migration
Karrieremigration, Migration innerhalb einer Firma aber zwischen in verschiedenen Staaten liegenden Filialen (Bade, 2002b: 22), aber auch Migration zum Zweck der Aus- oder Fortbildung (ebenda).

Subsistence Migration, Survival Migration
Subsistenzmigration, Überlebensmigration, Migration als Existenznotwendigkeit (Bade, 2002b: 22).

Business Migration
Migration zum Zweck der Ausübung von Geschäften, über Zeiträume, die eine normale Geschäftsreise überschreiten.

GATS Migration
Migration im Rahmen des *General Agreements on the Trade in Services*, also dem internationalen Dienstleistungsabkommen, wonach Dienstleistungserbringer bis zu sechs Monate in ein anderes Land reisen können, um dort eine Dienstleistung zu erbringen. Innerhalb der EU entspricht die Dienstleistungsfreizügigkeit diesem Prinzip.

Children Migration
Kindermigration, eine spezifische Form der Arbeitsmigration im 18. und 19. Jahrhundert in Europa, überwiegend aus Italien und Österreich nach Deutschland.

Replacement Migration
Ersatzmigration, dieser Begriff wurde kürzlich von den United Nations geprägt, um jene Migration zu bezeichnen, die quasi als Ersatz für die alternden und schrumpfenden Bevölkerungen der Industrienationen erfolgt (UN, 2000c).

Family Reunion
Familiennachzug, Familienzusammenführung, üblicherweise aber nicht zwangsläufig der Nachzug von (Ehe-) Frauen und Kindern.

Family creation
Auch Heiratsmigration genannt (*marriage migration*, Hugo, 1998a: 105), also die Bildung von Ehepaaren, beziehungsweise Familien über Staatsgrenzen hinweg. Denunziativ wird gelegentlich auch von Importbräuten gesprochen, dann ist aber eher die Umgehung von Migrationsbeschränkungen in Form von Anheiratung gemeint.

Mailorder brides
Eine weitere spezifische Kategorie sind die so genannten ‚Bräute auf Bestellung', also Bräute, die über Partnervermittlern, gewissermaßen aus dem Katalog und per Bestellung einreisen (Phizacklea, 1998, Hugo, 1998a).

Education Migration
Bildungsmigration zum Zweck der Ausbildung, also beispielsweise eines Studiums, für einen längeren Sprachkurs oder eine andere Ausbildung.

Sunshine Migration
Die Migration in sonnigere Gefilde, wie beispielsweise innerhalb der USA nach Florida und Kalifornien oder aus Nordeuropa nach Spanien, und zunehmend auch in die Türkei.

Retirement Migration
Migration am Ende des Erwerbslebens (Williams, 1999), meistens in Form der *Sunshine migration*.

Lifestyle Migration
Motiviert von dem Wunsch zur Praktizierung eines bestimmten Lebensstiles, also zum Beispiel Punks, Buddhisten oder auch Schwule und Lesben, die an Orte ziehen, wo sie ihren Lebensstil besser verwirklichen können (Cyrus und Vogel, 2005).

Crisis Migration
Sammelbegriff für aufgrund von politischen (Kriegen, Bürgerkriegen, Staatsneu- und Umbildungen), ökologischen (Überschwemmungen, Vulkanausbrüchen, Dürre), aber auch ökonomischen Krisen ausgelösten Wanderungsbewegungen (Bongaarts und Bulatao, 2000). Der Terminus ist weiter gefasst, als der der *Forced Migration*.

Forced Migration
Erzwungene Migration, Sammelbegriff für vor allem im Zuge von politische Krisen (Krieg, Verfolgung), Vertreibung) ausgelöste Migrationsbewegungen.

Asylum Migration
Migration zum Zweck der Asylantragstellung, häufig, aber nicht immer aufgrund von politischer Verfolgung.

Trafficking
Menschenhandel, häufig in der Form von Frauenhandel.

Exile (migration)
Ins Exil gehen bedeutet, aufgrund von Verfolgung im Herkunftsland und zum Zweck der (Fortführung der) politischen Arbeit in ein anderes Land zu migrieren.

Diaspora Migration
Migration und Identitätsprozesse zwischen der Diaspora und der Herkunftsregion, ähnlich wie transnationale Migration, aber stärkerer Bezug auf das Herkunftsland.

Slavery
Im Zusammenhang mit Migration der Verkauf von Menschen an überwiegend überseeische Besitzer.

Indentured Migration
Schuldknechtmigration, Verschuldung zur Finanzierung der Migration, beziehungsweise Überfahrt, mit anschließender befristeter oder dauerhafter Knechtschaft bis zur Abbezahlung der Schulden.

Deportation
Deportation meint sowohl die Abschiebung in das Herkunftsland wie auch historisch die Abschiebung aus dem Herkunftsland, also beispielsweise die Deportation von Straftätern aus England in die Kolonien oder von Juden aus dem Deutschen Reich in das besetzte Polen.

Repatriation
Heimkehr, Heimführung, Rückkehr. Rückführung, von Flüchtlingen oder Asylsuchenden in ihr Herkunftsland. Aber auch Rückkehr von ethnischen Minderheiten oder Kolonisten in ihre Ursprungsregion.

Inter-colonial migration
Interkoloniale Migration, eine historische Form von Migration nach dem Ende der Sklaverei, mittels derer koloniale Arbeitskräfte von einer Kolonie in eine andere verbracht wurden, namentlich von Indien nach Ostafrika und die Karibik.

Eco (logical) Migration
Umweltmigration, Migration aufgrund von ökologischen Ursachen, beispielsweise der Versteppung und Verwüstung oder auch der Überschwemmung der Herkunftsregionen.
Autonomous migration
Selbstbestimmte Migration, die unabhängig von oder sogar entgegen den gesetzlichen Bestimmungen stattfindet (Rodriguez, 1996) und Züge von sozialem Protest aufweist, also Migration als soziale Bewegung (Moulier-Boutang, 1998). Gelegentlich verweist der Terminus aber auch auf ein weiteres Konzept, die selbständige Migration von Frauen, unabhängig von den Migrationsentscheidungen von (Ehe-) Männern (Hugo, 1998: 101).
Spontaneous Migration
Spontane Migration, in Abgrenzung zur Anwerbung von Gastarbeitern Bezeichnung für Menschen die außerhalb der offiziellen Anwerbepolitik migriert sind, zeitgenössische Umschreibung für illegale Migration.
Self-selected Migration
Anderer Begriff für spontane Migration, Migranten werden nicht ausgewählt, sondern wählen sich selbst.
Feminisation of Migration
Meint die Zunahme des Anteils von Frauen an der Migration, seit den 1980er Jahren, tatsächlich aber ist dies die Anerkennung der Migration von Frauen seitens der Forschung, wie ich zeigen werde.

Tabelle 1.9: Nomenklatur

Human Geographic Mobility	Mobility	Migration
Internal Migration	International Migration	Emigration
Immigration	Transnational Migration	Return Migration
Nomadism	Primary and secondary migration	Pilot migration and bridgeheads
Explorative migration	Illegal Migration	Human Smuggling
Global Migration	Rural-Urban Migration	Transit Migration
Stufenmigration (Step by step) migration	Inter-regional Migration	East-West, South-North and South-South Migration
New Migration	Settler Migration	Ethnic Migration
Temporary Migration	Pendulum migration	Yo-Yo Migration
Cross-border commuting	Seasonal Migration	Circular Migration
Chain Migration	Rotation Migration	Incomplete Migration
Economic Migration	New economic Migration	Migratory Trade
Labour Migration	Guest workers	Elite Migration
Career Migration	Betterment Migration	Shuttle migration
Business Migration	GATS Migration	Children Migration
Replacement Migration	Family Reunion	Family creation
Mail-order brides	Education Migration	Sunshine Migration
Retirement Migration	Lifestyle Migration	Crisis Migration
Forced Migration	Asylum Migration	Trafficking
Exile (migration)	Diaspora Migration	Slavery
Repatriation	Inter-colonial migration	Eco (logical) Migration
Autonomous migration	Spontaneous Migration	Self-selected Migration

Tatsächlich sind derartige, auf eine Motivationslage, einen Zweck oder ein Charakteristika abhebende Typologien unbefriedigend, da Migranten häufig "multiple Identitäten" aufweisen (Bade, 2002b: 24; Castles und Miller, 1998: 297), beziehungsweise Migration im Rahmen von komplexen Entscheidungsprozessen erfolgt, das heißt, dass darüber hinaus auch häufig multiple Motive und multiple Ursachen und Gründe festzustellen sind. In biographischen Interviews finden sich häufig aneinander gereiht folgende Begründungen für eine Migrationsentscheidung: „ich hatte politische Probleme", was auf erzwungene Migration oder Asylmigration schließen ließe, „einen Job hab ich auch nicht mehr gehabt", woraus auf ökonomische Motive zuschließen wäre, „ich hab hier aber auch einen Onkel", was auf Familienzusammenführung hindeutete, und „ich wollte schon immer einmal englisch lernen", ein Hinweis auf Bildungs-, *betterment* oder *career migration*[8]. Dieses Beispiel sollen veranschaulichen, dass menschliche Entscheidungsprozesse schwerlich anhand von eindimensionalen soziologischen Formeln abgebildet werden können. „Selbstzuschreibungen" und soziologische oder politische "Fremdzuschreibungen" (Bade, 2002b: 24) weisen in aller Regel gravierende Diskrepanzen auf.

---

[8] Dieses Beispiel ist einem vom Autor erhobenen Interview mit einem illegalen türkischen Immigranten in London 1998 entnommen.

2. GESCHICHTE UND EMPIRIE DER MIGRATION

1. Weltgeschichte der Migration: Schlaglichter

Der Homo Sapiens erschloss sich von seinem Ursprung in Ostafrika, im Bereich der großen Seen, die ganze Welt. Vor etwa 20.000 Jahren waren bereits alle Kontinente besiedelt und im Jahre 500 vor der Zeitrechnung war sogar der abgelegenste Flecken Erde, die Osterinseln, von Menschen bewohnt. Herausragende einzelne Massenmigration von geradezu globalen Ausmaßen waren beispielsweise die durch die Entstehung der Sahara ausgelöste Südwanderung von Bantu aus dem heutigen Westafrika bis nach Südafrika (3000-1000 B.C.). Von den Ursprungsgebieten der Chinesen zogen die in Millionenstärke in alle Himmelsrichtungen, insbesondere nach Südasien (200 A.C. – 1500 A.D.). Und im Mittleren Osten migrierten arabische Stämme ebenfalls in großer Zahl über weite Distanzen, etwa bis nach Ostafrika (500 A.D.) (alle Beispiele aus Held et al., 1999: 287).

Eine geradezu archetypische Form von Migration, oder genauer gesagt erzwungener Migration, war der „Exodus" der jüdischen Sklaven aus Ägypten um etwa 1250 A.C., sowie die Vertreibung der jüdischen Bevölkerung durch die römischen Besatzer aus Palästina nach einer Reihe von Aufständen zwischen den Jahren 586 vor und 70 nach Beginn der christlichen Zeitrechnung. Juden wurden ins Exil, die „Diaspora", gezwungen und flohen über das Mittelmeer Richtung Westen, nach Spanien vor allem, und auf dem Landweg nach Norden und Nordwesten. Daneben existierten aber auch Formen freiwilliger Migration, die mehrere Millionen Juden in weite Teile Europas und Asiens geführt hatte (Baron, 1952: 167-171).

Die so genannte Völkerwanderung, wie sie ausschließlich im Deutschen genannt wurde, war vielmehr ein lang anhaltender, 200-jähriger Krieg innerhalb und gegen das Römische Reich, dessen Zusammenbruch mit dem Erstarken neuer politischer Einheiten einher ging. Die Vorstellung, die Migration zwischen dem 2. und 4. Jahrhundert, sei die Wanderung ganzer Völker gewesen ist vor allem ein „retrospektives Konstrukt" (Kleinschmitt, 2002: 32).

Tatsächlich zogen zu jener Zeit zum einen große Armeen samt ihrer Angehörigen durch Europa, während andererseits Nomaden aus Asien nach Westen zogen. Im englischen und französischen Sprachgebrauch wird demnach auch nicht von Völkerwanderung, sondern entweder von der „großen Migration" (*the great migration*), oder aber von einer „Invasion", und zwar wahlweise „der Barbaren" beziehungsweise „Nomaden" gesprochen. Der Terminus Barbaren wurde dabei zunächst in seiner griechischen Bedeutung für „Fremde, die eine unverständliche Sprache sprechen", also „Invasion der Fremden" verwendet wurde. Seine ausschließlich negative Konnotation nahm der Begriff erst unter den Römern an. Und auch der Begriff der Völkerwanderung tauchte erstmals Mitte des 18. Jahrhunderts auf und muss im Zusammenhang mit dem erstarkenden deutschen Nationalismus, der Konstruktion eines germanisch-arischen Kulturerbes, sowie dem modernen Rassendiskurs von Chamberlain und Gobelin gesehen werden (zu diesem Absatz siehe Rosen, 2002).

Um das Jahr 1000 setzte eine umfangreiche Wanderung, ausgelöst durch Kriege und Vertreibung, aus Nordost-Indien Richtung Westen ein. Im Punjab lebende Bevölkerungsgruppen waren unter griechische, anschließend unter ghaznawidische, dann unter seldschukische und schließlich unter osmanische Herrschaft geraten und teils versklavt und verschleppt worden. Im Rahmen der Eroberungszüge der Osmanen gelangten die ersten von ihnen im 14. Jahrhundert nach Europa (Knudsen, 2003). Zumindest zum Teil handelte es sich dabei um entflohene Sklaven. Sie nennen sich selbst Roma – Menschen -, von ihrer Umgebung werden sie allerdings bis heute als Zigeuner betrachtet. Heute leben acht bis zwölf Millionen Mitglieder dieser ethnischen Minderheit in Europa, überwiegend in den östlichen und südöstlichen Staaten (Rumänien, Ungarn, den Staaten des ehemaligen Jugoslawiens). Sie sind eine dauerhaft ausgegrenzte Gruppe und bis heute in nahezu allen Staaten der EU Benachteiligungen ausgesetzt (Kovats, 2002).
Migrationen während der ersten Hälfte des zweiten Jahrtausends, so Hoerder (2002: Karte 3) verliefen im Rahmen von zehn Migrationssystemen: dem nordeuropäischen, dem mediterranen, dem osteuropäisch-zentralasiatischen, dem arabisch-persischen, dem indisch-südostasiatischen, dem ostasiatischen, dem indisch-afrikanischen, dem westafrikanischen und dem südafrikanischen. Innerhalb dieser Wanderungsräume lassen sich weitere Sub-Systeme ausmachen, so beispielsweise das Ostseesystem und das Nordseesystem. Schubert (2002) betont, dass die europäischen Bevölkerungen bereits im Spätmittelalter hochmobil waren, und verweist auf die Periode zwischen dem 13. und 16. Jahrhundert. Märkte, Bauprojekte (Kirchen, Schlösser, Festungen), oder die Eröffnung neuer Erzabbaustollen, aber auch Wallfahrten und Kreuzzüge zogen regelmäßig viele Tausend Menschen an. So „bedeutete es kein Problem, binnen kurzem große Menschenmassen von nah und fern aufzubieten, deren Arbeitskraft war sofort, ohne längere Vorbereitung, verfügbar".
Unter den Migranten, darauf weisen Bade (2002a) und Schubert (2002) hin, befanden sich bereits zahlreiche heutzutage so genannte Experten, jüdische Wasserbautechnologen, holländische Entwässerungsexperten oder englische Kirchenbaumeister. Mithin hat es bereits im Mittelalter Formen der Expertenmigration gegeben. Von „fahren", statt Migration, und vom „großen Laufen" war die Rede, die Grenzen zwischen Sesshaftigkeit und Mobilität waren, angesichts einfacher Behausungen, fließend. „Mobilität gehört zum Mittelalter" (ebenda: 48).
Herausragende Einzelwanderungen sind die Migrations- und Eroberungszüge von Mongolen im 13. Jahrhundert, die Vertreibung der Mauren aus Spanien im 15. Jahrhundert (1609 0,5 Millionen, 6,25 Prozent der gesamten Bevölkerung; siehe Zayas, 2004: 16) sowie die Vertreibung der protestantischen Hugenotten aus Frankreich 1685.

Der transatlantische Sklavenhandel setzte etwa um 1700 ein. Am Ende des 16. Jahrhunderts war die indianische Bevölkerung insbesondere in der Karibik weitgehend ausgerottet worden oder zumindest stark dezimiert, während gleichzeitig das Plantagensystem in Brasilien, Mittelamerika, der Karibik und im Süden Nordamerikas ausgebaut wurde. Den Bedarf an Arbeitskräften begannen die Europäer nun vor allem in Westafrika zu decken. Sie bedienten sich zunächst des dort bereits bestehenden innerafrikanischen Systems der Sklaverei, der Sklavenjagd und des Sklavenhandels (Meillassoux, 1989). Zwischen 7 Millionen und 10 Millionen

Sklaven wurden zwischen 1700 und 1850 aus Westafrika und Madagaskar über den Atlantik geschafft. Weitere 3 Millionen wurden in die arabischen Länder verkauft (Emmer, 2002: 97). 1850 wurde der Sklavenhandel durch das Zusammenwirken von Humanisten und wirtschaftspolitischen Modernisierern beendet. Etwa im selben Zeitraum deportierte Großbritannien rund 300.000 Menschen nach Australien.

Abgelöst wurde die Sklaverei zunächst durch das System der Schuldknechtschaft (‚*indentured labour'*). Die trat in zwei Varianten auf: bereits verschuldete Personen wurden quasi zur Arbeitsmigration gezwungen, um ihre Schulden zu begleichen, oder aber migrationswillige Personen gingen eine Form der Schuldknechtschaft ein, um die Kosten der Auswanderung, insbesondere der Schiffspassage zu finanzieren. Zwischen 1834 und 1941 sollen zwischen 12 und 37 Millionen in diese Form der abhängigen Arbeit verwickelt gewesen sein (Castles u. Miller, 2003: 55).

Etwa 1820 setzte die massenhafte Auswanderung aus Europa ein. Die Hauptauswanderungsstaaten waren zunächst Großbritannien, Irland, Deutschland und Skandinavien. Ab etwa 1880 dominierte die Auswanderung aus Ost-, Südost- und Südeuropa, aus Polen, Italien, Österreich-Ungarn, Russland, Portugal und Spanien. Je ein Drittel der Bevölkerung Irlands und Italien und ein Zehntel der Bevölkerung Skandinaviens wanderten aus. Eine Ausnahme bildete Frankreich, abgesehen von der Siedlermigration in Algerien, war das Land kein Auswandererstaat, eher im Gegenteil. Castles und Miller (2003: 62) verweisen, unter Bezug auf Noiriel (1988) zur Erklärung auf niedrige Geburtenraten, ja geradezu einen „Gebärstreik". Ihre Höhepunkte erreichte die europäische Auswanderung 1905 und 1910, seit 1885 verließen jährlich durchschnittlich über eine Millionen Menschen Europa. Und auch nach dem ersten Weltkrieg, um 1920 herum um dann ab 1930 endgültig einzubrechen. Die Hauptziele der Migranten waren Nordamerika, Argentinien und Brasilien, daneben sind Chile, Venezuela, Uruguay und Südafrika sowie Australien und Neuseeland zu nennen. Im Zuge der „Großen europäischen Auswanderung" (Hoerder und Knauf, 1992) hatte nahezu ein Zehntel der Bevölkerung dem Kontinent den Rücken gekehrt. Gleichwohl hatte dies wenig Einfluss auf das europäische Bevölkerungswachstum, das war in jener Periode das höchste der Welt, nämlich doppelt so hoch wie im Rest der Welt. Trotz massenhafter Emigration hatte sich die europäische Bevölkerung zwischen 1840 und 1930 mehr als verdoppelt, sie stieg von 194 auf 463 Millionen Menschen (Davis, 1974: 99).

Bemerkenswert ist, dass die Auswanderung aus Deutschland, einst einer der größten Auswandererstaaten, ab etwa 1895 nicht nur stark zurückging sondern Deutschland frühzeitig selber zu einem Einwanderungsstaat wurde, insbesondere für Migranten aus dem Osten, die in die Landwirtschaft nachrückten und in die neuen Industriegebiete an der Ruhr zogen.

Die USA waren seit 1820 das wichtigste Einwanderungsland, bis 1987 sollen bis zu 54 Millionen Menschen eingewandert sein (Castles und Miller, 2003: 57). Die Auswanderer in den USA wurden zunächst überwiegend nicht von der Landwirtschaft, sondern von der Industrie absorbiert, sie migrierten gewissermaßen in die damals modernsten Wirtschaftszweige hinein. An zweiter Stelle an der Liste der Einwandererstaaten stand Südamerika mit etwa 20 Millionen Immigranten (ebenda:

145). Während die Auswanderung gelegentlich Restriktionen unterworfen war und mitunter sogar illegal erfolgte, wie etwa in Teilen Deutschlands, war die Einwanderung anfänglich überwiegend keinen Beschränkungen unterworfen. Die wenigen Restriktionen richteten sich nicht gegen die Zahl der Immigranten, sondern anderen Qualität, so wurde etwa in den USA 1882 die Einwanderung von Chinesen verboten sowie die von politischen Aktivisten, Kranken und, aus moralischen Erwägungen die Einwanderung von allein stehenden und allein erziehenden Frauen. Erst mit dem ersten Weltkrieg ging diese weitgehend liberale Migrationspolitik zu Ende und wurde von protektionistischen Überlegungen abgelöst.

Diese „Große Europäische Emigration" nach Übersee ging einher mit einer ebenfalls umfänglichen innereuropäischen Wanderung, etwa von Polen nach Deutschland und Frankreich, von Spanien nach Frankreich, von Italienern in die Schweiz und von Iren nach England. Zum Teil ersetzten sie nach Übersee ausgewanderten, zum Teil folgten sie zu einem späteren Zeitpunkt aber auch den überseeischen Auswanderern. Besonders interessant ist in diesem Zusammenhang, dass die Daten, die Ravenstein (1885) im Zuge seiner Analysen, die zur Formulierung seiner wenig überzeugenden „Gesetze der Migration" verwendete, zeigten, dass über die Hälfte der britischen Bevölkerung intern mobil war. Das heißt, sie lebten zum Zeitpunkt der Untersuchung wenigsten zwei Kilometer entfernt von ihrem Geburtsort, von diesen lebten 60 Prozent sogar mindestens 26 Kilometer entfernt.

Im Schatten der „Großen Europäischen Migration" steht die etwa zeitgleiche Emigration aus Indien und China, obwohl diese vergleichbare Größenordnungen aufwies. Zwischen 1830 und 1930 emigrierten etwa 30 Millionen Inder, davon 6,3 Millionen für immer, die Mehrheit allerdings nur befristet. Das heißt, es gab nicht nur schon damals eine beachtliche Rückkehrmigration, sondern insgesamt ein beachtliches Maß an Mobilität. Nahezu die Hälfte, rund 42,2 Prozent gingen nach Burma, ein Viertel nach Ceylon, und 19 Prozent nach Britisch Malaya (Davis 1951: 99, 101). Der Rest migrierte nach Afrika, in die Karibik und in den Pazifik. Insgesamt hatten demnach fast 10 Prozent der Bevölkerung Indien verlassen (Davis 1951: 98). Auch in China hat es Formen der Massenmigration gegeben, und dies, obwohl die Auswanderung verboten war. So lebten zu Beginn der 1920er Jahre etwa 8 Millionen Chinesen im Ausland, überwiegend in anderen Regionen Asiens, wie etwa Formosa (das heutige Taiwan), Hong Kong und Macao (32 Prozent); Java, Singapur und den Philippinen (28,3 Prozent); Siam (18,3 Prozent); Annam, Burma und Ceylon (Ferenczi and Willcox 1929: 149). Dies waren aber nur weniger als 2 Prozent der Bevölkerung, insofern waren weitaus weniger Chinesen geographisch mobil, als Inder (zu diesem Absatz siehe Hatton und Williamson, 2004: 12-13). Während der größte Teil der indischen Wanderungen aus der Schuldknechtschaft oder aber aktiven Anwerbepolitiken britischer Institutionen resultierte, erfolgte die chinesische Migration überwiegend frei von direkten Zwängen. Die Ursachen sind in der globalen Dominanz Europas, gepaart mit der industriellen Revolution zu suchen. Kombiniert führte dies zum Kollaps der indischen und chinesischen Textilindustrie. Diese frühe Form der Deindustrialisierung dürfte eine der Voraussetzungen für die Massenmigration gewesen sein (Golub, 2004: 8-9).

Während der Zeit des Zweiten Weltkrieges rissen die transatlantische Migration von Europäern sowie die transpazifische Migration zunächst von Chinesen, und anschließend, nachdem diese Wanderung aus politisch-rassistischen Gründen beendet wurde, von Japanern weitgehend ab. Zudem lehnten sowohl die USA, als auch Kanada die Aufnahme von insbesondere jüdischen Flüchtlingen aus ebenfalls rassistisch-antisemitischen Gründen rigoros ab. Vor diesem Hintergrund erklärt sich, wieso die USA 1942 alternativ ein umfassendes Gastarbeiter-, beziehungsweise Kontraktarbeiterprogramm (*Mexican Contract Labor Agreement*), das so genannte *„bracero program"*, zur Anwerbung von mexikanischen Land- und Eisenbahnarbeitern initiierten, um dem Arbeitskräftemangel während des Krieges zu begegnen. Dieses Programm wurde bis weit über das Kriegsende hinaus Schritt für Schritt bis 1964 verlängert. Es erreichte seinen Höhepunkt erst Ende der 1950er Jahre, als jährlich über 400.000 mexikanische Landarbeiter zeitweise in die USA migrierten. Als das Programm beendet wurde, waren über vier Millionen Mexikaner vorübergehend als Arbeitskräfte in den USA tätig gewesen. Doch diese einmal eingeleitete grenzüberschreitende Arbeitsmigration, so sollte sich bald herausstellen, war nicht mehr zu stoppen. Stattdessen ging die Migration von Gastarbeitern nahtlos über in den Beginn der irregulären Migration von Mexikanern in die USA.

Tabelle 2.1: Massenmigrationen in der Geschichte

Sklavenhandel, 1600-1860		20 Millionen
davon transatlantischer Sklavenhandel		7 – 10 Millionen
Deutsche Ostwanderung, 1750-1900		1, 5 Millionen
Britische Deportationen, 1750-1850		0,31 Millionen
Spanische Kolonialmigration, 1500-1900		2 – 3 Millionen
Europäische Migration, 1500-1850		2 – 3 Millionen
Große Europäische Emigration, 1800-1930		50 - 65 Millionen
Russische Ostwanderung (nach Sibirien), 1800 bis 1900		5 - 7 Millionen
Kuli-Migration aus China, 1840-1920		2,35 Millionen
Indische Emigration, 1830-1930		30 Millionen
Zu- und Auswanderung aus der Türkei, 1800-1923		8 Millionen
Irische Hungermigration, 1845-1855		2,1 Millionen
Migration nach Israel, seit 1948		2 Millionen
Land-Stadtmigration	1950-1980	750 Millionen
	Seit 1980	600 Millionen
Arbeitsmigration/Gastarbeiter	USA, Bracero Programm	4 Millionen
	Europa	18 Millionen
	Naher Osten	12 Millionen
Rückkehrmigration	BRD-Türkei	11 Millionen
	Argentinien-Europa	5,7 Millionen
	GUS/Russland, Umsiedlungen, 1991-1997	10 Millionen
Erzwungene Migration	Vertreibung der Mauren aus Spanien, 1609	0,5 Millionen
	Flucht der Hugenotten aus Frankreich, 1685	0,5 Millionen
	1. Weltkrieg, 1914-1918	6 Millionen
	2. Weltkrieg, 1939-1945	60 Millionen
	Einwanderer in der BRD, 1957	12,5 Millionen (25 %)
	Teilung von Britisch Indien 1947	17 Millionen
Erzwungene Migration, 1995	International	10 Millionen
	Binnenflüchtlinge	15-20 Millionen

Quelle: Eigene Zusammenstellung anhand einer Vielzahl von Quellen. Es handelt sich nicht in jedem Fall um plausible Angaben.

Die Migration nach dem Zweiten Weltkrieg hatte unterschiedliche Ursachen, erstens die Vertreibung im Gefolge des Krieges und der Verschiebung von Staatsgrenzen (Polen), zweitens die Absetzbewegung aus den nun kommunistischen osteuropäischen Staaten, drittens die massenhafte Emigration aus dem zerstörten Europa, viertens die Vertreibungen im Rahmen von dem Zweiten Weltkrieg folgenden Konflikten (Indien, China, Koreakrieg), fünftens die Enttäuschung der Erwartungen in die neue Unabhängigkeit vieler ehemaliger Kolonien, und sechstens die Anwerbung von Arbeitskräften in Europa. Castles und Millers (2003) Interpretation, es habe sich zwischen 1945 und 1973 überwiegend um ökonomische Migration gehandelt, bedenkt man diese Konflikte, ist wenig plausibel.

Die Massenmigration erfolgte häufig in wenig zukunftsträchtige und veraltete Industrien. So waren die Eisenschmelzen, Metallverarbeitungsbetriebe und Textilfabriken in Großbritannien, die ab 1955 die karibischen und asiatischen Einwanderer absorbierten überwiegend nicht nur unbeliebt bei der einheimischen Bevölkerung sondern stammten auch aus der Zeit der industriellen Revolution. Es waren genau diese Industrien, die ab 1973 in die Krise gerieten und der Deindustrialisierung und Restrukturierung zum Opfer fielen. Dies unterschied sie in signifikanter Weise von der Massenmigration nach Amerika 100 Jahre zuvor, die in die damals modernsten und zukunftsträchtigsten Industrienerfolgte. Dennoch ist unbezweifelt, dass die Migrationen der Nachkriegszeit Wirtschaftswachstum generierten, je höher die Immigrationsrate, desto höher das Wachstum (Deutschland, Schweiz, Frankreich, Australien), und je niedriger die Zuwanderungsrate, desto niedriger das Wachstum (Großbritannien, USA) (Kindleberger, 1967).

Nachdem Amerika und Afrika schon im vorherigen 19. Jahrhundert in interkontinentale Migrationsbewegungen eingebunden waren (von Afrika und Asien nach Nord- und Südamerika, von Asien nach Afrika) erfuhr Europa erst ab etwa 1950 asiatische, afro-karibische und afrikanische Massenimmigration. Dies ging zum Teil auf den Einsatz von Soldaten aus den Kolonialgebieten während der beiden Weltkriege zurück. Diese blieben zum Teil in Europa, zum Teil kamen sie nach ihrer Demobilisierung anschließend wieder nach Europa zurück. Innerhalb des britischen Empires herrschte weitgehende Bewegungsfreiheit, alle Untergebenen hatten die britische Staatsbürgerschaft und konnten prinzipiell in Großbritannien einreisen, eine Arbeit aufnehmen und sich dort niederlassen. Innerhalb des französischen Empires galten zwar Reisebeschränkungen, die aber kaum durchgesetzt wurden, insbesondere nicht für Untergebene aus Nordafrika. Aber auch die Anwerbepolitik vieler anderer europäischer Staaten mit den ehemaligen Kolonien (Marokko, Tunesien), aber auch mit der Türkei, hatte dazu beigetragen, dass sich die Migrationen nach Europa diversifizierte. Nach dem Bau des Eisernen Vorhangs wurde die herkömmliche Ost-Westmigration geradezu durch die Süd-Nordmigration ersetzt. Dies galt insbesondere für West-Deutschland und Österreich, so zogen zwischen 1950 und 1960 rund 3,5 Millionen Menschen aus Ost- nach Westdeutschland, während Österreich Flüchtlinge aus Ungarn und der Tschechoslowakei aufnahm. Schon 1957 setzte die Migration von italienischen Gastarbeitern nach Deutschland ein. Aber erst 1960 und 1961, nachdem der Ostblock seine Grenzen geschlossen hatte, setzte die Migration aus den anderen Anwerbestaaten ein (Jugoslawien, Griechenland, Spanien, Türkei, Portugal, Tunesien). 1980 lebten in Westeuropa etwa 13.024. 000 Immigranten dauerhaft, teils hatten sie die Staatsbürgerschaft, wie etwa in Großbritannien, überwiegend galten sie aber als Ausländer. Die Mehrheit kam jedoch nur vorübergehend nach Europa und verließ den jeweiligen Staat nach einigen Arbeitsjahren wieder. Dennoch war die Zahl trotz der 1973 erlassenen Anwerbestopps bis 1995 auf knapp 20 Millionen angestiegen, überwiegend aufgrund von Familienzusammenführung, aber auch durch Flüchtlingswanderungen sowie Migration aus dem Osten.

Ab etwa 1973 erließen alle europäischen Staaten Anwerbestopps. Dies war eine Konsequenz der einsetzenden Rezession, des abnehmenden Wachstums und damit einhergehender abnehmender Nachfrage nach Arbeitskräften. Derselbe Zeitraum war darüber hinaus durch die so genannte Ölkrise, erste Versorgungsengpässe, vor allem aber durch steigende Erdölpreise gekennzeichnet. Dadurch flossen kontinuierlich ansteigende Geldströme in die erdölfördernden Staaten, insbesondere in den mittleren Osten. Dieses Geld löste einen enormen Wachstumsprozess in diesen Staaten aus, der wiederum, da es sich um bevölkerungsarme Staaten handelte, eine stark wachsende Nachfrage nach Arbeitskräften zur Folge hatte. Anfang der 1979er Jahre begann also der Mittlere Osten Nordeuropa als Hauptgastarbeiterregion abzulösen. Zunächst kamen die überwiegend männlichen Arbeitskräfte vor allem aus den Nachbarstaaten, wie etwa Palästina, Jordanien, Pakistan und der Türkei. Doch schon bald stieg auch die Nachfrage nach weiblichen Arbeitskräften, Krankenschwestern und Haushaltskräften beispielsweise. Die kamen anfänglich vor allem von den Philippinen, 250.000 Mitte der 1990er, dann aber auch aus Indonesien, dies waren Mitte der 1990er Jahre bis zu 200.000 Frauen (Hugo, 1998: 108).

Die Nachfrage nach Migrationsarbeitskräften im Mittleren Osten korreliert mit der Zunahme der Abwanderung aus Südost-Asien. Abgesehen von den Philippinen, wo die Regierung Migration seit 1972 fördert, wurde in Südostasien bis in die späten 1970erJahre hinein kaum internationale Arbeitsmigration beobachtet. So registrierte Thailand 1977 nur 3.851 Emigranten und nur Indonesien 3.675 (Hugo, 1998). Dies änderte sich schlagartig mit dem Beginn der 1980er Jahre, als diese Staaten die Bühne des internationalen Migrationsgeschehens betraten. So hatte sich in Thailand die Zahl der Emigranten zwischen 1977 und 1982 mehr als verdreißigfacht. Hugo gibt für diese Entwicklung keine Gründe an, verweist zwar auf die zu jener Zeit steigende Nachfrage in Hongkong und Japan, doch die vermag allenfalls die Einreise in diese Staaten, aber nicht die Ausreise aus den Herkunftsstaaten von Migration zu erklären. Die Ursachen müssen im Niedergang der Preise für Rohstoffe und Naturprodukte, den Niedergang der Landwirtschaft, der internationalen Verschuldungskrise nahezu aller Entwicklungsstaaten sowie in den durch den IWF diktierten Strukturanpassungsprogrammen gesucht werden. Preisverfall, Deregulierung, Einkommensumverteilung zu Ungunsten der breiten Bevölkerung und die Verarmung von über 4 Millionen Menschen müssen als entscheidender Faktor zur Erklärung der plötzlich einsetzenden massenhaften Migration betrachtet werden (siehe u.a. Coxhead und Plangpraphan, 1998).

In den späten 1990er Jahren setzte eine weitere Phase internationaler Migration in die OECD-Staaten ein. Besonders augenfällig war die teils unbefristete, überwiegend aber befristete Zuwanderung von Fachkräften und Experten, die überwiegend aktiv angeworben werden. In deren Schatten erfolgte die Zuwanderung von ungelernten Arbeitskräften in diverse Sektoren, vor allem jene Industrien, die nicht ausgelagert werden konnten, wie etwa der Dienstleistungssektor. Diese Form Zuwanderung von ungelernten Arbeitskräfte verlief überwiegend an den Gesetzen vorbei und wurde als „illegale Migration" diskreditiert. Seit dem Beginn des dritten Jahrtausends werden allerdings zunehmend auch legale Migrationskanäle für diese Form der Migration eingerichtet.

Periodisierung

Aus der Perspektive von Historikern ist Migration nicht immer dasselbe, sondern lässt sich anhand einer Reihe von Faktoren differenzieren. Einerseits hängt Migration von diversen Faktoren ab: veränderlichen Ursachen, Bedingungen, Variabilität von Ausmaß, Absicht, Geschwindigkeit und Konsequenzen. Migration weist zudem veränderliche Typologien, Ursprünge und Richtungen auf. Insofern lassen sich zwar zahllose Migrationen ausmachen, die aber jeweils im Rahmen einer historisch signifikanten Epoche erfolgen. Insofern sind diese Migrationen ihrerseits historisch signifikant und können anhand der Periode, in der sie zu beobachten waren, als auch anhand eines für diese Epoche charakteristischen Migrationstypus identifiziert werden (Williamson, 1995). Die Geschichte der modernen Migration kann nach sechs Epochen unterschieden werden (siehe Tabelle 2.2).

Diese Periodisierung ist allerdings nicht unumstritten. Castles und Miller (2003: 68) subsumieren (iii) und (iv) unter eine Ära der Nachkriegsmigration, die von 1945 bis in die frühen 1970er Jahre reicht. Marrus (1999) spricht stattdessen von einem ununterbrochenen „Jahrhundert der Flüchtlinge", welches von 1914 bis weit in die 1990er Jahre hineinreicht. Und Hatton und Williamson (2005) setzenden Beginn der Globalisierung und damit den Beginn von damit zusammen hängenden Migrationsbewegungen auf den Beginn des 19. Jahrhunderts.

Tabelle 2.2: Epochen moderner Migrationen

Epoche	Zeitalter	Charakteristika
I	Merkantile Periode (1500 – 1800)	Sklaven und Kolonisten.
II	Industrialisierungsperiode (19. Jahrhundert bis etwa 1914)	Europäische, aber auch indische und chinesische Emigranten.
III	Periode der Weltkriege (1914 – 1950)	Vertrieben und Flüchtlinge.
IV	Fordistische Periode (ab den 1950er Jahren)	‚Gastarbeiter', Migration kolonialer Arbeitskräfte in die Zentren und koloniale Rückkehrmigration.
V	Post-industrielle Periode (Anwerbestopp in Europa) (1970-1990)	Umleitung von Arbeitsmigration in die Golfregion.
VI	Periode der einsetzenden Globalisierung (Zusammenbruch des Ostblocks, Beginn der post-kommunistischen Periode, politische und ökonomische Transformation, Beginn globaler ökonomischer Integration) (seit 1990)	Typisch für die Übergangsphase waren Flüchtlinge, seither Diversifizierung und Intensivierung von Migration.

Quellen: 1-4 nach Massey, et al. 1998; 5 nach Held and McGrew, 1999

Grafik 2.1: Perioden europäischer Migration

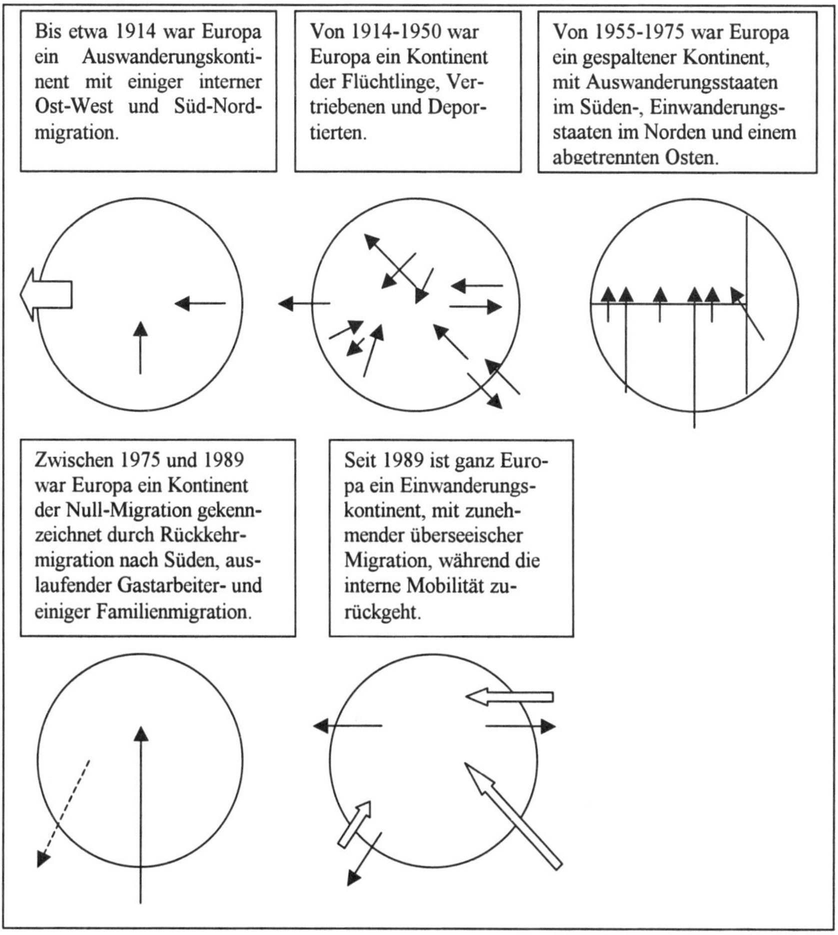

| Bis etwa 1914 war Europa ein Auswanderungskontinent mit einiger interner Ost-West und Süd-Nordmigration. | Von 1914-1950 war Europa ein Kontinent der Flüchtlinge, Vertriebenen und Deportierten. | Von 1955-1975 war Europa ein gespaltener Kontinent, mit Auswanderungsstaaten im Süden-, Einwanderungsstaaten im Norden und einem abgetrennten Osten. |

| Zwischen 1975 und 1989 war Europa ein Kontinent der Null-Migration gekennzeichnet durch Rückkehrmigration nach Süden, auslaufender Gastarbeiter- und einiger Familienmigration. | Seit 1989 ist ganz Europa ein Einwanderungskontinent, mit zunehmender überseeischer Migration, während die interne Mobilität zurückgeht. |

Schlussfolgerungen

Die angeführten Zahlen zur Größenordung historischer Wanderungen lassen, im Vergleich mit den Eingangs genannten Zahlen zum aktuellen weltweiten Migrationsgeschehen Zweifel an der Annahme aufkommen, dass Migration in der Moderne sowie mit dem Zeitalter der Globalisierung signifikant oder gar sprunghaft zugenommen habe. Vielmehr scheint Migration ein historisches Kontinuum zu sein, mit periodisch ab-, beziehungsweise zunehmendem Volumen, ohne das hier ein eindeutiger Trend auszumachen wäre. Insbesondere die hohe Mobilität der europäischen Bevölkerungen im Mittelalter, weist darauf hin, dass schon damals der Fluss von Informationen, beispielsweise über Großbauprojekte, zumindest kontinentale Reichweite hatte, und auch, dass die Mobilität von Menschen selbst über große Distanzen mit den damals zur Verfügung stehenden Transportmitteln bereits möglich war. Dies relativiert einige im Rahmen des Globalisierungsdiskurses verbreitete Annahmen, wonach globale Mobilität neu und in Abhängigkeit von den technologischen Entwicklungen und Informations- und Transporttechnologie zusehen sein.

Aufgrund der Richtung und Größenordnung von Migration – bis 1930 war Europa eine der größten Entsenderegion, seit 1950 ist Europa eine der größten Empfängerregionen -könnte geschlossen werden, Migration hätte sich umgekehrt (Davis, 1974: 100). Diese Schlussfolgerung drängt sich insbesondere anhand der spanisch-nordeuropäischen Migration auf: während in der Nachkriegszeit zwischen 1950 und 1970 Hunderttausende Spanier zum Arbeiten nach Deutschland, Holland, Spanien und teils auch Großbritannien migrierten und dort zum Teil bis heute siedeln, sind seit 1980 Hunderttausende Nordeuropäer befristet oder dauerhaft nach Spanien migriert, teils um dort ihren Lebensabend zu verbringen, doch zunehmend auch um dort Arbeit aufzunehmen oder Geschäften nachzugehen. Migration, dass illustriert dieses Beispiel ist keineswegs unidirektional, sondern verbindet Migrationsräume und ermöglicht und generiert Wanderungen in jede Richtung.

2. Gegenwärtige internationale Migration

Üblicherweise werden für die neuzeitliche Migration drei Zahlen verwendet. Demnach lag die Größenordnung internationaler Migration 1965 bei etwa 75 Millionen Menschen, 1990 bei 120 Millionen und 2000 bei 175 Millionen. Für das ungeübte Auge kann der Eindruck entstehen, dass Migration, da sich die absoluten Zahlen zwischen 1965 und 1995 verdoppelt haben, stark zugenommen hat. Eine weitere Messgröße, nämlich der Anteil der Migranten an der Weltbevölkerung zeigt aber, dass die zunächst konstant geblieben ist, sie lag 1965 und 1990 bei 2,3 Prozent. Dies erklärt sich daraus, dass sich in dem fraglichen Zeitraum auch die Weltbevölkerung fast verdoppelt hat. Die stieg von 2,5 Milliarden 1950 auf 6 Milliarden Menschen 2000. 1980 erreichte das durchschnittliche Bevölkerungswachstum mit rund 87 Millionen Menschen seinen Höhepunkt und fällt seither steil ab, auf 75 Millionen 2000 und prognostizierten 40 Millionen in 2050 (UN, 2000a). Während also der Anteil von internationalen Migranten gleich blieb, stieg ihre absolute Zahl entsprechend der Zunahme der Weltbevölkerung ebenfalls an (vergl. Zlotnik, 1998).

Tabelle 2.3: Weltbevölkerung in Milliarden, 1950-2000

Jahr	1950	1960	1970	1980	1990	2000
Bevölkerung	2,5	3,0	3,7	4,4	5,3	6

Die Bevölkerungswachstumsrate hatte dagegen bereits 1965 ihren Höhepunkt erreicht, 2,1 Prozent und nimmt seither kontinuierlich ab. Die globale demographische Entwicklung befindet sich in einer langfristigen Transitionsphase, sowohl die Geburten, wie auch die Sterblichkeitsrate gehen zurück (Bongaarts und Bulatao, 2000: 156). Demgegenüber liegt die Wachstumsrate internationaler Migration allerdings seit etwa 1985 mit 2,6 Prozent über der des Bevölkerungswachstums. Das heißt, dass, während bis 1965 Bevölkerungswachstum und Migrationwachstum sowohl in absoluten Zahlen, wie auch in Wachstumsraten parallel verliefen, wächst internationale Migration seit 1985 in einem stärkeren Maße an, als die Bevölkerung. Bereits 1960 hatte es mit einem weltkriegsbedingten Anteil von 2,5 Prozent ein erstes Hoch gegeben. Nach einem Rückgang 1975 auf 2,1 Prozent stieg der Anteil internationaler Migranten an der Weltbevölkerung auf 3 Prozent in 2005 an. Seit etwa 1985 kann also wieder von einer Zunahme internationaler Migration gesprochen werden (siehe Tabelle 2.4). Es ist jedoch zu bedenken, dass diese Zahlen die Untergrenze widerspiegeln, da sie illegale Migration und temporäre Migration nur ungenügend berücksichtigen.

Tabelle 2.4: Internationale Migration in Millionen und Anteil an der Weltbevölkerung in Prozent

Jahr	1965	1975	1985	1995	2005
Bevölkerung	75,2	84,5	105,2	125	180
Anteil der Migranten	2,3	2,1	2,2	2,5	3

Quelle: Zlotnik, 1998; Bongaarts und Bulatoa, 2000: 158; United Nations, 2003

Table 2.5: Schätzung der Anzahl der Ausländer nach Hauptmigrationsregionen, 1995, exklusive Flüchtlingen (ILO, 1998) in Millionen*

Region	Ökonomisch aktiv	Angehörige	Gesamt
Afrika	6-7	12-14	18-21
Nordamerika	8	8-10	16-18
Zentral und Südamerika	3-5	4-7	7-12
Süd-, Südost- und Ostasien	2-3	3-4	5-7
Westasien (Arabische Staaten)	6	2-3	8-9
Europa**	11-13	15-17	26-30
Gesamt	36-42	44-55	80-97

* Ausländer, nicht die im Ausland geborenen, einschließlich eventuell irregulärer Migranten.
** Die Zahlen enthalten alle im Ausland geborenen Personen, nur Ausländer sind es rund 9 Millionen ökonomisch aktive und 13 Millionen Angehörige.

Internationale Migranten sind nicht gleichmäßig über den Globus verteilt. 1990 hielten sich demnach 45 Prozent aller internationalen Migranten in den Industrienationen auf und 55 Prozent in den so genannten Entwicklungsländern. Und zwar überwiegend in Asien (36 Prozent), Europa und Russland (21 Prozent) sowie Nordamerika (20 Prozent). Zwischen 1970 und 1990 wurden Mexiko (6 Millionen), Bangladesh (4,1 Millionen), Afghanistan (4,1 Millionen), Pakistan, Philippinen, Vietnam, Algerien, Ägypten, Sri Lanka (1,5 Millionen) Liberia, Ruanda, Polen und Bosnien-Herzegowina als Hauptemigrationsstaaten betrachtet. Die Haupteinwanderungsstaaten waren die USA (16,1 Millionen), die GUS (4,1 Millionen), Saudi Arabien (3,4 Millionen) und Indien (3,3 Millionen) (IOM, 2003). Merkwürdigerweise wird Venezuela mit seinen bis zu vier Millionen Immigranten (Castles und Miller, 2003: 147), ein Fünftel der Bevölkerung, nicht aufgeführt. Unter den 15 Staaten, aus denen 1995 die meisten Migranten kamen, waren nur noch drei der Periode 1970-90 darunter, (Mexiko, Pakistan, Vietnam), ansonsten waren dies China, Indien, Philippinen, Indonesien, Iran, Ukraine, Albanien, und Kasachstan. Signifikant an diesen Zahlen ist, dass die Mehrheit der Migranten in Entwicklungsländern zu finden ist.

Graphik 2.2: Globale Verteilung internationaler Migration

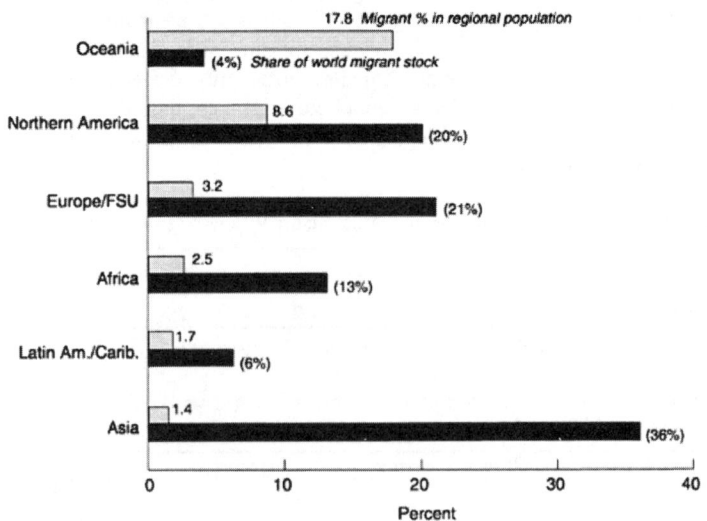

Region	Migrant % in regional population	Share of world migrant stock
Oceania	17.8	(4%)
Northern America	8.6	(20%)
Europe/FSU	3.2	(21%)
Africa	2.5	(13%)
Latin Am./Carib.	1.7	(6%)
Asia	1.4	(36%)

Aus: Bongaarts und Bulatao, 2000: 160

Karte 1: Nettomigration, 1990-2005

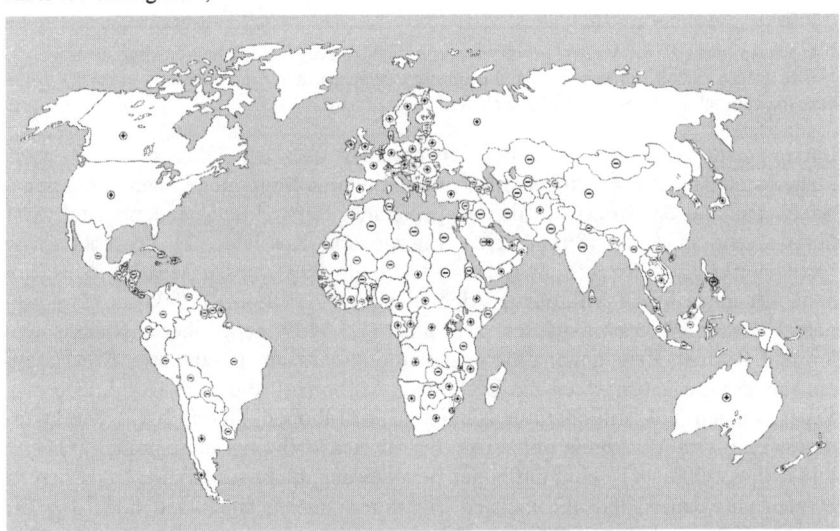

Die Karte illustriert, dass von den 81 Nettoempfängerstaaten von Migration 27 Staaten zu den Industriestaaten und 47 zu den Entwicklungsländern gehören, 22 allein in Afrika. Dieses Bild wandelt sich allerdings beständig und schnell.

Tabelle 2.6: Netto-Migration in Promille nach Kontinenten, 1990-1995

Region	Europa	Nord-Amerika	Süd-/Mittel-Amerika	Ozeanien	Asien	Afrika
Netto-Migration	1.4	3.4	-1.2	3.4	-0.4	-0.3

Quelle: Aus Bongaarts und Bulatao, 2000: 161

Die Mehrzahl dieser Wanderungsprozesse sind allerdings von regionaler Natur, sie verlaufen zwischen Nachbarstaaten, einander gegenüber liegenden Staaten, beziehungsweise innerhalb von spezifischen Migrationssystemen. Der jährliche OECD Bericht, Trends in International Migration, 2003 (: 38-39) listet 20 Staaten sowie die jeweils zehn Hauptherkunftsstaaten von Migration auf.

Tabelle 2.7: OECD-Staaten und Hauptherkunftsländer von Immigranten in 2001

Zielstaat	Herkunftsstaat*				
Australien	Neuseeland	Großbritannien	China	Süd-Afrika	Indien
Belgien	Niederlande	Frankreich	Marokko	Türkei	Polen
Dänemark	Irak	Afghanistan	Norwegen	Somalia	Deutschland
Deutschland	Polen	Türkei	Jugoslawien	Italien	Russland
Finnland	Russland	Estland	Schweden	Thailand	Somalia
Frankreich	Marokko	Algerien	Türkei	Tunesien	USA
Großbritannien	USA	Indien	Australien	Süd-Afrika	Philippinen
Italien	Albanien	Rumänien	Marokko	China	Polen
Japan	China	Philippinen	Brasilien	Korea	USA
Kanada	China	Indien	Pakistan	Philippinen	Korea
Niederlande	Großbritannien	Deutschland	Marokko	Türkei	USA
Norwegen	Schweden	Dänemark	Irak	Deutschland	Somalia
Österreich	Deutschland	Türkei	Bosnien	Jugoslawien	Kroatien
Portugal	Angola	Kap Verde	Brasilien	Spanien	Guinea-Bissao
Schweiz	Deutschland	Jugoslawien	Frankreich	Italien	Großbritannien
USA	Mexiko	Indien	China	Philippinen	Vietnam

* Die Herkunftsstaaten sind in der Reihenfolge ihrer Bedeutung aufgelistet.

Typisch erscheint demnach die Migration zwischen Nachbarsstaaten, wie etwa Australien-Neuseeland, Belgien-Niederlande, Deutschland-Polen und so weiter, oder aber zwischen dem ehemaligen Empire und den früheren Kolonien, wie etwa Großbritannien-Indien, Italien-Albanien oder Portugal-Angola. In der Regel lassen sich ein bis drei Hauptherkunftsstaaten ausmachen. Ausnahmen lassen sich, wie etwa im Fall Kanada, das überwiegend asiatische Migration anzieht, anhand von dementsprechenden Anwerbepolitiken erklären, oder aber aufgrund großer Zahlen von Flüchtlingen. Dies trifft insbesondere auf die skandinavischen Staaten zu, dorthin gelangen Flüchtlinge beispielsweise im Rahmen von internationalen Abkommen, und auf Pfaden, die außerhalb der üblichen Migrationssysteme liegen. Andere, eher untypische oder neue Wanderungen lassen sich aber auch mit dementsprechenden politischen Reizen erklären, dies trifft beispielsweise auf Kanada zu.

2.1 Ost-West und Ost-Ost-Migration

Die sozio-ökonomischen, politischen und demographischen Rahmenbedingungen für Ost-Ost- und Ost-Westwanderungsbewegungen sind höchst komplex. Einerseits ist die Auflösung der Sowjetunion anhand von zahllosen bewaffneten – überwiegend ethnischen – Konflikten erfolgt. Andererseits hat der Systemwechsel Millionen von Menschen die sozialen Sicherheiten der sozialistischen Ära geraubt: es gingen mehr Arbeitsplätze verloren, als neue geschaffen wurden; die subventionierten Einkommen und Sozialbezüge sanken, während die Preise für viele Konsumgüter stiegen. Aber auch das politische Leben wurde liberalisiert, dazu gehörte, dass Russland, die Ukraine und andere Staaten der GUS eine Politik der offenen Grenzen und relativen Bewegungsfreiheit praktizieren. In Russland sowie den Mittel- und Osteuropäischen Staaten (MOE) wurden dieselben demographischen Entwicklungen beobachtet, wie im Westen – Geburtenrückgang, Alterung, Bevölkerungsrückgang –, teils sind sie sogar ausgeprägter, wie etwa in Russland. Einige Republiken implodierten regelrecht in Bürgerkriege, in anderen entwich das Konfliktpotential in Form von Migration, während wieder andere in einem Status Quo verharrten.

Gegenwärtig wird Ost-Westmigration vor allem mit dem Fall des Eisernen Vorhangs 1989, sowie mit der EU-Osterweiterung 2004 assoziiert. Richtig ist aber, dass Migration bereits vor 1989 beobachtet wurde, und zwar zum einen innerhalb des Ostblocks (Morokvasic, 1994) als auch zwischen Ost und West. Einige Staaten, namentlich Polen, Ungarn, Jugoslawien und andere süd-osteuropäische Staaten zeichneten sich bereits seit Anfang der 1980er Jahre durch relative liberale Politiken aus. Demnach emigrierten zwischen 1981 und 1990 rund 2,5 Millionen Menschen aus Osteuropa, weniger als ein Prozent der Bevölkerung (Okólski, 1994: 133). Deutschland war aufgrund seiner Aussiedlerpolitik (350.000 Menschen) sowie der befristeten Anwerbung von Arbeitskräften das Polen, Hauptziel dieser Wanderungen. Okólski diagnostiziert, dass Migration aus Polen zunächst die Form von Auswanderung angenommen hatte. Dies begann sich allerdings mit dem Zusammenwachsen Europas und der Liberalisierung der Migrationspolitik auf beiden Seiten der Grenze zu ändern. Mit dem Beginn der 1990er Jahr nahm sowohl die Rückkehrmigration, als auch die temporäre und Pendelmigration zu (ebenda: 138).
Auch die Ukraine war ein in migrationspolitischer Hinsicht höchst aktives Land, da es aber innerhalb der Sowjetunion eines der wohlhabendsten war, hielten sich bis Zu- und Abwanderung auf hohem Niveau in etwa die Waage. Allein zwischen der Ukraine und Russland waren es von 1989-1990 7,5 Millionen Menschen, Ukrainer waren „die mobilste" Gruppe innerhalb der damaligen UDSSR (Shamsur und Malinovska, 1994: 150). Die Immigration war zunächst überwiegend ethnische Migration, Rückkehrmigration unter Stalin deportierter Völker sowie Flüchtlinge, dieser Bewegung lief allerdings bereits Ende der 1980er Jahre aus und wurde von der Arbeitsmigration abgelöst. Zwar war auch die Auswanderung zunächst überwiegend ethnische Migration, etwa nach Israel, Deutschland, Polen oder Griechenland, aber auch simultan Arbeitsmigration. 1994 wanderten erstmals mehr Menschen aus (überwiegend Rückkehrer nach Russland), als ein. Zudem wurden jährlich rund 2 Millionen temporäre Ausreisen gezählt, überwiegend nach Russland und Polen, die nicht touristischen Zwecken dienten. Polen wurde damit selbst zum Zielstaat von Migration, so sollen 1995 bis zu 800.000 Ukrainer in Polen geschäftlich oder als Arbeitsmigranten tätig gewesen sein (Okólski, 2004: 41). Laut Pirozhkov (1996) arbeiteten 1994 insgesamt fünf Prozent der ukrainischen Arbeitnehmer ganz, und 21 Prozent teilweise im Ausland, insgesamt sieben Millionen Menschen. Die vor-

herrschende Form sind allerdings jährlich drei bis acht Geschäftsreisen von jeweils bis zu sieben Tagen, so genannte Einkaufsfahrten. Angesichts solcher Zahlen relativiert sich allerdings auch die so genannte Visa-Affäre in Deutschland (2005), die hatte sich anhand von Vereinfachungen bei der Visa-Erteilung für Ukrainer entzündet, woraufhin die Anzahl der erteilten Visa vorübergehend von 152.000 1999 auf 329.000 2001 anstieg.

Aber auch Russen erwiesen sich nach dem Ende der Sowjetunion, teils gezwungenermaßen, als recht mobil, millionenfach repatriierten sie nach der Unabhängigkeit der ehemaligen Sowjetrepubliken zurück nach Russland, bis 1996 etwa 4,2 Millionen Menschen. Auch dies war eine Form der ethnischen Migration. Nicht zu unterschätzen ist auch die Migration, besser gesagt Vertreibung aufgrund von ökologischen Desastern, wie etwa der 700.000 Flüchtlinge des Atomunfalls von Tschernobyl.

Tabelle 2.8: Lohngefälle zwischen Ost und West (2005) in Euro (Durchschnittseinkommen brutto)

Deutschland 2.436*	Slowenien	1080	Rumänien	200
	Ungarn	540	Bulgarien	130
	Polen	530	Russland	115
	Tschechien	510	Weißrussland	77
	Estland	390	Kasachstan	72
	Slowakei	370	Ukraine	65-70
	Litauen	320	Tadschikistan	6
	Lettland	300		

Quelle: Eigene Zusammenstellung; * 2003 laut BfA

Aus dieser Tabelle lässt sich allerdings weder die Kaufkraft ablesen, noch enthält sie den Einflussfaktor Arbeitslosigkeit. Weder lassen sich daran Einkommensunterschiede zwischen Männern und Frauen, noch zwischen Stadt und Land erkennen. Gleichwohl lässt sie sehen, dass häufig bereits die Wanderung in einen anderen osteuropäischen (Nachbar-) Staat ökonomisch sinnvoll erscheint, insbesondere wenn es sich um Migration von benachteiligten Gruppen oder aus Regionen mit einem unterdurchschnittlichen Einkommen handelt. Im Fall jener Migranten etwa, deren Einkommen laut Pirozhkov (1996) bei nur 5-15 Euro liegt, also weit unter dem Durchschnitt, sind Gewinne von 200-300 Euro, wie sie der Wanderhandel pro Reise abwirft, ausgesprochen gewichtig.

Nichtsdestotrotz migrieren Osteuropäer auch über größere Distanzen nach Westeuropa. Dies erfolgte allerdings überwiegend in Form von ethnischer Migration von 2,6 Millionen Aussiedlern sowie 1,2 Millionen Juden (1989-1998). Die Besonderheit dieser Wanderung bestand darin, dass sie von den Zielstaaten Deutschland und Israel explizit gewollt war. Nicht zu vergessen ist, dass sie endlich ist. Allerdings analysiert Okólski (2004: 38), dass Ost-West-Migration nach einem ersten Höhepunkt nach dem Fall des Eisernen Vorhangs 1992/93 zu sinken begann. Dies ging einher mit einem Übergang von dauerhafter zu befristeter Migration. Die Gründe liegen in einer Kombination aus politischen Restriktionen, neuen Migrationsstrategien sowie steigenden Einkommen im Osten.

Die Zeitschrift *Der Spiegel* (Nr. 8, 2005: 82) hat angenommen, dass Anfang 2005 rund 600.000 Osteuropäer legal und weitere eine Millionen irregulär („schwarz") in Deutschland gearbeitet haben. In Großbritannien haben sich zwischen dem Beitrittsmonat Mai 2004 und Juni 2005 rund 176.000 osteuropäische Arbeitskräfte registrieren lassen (Home Office, 2005). Aus diesen Zahlen kann allerdings nicht geschlossen werden, dass sich die Arbeitnehmer dauerhaft oder langfristig in den alten EU-Staaten aufgehalten haben, zum Teil werden sie, wie zuvor auch schon, nur vorübergehend in diesen Staaten gearbeitet haben. Dennoch stellt etwa die *Süddeutsche Zeitung* (5./6.3.2005: 14) fest, „das Erstaunlichste ist: Die britische Wirtschaft hat diese Zuwanderer einfach aufgesogen, ohne dass eine Spur zu sehen wäre". Nicht nur ein Hinweis auf das seit 1989 herrschende Wirtschaftswachstum, die Vollbeschäftigung und darüber hinaus existierende große Nachfrage nach Arbeitskräften, sondern auch ein Indiz für den unaufgeregten politischen Umgang mit dieser Zuwanderung sowie der sozialen Integrationsfähigkeit des Landes. Tatsächlich ist es aber nicht allein das Wirtschaftswachstum, welches die Voraussetzungen für die ökonomische Integration von Migranten schafft, vielmehr ist es ebenso richtig, dass Zuwanderung dieses Wachstum und insbesondere den Arbeitsplatzzuwachs generiert (siehe Kapitel 9).

Eine spezifische Form der Ost-Ostmigration ist die Wanderung von Chinesen nach Russland, vor allem in die östlichen Provinzen. Mit der Perestroika wurden die Grenzen zwischen beiden Staaten teilweise geöffnet. Damit wurden die Voraussetzungen für eine Wiederbelebung traditioneller Handelswege geschaffen. Insbesondere das im innerrussischen Vergleich hohe Wirtschaftswachstum der östlichen Provinzen sowie die hohen Löhne generieren eine Nachfrage nach Konsumgütern, die vor allem durch Importe aus China gedeckt wurden. Ähnlich wie an den osteuropäischen Grenzen folgte eine Form des grenzüberschreitenden Wanderhandels, der zunehmend in Arbeitsmigration, befristete Niederlassung und illegale Migration überging. Dies geschah zwar nicht massenhaft, Minakir (1996) geht von höchstens 80.000 Migranten 1993 aus, die aber ein hohes Maß an politischer Aufregung und anti-chinesischen Ressentiments provozierten. Nach einer Phase von Migrationsbeschränkungen hat sich die chinesisch-russische Migration allerdings weiter entfaltet. Neu sind auch die chinesischen *Communities* in Ungarn, Bulgarien und Tschechien, oder Vietnamesen in Polen und Tschechien. In Städte, wie etwa Prag mit seinem Ausländeranteil von über 10 Prozent (Okólski, 2004: 42), haben sich multikulturelle Bevölkerungen gebildet. Insgesamt sollen in den MOE-Staaten außerdem zwischen 150.000 bis 250.000 Migranten aus Afrika und Asien leben. Dies zeigt, dass die MOE-Staaten ebenfalls in das globale Migrationsgeschehen integriert sind.

Auf dem Gebiet des ehemaligen sowjetischen Empire ist ein neuer Migrationsraum entstanden, der alle Gebiete innerhalb dieses Raumes, aber auch der benachbarten Regionen umfasst. Seit etwa 1988 hat das Volumen von Migrationsbewegungen beträchtlich zugenommen. Migration innerhalb dieses Raumes übersteigt die Emigration bei weitem. Die im Westen geäußerten Befürchtungen massenhafter Westwanderungen haben sich nicht materialisiert, vielmehr nehmen die ökonomischen Anreize beständig ab. Stattdessen sind neue Migrationssysteme entstanden. In deren Zentrum befindet sich Russland selbst, welches in hohem Maße Migration anzieht und auf die Landkarte der großen Zielgebiete von Wanderungsbewegungen gesetzt werden muss. Dies gilt zunehmend aber auch für Polen, Ungarn und die Tschechische Republik. Obwohl von russischer Seite mit Skepsis betrachtet, ist beispielsweise chinesische Immigration, beziehungsweise Wanderhandel ein nicht zu unterschätzender Wirtschaftsfaktor. Tatsächlich beginnen sich sowohl die osteuropäischen Gesellschaften zu diversifizieren, als auch beginnen die scharfen politischen und vielleicht sogar ethnischen Grenzen im Osten zu verschwimmen.

2.2 Süd-Süd-Migration

Süd-Südmigration als Terminus hat zweierlei Bedeutungen: zum einen bezeichnet er die geographische Richtung der Migration, also von einem südlichen in einen anderen südlichen Staat; in einem anderen, übertragenen, Sinne meint er allerdings die Migration von einem in einen anderen Entwicklungsstaat, unabhängig davon, wo diese Staaten liegen. In diesem Fall ist „Süd" eine Metapher für „unterentwickelt". Neu ist die Süd-Südmigration nicht, denkt man an die Migration von vielen Millionen Indern nach Ostafrika, Trinidad und Britisch-Guajana, oder von China in das damalige Siam, neu ist vielmehr die Zurkenntnisnahme und Erforschung dieser Form der Migration, denn lange wurde der internationale Migrationsdiskurs dominiert von der Wanderung in die westlichen Industrienationen.

Schon jetzt übersteigt Süd-Süd- die Süd-Nordmigration, da, wie oben gezeigt wurde, 55 Prozent der internationalen Migranten weltweit in so genannten Entwicklungsstaaten leben. Darüber hinaus dürfte die geographische Mobilität in einigen Regionen des Südens weitaus höher sein, als beispielsweise in Westeuropa, wo sie vergleichsweise niedrig ist. Dies kann vor allem deshalb hypothetisiert werden, weil dort, wo Sozialsysteme existieren, Mobilität unnötig wird, während, dort, wo keine sozialen Sicherungssysteme existieren, die geographische Mobilität eine Form der Überlebensstrategie sein kann.

Asien weist weltweit in absoluten und relativen Zahlen die meisten Migranten auf. 36 Prozent aller internationalen Migranten, insgesamt also mindestens 63 Millionen Migranten leben in einem asiatischen Land. Ihre tatsächliche Zahl, würde man die temporäre Migration berücksichtigen, dürfte weitaus höher sein. Migration ist für diese Region nichts Neues. Chinesen, Inder und Malaien beispielsweise hatten sich im Laufe der Geschichte in vielen Regionen innerhalb Asiens niedergelassen. In zahlreichen Städten und Regionen sind ‚hybride Kulturen' entstanden. Selbst in diesem frühen Zeitraum war die asiatische Migration bereits interkontinental und international, wie die indische Migration nach Ost-Afrika und in die Karibik sowie die chinesische Migration nach Nordamerika zeigt. Die Zeit nach dem zweiten Weltkrieg war zunächst durch weitere bewaffnete Konflikte, Unabhängigkeitskämpfe und Kriege, etwa in Indien, Indochina und später Vietnam gekennzeichnet. Gleichzeitig begann allerdings die Arbeitsmigration, zwischen 1950 und 1970 nach Großbritannien, ab den 1970er Jahren in die Golfstaaten und seit Ende der 1980er Jahre in die südost- und ostasiatischen Wachstumspole Japan, Taiwan, Süd-Korea, Hongkong, und Singapur. In den 1990er Jahren zogen auch Malaysia, Thailand und Brunei zunehmend Migration an. Während diese Wanderungen überwiegend temporär sind, haben Migranten in Malaysia begonnen, sich dort niederzulassen, ähnlich wie dies im Europa der 1970er Jahre beobachtet worden war. Staaten wie Süd-Korea und Taiwan vollzogen den Übergang von Emigrations- zu Immigrationsstaaten, Thailand hingegen war und ist simultan beides. Zwar hatten die Kriege in der Golfregion einigen Einfluss auf die Migration, die Wirtschaftskrise in Asien selbst aber interessanterweise kaum, weder hat sie die Richtung, noch das Volumen von Migration maßgeblich beeinflusst. Demnach scheint die innerasiatische Migration weitgehend unbeeinflusst von makro-ökonomischen Entwicklungen abzulaufen. Bemerkbar macht sich die Wirtschaftskrise vor allem politisch, während nämlich die Wanderungen weitgehend unbeeinflusst bleiben, ja eher sogar noch zugenommen haben, wurden die Wanderungsmöglichkeiten in vielen Staaten eingeschränkt. Dies hat zur Folge, dass insbesondere das Volumen irregulärer Migration angestiegen ist (dieser Absatz basiert überwiegend auf Skeldon, 2004).

Charakteristisch für eine Reihe von Wanderungen in Asien ist, dass sie sich innerhalb von ethnisch definierten Systemen abspielt, beziehungsweise, dass Regionen miteinander verbunden werden, in denen Menschen zwar unterschiedlicher politischer aber ähnlicher ethnischer Zugehörigkeit leben. Dies ist Resultat von teils recht willkürlich gezogener politischer Staatsgrenzen im Zuge des Kolonialismus und der post-kolonialen Staatenbildung (siehe nächster Absatz).

Das Migrationsgeschehen Afrikas ist vor allem ein interner Prozess. Migrationen finden überwiegend innerhalb des Kontinentes statt und dort überwiegend innerhalb der Nationalstaaten (Bilsborrow, 1996; Oucho, 1998, Gould 1983). Zudem verläuft Migration überwiegend von einem ländlichen in ein anderes ländliches Gebiet (Oucho, 1998). Darüber hinaus lassen sich in Afrika verschiedene interregionale Migrationssysteme ausmachen. Dies sind das südafrikanische Migrationssystem (Südafrika, Angola, Botswana, Mocambique, Simbabwe) (Crush, 1995), das ostafrikanische Migrationssystem (Kenia, Tansania, Uganda, Ruanda, Burundi) (Gould, 1995), das westafrikanische Migrationssystem (Nigeria, Ghana, Gambia, Senegal, Niger, Mali) (Swindell, 1995), das nordwestafrikanische Migrationssystem (Senegal, Mauretanien, Marokko) (Adepoju, 1995) und das nordafrikanische Migrationssystem (Marokko, Algerien, Tunesien, Libyen, Ägypten) (Macmaster, 1995). Zwischen diesen Systemen bestehen zum Teil Überschneidungen, zum Teil gehen sie ineinander über. Einige dieser Migrationssysteme sind vorkolonialen Ursprungs (Westafrika), andere sind Resultat kolonialer Bevölkerungs- und Anwerbepolitik (Südafrika). Die meisten Autoren weisen daraufhin, dass afrikanische Migration überwiegend zirkulärer und saisonaler Natur ist (z.B. Gould, 1995: 183). Dies wird damit begründet, dass viele Migranten noch über Landbesitz verfügen und immer wieder an ihren Wohnsitz zurückkehren. Drei Prozesse haben dieses Muster allerdings unterminiert und die Zunahme dauerhafter Migration begünstigt. Zum einen wurden während der Ära des Kolonialismus zahllose Bauern enteignet und ihrer Wurzeln beraubt. Zum hat die internationale Wirtschaftspolitik seit den 1970er Jahren, insbesondere durch die Strukturanpassungsprogramme des IWF, durch Preisverfall und die Ausbreitung industrieller Plantagenkultur den Druck auf die traditionelle Subsistenzökonomie und Kleinfarmerei derart erhöht, dass zahllose Bauern ihre Existenzgrundlagen verloren haben. Zudem haben Frauen überwiegend ohnehin keinen Anspruch auf Landrechte. Die betroffenen Gruppen, Frauen, enteignete sowie verarmte Bauern migrieren demzufolge dauerhaft.

Herbst (2000) weist darauf hin, dass internationale Süd-Südmigration in Afrika in gewissem Ausmaß ein soziales und politisches Konstrukt des Kolonialismus sei. Zunächst zusammenhängende geographische Räume wurden zugunsten ihrer Verwaltbarkeit in Kolonialgebiete unterteilt, beziehungsweise unter verschiedenen Kolonialmächten aufgeteilt. Zahlreiche während dieser Periode mehr oder weniger willkürlich gezogene koloniale Grenzen wurden im Zuge der Dekolonisierung und Nationalstaatenbildung als Staatsgrenzen übernommen (siehe auch den Abschnitt zu Asien). Am Ende waren diese ursprünglich zusammenhängenden Räume in Nationalstaaten zerteilt, mit weit reichenden Konsequenzen für die dort lebenden Menschen. Wo zuvor Menschen in der Lage waren, zu wandern, wurden sie nun mit einem Stempel der Staatszugehörigkeit versehen. Dies trifft beispielsweise auf Fulla, Haussa, Mandinka, Ewe, Yoruba, Kakwa und viele andere zu, deren Siedlungsgebiet durch nationalstaatliche Grenzen zerschnitten wurde (siehe Adepoju, 1995). Zuvor unproblematische Wanderungen innerhalb eines Raumes wurden zu internationaler Migration, weil die Grenzen von Nationalstaaten überschritten wurden, und die Menschen zu „Ausländern". Dies hat zum einen negative Auswirkungen auf die ökonomischen Strategien der betroffenen Menschen, die es gewohnt waren entsprechend beispielsweise der jeweiligen Erntesaison an die Orte der Arbeitskräftenachfrage zu ziehen und nun ihrer Einkommensquellen beraubt waren. Diese Politik hatte aber auch negative Auswirkungen auf die jeweiligen Staaten. So hatte sich beispielsweise Ghana durch seine zwar „moderne" aber höchst unvernünftige Ausländerpolitik 1969 von den Hauptherkunftsregionen seiner agrarischen Arbeitskräfte in den Nachbarstaaten gelöst. Die daraus resultierende Arbeitskräfteknappheit konnte innerhalb des Landes nicht kompensiert werden. Und als die Regierung der Elfenbeinküste (Côte d'Ivoire) einem Drittel der Bevölkerung das Recht auf Landbesitz absprach, weil sie Ausländer aus Mali und Burkina Faso sind, hat dies der an sich erfolgreichen Plantagenwirtschaft, und damit der Wirtschaft des Landes insgesamt einen empfindlichen Schlag versetzt (zu diesen Beispielen siehe IIED, 2003). Aus diesen Fällen ergibt sich, dass Süd-Südmigration häufig positive Auswirkungen auf die Entwicklung eines Landes oder einer Region haben, und dass umgekehrt die Unterbrechung von Süd-Südmigration vielfach durchaus negative Konsequenzen auf die Entwicklung eines Landes haben kann.

Bemerkenswerterweise erscheint Südamerika nur selten auf der Landkarte der Migrationsbewegungen. Im Großen und Ganzen beschränken sich Verweise auf die historische Rolle als Kontinent europäischer Immigration, zuletzt nach dem Zweiten Weltkrieg, sowie als Ziel des Imports von afrikanischen Sklaven. Erst jüngst wurden gewisse Formen der Rückkehrmigration aus Argentinien nach Europa, vor allem nach Italien, sowie der Migration von Nachkommen von japanischen Auswanderern aus Brasilianern und Peruanern (*Nikkejin*) nach Japan beobachtet. Seit einigen Jahren migrieren auch Ecuadorianer und andere Südamerikaner nach Europa, überwiegend nach Spanien, aber in kleiner Zahl auch in andere europäische Staaten, wie etwa nach Großbritannien und Deutschland.

Ganz besonders aufschlussreich ist die Liste der Staaten, aus denen im Laufe der 1980er Jahre Menschen nach Brasilien eingewandert waren, darunter die Türkei (839), Syrien (2.761), Libanon (6.578), Japan (24.362), Süd-Korea (996) und Israel (1.188), aber auch Mexiko (700), insgesamt rund 200.000 Menschen. Die Listen für Paraguay und Uruguay lesen sich in etwa ähnlich. Sie illustriert, dass auch diese Staaten in das globale Migrationsgeschehen integriert sind, wenn auch bislang nur auf niedrigem Niveau.

Die weitaus überwiegende Form sind allerdings Migrationen innerhalb des Kontinents, also beispielsweise innerhalb des Mercosur (Brasilien, Argentinien, Uruguay, Paraguay, Chile, Bolivien) sowie zwischen den nördlichen Staaten (Kolumbien, Venezuela, Brasilien). Zum einen werden die Voraussetzungen durch die kulturelle Nähe dieser Staaten geschaffen, traditionell waren die Grenzen zwischen ihnen durchlässig und inzwischen wächst der Kontinent auch politisch und ökonomisch zunehmend zusammen, etwa in Form der Staatengemeinschaft des Mercosur sowie des Anden-Paktes. Dennoch sind die Lebensstandards verschieden und auch die ökonomischen Krisen machen sich auf verschiedene Art und Weise bemerkbar. Während Brasilien der ärmste Staat im Mercosur ist, wurde Argentinien am Beginn des 3. Jahrtausends besonders heftig von der Krise getroffen. Dennoch war vor allem Brasilien, nach Argentinien, ein bedeutendes Zielland für Migranten aus den Nachbarstaaten, neuerdings insbesondere aus Peru und Bolivien, die sich überwiegend in den Städten niederlassen. Derweil zieht es die ländliche Bevölkerung nach Paraguay, Uruguay und Argentinien, nicht nur eine Form von Süd-Süd, sondern zugleich, wie in diesem Fall, von Land-Landmigration. Dies waren vor allem im Zuge der Modernisierung enteignete Kleinbesitzer und entlassene Landarbeiter, deren Subsistenzökonomie zerstört wurde, und die sich in die Nachbarstaaten absetzten (zu diesem Abschnitt siehe Patarra, 2004). Im Norden wurde insbesondere Venezuela, ein Ölförderstaat, zu einem Ziel von Migration.

Einige Autoren stellen die Behauptung auf, bei der Süd-Südmigration handele es sich vor allem um ein Sprungbrett in den Westen. So schreibt Sumata (2002: 2): *"Südafrika beispielsweise repräsentiert eine Durchgangsstation im Kontext globaler Süd-Nordwanderungen. Unter diesen Bedingungen dient Südafrika als Sprungbrett für viele Migranten aus dem Kongo, die dort zunächst die notwendigen Geldmittel verdienen bevor sie in der Lage sind, nach Westen zu migrieren".*

In diesem Fall ist die Theorie der Sprungbrettmigration nur eine Variante des Konzeptes der Transitmigration. Obgleich es dieser Aussage nicht an Plausibilität mangelt, gibt es doch kaum empirische Belege für bedeutende Migrationsbewegungen aus Südafrika nach Norden und Westen. Vielmehr ist Südafrika selbst das bedeutendste Ziel von Migration im südlichen Afrika. Dieses Phänomen ist aber anhand von Sunatas Hypothese nicht zu erklären, es sei denn, man unterstellt, die vielen Millionen Migranten in Südafrika seien allesamt mit ihrer Migrationsstrategie gescheitert.

Hatton und Williamson (2002: 25) skizzieren auf bemerkenswerte Weise die mögliche Zukunft der Süd-Südmigration. Wie lange wird es dauern, fragen sie sich, bis sich die Wanderungen von den OECD-Staaten zu den regionalen und erfolgreichen Entwicklungspolen im Süden verschoben haben?

„Es gibt mehr zu lernen in einem Job in einem erst jüngst industrialisierten Land, welches auch noch näher an den armen Auswanderungsregionen liegt, als in einem Dienstleistungsjob in einem post-industriellem Land, welches zudem auch noch weiter weg ist. Diese Gelegenheiten werden zweifellos die der Süd-Nordrichtung von Migration in Süd-Südrichtungen verändern. ...Die zukünftige Zunahme der Süd-Südmigration wird ohne Zweifel solche Analysten überraschen, die die Geschichte ignorieren".

2.3 Temporäre Migration

Ein spezifisches Merkmal moderner Migration, das heißt von Migration im Zeitalter der Globalisierung, ist die Zunahme des internationalen Tourismus und die Zunahme befristeter Migration. Im gesamten süd-ost-asiatischen Raum ist die „Kontraktarbeitsmigration ...der am schnellsten wachsende Typ von Migration in der Region" (Hugo, 1998: 100). So hat sich die Anzahl befristeter Migration in Australien von 100.000 im Zeitraum 1994/95 auf 500.000 im Zeitraum 2003/2004 verfünffacht, verglichen mit jeweils weniger als 100.000 Einwanderern jährlich. In den USA lag das Verhältnis zwischen Einwanderern und Nicht-Einwanderern zwischen 1995 und 2000 bei 4,6 Millionen Einwanderern zu 8,6 Millionen zeitlich befristeten Arbeitsmigranten, beziehungsweise 142,8 Millionen Nicht-Immigranten, gemeint sind Besucher (Parliamentary Library, 2004). Zunehmend prägt, neben der dauerhaften Einwanderung, die zeitliche befristete Migration sowie die internationale Reisetätigkeit das globale Migrationsgeschehen.

In verschiedenen Regionen sind sogar bereits Migrationsketten entstanden, die nicht zu verwechseln sind mit Kettenmigration. Migrationsketten besagen, dass Migranten aus einem Staat A in einen Staat B gehen, während Migranten aus dem Staat B in Staat C ziehen. Dies wird deshalb möglich, weil das Einkommensgefälle zwischen A, B und C in Stufen ansteigt und es sich bereits lohnt nur in den Nachbarstaat zu ziehen, statt weitere Distanzen zurückzulegen. Dies geschieht nicht zuletzt vor dem Hintergrund, dass weitere Distanzen auch größere Unterschiede in Sprache und Kultur beinhalten können und dass es kostenaufwendiger wäre, gelegentlich in die Heimat zurückzukehren. Und umgekehrt, Migration in den Nachbarstaat ist günstiger und die kulturelle Kluft ist weniger groß, deshalb erscheint sie oft vernünftiger. Solche Migrationsketten sind unter anderem aus Amerika bekannt. Dort ziehen einerseits Millionen von Mexikanern über die Grenze nach Norden in die USA, um dort insbesondere in der Landwirtschaft zu arbeiten, während gleichzeitig Zehntausende Mittelamerikaner nach Mexiko migrieren um nun ihrerseits dort in der Landwirtschaft zu arbeiten (ILO, 1998). Ähnliche, aber bislang nur anekdotische Beobachtungen wurden in Polen gemacht. Während Hunderttausende Polinnen als Haushälterinnen und Pflegekräfte nach Deutschland migrieren, kommen Ukrainerinnen zum Arbeiten als Haushaltskräfte nach Polen. Dies wurde gelegentlich bereits als *„care chain"*, als Pflegekette tituliert (Hochschild, 2000; Lutz, 2002: 12). Und in Bezug auf Migration in der Unterhaltungs- und Sexindustrie weist Hugo (1998: 120) daraufhin, dass Thailänderinnen häufig in die USA, Europa und nach Japan migrieren, während Frauen aus Burma und China im Sexgewerbe in Thailand beschäftigt werden.

2.4 Neue Migration

Hobsbawm (1994) hat die frühen 1990er Jahre und den Sieg des Kapitalismus über den Kommunismus als den Beginn einer neuen historischen Ära verstanden. Dem entsprechend klassifizieren Castles und Miller (1993) die 1990er Jahre als ein „Neues Zeitalter der Migration", während Koser und Lutz (1998) ab 1989 von „neuer Migration" sprechen.

Die Landmarken dieses neuen Zeitalters sind der Zusammenbruch des Ostblocks und der Fall des „Eisernen Vorhangs". Damit einher geht das Ende der politischen Teilung Europas und der Beginn der Dritten Phase der politischen und ökonomischen Integration Europas[9]. Darüber hinaus folgte eine Neuordnung einer Reihe von Staaten in Ost- und vor allem Südosteuropa. Während die Sezession der Tschechoslowakei problemlos verlief, mündeten die Loslösung von Kroatien, Slowenien und Bosnien-Herzegowina von Jugoslawien sowie die durch die Staatenbildung und neuen Bedingungen ausgelösten ethnischen Konflikte in Bosnien und im Kosovo in Krieg und Bürgerkrieg. Der Übergang von der sozialistischen Planwirtschaft zur kapitalistischen Marktwirtschaft verlief ebenfalls unterschiedlich, teils relativ problemlos, teils aber auch konfliktreich, mit mehr oder weniger Transformationsverlierern. Allein in der GUS betrug der Einbruch des Bruttosozialproduktes etwa 50 Prozent (McCarthy und Vernez, 1996: 1), mit harten Konsequenzen für die Bevölkerung. Außerhalb der GUS zählen Albanien, Moldawien und Rumänien zu den problematischen Staaten. Die charakteristischen Auslöser „neuer Migration" sind demnach auch die politischen Transformationsprozesse in Europa, sowie die teils daraus folgenden Prozesse in Afrika, Asien, Süd- und Mittelamerika und die daraus resultierende neue politische Weltordnung, weniger aber die Politik der Globalisierung.

Das Resultat waren (i) das Anwachsen der Migrationsbewegungen nach Europa, (ii) neue Herkunftsregionen europäischer Immigration und (iii) neue Zielstaaten. Zum eine wurde die jahrzehntelang durch den „Eisernen Vorhang" aufgehaltene, traditionelle innerkontinentale Ost-Westmigration wieder möglich gemacht, gewissermaßen entfesselt. Zum anderen lösten vor allem die gewaltsamen Staatsneuordnungsprozesse enorme Flüchtlingsströme vor allem aus Jugoslawien und Albanien aus. Außerdem machten sich die von den ehemaligen Staatsindustrien und Betrieben massenhaft freigesetzten Arbeitskräfte auf die Suche nach neuen Einkommensmöglichkeiten. So hat sich ein gesamteuropäischer „neuer Wanderungsraum" (Morokvasic und Rudolph, 1998: 20) herausgebildet. Nun erreichten Europa in großer Zahl Migranten aus Staaten und Regionen, die man dort zuvor nicht gesehen hatte: Polen, Rumänen, Jugoslawen, und Albaner, die die klassischen Herkunfts-

---

[9] Als erste Phase wird hier die Unterzeichnung des Vertrags von Rom, als zweite Phase die EU-Süderweiterung verstanden.

staaten europäischer Immigranten, nämlich Portugal, Spanien, Italien, Griechenland und die Türkei ablösten. Daraus schlossen verschiedene Autoren, dass die bis dahin für Europa typische Süd-Nordmigration von einer neuen Ost-Westmigration teils überlagert, teils ersetzt worden ist (siehe Morokvasic und Rudolph, 1994).

Zum zweiten boten sich auch internationalen Migranten aus Afrika und Asien neue Migrationspfade nach Europa. Einerseits zogen bislang in Osteuropa lebende Migranten nach dem Fall des „Eisernen Vorhangs" weiter in die westlichen Staaten, beispielsweise Chinesen, oder aber in Osteuropa lebende Migranten wurden, beispielsweise durch die Wiedervereinigung Deutschlands Mitglieder im Westen, wie die vietnamesischen, angolanischen und mocambikanischen Vertragsarbeiter in der DDR.

Und drittens tauchten diese neuen Migranten teils in großer Zahl in Staaten auf, die bislang selbst Auswanderungsstaaten waren, für die die Erfahrung der Einwanderung neu war, und darauf politisch auch nicht vorbereitet waren. Beispielsweise hatten weder Spanien noch Italien zu dem Zeitpunktadäquate Einwanderungs- oder Ausländergesetze. Und auch für Griechenland und Portugal waren dies neue Erfahrungen.

Die Literatur spricht in diesem Fall auch von „neuen Einwanderungsstaaten", in Abgrenzung zu den klassischen Einwanderungsstaaten im Norden. Und Koser und Lutz (1998: 2) prägen schließlich den Begriff von einer „neuen Geographie der Migration". Mit anderen Worten, Europa, welches 50 Jahrelang geschützt hinter dem „Eisernen Vorhang" ein gewisses Eigenleben führte, hatte erneut Anschluss an das globale Migrationsgeschehen erhalten. Weil sich unter den Migranten aber auch viele Asylsuchende und irreguläre Migranten befanden und erstmals auch die große Anzahl von Frauen unter ihnen auffiel, im Unterschied zur Gastarbeiter- und Familienzusammenführungsmigration der vorausgegangenen Jahrzehnte, sprachen sie deshalb von neuen Typen der Migration.

Ein anschauliches Beispiel stellt die Tschechische Republik da. Einerseits gilt sie als Auswanderungsstaat, aus dem Migranten in den Westen, nach Europa und in die USA, gehen. Zwischen 1970 und 1990 hatten beispielsweiserund 100.000, und bis 1999 weitere 42.000 Personen die Tschechoslowakei verlassen. Noch 2001 sollen etwa 20.000 Tschechen im Ausland gearbeitet haben. In Deutschland und England dagegen konnte man Berichte über illegale tschechische Arbeitsmigranten, vor allem aber über Roma, lesen. Zudem gilt sie als Transitstaat, durch den hindurch Migranten aus weiter östlich und südlich gelegenen Ländern nach Westen ziehen. Inzwischen ist Tschechien allerdings selbst ein Einwanderungsstaat. So wurden 2004 rund 162.000 Migranten gezählt. Das Land ist aber auch Ziel von irregulärer Migration, dies sollen doppelt so viele sein, wie legale Migranten. Rund 40 Prozent der Migranten kommen aus der Slowakei. Doch während Ost-West Wanderung in der Tschechoslowakei eine lange Tradition hatte, gilt sie seit der Teilung als internationale Migration und Slowaken als Ausländer (für diesen Abschnitt siehe www.migraceonline.de; Bastyr, 2001).

Der Zusammenbruch des Ostblocks hatte jedoch auch außerhalb Europas gravierende Auswirkungen. Damit einher ging auch eine politische Neuordnung der Welt, Kriege, Bürgerkriege, entfesselte *Warlords*, Militärinterventionen und Angriffe der westlichen Verbündeten in Somalia, im Irak und in Afghanistan. So wurden aus politischen Gründen ungezählte Menschen in Bewegung gesetzt und teils schlichtweg vertrieben. Obwohl nur ein kleiner Prozentsatz dieser Menschen nach Europa gelangten – die Mehrheit verblieb in der Region und wechselte vielmehr entweder nur innerhalb eines Staates den Aufenthaltsort oder aber wechselte über die Grenze in den Nachbarstaat – wurde die Ankunft von Afrikanern, Asiaten und Südamerikanern mit großer Besorgnis zur Kenntnis genommen.

Auch in anderen Staaten und Regionen wurden bislang unbekannte, zumindest aber wenig beachtete Migrationsformen festgestellt. Die hatten aber recht spezifische Charakteristika und Ursachen. In den USA wird beispielsweise angesichts der Immigration von hochqualifizierten Arbeitsmigranten von „neuen Migration" gesprochen. Neu sei ihr hohes Bildungsniveau, vor allem aber die Tatsache, dass sich sie zu großen Teile nicht in den an Zuwanderung gewöhnte und ohnehin bereits multiethnischen Städten niederlassen, sondern in den *Suburbs*, wohin viele der High Tech-Unternehmen abgewandert sind. Diese Migration zieht dann weitere Wanderung in Form von Dienstleistungsarbeitskräften nach sich. Bemerkenswert an dieser Migration sei, und das dürfte auch der Grund sein, dass sie sowohl Aufmerksamkeit erregt, als auch mit einem dementsprechenden Terminus belegt wird, ist dass sie „*non-white*" ist (*County News*, 9.8.1999).

Das Konzept der „neuen Migration" fand auch innerhalb Russlands Verwendung. Dort bezeichnet er nach dem Ende der Sowjetunion die Migration zwischen dem neu gegründeten Russland und den nun unabhängigen ehemaligen Sowjetrepubliken, dem so genannten „neuen Ausland". Dies war zum einen erzwungene Migration als Konsequenz von ethnischen Konflikten oder von Bürgerkriegen (Armenien, Tadschikistan, Tschetschenien) und zum anderen die Repatriierung von ethnischen Russen aus den ehemaligen Republiken nach Russland (Codagnone, 1998). Angesichts einer rapiden Alterung der Gesellschaft, eines starken Sterbeüberhangs und des damit einhergehenden massiven Bevölkerungsrückgangs fördert Russland insbesondere die Rückkehr von Russen, um diesen Bevölkerungsrückgang zumindest vorübergehend auszugleichen (Heleniak, 2002).

Es werden aber auch Formen „neuer Migration" registriert, die wenig mit den eingangs genannten Ursachen zu tun haben. In Südafrika wurde beispielsweise im Verlauf der 1990er Jahre nahezu eine Verdreifachung der Einreisen registriert. Darüber hinaus wurde die Zunahme von Asylsuchenden beobachtet. Und schlussendlich wird eine starke Zunahme irregulärer Migration angenommen. Die Ursachen dieser Migration sind vor allem in regionalen und weniger in globalen Entwicklungen zu suchen. Es handelt sich demnach um die Wiederaufnahme klassischer Migrationssysteme, die durch das Apartheidregime unterbrochen worden waren, um Reflexe auf südafrikanische Gesetzesveränderungen (Einführung einer Asylgesetzgebung 1998, sowie einer Benachteiligung von Immigranten gegenüber Besuchern (siehe Crush, 2003, für diesen Absatz). Der Wandel der Migrationsmuster im südlichen Afrika hat also vor allem regionale, aber keineswegs makropolitische und –ökonomische Ursache.

Zwar geht der Beginn der neuen Epoche auch mit dem Durchbruch der Globalisierung, der ökonomischen, politischen und kulturellen Integration einher. Dennoch behandeln die diesem Ansatz zugewandten Autoren die beiden Ursachenkomplexe „politische Transformation" und „Globalisierung" unterschiedlich. Koser und Lutz (1998) konzentrieren sich auf die neuen politischen Rahmenbedingungen von Migration, Castles und Miller (1993) berücksichtigen stärker auch die veränderten ökonomischen Rahmenbedingungen.

Die Autoren des Konzeptes „Neue Migration" räumen allerdings selber ein, dass es problematisch ist, vor allem, weil er einer historischen Überprüfung nicht standhält. So wurde beispielsweise bereits in den USA Ende des 19. Jahrhunderts der Wechsel von der überwiegend nord- und westeuropäischen Migration zur Immigration aus Ost- und Südosteuropa als „Neue Migration" verstanden (Koser und Lutz, 1998: 5). Und angesichts von im Rahmen des Globalisierungsprozesses zu beobachtenden neuen Migrationstypen wurde gefragt, ob es sich dabei nicht um eine neue Form „neuer Migration" handelt (Düvell, 2004). Andere suchen dies mit dem Hinweis zu klären, „neue Migration" sei vor allem als „soziales Konzept", gar als soziales Konstrukt zu verstehen (Phizacklea, 1998: 9). Dennoch erscheint „neu" als eine unklare Kategorie. „Neu" ist ein allzu kurzlebiges und flüchtiges Kriterium, als dass es zur Definition von sozialen Prozessen taugt. Es sagt mehr aus über das Erstaunen und die Aufregung von Forschern und Gesellschaft, als über den Untersuchungsgegenstand. Vielleicht ist es aber auch nur ein Aufmerksamkeit erregendes Verkaufsargument auf dem akademischen Markt und sollte deshalb nicht allzu ernst genommen werden.

2.5 Schlussfolgerungen

Inzwischen liegen genug historische und empirische Befunde vor, um sagen zu können: es gibt keine historische Epoche, keinen geographischen Raum und keine Gesellschaft, in der es keine Migration gegeben hat. Sicherlich ließe sich die Geschichte der Menschheit als Geschichte der Migrationen darstellen, wenigstens aber ließe sich zeigen, dass die Geschichte der Migration der Geschichte der Menschheit inhärent ist. Prinzipiell lässt sich außerdem festhalten, dass jeder Raum sowohl Ausgangsort wir auch Zielort von Migrationsein kann.

Die Unzulänglichkeit vieler klassischer Kategorien, wie etwa Auswanderung/Einwanderung, Emigrationsstaaten/Immigrationsstaaten, das hat die zeitliche Abfolge sowie die häufige Gleichzeitigkeit beider Prozesse gezeigt, legen es nahe, diese Konzepte zu dekonstruieren. Ebenfalls nicht geeignet für eine wissenschaftliche Auseinandersetzung mit Wanderungsprozessen sind Begriffe wie „Heimat" und „Fremde". Die bezeichnen vielmehr einen kognitiv-emotionalen Kontext von Migration.

> Kasten: Weiterführende Quellen und Literatur
> Migration Information Source, Migration Policy Institute, Washington,
>   www.migrationinformation.org
> Migration News, University of California Davis, http://migration.ucdavis.edu/
> ERCOMER, Utrecht Virtual Library, http: //www.ercomer.org/wwwvl/
> IOM. World Migration Report, alle zwei Jahre.
> OECD. Sopemi. Trends in international migration, jährlich.
> United Nations. International Migration Report.
> Global Commission on International Migration. 2005. *Migrations in an interconnected world: new directions for action.* Report of the GCIM. Genf: GCIM,
>   www.gcim.org/en/finalreport.html.
> Euro-Mediterranean Consortium for Applied Research on International Migration (CARIM) (Hrsg.). 2005. Mediterranean Migration – Report 2005. Florenz: CARIM,
>   http://www.carim.org/Publications/Annual.asp.

3. Das Jahrhundert der Flüchtlinge

Im Verlaufe des Zweiten Weltkrieges waren bis zu 30 Millionen Menschen vertrieben worden. Am Ende des Krieges lebten in Europa noch 21 Millionen ‚*displaced persons*'. Die Mehrheit kehrte allerdings bald in ihre Länder zurück. Die so genannte „letzte Million" wurde zwischen 1947 und 1951 von der *International Refugee Organisation* (IRO) angesiedelt, deren Mandat danach auslief. Zu diesem Zeitpunkt gab es aber weltweit noch rund 15 Millionen Flüchtlinge, und zwar auch in Europa, und so wurde 1951 der *UN High Commissioner for Refugees* (UNHCR) geschaffen (Marrus, 1999). Tatsächlich wird das gesamte 20. Jahrhundert von Millionen von Flüchtlingen charakterisiert.

1. Das internationale Flüchtlingsproblem

Zwischen den 1960er und 1980er Jahren hatte es 74 Staaten gegeben, aus denen Flüchtlinge kamen sowie 35 Staaten, in denen Menschen intern vertrieben wurden. Zwischen 1990 und 1995 waren dies 70, beziehungsweise 51 Staaten (Schmeidl, 2001: 64). Und während 1970 25 Staaten Flüchtlinge hervorbrachten waren dies 1990 bereits 50. Insgesamt wurden 1975 vom UNHCR weltweit rund 2,5 Millionen Flüchtlinge im Sinne der UN-Flüchtlingskonvention registriert, 1993 waren es weltweit etwa 18,2 Millionen. Innerhalb von 20 Jahren hatte sich die Zahl der Flüchtlinge hervorbringen Staaten verdoppelt und die Zahl der Flüchtlinge versiebenfacht. Zu diesem Zeitpunkt konnte man tatsächlich, wie es viele Quellen taten, von einer internationalen Flüchtlingskrise sprechen. Bis 2000 waren die Zahlen dann offiziell aber wieder auf 12,1 Millionen Flüchtlinge zurückgegangen, und 2004 waren es nur noch 9,2 Millionen. Ein Blick hinter diese offiziellen Zahl zeigt aber, dass neben den 9,2 Millionen *de jure* Flüchtlingen noch 840.000 Asylsuchende, 1,5 Millionen Rückkehrer, 5,6 Millionen intern Vertriebene (IDPs) und 2 Millionen weitere Personen internationale Hilfe benötigten[10]. Bislang hat der UNHCR seit seiner Gründung 1951 etwa 50 Millionen Menschen beigestanden. Die Erfassung der Größenordnung von Flucht und erzwungener Migration ist allerdings

---

[10] www.unhcr.ch/cgi-bin/texis, aufgerufen Juni 2005.

schwierig bis unmöglich. Beispielsweise waren 2001 insgesamt rund 15 Millionen Flüchtlinge vom UNHCR registriert, fast ebenso viele, wie 1993 (16 Millionen).

Nicht enthalten in diesen Zahlen sind allerdings über 4.19 Millionen palästinensische Flüchtlinge, einfach deshalb, weil diese nicht vom UNHCR sondern einer anderen Organisation, der ‚United Nations Relief and Works Agency for Palestine Refugees' (UNRWA), registriert werden. Ebenfalls nicht enthalten sind nichtregistrierte Flüchtlinge, die sich beispielsweise mit einem Touristen-, aupair oder Studentenvisum bewegen und sich nicht an den UNHCR wenden. Ebenso wenig berücksichtigen diese Zahlen intern vertriebene Menschen. Und auch Flüchtlinge, deren Anträge vom UNHCR abgelehnt werden, werden nicht mitgezählt. Außerdem wird geschätzt, dass jedes Jahr etwa 10 Millionen Menschen im Rahmen von industriellen Großprojekten vertrieben werden (Castles und Miller, 2003: 5). Zudem könnte es schon Mitte der 1990er Jahre bis zu 25 Millionen Umweltflüchtlinge gegeben haben, mit steigender Tendenz (ebenda: 104, siehe auch Kapitel 7.6). Die tatsächlichen Zahlen der Menschen, die erzwungenermaßen migrieren, dürften demnach wesentlich höher sein.

Eine weitere Gruppe, die nicht unter internationale Abkommen oder den Flüchtlingsschutz fällt, und die auch von der Migrations- und Flüchtlingsforschung vernachlässigt wird, sind die „Staatenlosen", also Personen ohne eine Staatsangehörigkeit[11]. Es handelt sich nicht um Flüchtlinge im Sinne der Genfer Konvention, häufig aber um Vertriebene. Es könnte sich um bis zu 11 Millionen Menschen handeln, darunter Baharis in Bangladesh, die hill tribes in Thailand, Bidoon in vielen arabischen Staaten und Russen in Estland. Zwar existiert eine internationale Konvention, die Convention Relating to the Status of Stateless Persons von 1954, die sich dieser Gruppe widmet, aber keine dementsprechende Institution, die sie betreut (siehe Frelick und Lynch, 2005).

Es lassen sich drei Determinanten von Flüchtlingsbewegungen ausmachen, (1) zwischenstaatliche Kriege, dazu können auch militärische Interventionen zählen, (2) innerstaatliche Konflikte, also ethnische oder andere zivile Konflikte und (3) repressive Staaten, also etwa Militär- oder religiös geprägte Diktaturen. Während die Anzahl zwischenstaatlicher Kriege in den 1990er Jahren abnahm, nahmen innerstaatliche Konflikte hingegen zu, die mit zunehmender Brutalität geführt wurden und mehr Todesopfer hinterließen, als in der Vergangenheit. Außerdem lässt sich feststellen, dass ausgerechnet militärische Interventionen, die inzwischen häufig damit legitimiert werden, Krisen in einem Staat zu beenden, erst große Fluchtbewegungen auslösen (Schmeidl, 2001).

Demgegenüber lassen sich, so Schmeidl (2001: 82-83), die sich unter anderem auf Weltbankstudien beruft, weder Armut noch Bevölkerungswachstum als Determinanten von Flüchtlingsbewegungen ausmachen. Dementsprechenden populären Annahmen scheint damit der Boden entzogen worden zu sein.

---

[11] Dies ist eine grobe Menschenrechtsverletzung, insofern das Recht auf eine Staatsangehörigkeit von Artikel 15 der Menschenrechtskonvention festgelegt wird.

Tabelle 2.9: Flüchtlingsbewegungen im Nahen u. Mittleren Osten sowie in Nordafrika, 1960-1995

Staat	Zeitraum
Afghanistan	1979-95
Algerien	1994-95
Iran	1980-95
Irak	1965-66; 1973-95
Jordanien	1948-69
Kuwait	1990-91
Libanon	1976-84
Marokko	1964
Süd-Jemen	1978-89
Syrien	1970-73; 1986; 1995
Tunesien	1964; 1968
Türkei	1991-95
West Sahara	1975-95
Zypern	1973-95 (only internally displaced)

Außerhalb Europas war es zunächst vor allem Asien, wo während und nach Ende des Zweiten Weltkrieges Menschen zur Flucht gezwungen wurden. Die Hauptkrisenherde Ende der 1940er Jahre waren der Bürgerkrieg in China zwischen den Kommunisten und den Republikanern, an dessen Ende sich die Kuomintang und mit ihr über eine Millionen Flüchtlinge 1947 nach (Formosa) Taiwan absetzen. Auch im Zuge des Koreakrieges 1955, in dessen Verlauf die gesamte Halbinsel verwüstet wurde, waren viele Millionen Menschen vertrieben worden. Doch die meisten Flüchtlinge erzeugte die politische Teilung des indischen Subkontinents, in dessen Folge Moslems Indien und Hindus das neue Pakistan verlassen mussten, insgesamt rund 17 Millionen Menschen. Aber auch die Kriege zwischen französischer Kolonialarmee und Befreiungsarmee in Indochina und die anschließenden Bürgerkriege in Laos, Kambodscha und Vietnam, wo schließlich die USA zugunsten des kapitalistischen Südens intervenierte, hatten die Vertreibung von Millionen von Menschen zur Folge. Insgesamt flohen in den 1970er und 1980er Jahren 2,5 – 3 Millionen Menschen dauerhaft aus Vietnam, Laos und Kambodscha (Castles und Miller, 2003: 172). Noch Mitte der 1990er Jahre führte Hugo (1998) eine Millionen vietnamesische, 256.000 kambodschanische und 317.000 laotische Flüchtlinge an.

Die jüngeren Flüchtlingsbewegungen in Asien standen vor allem im Zusammenhang mit den Kriegen in Afghanistan und im Irak, aber auch politischen Konflikten in Burma, auf Sri Lanka, auf Timor, im Kaschmir und im Iran. Allein aus Afghanistan flohen Anfang der 1980er Jahre rund 6 Millionen Menschen vor der russischen Invasion, 2000 waren es rund 4,5, diesmal allerdings Flüchtlinge vor der Terrorherrschaft der Taliban (Castles und Miller, 2003: 172). Aus dem (Nord-) Irak flohen 1991 etwa 2,5 Millionen Menschen allein in den Iran (UNHCR, 1997: 119). Insgesamt suchten davon bis 2000 allerdings nur 155.000 im Westen Sicherheit, weniger als drei Prozent.

Tabelle 2.10: Flüchtlingsbewegungen in Asien, 1960-1995

Staat	Zeitraum
Bangladesh	1964-73; 1978-80; 1986-95
Bhutan	1991-95
China	1964-77; 1983-87
Indien	1964-77
Indonesien (Ost-Timor, Aceh)	1978-95
Irian Jaja	1978-95
Kambodscha	1974-95
Laos	1975-95
Myanmar (Burma)	1965-73; 1977-79; 1985-95
Nord-Korea	1964-67
Pakistan	1969-74; 1980; 1988-92
Philippinen	1972-87
Papua Neu-Guinea	1994-95
Sri Lanka	1985-95
Vietnam	1964-71; 1975-95

In Afrika setzten die großen Flüchtlingsbewegungen in den 1960er Jahre ein. Zwar wurden im Verlauf der Dekolonialisierungsprozesse nur wenige Menschen vertrieben, doch dort wo sich Siedlerregime etabliert hatten, mussten diese weichen, wie etwa in Algerien oder Angola. Es waren insbesondere die Kämpfe um die anschließende Macht- und Ressourcenverteilung, die häufig in ethnisierter Form stattfanden und als deshalb als ‚Stammeskämpfe' wahrgenommen wurden, in deren Verlauf Millionen von Menschen vertrieben wurden (Schmeidl, 2001). Anfang der 1990er Jahre wurden vom UNHCR 5,5 Millionen Flüchtlinge registriert, nahezu ausschließlich südlich der Sahara. Die Herkunftsregionen waren Mocambique, Äthiopien und Eritrea, Angola, Sudan, Somalia, Ruanda, Uganda, Simbabwe, Tansania, Kongo und Nigeria. Allein aus Mocambique waren 1,7 Millionen Menschen geflohen, davon 1,1 Millionen ins benachbarte Malawi, und weitere 4 Millionen waren intern vertrieben worden (Castles und Miller, 2003). Malawi wurde mit seinen nur 3 Millionen Einwohnern zum weltweit relativ größten Zielgebiet von Flüchtlingen.

Später wurden in der Region der Großen Seen mehr als 3 Millionen Menschen gezwungen, ihre Länder zu verlassen (UNHCR, 1997: 119). Arowolo (2004: 111) nimmt allerdings an, dass man die Zahl der Flüchtlinge verdoppeln muss, dass es in Afrika mindestens ebenso viele intern Vertriebene wie Flüchtlinge gibt. Findley (2001) nennt dementsprechend sogar eine Summe von 17 Millionen erzwungenen Migranten.

Tabelle 2.11: Flüchtlingsbewegungen in Afrika, 1960-1995

Staat	Zeitraum
Angola	1964-95
Äquatorial-Guinea	1973-90
Äthiopien/Eritrea	1967-95
Burundi	1967-95
Djibouti	1993-95
Elfenbeinküste	1964-71
Gabun	1964-66
Ghana	1964-66; 1981-95
Guinea Bissau	1965-94
Kamerun	1968-71; 1983-90; 1995
Kenia	1965-69; 1995
Kongo/Zaire	1965-95
Lesotho	1972-73; 1980; 1983; 1989-90
Liberia	1989-95
Malawi	1967-71; 1982-90
Mali	1964-68; 1990-95
Mauretanien	1989-95
Mosambique	1965-95
Namibia	1969-90
Niger	1965-66; 1990-95
Nigeria	1968-69;
Ruanda	1994-95
Sambia	1967-81
Senegal	1988-95
Sierra Leone	1964-68; 1990-95
Simbabwe	1965-90
Somalia	1965-71; 1987-95
Südafrika	1994-95
Sudan	1965-1995
Tansania	1980-81
Tschad	1970-95
Togo	1971; 1991-95
Uganda	1973-95
Zentralafrikanische Republik	1983-95

Tabelle 2.12: Flüchtlingsbewegungen in Süd- und Mittelamerika, 1960-1995[12]

Staat	Zeitraum
Argentinien	1980-82
Bolivien	1966-69; 1975-76; 1980-82
Chile	1966-68; 1973-95
El Salvador	1979-95
Guatemala	1980-95
Haiti	1964-95
Honduras	1986-91 (only internally displaced)
Kolumbien	1983-84; 1989-95
Kuba	1964-68; 1979-95
Nicaragua	1978-95
Panama	1991-92
Paraguay	1966-69
Peru	1992-95
Surinam	1986-92
Uruguay	1975-76; 1982-90

Quellen: Die Tabellen 2.12 - 2.15 sind aus Schmeidl, 2001: 86-87.

2. Flüchtlinge in Europa

Die meisten der oben angeführten Flüchtlinge blieben in den jeweiligen Region und nur wenige gelangten in den Westen. Einzig die USA nahmen in größerem Umfang Flüchtlinge aus Süd-Vietnam, dem einstigen Verbündeten, auf. So blieb Europa lange weitgehend von den Flüchtlingsbewegungen in der Dritten Welt unberührt. Allerdings nicht ganz, denn beispielsweise waren viele der asiatischen Arbeitsmigranten in Großbritannien tatsächlich Flüchtlinge und entweder Opfer der indisch-pakistanischen Teilung, oder der Vertreibung von Indern aus den neuen unabhängigen afrikanischen Staaten. Und auch viele griechische (Marrus, 1999), und später türkische sowie spanische Gastarbeiter waren häufig im Grunde Flüchtlinge vor den griechischen, spanischen und türkischen Militärdiktaturen, beziehungsweise den frühen Konflikten in den Kurdengebieten (Kleff, 1984). In den 1970er Jahren kamen dann mehrere zehntausend chilenische Flüchtlinge nach Europa, eine der ersten überseeischen Gruppen, und auch eine der ersten, die nicht Konsequenz des zweiten Weltkriegs und der anschließenden Neuordnung waren, sondern Resultat antikommunistischer Konflikte. Andererseits suchten von den insgesamt über 10 Millionen afghanischen Flüchtlingen bis 2000 nur 155.000 im Westen Sicherheit, etwa 1,5 Prozent (Castles und Miller, 2003: 172). Dieser niedrige Anteil ist typisch für die Fluchtbewegungen insgesamt.

Die meisten der innerhalb Europas Schutz suchenden Flüchtlinge waren in der Tat selber Europäer, wenn auch aus Nicht-EU-Staaten, oder aber sie kamen aus den unmittelbaren Nachbarregionen. Sie flohen entweder vor den Konsequenzen der Nachkriegspolitik, im Zuge von niedergeschlagenen Aufständen gegen kommunistische Regierungen während der 1960er Jahre, oder aber im Zusammenhang mit den Umwerfungen am Ende des Kommunismus auf dem Balkan und der UDSSR. Mitunter handelte es sich um diskriminierte Minderheiten, insbesondere die Roma in der Tschechischen Republik und dem ehemaligen Jugoslawien.

---

[12] Zahlreiche Konflikte, die hier mit –1995 ausgezeichnet werden, hielten tatsächlich länger an.

Tabelle 2.13: Flüchtlingsbewegungen in Europa, 1960-1995

Staat	Zeitraum
Albanien	1966-68; 1991-92
Bulgarien	1966-68; 1991-92
Jugoslawien (ehem.)	1966-68; 1991-95
Bosnien	1992-95
Kroatien	1993-94
Makedonien	1993-94
Serbien	1995
Slowenien	1993-94
Polen	1968; 1991-1994
Rumänien	1966-68; 1991-94
Tschechische Republik	1994
Tschechoslowakei	1968
UDSSR (ehem.)	1964-68
Aserbeidschan	1991-95
Armenien	1991-95
Georgien	1991-95
Moldawien	1991-92
Russische Förderation	1995
Usbekistan	1991-95
Ungarn	1993-94

Quelle: Schmeidl, 2001: 88)

Die jüngste Flüchtlingsproblematik in Europa wurde vor allem von den Konflikten in Jugoslawien (Slowenien, 1991; Kroatien, 1991-1995; Bosnien-Herzegowina, 1992-1995; NATO-Jugoslawien, 1999) und dem Kosovo (1998-1999) geprägt. Die Auflösung Jugoslawiens ist allerdings ohne das Zutun des Westens, insbesondere der Bundesrepublik Deutschlands nicht zu erklären. Es handelte sich um die Sezession der wohlhabenden Republiken im Norden von den armen Republiken im Osten und Süden. Auslöser war die hohe Verschuldung des Landes und der relative Staatsbankrott. Insbesondere das System des Länderfinanzausgleichs garantierte zwar gewisse soziale Sicherheiten in allen Landesteilen, hatte aber zur Folge, dass die produktiven Regionen und Wirtschaftszweige kein Kapital akkumulieren konnten. Die Loslösung dieser Republiken entsprach einem Wachstumsmodell, wie es beispielsweise von Wirtschaftsführern in Deutschland präferiert wurde. Legitimiert wurde die Sezession allerdings mit historischen und ethnischen Argumenten, die direkt in ethnische Konflikte und Bürgerkrieg mündeten. Zwischen 1991 und 1999 überstieg die Zahl die Flüchtlinge 4 Millionen, rund 1,3 Millionen Menschen flohen vorübergehend ins Ausland (UNHCR, 1997). 1,1 Millionen davon gingen in den Westen, vor allem nach Österreich und Deutschland. Dies waren nicht nur Nachbarstaaten, sondern dorthin gab es noch Beziehungen, die auf die Gastarbeiterära zurückgingen.

In der Gemeinschaft Unabhängiger Staaten (GUS) sowie der Russischen Förderation sind im Zusammenhang mit ethnischen Konflikten und Bürgerkriegen über eine Millionen Menschen vertrieben worden, beispielsweise aus Georgien, Tadschikistan, Armenien und Tschetschenien (Okólski, 2004: 40). Andere Quellen nennen sogar 1,5 Millionen Flüchtlinge, von denen die ersten 1989 vertrieben wurden, in

Wirklichkeit seien es aber sogar noch mehr gewesen (Vishnevski, 1994). Beispielsweise geben Castles und Miller (2003: 174) eine Zahl von 2 Millionen Menschen. Die Mehrheit dieser Menschen haben sich nach Russland geflüchtet. In anderen Fällen, etwa Ukraine oder Belarus, verlief die Loslösung allerdings friedlich und ohne große Fluchtbewegungen auszulösen.

Die Zahl der Menschen, die in 38 industrialisierten Staaten Asyl beantragten, stieg von 110.000 1983 auf 829.000 1992, sank dann wieder auf zunächst 380.000 1997, stieg kurzfristig 2000 auf 600.000 an und fällt seither kontinuierlich auf zuletzt 380.000 (UNHCR, 2005: 4). Seit 2001 fielen die Asylanträge weltweit um 40 Prozent, in Europa um 19 Prozent. Der Rückgang in Europa ist vor allem deshalb relativ niedrig, weil die ost- und südeuropäischen Staaten, in denen bislang kaum Asyl beantragt wurde, nun ebenfalls Fluchtziele sind. Während also dort die Antragszahlen steigen, ist der Rückgang in Großbritannien, Deutschland und den Niederlanden am deutlichsten. Verglichen mit den vielen Millionen Flüchtlingen, die der UNHCR weltweit registriert, zeigt diese Zahlen allerdings auch, dass nur ein geringer Anteil der Flüchtling ein den Westen, in die USA und nach Europa, gelangt.

Tabelle 2.14: Asylanträge in Europa

	2002	*2003*	*2004*	*Änderung in %*
EU-15	393.000	309.000	244.000	- 38 %
EU-10	32.000	37.000	39.000	+ 18 %
EU-25	425.000	346.000	283 000	- 33 %

Quelle: UNHCR, 2005

Im Jahr 2004 hat die Anzahl von Asylanträgen in den 38 Industrienationen seit 1988 und in sechs weiteren nicht-europäischen Staaten sogar seit 1986 einen Tiefstand erreicht. In den USA fiel die Zahl der Antragstellungen gegenüber dem Vorjahr um 29 Prozent, in Australien und Neuseeland um 28 Prozent und in Europa um 19 Prozent, jeweils ebensoviel, wie im Vorjahr. In Großbritannien sind sie sogar innerhalb von zwei Jahren um 60 Prozent gefallen.

Tabelle 2.15: Hauptherkunftsregionen von Flüchtlingen in den 36 Industriestaaten in 2004

Staat	*Anzahl 2004*	*Veränderung seit 2003*
Russ. Förderation	30.000	- 14 %
Serbien und Montenegro	26.000	- 15 %
China	25.000	- 23 %
Türkei	25.000	- 35 %
Irak	25.000	- 61 %
Indien	14.000	- 16 %
Nigeria	23.000	- 14 %
Somalia	16.000	- 43 %
Pakistan	23.000	- 19 %
Iran	13.000	- 21 %
Afghanistan	9.000	- 38 %
Congo	9.000	- 20 %

Quelle: UNHCR, 2005

Die größten Gruppen von Asylsuchenden kamen zu Beginn des 21. Jahrhunderts aus Russland, genauer gesagt aus Tschetschenien, vom Balkan; aus China; aus der Türkei und Indien, wenn auch mit jeweils stark abnehmender Tendenz. Und auch aus Afghanistan und dem Irak wurden nur noch wenige Tausend Anträge registriert (UNHCR, 2005). Dies lässt in der Tat hoffen, dass die großen Flüchtlingskrisen des 20. Jahrhunderts in Vietnam und Kambodscha, der Türkei, Sri Lanka, dem ehemaligen Jugoslawien, Algerien, Afghanistan, Irak, Westafrika (Nigeria, Togo, Sierra Leone, Liberia), Eritrea, Somalia, Äthiopien, Angola, und Kongo zu Ende gehen. Und obgleich die unsichere Lage in zahlreichen Krisenregionen fortbesteht und befürchtet werden muss, dass neue Krisen und Konflikte ausbrechen[13], ist der allgemeine Rückgang der Flüchtlingszahlen nicht allein auf die restriktiven Politiken des Westens zurückzuführen ist, sondern erklärt sich zuallererst mit den zurückgehenden Fluchtgründen. Nach Auffassung Halls, Direktor des Europabüros des UNHCR sei damit jedweder ‚Asylpanik' die Grundlage entzogen, "es sollte nicht länger möglich sein, zu behaupten, dass es noch eine große Asylkrise gäbe" (UNHCR, Press Statement, 13.2005)

Allerdings ist auch eine gegenläufige Tendenz zu beobachten, denn während die Anzahl der Asylanträge weltweit zurückgeht, und dies gilt insbesondere für die klassischen Aufnahmestaaten von Asylsuchenden, stieg sie 2004 in einer Reihe von Staaten teils stark an. Dies waren Zypern, Kroatien, Finnland, Süd-Korea, Malta, Portugal, Polen, Slowakei, Japan, Russische Förderation. Die könnten als die neuen Empfängerstaaten von Asylsuchenden betrachtet werden, auch wenn dieser Trend vielleicht auch nur von kurzer Dauer sein wird.

Neben diesen offiziellen Flüchtlingszahlen müssen allerdings noch intern Vertriebene berücksichtigt werden. Insbesondere Aserbeidjan, Bosnien-Herzegowina, Serbien und Montenegro, die Russische Förderation und Georgien müssen in diesem Zusammenhang genannt werden.

Aktuelle Asyl-Trends in Deutschland
Auch in Deutschland sank die Zahl der Asylantragsteller auf den niedrigsten Stand der letzten 20 Jahre. Noch 1992 wurden 438.191 Anträge gestellt, 1994 waren die Anträge auf 127.210 gesunken (Innenpolitik, 1, 2000: 8). 2004 waren es dann nur noch 35.610 Anträge. Von diesen wurden die meisten von Staatsangehörigen aus Serbien und Montenegro, der Russischen Förderation, der Türkei, Vietnam, dem Iran, aus dem Irak und aus China gestellt.

Tabelle 2.16: Asylanträge in Deutschland, 2000-2004

Jahr	2000	2001	2002	2003	2004
Anzahl	78.560	88.290	71.130	50.560	35.610

Quelle: UNHCR, 2005

---

[13] Für einen monatlichen Update siehe die Veröffentlichungen von CrisisWatch, http://www.crisisgroup.org.

Und auch die Zahl der Flüchtlinge, die 2004 Asyl erhalten haben, sank auf einen Tiefstand. Von den 61.951 Asylanträgen, die das Bundesamt 2004 entschied, wurden 96,8 Prozent abgelehnt oder "sonst wie erledigt" (BMI, 23.1.05). 960 Personen (1,5 %) erhielten Asyl, und 1.107 Menschen (1,8 %) wurde Abschiebeschutz aus politischen oder humanitären Gründen zuerkannt.

3. Schlussfolgerungen

Einerseits ist festzustellen, dass weltweit die erzwungene Migration zurückgeht. Andererseits lässt sich ein Trend beobachten, wonach es Flüchtlingen zunehmend schwerer gemacht wird, in den westlichen Industrienation Schutz zu finden. Zu solchen Maßnahmen zählen beispielsweise die Visapflicht, die Sichere-Dritt-Staaten-Regelung, die Bekämpfung illegaler Migration sowie die In-die-Pflichtnahme von Transportunternehmen, Migranten ohne Papiere auf eigene Kosten wieder zurückzutransportieren *(Carrier Liability)*. Zunehmend zu beobachten ist, dass die Regierungen von so genannten ‚Transitstaaten' Migranten aus dem Süden, die auf dem Wege nach Europa, sind, bereits dort festnehmen und wieder abschieben[14]. Auf diese Weise wird versucht, Flüchtlinge von Europa fern zu halten. Inzwischen wird die Verantwortung für den Schutz von Vertriebenen in die Nähe der Herkunftsregionen verschoben (OXFAM, 2005). So sehen die Pläne der Europäischen Union vor, Flüchtlinge in ‚*Regional Protection Zones*' sowie in ‚*Transit Processing Centres*' und damit bereits in ihren Herkunftsregionen aufzufangen (siehe u.a. Schuster, 2005). Dies wird wahlweise als Internationalisierung oder Externalisierung der Asylpolitik bezeichnet (OXFAM, 2005). Jene, die es dennoch bis nach Europa schaffen, werden dort in den seltensten Fällen längerfristig geduldet, sondern nach Schnellverfahren wieder abgeschoben.

Aufgrund von prozessualen Erschwernissen der Asylantragstellung sehen einige Autoren bereits dem ‚Ende des Asyls' zunächst in Afrika (Rutinwa, 1999) und inzwischen auch in Europa entgegen (Van Hear, 2005; Burnett und Whyte, 2004). Und die damit einher gehenden beträchtlich zurückgehenden Antragszahlen nähren die Vermutung, dass auch die massenhafte Asylmigration zum Ende kommt. Aus weltgeschichtlicher Perspektive handelte es sich also um eine relativ kurze Periode (1985-2000), Verfolgte und Nicht-Verfolgte werden sich andere Wege in ihre Zielstaaten suchen (müssen) (Van Hear, 2005).

---

[14] Siehe beispielsweise Le Quotidien d'Oran, 21.12.05, wo über die Abschiebung von 556 Westafrikanern aus Algerien berichtet wird. Auffang- und Abschiebelager sind sowohl aus Marokko, Algerien und Lybien bekannt.

Kasten: Weiterführende Literatur
Bücher
Loescher, Gil. 2001. *The UNHCR and worlds politics. A perilous path*. Oxford: Oxford University Press.
Selm, Joanne van, Khoti Kamanga, John Morrison, Aninia Nadig, Sanja Spoljar-Vrzina, and Loes van Willigen (Hrsg.). 2003. *The Refugee Convention at Fifty: A View from Forced Migration Studies*. New York, Oxford: Lexington Books.
Zolberg, Aristide; M. Benda, Peter (Hrsg.). 2001. *Global migrants, global refugees. Problems and solutions*. New York: Berghahn.

Zeitschriften
Journal of Refugee Studies
International Journal of Refugee Law
Forced Migration Review
Forced Migration online, www.forcedmigration.org/
Refuge

Websites
UNHCR, Jahresberichte: www. unhcr.ch/cgi-bin/texis/vtc/doclist?page=statistics&id04146bfch

3. ERKENNTNISTHEORETISCHE PROBLEME UND FORSCHUNGSLÜCKEN

1. Veränderliche Muster, Dekonstruktion traditioneller Vorstellungen

Angesichts der neueren Ergebnisse der empirischen Migrationsforschung müssen eine Reihe von bislang für gültig gehaltene Regeln, Konzepte und Theorien kritisch überprüft, revidiert und sogar dekonstruiert werden. Einige traditionelle Vorstellungen, bequem gewordene Annahmen, ja geradezu stereotypische öffentliche Meinungen sind nicht mehr länger aufrecht zu erhalten, wenn sie es denn überhaupt jemals waren.

Die Migrationsforschung der internationalen Migration der industriellen Phase bis zum 2. Weltkrieg erweckt den Eindruck, dass Migration von Europäern dominiert wurde. Demnach war internationale Migration vor allem europäische Auswanderung, beziehungsweise deren Einwanderung in die beiden Amerikas, Afrika und Asien. Bereits diese Prädisposition ist angesichts massenhafter Emigration aus Indien und China mit einiger Skepsis zu betrachten. Ohnehin aber gilt inzwischen, dass Europäer relativ immobil geworden worden. Zwar hat ihre Reisetätigkeit zugenommen, dauerhafte Migration aber ist zurückgegangen. Seit dem Ende des 2. Weltkrieges sind es nunmehr Asiaten, Afrikaner und Mittel- sowie- Südamerikaner, die das internationale Migrationsgeschehen dominieren.

Dementsprechend hat das klassische, transatlantische Migrationssystem weitgehend an Bedeutung verloren. Stattdessen sind neue Migrationssysteme entstanden: das transpazifische Migrationssystem (Ostasien – USA/Kanada), das multi-polare süd-ostasiatische Migrationssystem (Singapur/Hongkong/Malaysia/Taiwan/Südkorea), das mittelöstliche Migrationssystem (Naher Osten, Süd- und Südostasien – arabische Halbinsel), das russische Migrationssystem (Russland, GUS, Baltikum), das südafrikanische Migrationssystem (Botswana, Simbabwe, Mocambique, Kongo -Südafrika), das westafrikanische Migrationssystem (Ghana, Sierra Leone, Gambia – Nigeria) das südamerikanische Migrationssystem (Paraguay, Chile, Bolivien, Uruguay – Argentinien) sowie das europäische Migrationssystem (Ost- und Südosteuropa, Naher Osten, Nordafrika – West-/Nordeuropa).

Dennoch wird von der überwiegend in den USA und Europa beheimateten international einflussreichen Migrationsforschung und mehr noch den öffentlichen Diskursen häufig vernachlässigt, dass inzwischen eine Reihe östlicher und südlicher Staaten ebenfalls bedeutende Empfängerstaaten von Migration sind. Dies sind zum einen die Golfstaaten mit 6 Millionen Immigranten in Saudi Arabien (25 Prozent der Bevölkerung, Gresh, 2000), rund 2 Millionen Immigranten in den Vereinigten Arabischen Emiraten (80 Prozent der Bevölkerung, hauptsächlich aus Iran, Indien und Pakistan, siehe Sabaan, 2001) und 1,5 Millionen Immigranten in Kuwait (65 Prozent der Bevölkerung, hauptsächlich aus Indien, Ägypten, Bangladesh und Pakistan, siehe Migration News, 2000[15]). An zweiter Stelle muss Russland genannt

---

[15] Siehe http://migration.ucdavis.edu/mn/more.php?id=2056_0_5_0.

werden, das Land wies zwischen 1985 und 2001 eine Nettozuwanderung von mindestens 4,73 Millionen Menschen auf. Und auch die meisten anderen osteuropäischen Staaten (Weißrussland, Ukraine, Polen, Tschechien, Ungarn und Bulgarien) sind inzwischen Ziel von Migrationsbewegungen. Daneben sind Israel (2,1 Millionen), Malaysia (2 Millionen), Thailand (1,3 Millionen), Südafrika, Nigeria und Libyen (1,2-1,8 Millionen) bedeutende Zuwanderungsstaaten. Ja selbst in der Türkei leben inzwischen mindestens 1,1 Millionen Migranten.

Ebenso wenig Beachtung findet die Tatsache, dass die bedeutenden Immigrationsstaaten regelmäßig auch bedeutende Emigrationsstaaten sind. Dazu zählen beispielsweise Großbritannien, dort sind zwischen 1991 und 2001 3,4 Millionen Menschen eingewandert und 2,5 Millionen ausgewandert, allein in Australien sind seit 1981 rund 260.000 Briten eingewandert (National Statistics, 2001). Demgegenüber leben rund 800.000 Australier im Ausland (Durront und Lemaitre, 2004). Und während Neuseeland, das nach wie vor als Siedler- und Einwanderungsstaat betrachtet wird, bei einer Bevölkerung von rund 4 Millionen Einwohnern rund 20 Prozent neue Immigranten aufweist, leben zwischen 400.000 und 1 Millionen Neuseeländer im Ausland (überwiegend in Australien, Großbritannien und den USA), also 10-25 Prozent (ebenda). Ja selbst die Niederlande und Dänemark weisen Emigration auf (ebenda). Und was Deutschland betrifft, so werden dort jährlich durchschnittlich etwa 110.000 Fortzüge von Deutschen registriert, insgesamt waren es zwischen 1992 und 2002 1.279.944 Personen. Bis 1997 war der Wanderungssaldo zwar positiv, das heißt, dass mehr Deutsche nach Deutschland zurück kehrten, als fortzogen, doch seit 1998 überwiegt die Zahl der Fortzüge. 2002 waren es fast doppelt so viele Fortzüge, 119.271, gegenüber 67.377 Zuzügen von Deutschen. Im selben Zeitraum zogen auch 6.476.801 Ausländer wieder fort (Quelle siehe Tabelle 3.1). Schack (2005) verweist allerdings auf nicht näher genannte Experten, wonach diese Statistiken nicht alle Auswanderer umfassen, vielmehr sollen es jährlich bis zu 250.000 sein. Tatsächlich werden jene Deutsche, die sich nicht abmelden oder auch Pendelmigranten, die im Ausland arbeiten, aber ihren Wohnsitz in Deutschland beibehalten, in diesen Zahlen nicht berücksichtigt. Insofern spricht einiges dafür, dass die Zahlen tatsächlich um einiges höher sind.

Tabelle 3.1: Fortzüge von Deutschen aus Deutschland

1992	1993	1994	1995	1996	1997	1998	1999	2000	2001	2002
105.171	104.653	138.280	130.672	118.430	109.903	116.403	116.410	111.244	109.507	119.271

Quelle: www.bafl.de/template/migration/content_migration_aussiedler_1950_2001.htm

Beispielsweise leben inzwischen (2004) 262.000 Deutsche in Großbritannien, wo sie die drittgrößte Immigrantengruppe darstellen (IPPR, 2005), in der Schweiz lebten 2005 etwa 125.000 Deutsche[16] und in Österreich arbeiteten rund 45.000 Deutsche (*Die Welt*, 9.1.2006). Unter diesen Umständen fragen sich bereits verschiedene Kommentatoren, ob Deutschland nicht auch ein Auswanderungsland ist (Crolly, 2005).

---

[16] Media NRW, 2005, siehe http://www.media.nrw.de/kurznachrichten/artikel.php?id=3636.

Umgekehrt werden Italien, Spanien, Portugal und Griechenland üblicherweise mit der Kategorie ‚Auswanderungsstaat' identifiziert, vor allem, da sie in der Zeit nach dem zweiten Weltkrieg bis Anfang der 1970er zu den bedeutenden Entsendestaaten des europäischen Gastarbeitersystems gehörten. Einzig Italien war damals bereits Mitglied der Europäischen Gemeinschaft, für deren Arbeitnehmer das Prinzip der Freizügigkeit galt. Auch Österreich war bis in die 1970er Jahre hinein ein Entsendestaat, vor allem für den deutschen Arbeitsmarkt. Im Zuge der einsetzenden Weltwirtschaftskrise erließen allerdings alle Anwerbestaaten um das Jahr 1973 herum Anwerbestopps und die Arbeitsmigration – nicht aber in jedem Fall die Familienmigration – aus den südlichen in die nördlichen EG-Staaten lief aus. Parallel begannen allerdings die EU-Mitgliedschaftsprozesse dieser Staaten, in deren Folge die EG eine enorme Struktur- und Wirtschaftsförderung einleitete, auch die Wirtschaft in den ehemaligen Entsendestaaten begann zuboomen. Heute haben die südeuropäischen Staaten nicht nur die höchsten Wirtschaftswachstumsraten, sondern auch die am schnellsten steigenden Zuwanderungsraten. So hatte sich die Zahl der in Portugal lebenden Migranten bis 1999 auf 191.000 fast verdoppelt (Castles und Miller, 2003: 84). In Italien lebten 1992 beispielsweise 600.000 Ausländer, 2003 waren dies bereits 2,5 Millionen, also eine Vervierfachung innerhalb von 10 Jahren. Und während nach wie vor 4,7 Millionen Spanier im Ausland leben, hat sich die Zahl der Ausländer im Land von 400.000 1990 auf heute circa 2,6 Millionen mehr als versechsfacht. Nun ist dies zwar ein rasantes Wachstum, dennoch liegt der Ausländeranteil nach wie vor unter dem in den nördlichen Staaten. Dieses Wachstum erscheint wie ein nachholender, beziehungsweise ein Anpassungsprozess an den Durchschnitt der klassischen europäischen Einwanderungsstaaten.

Auch einige klassische Einwandererstaaten, etwa Brasilien und Argentinien, sind inzwischen keine reinen Empfängerstaaten mehr. Ganz im Gegenteil ist beispielsweise Brasilien seit etwa 1980 ein Auswandererstaat, 1,4 Millionen Menschen haben das Land zwischen 1980 und 1991 verlassen (Patarra, 2004: 85). Ebenso sind einige klassische Auswandererstaaten keine Entsendestaaten mehr (Deutschland, England, Irland, Italien, Skandinavien). Stattdessen sind eine Reihe ehemaliger Auswandererstaaten inzwischen Einreisestaaten (Deutschland, Österreich, Irland, Spanien, Portugal, Italien, Griechenland). Selbst einige so genannte Transitstaaten, wie etwa Polen, Türkei oder Mexiko werden inzwischen zu Einwanderungsstaaten.

Zahlreiche Staaten sind sowohl Auswanderungs- als auch Einwanderungsstaaten (Ukraine, Polen, Türkei, Nigeria, Senegal, Südafrika, Mexiko, Malaysia). Bei Staaten, wie Thailand, das üblicherweise mit Auswanderung, überwiegend von Frauen, gleichgesetzt wird, mag es überraschen, dass dieser Staat inzwischen auch ein bedeutender Einwanderungsstaat ist (Hugo, 1998: 120). Und über Indonesien, das wegen seiner hohen Zahl von Auswanderern regelmäßig als Auswandererstaat betrachtet wird, heißt es korrigierend: „die große Zahl indonesischer Wanderarbeiter, die das Land verlassen, wird entgolten durch eine gleich große Zahl ausländischer Arbeiter, die nach Indonesien einreisen" (Haris und Haris, 1997). Tatsächlich sind die wenigsten Staaten entweder nur Einwanderungs- und nur Auswanderungsstaat. Während sie aus der Perspektive von Nachbarstaaten oder Nachbarregionen durchaus Merkmale aufweisen können, die Immigration attraktiv machen, weisen sie für eine Anzahl der eigenen Bürger ebenfalls Merkmale auf, die die Emigration nicht minder attraktiv erscheinen lassen. Staaten allein aufgrund ihrer dominieren Merkmale zu kategorisieren, beziehungsweise allein anhand jener Merkmale, die auch in den Industrienationen spürbar sind, erscheint irreführend, insbesondere wenn die Nettodifferenz zwischen Ein- und Ausreise nicht sehr groß ist.

Nach wie vor lassen sich allerdings einige wenige regelrechte Auswandererstaaten ausmachen, wie etwa Jordanien, aus dem etwa 40 Prozent der arbeitsfähigen Bevölkerung emigrierte. Doch selbst dieser Staat verzeichnet noch eine gewisse Einwanderung, wenn auch in sehr viel geringerer Größenordnung. Insbesondere die Philippinen gelten als *der* Auswandererstaat *par excellence*, von den 85 Millionen Einwohnern leben rund sieben Millionen im Ausland, zwei Drittel allerdings nur zeitlich befristet (Hugo, 1998: 111). Und auch Mali mit seinen über vier Millionen im Ausland lebenden Bürgern (1991) muss als Auswandererstaat gelten (Findley, 2004). Aus einer europäischen Perspektive gelten die Türkei mit drei Millionen und Marokko mit zwei Millionen, ja sogar Algerien mit nur 500.000 Emigranten als Auswandererstaaten. Dies scheint allerdings, wie sich im weiteren Verlauf diese Buches noch zeigen wird, eher die Ausnahme zu sein, da wenige Länder einen signifikanten Anteil ihrer Bevölkerung im Ausland haben und gleichzeitig kaum oder gar keine Einwanderung verzeichnen. Zum anderen bleibt abzuwarten, ob und wann sich diese eher unidirektionalen Wanderungen verändern, umkehren oder um gegenläufige Bewegungen ergänzt werden.

Schließlich kann am Beispiel Portugals beobachtet werden, dass die 1999 noch dominierende Migration aus den Portugiesisch-sprachigen ehemaligen Kolonien, insbesondere aus Guinea-Bissau, den Kapverden, Angola und Mocambique, abgelöst wird von Migrationen aus Rumänien, der Ukraine und Moldawien (Baganha, 2005). Das heißt, dass innerhalb weniger Jahre neue Migrationssysteme und Netzwerke entstanden sind, die die traditionellen historisch geprägten Bindungen zu überlagern beginnen. Es bleibt abzuwarten, ob dieser Trend fortbesteht oder ob es sich nur um eine vorübergehende Erscheinung handelt.

Diesen Beobachtungen zufolge lässt sich festhalten, dass Migration (1) zunehmend multidirektional ist, und (2) dass die bedeutenden Einwanderungsstaaten häufig auch bedeutende Auswanderungsstaaten sind, und umgekehrt (3) das die bedeutenden Auswanderungsstaaten häufig auch bedeutende Einwanderungsstaaten sind. Diese Zunahme der Einwanderung in Staaten und Regionen, die bislang nicht Ziel von Wanderungen waren, seien es die neuen Einwanderungsstaaten, oder auch die so genannten Transitstaaten, bedeutet (4) aber auch, das sich die weltweiten Wanderungsbewegungen auf zunehmend mehr Staaten verteilen. Und (5) lässt sich feststellen, dass zeitweise dominierende Migrationsbewegungen teilweise von neuen Bewegungen abgelöst werden. So kann also eine Diversifizierung der Herkunfts- und Aufnahmestaaten von Migration beobachtet werden. Daraus könnte man (6) ableiten, dass es einen Trend zu einer zunehmend gleichmäßigeren Verteilung von globalen Migrationsbewegungen gibt.

Um die Dinge noch weiter zu verkomplizieren, ist zu berücksichtigen, dass zwar Migration zwischen Nationalstaaten gemessen wird, daraus aber nicht geschlossen werden kann, dass ganze Staaten Aus- oder umgekehrt Einwanderungsstaaten sind. In der Regel lassen sich innerhalb eines Staates spezifische Regionen ausmachen, aus denen Menschen abwandern, und zwar sowohl in andere Landesteile, als auch in andere Staaten. Beispielsweise können in Indien fünf spezifische und vergleichsweise kleine Auswanderungsregionen ausgemacht werden – Punjab, Gujarat, Sylheti, Mirpuri – aus denen die Auswanderer der 1950-1980 Jahre stammen. Und für Ostafrika hat Gould (1996) eine Karte skizziert, die acht Auswanderungs- und 13 Zielgebiete ausweist. Malinesen in Frankreich kommen überwiegend aus nur einer Region, aus Kayes. Ebenso verläuft die chinesische Migration nach Europa zwischen spezifischen Regionen, etwa aus Hongkong nach England, aus Fujian nach Ungarn oder aus Wezhou nach Italien (Pieke, 2004). Und die Mehrheit der tamilischen Minderheit in Toronto stammt von der Jaffna-Halbinsel[17]. Auch in Deutschland lässt sich feststellen, dass „fast die Hälfte aller 350.000 im Ruhrgebiet lebenden Türken aus Zonguldak und den benachbarten Provinzen Bartin und Karabük stammen", (Faruk Sen, zitiert in *TAZ*, 8.6.2004). Dies mag sich damit erklären, dass insbesondere Zonguldak, ähnlich wie das Ruhrgebiet, ebenfalls eine Bergbauregion ist und die türkischen Bergleute deshalb in eine vergleichbare deutsche Bergbauregion zogen. Gleichfalls lässt sich am Beispiel der Türkei beobachten, dass sich die Herkunftsregionen verschieben und dem entsprechend neue Migrationsmuster entstehen. Dahinter verbergen sich jeweils spezifische Ursachen, wie etwa am Beispiel der Türkei die ökonomisch bedingte Migration, die politische Migration nach dem Militärputsch 1980 sowie den Konflikten in den Kurdengebieten. Dies zeigt, dass Migration, selbst wenn sie aus einem Staat erfolgt, keineswegs als konsistenter Prozess zu verstehen ist, sondern in sich differenziert ist, und weniger als ein, denn als verschiedene Prozesse zu betrachten ist.

Tabelle 3.2: Wanderungen aus der Türkei nach Regionen in Prozent, 1965 – 1999

Region	1965	1967	1969	1971	1973	1982	1984	1990	1999
West	55	55	50	47	42	23	22	26	22
Nord	12	11	14	14	22	25	25	12	7
Zentral	18	16	21	23	21	21	25	28	29
Süd	8	8	7	8	8	12	12	12	14
Ost	7	10	8	8	7	19	16	22	28

Quelle: Cohen und Sirkici, 2005: 152

Und auch in den Migrationszielen lässt sich regelmäßig eine Ungleichverteilung von Migranten feststellen. Diese Ziele können beispielsweise in jenen Regionen liegen, die den Abwanderungsregionen am nächsten liegen, also beispielsweise der gegenüberliegenden Küste, in den großen Städten, oder auch in bestimmten Regionen (Südwestengland, Andalusien und Katalonien, Norditalien, Florida, Kalifornien und so weiter).

---

[17] Gemäß einer Expertenmeinung von Nick van Hear.

In Deutschland leben die meisten türkisch-stämmigen Ausländer in Nordrhein-Westfalen, gefolgt von Baden-Württemberg, Bayern und Hessen. Allein in Berlin leben rund 300.000 türkische Migranten, in Köln und in Duisburg. In Italien haben sich die meisten der 60.000 chinesischen Migranten im Raum Prato sowie in Mailand, beides Textilstädte, niedergelassen. Sie stammen zu 90 Prozent aus der chinesischen Provinz Zhejiang und dessen Hafenstadt Wenzhou (Mudu und Li, 2005). Und in Großbritannien leben 95 Prozent aller Immigranten in England, 45 Prozent davon in London und weitere 34 Prozent in den Ballungsgebieten von Birmingham, Manchester, Leicester und Newcastle. In den USA sind die meisten der 1,25 Millionen kubanischen Migranten, rund 65 Prozent, in Florida konzentriert, während die Mehrheit der Mexikaner im Nachbarbundesstaat Kalifornien lebt. Diese Aufzählung ließe sich endlos fortführen. Sie soll aber ausreichen, um zu illustrieren, dass aus geographischer Sicht Migration vielmehr eine Angelegenheit zwischen Regionen, ja mitunter sogar zwischen Städten ist, als eine zwischen Staaten.

Bis in die 1950er Jahre war Migration überwiegend permanente Auswanderung, wenn auch der hohe Anteil der Rückkehrer im Rahmen der transatlantischen Migration nicht immer bewusst gemacht wird. Seit den 1950er Jahren ist Migration zunehmend und, laut OECD-Quellen, seit Mitte der 1990er Jahre sogar überwiegend temporär, wenn auch die Beschäftigung mit jenen, die sich niederlassen, überwiegend den Forschungs- und Politikdiskurs dominieren. Beispielsweise verwendete Christian Klos, Jurist und deutscher Mitarbeiter der EU-Kommission für Justiz und Inneres, wo er zuständig ist für Migrationsfragen, folgende Definition: Migration ist „ein permanenter Wechsel des Wohnortes von Individuen" (Klos 1998: 7). Angesichts des heutigen Wissensstandes muss dies als eine Definition aus der Vergangenheit betrachtet werden, die so nicht mehr länger aufrechterhalten werden kann. Das berühmte *bonmot* von Simmel, „Menschen kommen heute und bleiben morgen" (Simmel, 1908/1992: 764), muss angesichts dessen wohl abgewandelt werden in „Menschen kommen heute und gehen morgen wieder fort".

Es wird regelmäßig unterstellt, Migration sei ein Prozess junger Menschen und Migranten seien typischerweise zwischen 20 und 45 Jahren alt. Tatsächlich sind zum einen ethnische Migranten, beispielsweise Aussiedler in Deutschland, aber euch religiös motivierte Migration, beispielsweise von russisch-jüdischen Einwanderern häufig wesentlich älter (Kessler, 2003). Diese Vorstellung ignoriert auch, dass seit etwa zwei Jahrzehnten ausgerechnet Menschen jenseits des Rentenalters mobil werden. So zieht es Hunderttausende Rentner aus Deutschland, England, BeNeLux und Skandinavien zeitweise, vor allem während des Winters, oder auch dauerhaft nach Spanien, Portugal, Zypern und Malta. Neuere Trends von Deutschland, England und Italien weisen zunehmend auch auf die Türkei als Destination hin. Auch innerhalb einiger Staaten ist diese Form der Rentner- oder Sonnenscheinmigration bekannt, beispielsweise den USA (Florida) und Großbritannien (Südküste). Tatsächlich ist die Migration von Rentnern (,*retirement migration*') „eines der am rapidesten wachsenden demographischen Merkmale entwickelter Gesellschaften" (Williams, 1999).

Die herkömmliche Migrationsforschung, vor allem aber Soziologen und Ökonomen, gehen überwiegend ahistorisch vor. Der Analyse der Lucassens (1997), wie auch Brettells und Hollifields (2000: 2), die von einem tiefen Graben zwischen Geschichtswissenschaftlern und Soziologen sprechen, ist insofern beizupflichten. Die Migrationsforschung beschränkt sich häufig auf Momentaufnahmen, also Querschnittstudien, und vernachlässigt die Kontextualisierung von Einzelphänomenen in den geschichtlichen Ablauf (Längsschnittstudien). Ihr entgehen damit Aspekte wie Kontinuität und Wandel, Umkehr und Ausgleich von Wanderungsbewegungen. Analysen, die auf die historische Dimension verzichten, verbauen sich aber auch die Möglichkeit, Migration im Kontext lang anhaltender Entwicklungen zu verstehen und dementsprechend zu relativieren.

Viele der geläufigen und in der Migrationsforschung angewendeten Begriffe, Definitionen und Konzepte sind unter historisch spezifischen Bedingungen geprägt worden. Dies war die Zeit zwischen der Mitte des 19. Jahrhunderts und der Mitte des 20. Jahrhunderts. Dabei handelt es sich um eine historisch spezifische Periode.

Die war zum einen gekennzeichnet durch
    (i)   die europäische Massenemigration;
    (ii)   durch überwiegend permanente Emigration/Immigration;
    (iii) den Prozess der Durchsetzung des modernen Nationalstaates, deren Beginn auf den Westfälischen Frieden, 1648 am Ende des 30-jährigen Krieges datiert werden kann, vor allem aber mit der
          (a) Auflösung der Empires und Vielvölkerstaaten (Türkei, Österreich-Ungarn) und der Staatenneuordnung nach dem ersten Weltkrieg sowie
          (b) dem Zusammenbruch der Kolonialreiche nach dem zweiten Weltkrieg;
    (iv) die technologische Revolution im Transportwesen, Reisen wurden risikoarm, schnell und günstig;
    (v)   die zunächst weitgehend liberalen Migrationspolitiken, denn protektionistische Migrationspolitiken begannen sich erst nach dem ersten Weltkrieg durchzusetzen.

Beides hat sich unter den Bedingungen der Globalisierung verändert: die Transportwege sind schnell, sicher und kostengünstig, während die politische Grenzen poröser werden. Unter den Bedingungen der Globalisierung sind Individuen wesentlich flexibler, zeitlich befristete Strategien sind normal geworden. Statt Auswanderung und Einwanderung, beides endgültige Entscheidungen, sind nun eher anhaltende Migrationsprozesse zu beobachten, ein beständiges Kommen und Gehen, ein Prozess permanenter Bewegungen von Individuen rund um den Globus. Tatsächlich lassen sich bereits Formen eines modernen Nomadismus feststellen (Düvell, 2004; Keller, 2005), allerdings folgen die Menschen nun nicht mehr länger ökologischen sondern ökonomischen oder kulturellen Reizen.
Ein weiteres Problem besteht darin, dass Migrationsforschung selbst politisch voreingenommen ist. Es mangelt mitunter an der kritischen Distanz und der kritischen Selbstreflektion, die doch im Grunde Voraussetzung von Wissenschaft überhaupt

ist. Zum einen wird Migrationsforschung traditionell aus der Perspektive des modernen Nationalstaates betrieben. Sowohl der feudale wie auch der absolutistische Staat basieren auf der absoluten Herrschaft über deren Untergebene und dementsprechend stellte deren Emigration ein migrationspolitisches Problem dar, die deshalb auch regelmäßig stark reglementiert und häufig sogar gänzlich untersagt war. Im Gegensatz dazu steht im Zentrum des Konzeptes des modernen Nationalstaates das Prinzip der Souveränität, die Kontrolle über das Staatsterritorium sowie das Bekenntnis zu einer einheitlichen Nation. Dementsprechend ist aus der Perspektive moderner und insbesondere liberal-demokratischer Nationalstaaten die Zuwanderung in den Nationalstaat, also die „Einreise [von Nicht-Mitgliedern] problematischer, als die Ausreise" (Hollifield, 2000: 142). Zudem repräsentiert der sesshafte Bürger das Ideal des Nationalstaates und demgegenüber der Migrant eine Abweichung da. Zum anderen wird vor allem solche Forschung betrieben, die politisch relevant erscheint. Aus diesen Gründen unterliegt die Migrationsforschung, ja bereits die Forschungsfragen gewissen Voreingenommenheiten. Dem entsprechend bilden sich Forschungs*cluster* und Forschungslücken.

Schließlich sind Migrationstheorien überwiegend US-amerikanischen Ursprungs. Sie basieren vor allem auf der Erforschung mexikanisch-amerikanischer Migration. So stellt sich die Frage, ob diese Theorien als universell gelten können, oder aber ob sie von nur mittlerer Reichweite sind, also nur auf genau dieses Phänomen zutreffen. Tatsächlich gibt es zahlreiche Hinweise, denen zufolge es sich bei der Untersuchungsgruppe Mexikaner um eine spezifische Gruppe mit spezifischen Merkmalen und einer spezifischen Kultur handelt. Dies unterscheidet sie von anderen Untersuchungsgruppen, wie etwa Marokkanern in Spanien, Türken in Deutschland oder Polen in England.

2. Forschungslücken

Aus den oben beschriebenen Voreingenommenheiten resultiert eine Reihe von Forschungslücken. Diese sind zum Teil Konsequenz eines mangelnden Interesses der Forschung, oft hervor gerufen durch einen Mangel an Forschungsgeldern, die bestimmten Fragen nicht nachgeht.

Zu den offenkundigsten Forschungslücken gehört die Frage, warum Menschen *nicht* migrieren. Dies ist verwunderlich, wenn man bedenkt, dass 2,1 Milliarden Menschen, 40 Prozent der Weltbevölkerung, in Armut leben und 800 Millionen sogar hungern.[18] Angesichts solcher Bedingungen drängt sich die Frage auf, was Menschen darin hindert, zu migrieren (siehe auch Kapitel 6), demnach besteht „eine Forschungslücke, was den Zugang zu Emigrationsmöglichkeiten betrifft" (Tamas, 2004: 20).

Und während die Migration in die Industrienationen, also beispielsweise die USA und Kanada, oder nach Europa recht gut untersucht ist, gilt dies nicht für Süd-Ost- und Süd-Südmigration. Und bislang kaum erforscht sind gegenläufige Wanderun-

---

[18] Siehe www.un.org.; www.fao.org und www.worldhunger.org.

gen, wie etwa die Migration von Managern, Wissenschaftlern und Experten von Norden und Westen nach Osten und Süden, diese vielleicht zahlenmäßig wenig eindrucksvolle, ihren Konsequenzen nach allerdings einflussreiche Migration scheint ein weißer Fleckt auf der Forschungslandkarte zu sein.

Wenig erforscht ist auch die Frage der Rückkehr von Migranten (Cassarino, 2003) und insbesondere die Frage temporärer Rückkehr (Tamas, 2004). Martin und Taylor (1995) haben eine das Denken stark beeinflussende „S-Kurven Modell" entwickelt, wonach sich der Anteil der Migrationsarbeiter, die sich nach zwei bis drei Dekaden niederlassen, auf 30-50 Prozent beläuft. Die gipfelt in der irreführenden und geradezu infamen Behauptung von Martin (2001), *"there is nothing more permanent than temporary foreign workers"*. Tatsächlich konzentriert sich die Forschung vor allem auf diese Minderheit jener, die sich niederlassen und lässt die Mehrheit jener, die zurückkehren unbeachtet. Beispielsweise suggerieren die üblicherweise verbreiteten Zahlen zur Einwanderung nach Europa eine kontinuierliche Zunahme von Migranten, dies ist jedoch nicht in dem Maße der Fall, wie dies die Zahlen annehmen lassen. Tatsächlich haben zwischen 1990 und 2000 rund 4 Millionen Menschen, überwiegend Ausländer, Deutschland (wieder) verlassen, um entweder in ihre Herkunftsländer zurückzukehren oder in ein anderes Land weiterzuziehen. In Großbritannien, einem klassischen so genannten Einwandererland, war die Migrationsbilanz während der gesamten Periode der Einwanderung 1945-1985) dennoch überwiegend negativ (Fothergill und Vincent, 1985). Doch weder wird dies untersucht und noch viel weniger hält diese Wanderungsform Einzug in das öffentliche Bewusstsein.
Auch fehlt es, so Carling (2002: 11) an einer integrierten Methode zur Erforschung der Frage, in welcher Weise Kontrollpolitiken die Form von Migrationsentscheidungen und -bewegungen prägen (siehe Kapitel 5.11.).

Bislang kaum beachtet (eine Ausnahme ist die Migrationssystemtheorie, Kritz und Zlotnik, 1992: 4) ist auch die Interaktion von Urlauberbewegungen und Migrationsbewegungen[19]. Dies ist umso erstaunlicher, als Urlauberbewegungen inzwischen jeden Winkel der Welt erfasst haben und insofern jeder Winkel der Welt mit den Hauptherkunftsstaaten der Urlauberbewegung verbunden ist. Das internationale Reiseaufkommen weist kontinuierlich hohe Wachstumsraten auf und versteht sich selbst als der größte ökonomische Sektor der Welt. Zwar ziehen sowohl Tourismus, als auch Migration den Blick von Forschern auf sich, allerdings besteht nur wenig Austausch zwischen den beiden Disziplinen der Migrationssoziologie sowie der Freizeitgeographie.

Bislang hat die Erforschung irregulärer Migrationsbewegungen gezeigt, dass „irreguläre Arbeitsmigranten" insbesondere in Europa vielfach mit einem Touristenvisum einreisen, um während der üblicherweise dreimonatigen Aufenthaltserlaubnis unerlaubt zu arbeiten, oder aber, einmal eingereist, nicht wieder auszureisen (Düvell, 2005). Und auch umgekehrt ziehen Städte, deren Wachstum und Charakter auf Migration basieren, ihrerseits Touristen an und generieren eine Nachfrage nach

---

[19] Für einen Überblick zum Stand der Forschung siehe Feng und Page, 2000.

weiteren Arbeitskräften, was wiederum zu neuer Migration führt. Dies gilt beispielsweise für die nord-mexikanischen Städte Tijuana und Ciudad Juarez.

"These urban agglomerations attract a large number of Mexicans coming from poorer regions, particularly those in the south of the country; the reason for this migration is the American dream, the possibility to cross the border (illegally or otherwise) and get a job paid in dollars. As many of the incoming migrants to these border towns do not always achieve their task, they end up as inhabitants of the Mexican North, preserving their cultural and social traditions, in an environment virtually void of any real Mexican folklore. Some of the Mexican towns on the border with the United States receive a constant influx of visitors the year over, particularly Americans. Most of these tourists dare crossing the border to taste the Mexican culture, many manifestations of which have been brought by the migrants from the interior of Mexico. ... These visitors enjoy the Mexican ambience, artificially created but effective nonetheless, where food, handicrafts and alcoholic beverages are central to the satisfaction of the foreign patrons of local restaurants, shops and street-vendors. Drugs and prostitution also play their part... the number of visitors to the Mexican border towns is quite large (Tijuana is the most visited city of the world with over 40 million registered visitors, annually" (Sanchez-Crispin, 2000).

Darüber hinaus könnte man hypothetisieren, dass das zahlenmäßig stetig steigende Auftauchen von westlichen Urlaubern in Entwicklungsländern einen Einfluss auf Migrationsentscheidungen, Migrationsrichtungen, die Infrastruktur zwischen zwei Staaten oder Regionen, ja sogar die Initiation von Migrationsbewegungen hat. Durch das Reiseaufkommen werden Transportverbindungen erst geschaffen, es entsteht eine Infrastruktur, die auch von Migrationswilligen genutzt werden kann. Es werden Kontakte geknüpft, vielleicht sogar Ehen, die dazu führen, dass zunächst nur einen Person einer Region dem neuen Partner in eine andere Region folgt. Prinzipiell ist vorstellbar, dass es nicht bei einem solchen Einzelfall bleibt. Ebenso ist vorstellbar, dass daraus Kettenmigration folgt, also weitere Familienmitglieder folgen, sei es im Rahmen von Familienzusammenführung, sei es, um den Kontakt zu nutzen und beispielsweise dort zu studieren oder nach Arbeit zu suchen. Aufgrund der Urlauberbewegung wird auch Information bewegt, die Menschen in den Urlauberdestinationen lernen etwas über die Herkunftsländer der Urlauber, eignen sich, beispielsweise aus geschäftlichen Gründen, Grundkenntnisse der Sprache(n) der Urlauber an. Unter bestimmten Umständen, beispielsweise einer ökonomischen oder ökologischen Krise, könnte daraus der Beginn neuer Migration resultieren, könnte sich die Richtung der Wanderung ändern, oder aber könnte die Wanderung von Urlaubern komplementiert werden durch die Wanderung von Arbeitsmigranten (siehe auch Williams und Hall, 1999, zu diesem Fragenkomplex).

Weitere Forschungslücken bestehen (1) in dem Zusammenhang von internationaler und interner Migration, die zwar Geographen und Stadtsoziologen beschäftigt, aber weniger Migrationssoziologen, (2) in dem Zusammenhang von Umwelt und Migration (siehe Kapitel 7.6.) sowie (3) dem Zusammenhang von Migration und Familie (Tamas, 2004: 23).

4. KLASSISCHE MIGRATIONSTHEORIEN

In diesem Abschnitt geht es um die klassischen, neo-klassischen und andere überwiegend strukturalistische und deterministische wirtschaftswissenschaftliche Migrationstheorien. Einige gehen auf das 19. Jahrhundert zurück. Sie repräsentieren die Anfänge der Migrationstheorie, und damit auch das Denken ihrer Zeit und stützen sich überwiegend auf demographische Überlegungen. In den 1960er und 1970er Jahren folgten vor allem ökonomisch angelegte Modelle die in den 1980er und 1990er Jahren um verhaltenstheoretische Aspekte erweitert wurden.

1. Klassische Migrationstheorie

Die klassische Migrationstheorie geht zurück auf Adam Smiths' Werk „Wealth of Nations" (1776/1906), wonach Überbevölkerung, Landknappheit und Landprivatisierungen einerseits sowie Arbeitskräfteknappheit andererseits die damalige Land-Stadtmigration angetrieben haben. Sie wird jedoch vor allem mit Ravenstein identifiziert, der 1885 seine „Gesetze der Migration" (‚laws of migration') entwickelt hat (siehe auch Corbett, 2005). Zum Ausgangspunkt seiner Überlegungen nimmt er die Vorstellung, es gäbe Menschen austeilende Länder (‚countries of dispersion') und Menschen aufnehmende Länder (‚countries of absorbtion'), die Bewegungen zwischen diesen beiden Polen unterlägen spezifischen Gesetzen, die unabhängig von den jeweiligen historischen Bedingungen gälten[20]:

1. a. Migration und Distanz: Migration nimmt mit zunehmender Distanz vom Herkunftsort ab. b. Migranten, die über große Distanzen migrieren, ziehen in die jeweiligen ökonomischen Zentren.
2. Migration in Schritten: a. Migration erfolgt als Strömung, jedes Teilchen bewegt sich eine Station weiter, derart bewegt sich Bevölkerung als ganzes in Richtung eines Gravitationszentrums. b. Die Menschen im Umfeld von Städten ziehen in die Stadt, Menschen aus entfernteren Gegenden ziehen nach und damit in das Umfeld von Städten.
3. Jeder Strom produziert eine kompensierende Gegenströmung.
4. Stadt-Landdifferenz der Migrationsneigung: Städter migrieren weniger wahrscheinlich als Landbewohner.
5. Vorherrschaft von Frauen in der Migration über kurze Distanzen.
6. Der Fortschritt der Transportmittel und generell der technologische Fortschritt resultiert in einer Zunahme der Migration.
7. Ökonomische Motive dominieren das Migrationsgeschehen.

Ravenstein zog seine Schlussfolgerungen aus einer vergleichenden Sekundäranalyse des britischen Bevölkerungszensus von 1871 und 1881. Er spricht, seinem naturalistischen Ansatz entsprechend, auch von Migrations*strömungen*. Thornthwaite, ein Zeitgenosse Ravensteins und eigentlich Klimatologe, hat darüber hinaus, scheinbar als einer der ersten, die Idee vom Bevölkerungs*druck*, eines weiteren na-

---

[20] Castles und Miller (1993; 19-21) kritisieren dies als ahisstorisch.

turalistischen Konzeptes, aufgebracht (siehe Tobler, 1995)[21]. In jedem Fall muss es als gewagt betrachtet werden, universell gültige Aussagen, wie es Ravenstein getan hat, aus einer Einzelfallstudie abzuleiten. Vielmehr hat er, wie viele Kritiker seiner Zeit anmerkten (siehe Corbett, 2005), spezifische Migrationsmuster in einem bestimmten Land und zu einer bestimmten Zeit ausgemacht.

Lee hat dem 1966 seine „Theorie der Migration" hinzugefügt. Die basiert im Wesentlichen auf der Verteilung von migrationsbegünstigenden (+) Faktoren und migrationshemmenden (–) Faktoren. Ein bloßes Übergewicht an (+) Faktoren löst aber nicht bereits Migration aus, denn simultan unterstellt er eine natürliche Trägheit, also Immobilität (: 18). Deren Überwindung schreibt er vor allem persönlichen Faktoren und Charakteristika zu, die nun seines Erachtens nicht vollständig rational seien. Demnach wird Migration (a) durch eine Anzahl von Bedingungen an Ausreise- und Zielort, (b) eine Anzahl von Hindernissen sowie (c) eine Reihe persönliche Faktoren determiniert. Weiterhin schlussfolgert Lee: (1) je größer die Unterschiede zwischen Abwanderungs- und Zielgebiet, desto umfänglicher die Migration; (2) je homogener die Bevölkerung und je größer das Gefühl der Gleichheit, desto weniger Migration gibt es; (3) je größer die Hindernisse, desto weniger Migration findet statt; (4) wirtschaftliches Wachstum, beziehungsweise Krisen führen zu mehr beziehungsweise weniger Migration; (5) Migration nimmt im Laufe der Zeit an Volumen zu, solange, bis Restriktionen eingeführt werden; (6) Immigration nimmt mit fortschreitendem Fortschritt zu, beziehungsweise bleibt angesichts von wenig Fortschritt gering. (a) Migration verläuft überwiegend innerhalb etablierter Ströme; (a) für jeden Strom gibt es eine Gegenströmung (Rückkehrmigration) (genau genommen schreibt er nicht von Gegenströmung, sondern der *ratio* zwischen Strom und Gegenstrom); (a) die Gegenströmung bleibt gering, wenn die Ursache der Migration – die migrationsauslösenden Faktoren im Herkunftsgebiet – fortbestehen; (d) die Gegenströmung ist groß, wenn die Unterschiede zwischen Herkunft- und Zielgebiet niedrig sind; (e) die Gegenströmung bleibt gering, wenn die Hindernisse, die überwunden werden mussten groß waren; (f) die Gegenströmung variiert mit den ökonomischen Bedingungen, sie ist niedrig in Zeiten des Wachstums und hoch in Zeiten der Krise. (i) Migration ist selektiv, es gibt Migranten mit positiven und Migranten mit negativen Qualitäten; (ii) Migranten, die auf die + Faktoren im Zielland reagieren, weisen positive Qualitäten auf, (iii) Migranten, die auf Faktoren im Ausreiseland reagieren, weisen negative Qualitätsmerkmale auf; (iv) Migranten, die auf Faktoren im Einreiseland reagieren, weisen positive Qualitätsmerkmale auf; (v) hohe Migrationshürden sieben die Schwachen und Unfähigen aus, und je größer die Distanz, desto besser die Qualität der Migranten und *vice versa*; (vi) es gibt eine verstärkte Neigung zur Migration im Zusammenhang mit spezifischen demographischen Merkmalen, namentlich dem Alter, dem Familienstatus, oder einer Scheidung; (vii) Personen, die migrieren, weisen bereits Charakteristika auf, wie sie am Ziel zu finden sind, allerdings in geringerem Umfang, und sie sind bereits verschieden vom Durchschnitt der Bevölkerung im Ausreiseland. Paradoxerweise

---

[21] Er bezog sich dabei auf Thornthwaite, C. 1934. *Internal Migration in the United States*. Philadelphia: University of Pennsylvania Press.

vermindern sie demnach die Qualität der Bevölkerung am Ausreise- wie am Einreiseort.

Kasten 4.1: Klassische Migrationstheorie -Fallbeispiel

> Joseph war 1998 gerade 25 Jahre alt geworden. Er arbeitete als Handlanger im Hafen. Oft gab es auch gar keine Arbeit für ihn. Seinen Brüdern und Nachbarn ging es ebenso. Er war arm, wie so viele in seinem Land.
> Er wusste von einem Onkel, der vor 15 Jahren nach Frankreich ausgewandert war, dass dort Arbeitskräfte gesucht wurden und dass er dort bessere Verdienstmöglichkeiten hatte. So ging er also nach Frankreich, um dort zu arbeiten.

Diese klassischen Theorien von Ravenstein und Lee werden häufig zum so genannten „*push and pull factor*" Modell zusammengefasst. Dies geht auf Myrdals (1944: 193) Veröffentlichung zur US-amerikanischen Süd-Nordmigration von Schwarzen zurück, der die Beschäftigungsmöglichkeiten sowie die bürgerlichen Rechte im Norden als Zugkraft und die Armut und Unterdrückung im Süden als Schubkraft betrachtete. Nach weit verbreiteter Lesart sind demnach „*Push*" Faktoren all jene Faktoren, die Menschen aus der Ausreiseregion verdrängen, während „*pull*" Faktoren jene Faktoren in der Einreiseregion sind, die Menschen anziehen. Dieses Modell erfreut sich breiter, wenn auch häufig unkritischer Popularität.

2. (Neo-) Klassische Ökonomie der Migration

Die klassische Migrationstheorie ist ihrem Wesen nach strukturalistisch. Sie basiert auf der Annahme, dass Wanderungsbewegungen aus einer Asymmetrie von Gebieten mit einem Arbeitskräfteüberschuss und Gebieten mit einem Arbeitskräftedefizit resultieren. Gebiete mit einem Arbeitskräfteüberschuss seien insbesondere ländlichen Gebieten, wohingegen Gebiete mit einem Arbeitskräftedefizit überwiegend urbane Gebiete seien.

Die neo-klassische Theorie ist demgegenüber ihrem Wesen nach akteurszentriert und betrachtet die ökonomisch rational handelnde Person als den wesentlichen Akteur in Migrationsprozessen. Sie basiert allein auf der Differenz von Löhnen im Abwanderungs- beziehungsweise Zuwanderungsgebiet (Harris und Todaro, 1971). Allerdings hat Todaro (1969) darauf hingewiesen, dass weniger die realen Lohndifferenzen, also vielmehr (1) die *Wahrscheinlichkeit* (*probability*) eines Arbeitsplatzes und (2) der zu *erwartenden* (*expected*) höhere Löhne für die Entscheidungsprozesse von Individuen eine Rolle spielten.

Todaro-Modell: $\Delta = {}^T\!\!\int_0 e^{\delta t} [p_u(t) y_u - y_r(t)] dt - c$

DeltaΔ (erwartetes Einkommen) ist positiv, wo die Wahrscheinlichkeit p_u städtischer Beschäftigung zum Zeitpunkt (t), und y_u städtisches Einkommen, $y_r(t)$ repräsentiert das ländliche Einkommen zum Zeitpunkt t, c sind die Migrationskosten und δ der Abzug vom Nominalwert. Wenn also das erwartete städtische Einkommen höher ist, als das bekannte ländliche Einkomme (Lohndifferentialhypothese) zuzüglich der Migrationskosten, so wird erwartet, dass das Individuum migriert.

Insofern haben sie bereits frühzeitig auf eine individuelle Komponente hingewiesen. Die Einführung der Variable *Wahrscheinlichkeit* war dem Bestreben geschuldet, den Fortgang von Migration trotz der damals einsetzenden städtischen Arbeitslosigkeit zu erklären (siehe Taylor und Martin, 2001). Demnach findet Migration statt, wenn das rational, also ökonomisch kalkulierende Individuum für seine Investition in Form seiner Arbeitskraft an einem Ort höhere Einkünfte (,*revenues'*) erzielen kann, als an einem anderen Ort. Im Umkehrschluss hieß das, Migration findet bei Abwesenheit eines solchen Lohndifferenzials nicht statt.

Kasten 4.2: Neo-klassische Ökonomie der Migration – Fallbeispiel

Joseph war 1998 gerade 25 Jahre alt geworden. Zwar hatte er den Abschluss einer höheren Schule geschafft, konnte aber keine angemessene Arbeit finden und musste als Handlanger im Hafen arbeiten. Oft gab es auch gar keine Arbeit für ihn. Er wusste von einem Onkel, der vor 15 Jahren nach Frankreich ausgewandert war, das dort Arbeitskräfte gesucht wurden und das er dort bessere Verdienstmöglichkeiten hatte. Doch leider war die Reise nach Europa sehr teuer, er würde dafür Schulden machen müssen. Allerdings kalkulierte er, das er in Frankreich so viel verdienen würde, das die Schulden nach sechs Monaten abbezahlt wären, und er danach sein Einkommen vollständig zu seinem Lebensunterhalt zur Verfügung hätte. Er würde ebenso viel arbeiten, wie Zuhause, aber dafür viel mehr Geld erhalten und könnte sich einen besseren Lebensstandard leisten. Folglich wanderte er nach Frankreich aus.

Verfeinert wurde dieses Modell mittels der Spieltheorie, einer Variante der *rational choice theory*. Demnach wird zwischen risikoabgeneigten (*risk adverse*), risikoneutralen (*risk neutral*) und risikofreundlichen (*risk friendly*) Akteuren unterschieden. Je nach Neigung werden sie auf je verschiedene Art und Weise auf die Wahrscheinlich eines besseren Einkommens reagieren. Während also risikoscheue Akteure allein aufgrund der Wahrscheinlich von besseren Einkünften nicht migrieren würden, und die niedrigeren, aber sicheren Löhne bevorzugen, werden demnach die risikofreundlichen Akteure migrieren, solange zumindest die Wahrscheinlichkeit besteht, in der Zielregion bessere Einkünfte zu erzielen.

3. Theorie dualer, beziehungsweise segmentierter Arbeitsmärkte

Die Theorie von den dualen, beziehungsweise segmentierten Arbeitsmärkten repräsentiert eine weitere makro-analytische und strukturalistische Theorie (Piore, 1979). Demnach wird Migration von makroökonomischen Bedingungen hervorgerufen und ist den Strukturen des Marktes geschuldet, die jenseits der Reichweite von Individuen liegen. Diese Bedingungen bestehen in den segmentierten, also dualen Arbeitsmärkten der Industrienationen, beziehungsweise der Zielregionen von Migration. Dort generiert insbesondere der arbeitsintensive industrielle, und später tertiäre Dienstleistungssektor eine kontinuierliche Nachfrage nach manueller, niedrig- oder unqualifizierter und niedrig-entlohnter Arbeit. Weil aber die einheimischen Arbeitskräfte zunehmend vom sekundären Sektor, beziehungsweise den höheren Lohngruppen angezogen werden, entsteht in den unteren Segmenten eine Nachfrage, die Migration von ausländischen Arbeitskräften generiert.

Die Segmentierung des Arbeitsmarktes ist allerdings nicht einfach ein Resultat von Markmechanismen, sondern in hohem Maße politisch gewollt, indem beispielsweise ausländische Arbeitskräfte (‚Gastarbeiter') für spezifische Sektoren angeworben werden, während ihnen andere Arbeitsplätze aufgrund von Vorrangregeln für einheimische Arbeitskräfte verschlossen bleiben.

Anhand der Theorie dualer Arbeitsmärkte soll auch erklärt werden, wieso es zu einer Gleichzeitigkeit von Arbeitslosigkeit und Arbeitskräftenachfrage, in anderen Worten zu einer Gleichzeitigkeit von Arbeitsmigration und einheimischer Arbeitslosigkeit kommen kann. Die Gründe sind demnach in den unterschiedlichen Strukturen und Konjunkturen separater Märkte für Arbeitskraft zu suchen.

Inhärent ist segmentierten Arbeitsmärkten die strukturelle Diskriminierung von Migranten, denen effektiv der Zugang zum ersten Arbeitsmarkt, wie auch generell zu unbefristeten sowie hochentlohnten Arbeitsplätzen versperrt wird (Müller, 1997).

4. Mikro-ökonomische Migrationstheorie (Humankapital und Migration)

Anfang der 1960er Jahre setzte Sjaastad (1962) den bis dahin überwiegend makroökonomischen und strukturalistischen Migrationstheorien eine auf dem Konzept des Humankapitals basierende mikro-ökonomische Theorie entgegen. Darin erscheint das Individuum, und nicht die das Individuum umgebenden demographischen und ökonomischen Bedingungen als entscheidender insbesondere ökonomisch rationaler Akteur. Insbesondere sucht sie die spezifischen individuellen Charakteristika der Migrierenden zu berücksichtigen. Diese Charakteristika bestanden zunächst vor allem im Lebensalter, den Fähig- und Fertigkeiten (*skills*), dem Risikoverhalten und der Leistungsorientierung. Die *skills* wurden im weiteren Verlauf der Verfeinerung der Theorie neben Ausbildung und Berufserfahrung nach Sprache, kulturelle Kompetenz, Anpassungsfähigkeit und so weiter differenziert. In Sjaastads *human capital migration theory* erscheinen die *skills* als Investitionen, dort, wo diese Investitionen, nach Abzug aller Kosten, ihre größte Produktivität entfalten können und demnach die größeren Einkünfte erzielen, wird sich der Mensch hinbewegen. Als Kosten werden in diesem Modell sowohl die tatsächlichen Kosten der Reise, vor allem aber die psychischen und sozialen Kosten, vom Verlust der Vorzüge des Abwanderungsortes bis hin zur Qualität des Wetters verstanden. Erfolgen soll diese Kalkulation nicht anhand einer Momentaufnahme, sondern in Form einer Lebenszeit-Perspektive, das heißt, Migranten streben nicht nach nur vorübergehend optimierten Einkommen, sondern nach prinzipiell dauerhaften Perspektiven.

Kasten 4.3: Humankapitaltheorie und Migration – Fallbeispiel

> Joseph, 26 Jahre alt, war 10 Jahre lang zur Schule gegangen, er hatte drei Sprachen gelernt. Außerdem hatte er Kurse besucht, die sehr teuer gewesen waren, und hatte sich weitere Fachkenntnisse angeeignet. Dennoch konnte er keinen seinen Investitionen angemessenen Job finden, sondern musste sich als Handlanger verdingen. Sollte das Geld, das seine Ausbildung gekostet hatte, vergeblich ausgegeben worden sein?
> Von einem Onkel erfuhr er, das er in Frankreich in seinem Beruf würde arbeiten können. Zwar würde er dort gutes Geld verdienen, aber er hatte auch von den langen kalten Wintern gehört und davon, das ‚Schwarze', wie er, dort diskriminiert werden. Er war alleinstehend, flexibel, konnte französisch und war überaus kontaktfreudig. Er kam zu dem Schluss, dass er in Frankreich mehr aus sich würde machen können, das er dort einen Arbeitsplatz finden würde, der seiner Ausbildung angemessen war und das die Vorteile die Nachteile aufwiegen würden. So wanderte er also nach Frankreich aus.

Eine Variante dieser Theorie ist das *Werterwartungsmodell (subjectiv expected utility)*, welches sich der Frage widmet, welches Migrationsziel ein ökonomisch rationaler Akteur wählen würde, d.h. wo das Humankapital am produktivsten eingesetzt werden kann. Dies wird demnach dort sein, wo die zu erwartenden Einkünfte am höchsten sein werden (siehe de Jong und Fawcett, 1981; Esser, 1980).

Kasten 4.4: Wert-Erwartungstheorie – Fallbeispiel

> Für Joseph war klar, er würde auswandern müssen, um sein Glück zu machen. Aber wo sollte er hingehen? In den USA würde er sehr viel Geld verdienen, aber dann wäre er auch sehr weit weg von seiner Familie in Rumänien. Außerdem war sein Englisch nicht sehr gut und er fragte sich, ob er damit wohl in seinem Beruf würde arbeiten können. In England würde er zwar weniger Geld verdienen, aber dafür wäre es sehr viel näher, bliebe also das Problem mit der Sprache. Und wie wäre es mit Italien? Dort würde er nicht so gut verdienen, wie in den USA oder England, aber immer noch besser als zu Hause. Außerdem ist das ja auch eine romanische Sprache, damit hätte er also weniger Schwierigkeiten. Nach Hause wäre es nur ein Katzensprung, und das Wetter wäre ebenfalls fast wie daheim. So stand als bald fest: Er würde nach Italien gehen.

Eine Erweiterung besteht in der Annahme, dass die Migration auch einer Investition in das Humankapital der Akteure gleich kommt und das dieses dann beispielsweise entweder im Herkunfts- oder einem weiteren Land produktiv eingesetzt werden kann. So können demnach Auslandserfahrung, Spracherwerb, Erwerb von *soft skills* dazu dienen, die Karrierechancen im Herkunftsland zu verbessern.

5. Die Neue Ökonomie der Arbeitsmigration

Die Neue Ökonomie der Migration (*new economy of labour migration, NELM*) ist eine weitere wirtschaftswissenschaftliche Migrationstheorie, die von Odet Stark, einem US-amerikanischen Ökonomen aufgestellt wurde.
Ihre zentrale Aussage lässt sich kurz und prägnant zusammenfassen: Nicht der individuelle ökonomische Akteur ist als jene Einheit zu betrachten, die aufgrund von rationalen Kalkulationen zur Migrationsentscheidung gelangt, sondern die Familie, der das Individuum angehört, muss als Kontext der Entscheidungsprozesse analysiert werden. Dies ist auch methodologisch interessant, insofern die Forschung nicht notwendigerweise dort ansetzen muss, wo das Phänomen beobachtet wird,

also dem individuellen Migranten, der augenfällig geworden ist, sondern an der Umgebung des beobachteten Phänomens. Insofern handelt es sich bei dieser Theorie, aus verhaltenstheoretischer Perspektive, bereits um einen systemischen Ansatz.

Stark nimmt an, dass, *erstens*, obgleich die handelnden, also migrierenden Personen, Individuen sind, sie doch nicht unabhängig sind sondern vielmehr in ein Netz gegenseitiger Abhängigkeiten eingebunden sind. Sie stehen in Beziehung zu einer anderen Person oder zu einer Gruppe von Personen, wie etwa der Familie. Konsequenterweise sind Überweisungen (*remittances*) an die zurückbleibenden Mitglieder dieser Gruppe integrales Element von Migrationen und sollten damit Gegenstand der Migrationsforschung sein. Konsequenterweise ist „Arbeitsmigration mehr als individualistisches Optimierungsverhalten", sondern Ausdruck kollektiver Entscheidungsprozesse.

Zweitens ist „Arbeitsmigration mehr als die Entgegnung auf Lohndifferenziale", und Migration deshalb trotz fehlender Lohndifferenziale keineswegs notwendigerweise irrational, also unvernünftig. Migration funktioniert eben nicht wie der Fluss von Wasser entlang von Höhenunterschieden, sondern wird beeinflusst durch eine Reihe weiterer Variablen, wie etwa Einkommensunsicherheiten, relative Verarmung, welche beispielsweise anhand von familiären Risikogemeinschaften, den Überweisungen von migrierenden Kindern und den Investitionen in deren Ausbildung studiert werden kann. Demzufolge schlägt Stark vor, die monokausale Perspektive, wonach Migration allein auf Einkommensdifferentiale zurückzuführen ist, aufzugeben, zugunsten einer multi-kausalen Betrachtungsweise. Dies ist insofern bedeutend, als er weiter ausführt, dass demnach Migration nicht etwa dann aufhören würde, wenn die Lohndifferenziale eingeebnet werden würden, sondern dass Migration aufgrund beispielsweise der Einkommensdiversifizierungsgründe der Familie fortbestehen würde (: 4).

Und *drittens* hebt Stark den Einfluss unvollständiger Märkte und unterentwickelter Finanzinstitutionen hervor. Demnach sei der Zugang zu bestimmten Arbeitsmärkten aufgrund der Hindernisse im Zugang zu Kapital, Waren und Finanzmärkten, also beispielsweise Krediten oder Versicherungen und Renten, behindert. Dies provoziert Migrationen, die unter anderen, das heißt perfekten Bedingungen, wie sie etwa in der westlichen Welt herrschen, nicht erfolgen würden (bis hierhin siehe Stark1991: 3).

Der Grundgedanke ist, dass sich Familien als kollektive ökonomische Akteure formieren und auch als solche verhalten, und strategische Entscheidungen treffen. Demnach analysieren Familien kollektiv die ökonomische Lage des Kollektivs, betrachten die Probleme und Risiken und fällen Entscheidungen, die zwar den Einzelnen betreffen, sich aber auf das Kollektiv beziehen. Demnach wirkt die Familie als eine ökonomische Einheit, die die Gesamtheit ihres Humankapitals möglichst optimal einzusetzen sucht. Seinen Ausdruck findet dieser Prozess in der Frage, wie die Quelle des Familieneinkommen diversifiziert, also Einkommensquellen auf verschiedenen Märkten ausgemacht werden können um damit das Risiko zuminimieren und zu streuen. In diesem Zusammenhang erscheint Migration als eine Strategie, eine Familie von der alleinigen Abhängigkeit vom einheimischen (Arbeits-)

85

Markt unabhängig zu machen und eine weitere Einkommensquelle zu erschließen. Auf diesem Wege sichert sich eine Familie gegenüber lokalen Krisen und damit einhergehenden Einkommensverlusten ab, streut also das Risiko über diverse Einkommensquellen. Demnach muss der Fokus der wirtschaftswissenschaftlichen Migrationsforschung vom Individuum hin zur Familie verschoben werden. Zwar kann es auch weiterhin das Individuum sein, welches schlussendlich die Entscheidung trifft, dies ist aber im Kontext der Familie zu analysieren. In jedem Fall aber ist die Familie, als Koalition, als Einheit zu betrachten, die gegenüber der Welt, oder wie Stark es spieltheoretisch ausdrückt, gegenüber einem „gemeinsamen Feind" (: 5), aktiv wird. Auch wenn Stark diesen Gedanken nicht weiter ausgeführt, und dies bislang auch sonst niemand getan zu haben scheint: hierin liegt ein Ansatz zur Untersuchung der Frage, wieso, trotz epidemischer Armut und Chancenlosigkeit in der Dritten Welt bislang so wenig Menschen migriert sind, wie Tomas Hammar et al. (1997) in einem anderen Zusammenhang fragend anmerken. Man könnte in diesem Zusammenhang beispielsweise fragen, ob die Migration eines Familienmitgliedes, dessen Einkommen vielen zugute kommt, nicht eine Erklärung dafür ist, dass nicht viel mehr Menschen migrieren. Während beispielsweise die neoklassische Migrationstheorie zu dem Schluss käme, dass jeder einzelne von Armut betroffene Migrieren müsste, käme die neue ökonomische Theorie der Arbeitsmigration zu dem Schluss, dass nur ein Mitglied pro Familie, also beispielsweise nur jeder Zehnte migrieren würde. Dies scheint dem tatsächlichen Migrationsgeschehen und insbesondere der Bedeutung der Überweisungen von Migranten an ihre Familien (siehe Kapitel 8.1.6.) näher zu kommen, als neoklassische Überlegungen.

Kasten 4.5: Die neue Ökonomie der Arbeitsmigration – Fallbeispiel

> Joseph war 1998 gerade 25 Jahre alt geworden. Er war verheiratet, seine Frau Mara war ebenfalls 25 Jahre alt. Zusammen hatten sie zwei Kinder, die bereits zur Schule gingen. Außerdem wohnten Josephs Mutter und der jüngere Bruder seiner Frau, Said, in dem gemeinsamen Haushalt. Zwar hatte er den Abschluss einer höheren Schule geschafft, konnte aber dennoch nur Jobs als Handlanger im Hafen finden. Er arbeitete täglich 12 Stunden. Seine Frau verdiente Geld, indem sie Gemüse auf dem Markt verkaufte. Seine Mutter passte gegen geringe Entlohnung auf die Kinder aus der Nachbarschaft auf. Und Maras Bruder Said arbeitete gemeinsam mit Joseph im Hafen. Joseph und Said waren die Hauptverdiener, doch leider gab es Zeiten, in denen keine Schiffe entladen werden mussten, dann hatten beide keine Arbeit und das Geld reichte kaum zum Überleben.
> Die Familie diskutierte, wie sie ihre Lage verbessern könnte. Von einem Onkel wussten sie, dass man in Frankreich viel Geld verdienen könnte. So kamen sie überein, dass Maras Bruder nach Frankreich gehen sollte, um dort zu arbeiten und das Geld nach Hause zu schicken. So würde die Familie eine weitere Einkommensquelle haben und wäre nicht mehr allein von dem Geld im Hafen abhängig.

6. Theorie des Marktversagens

Die Theorie des Marktversagens ist ein bedeutendes Element mikroökonomischer und verhaltenstheoretischer Theorien, insbesondere der *New Economy of Labour Migration*. Genau genommen ist sie allerdings bislang keine eigenständige Theorie.

Dies ist umso erstaunlicher, als sie von erheblicher Plausibilität ist. Deshalb soll hier versucht werden, einige Aspekte der Grundzüge einer solchen Theorie zu formulieren.

Die Theorie des Marktversagens schlägt eine Brücke zwischen makroökonomisch verursachten Migrationsgründen und verhaltestheoretisch zu erklärenden individuellen Strategien. Marktversagen besteht vor allem in der Unterversorgung mit ökonomisch notwendigen Gütern oder Dienstleistungen in den Ursprungsregionen von Migration. Sie ist beispielsweise gegeben, wenn in einem Land kein Zugang zu Krediten besteht, sei, weil es keine Finanzdienstleister gibt, sei es, weil Banken nicht am Markt für Kleinkredite interessiert sind, oder sei es, weil bestimmte Gruppen diskriminiert werden, etwa indigene Völker, Frauen oder ländliche Bevölkerungen. Angehörige dieser Gruppen können deshalb unter Umständen einen Hausbau, die Anschaffung notwendiger Geräte zur Modernisierung eines landwirtschaftlichen oder dörflichen Betriebes oder gar eine Unternehmensgründung nicht auf dieselbe Art durch Kredite vorfinanzieren, wie dies in den Industriestaaten üblich ist. Ähnliche Probleme entstehen, wenn es in einem Land keine Versicherungen gibt, mit denen sich die Menschen gegen unternehmerische oder persönliche Risiken, seien dies eine Missernte, Arbeitslosigkeit oder die Erkrankung eines Familienmitgliedes wappnen können. Wenn also die Geschäftsidee nicht gänzlich aufgegeben werden soll, oder das soziale Problem nicht ungelöst bleiben kann, so muss das notwendige Geld anderweitig aufgetrieben werden. An die Stelle der Vorfinanzierung mit Hilfe eines Kredites tritt die Notwendigkeit, erst das Geld zu akquirieren, bevor dies investiert werden kann. Als Quelle bietet sich die Migration über die Grenze in ein relatives Hochlohnland an (zum Zusammenhang vom mangelnden Zugang zu Krediten und Migration siehe Rapoport, 2002). So entstehen Reize, die in Arbeitsmigration resultieren. Diese Zusammenhänge werden in zahlreichen qualitativen Studien bestätigt, tatsächlich ist ‚ein eigener Laden/ein eigenes Geschäft' im Herkunftsland eines der am häufigsten anzutreffenden Migrationsmotive (siehe zu diesem Absatz diverse Arbeiten von Massey, insbesondere Massey et al. 1998).

Marktversagen gilt auch als eine der Ursachen von Menschenschmuggel und irregulärer Migration. So kann beispielsweise Menschenschmuggel in all jenen Fällen beobachtet werden, in denen es keine legalen Dienstleister gibt, die ihre Dienste anbieten. So kann ein Mangel an Reisebüros, beziehungsweise ein Mangel an organisierten Reisen, etwa mit dem, Bus dazu führen, dass sich Reise- und Migrationswillige an informelle, beziehungsweise kriminelle Anbieter solcher Leistungen wenden. Aber auch die illegale Immigration muss vor dem Hintergrund eines (Arbeits-) Marktes gesehen werden, der nicht in der Lage ist, die Nachfrage nach Arbeitskräften eines bestimmten Typs oder in einem bestimmten Umfang zu befriedigen. Wenn der Befriedigung dieser Nachfrage dann auch noch politische Regelungen entgegenstehen, wie etwa Arbeitsmigrationsbeschränkungen, wird die Rekrutierung der benötigten Arbeitskräfte an den bestehenden gesetzlichen Regelungen vorbei erfolgen. In solch einem Fall sind das kombinierte Versagen von Markt und Politik Ursache einer spezifischen Form von Migration (siehe Düvell, 2005).

Zu schlussfolgern wäre demnach, dass das Versagen spezifischer Märkte Migration auslösen kann und, umgekehrt, dass wirtschaftliche und politische Maßnahmen, die solchem Marktversagen zu begegnen suchen, Auswirkungen auf das Migrationspotential eines Staates haben sollten.

7. Weitere Theorien

Anhand einer „Theorie unscharfer Mengen" (*fuzzy logic*), einer Form der Wahrscheinlichkeitstheorie, versucht Lienenkamp (1999) „Dispositionsräume globaler Migration" zu ermitteln. Demnach sollen anhand einer Liste von 49 Indikatoren – von Arbeitslosenquote bis Wegenetz – alle Merkmale berücksichtigt werden, die als *Push*-Faktoren oder Hinderungsgründe in Entscheidungsfindungsprozesse eingehen und anhand dessen Prognosen über „das zukünftige globale Migrationspotential grob abgeschätzt" werden (: 16). Bislang ist diese Theorie allerdings noch nicht empirisch verifiziert worden und selbst dann dürfte es schwierig werden, zu überprüfen ob Migration allein aufgrund der 49 Indikatoren stattfindet. Zudem lässt diese Theorie die so genannten *Pull*-Faktoren, also beispielsweise Netzwerke, unbeachtet. Ein solches Vorgehen erscheint wenig plausibel und Prognosen allein anhand der Emigrationsgründe zu formulieren dementsprechend unbefriedigend.

Bei der ‚*welfare magnet theory'* (Brueckner, 2000) ist der Name Programm: demnach verläuft Migration auf Pole wohlfahrtsstaatlicher Angebote zu. Sie geht auf Borjas (1990) zurück, der die Auffassung vertritt, dass Wohlfahrtsstaaten als relevante *Pull*-Faktoren fungieren können, die einigen Einfluss auf die Kalkulationen von rational handelnden Migranten haben. Insbesondere würden die Sicherheiten, die ein Wohlfahrtsstaat bietet, die Risiken der Migration herabsetzen, weil nicht mehr der Einzelne selbst, sondern die aufnehmende Gesellschaft die Migranten gegen solche Risiken absichert. Deshalb würden auch solche Menschen angezogen, die ansonsten, weil ihnen die Risiken zu hoch sind, nicht migrieren würden. Diese Hypothese scheint zunächst plausibel und ist in der öffentlichen Meinung recht populär. Andererseits wird sie durch die Beobachtung widerlegt, dass Migration in Staaten, die keinen Wohlfahrtsstaat aufweisen, nicht minder bedeutend ist, wie Migration in Wohlfahrtsstaaten. Im Übrigen ist es in keiner Weise empirisch belegt, dass Migranten von wohlfahrtsstaatlichen Leistungen angezogen werden, beziehungsweise diese in Anspruch nehmen (Cornelius, et al., 1994: 37). Inzwischen geht international die Tendenz dahin, Migranten vom Zugang zu zahlreichen Wohlfahrtsleistungen zumindest vorübergehend auszuschließen. Zudem nimmt Migration zunehmend irreguläre Formen an, was *per se* jede Inanspruchnahme von Sozialleistungen ausschließt. Da aber Migration ungeachtet dieser Einschränkungen fortbesteht, erscheint die Annahme eines *Pull*-Faktors Sozialleistungen wenig einleuchtend.

8. Zusammenfassung

Die klassischen Migrationstheorien lassen sich anhand von vier Merkmalen unterscheiden, nämlich ob sie strukturalistisch, makro-ökonomisch, mikro-ökonomisch oder behavioristisch argumentieren.

Charakteristisch für die klassischen Modelle, und darin bestehen auch ihre Probleme, ist, dass es sich um ihrem Anspruch nach naturgesetzliche, quasi-physikalische beziehungsweise mechanische Modelle handelt, also um Gravitations-, (Über- und Unter-) Druck-, Strömungs- und hydraulische Modelle handelt. Bei unbefangenen Lesern erwecken sie leicht den Eindruck einer gewissen Plausibilität. Sie suchen in der Migration eine Regelhaftigkeit und Gesetzmäßigkeit zu entdecken. Im Rahmen einer Diskursanalyse wird man aber eher zu dem Schluss kommen, dass diese Theorien eine Entgegnung auf die mit den globalen Wanderungsprozessen einhergehenden Unsicherheiten und Ängste, auf deren Unvorhersehbarkeit und Unkontrollierbarkeit war sowie auf die Furcht und Panik, die dies auslöste (vergl. Kleinschmitt, 2002: 24). Tatsächlich blieb der empirische Test bislang aus, stattdessen wurden häufig allein Alltagsbeobachtungen, also gänzlich unwissenschaftliche Schlussfolgerungen, oder nur Einzelfallanalysen, als Verifizierung dieser Annahmen gewertet. Vielmehr scheitern „*push and pull*" Faktorhypothesen regelmäßig an jenem Punkt, an dem sie nicht zu erklären vermögen, weshalb Personen, die unter exakt den gleichen Bedingungen leben teils migrieren, teils immobil bleiben (siehe Mitchell, 1989; Cyrus und Vogel, 2005). Genau genommen befassen sich diese Theorien aber auch gar nicht mit Migration, sondern vielmehr mit den Bedingungen und Voraussetzungen, unter denen Migration stattfindet. Sie klammern sowohl die subjektiven Erfahrungswelten der Migranten, als auch den menschliche Faktor, also kongnitive Abläufe als solche aus. Deshalb eignet sich der Verweis auf ‚*push and pull*' Faktoren allein als Sammelbegriff für alle Migration begünstigenden Faktoren, jedoch nicht als deterministisches theoretisches Modell. Vielmehr ist zu untersuchen, welche Reize (*incentives*), beziehungsweise Abschreckungen (*disincentives*) die individuellen Entscheidungsprozesse der Akteure beeinflussen.

Tabelle 4.1: Übersicht über die klassischen Migrationstheorien

Theorie	Charakteristika	Vertreter
Gesetze der Migration	Klassische strukturalistische Migrationstheorie	Ravenstein, 1885
Theorie der Migration (Push and pull factors)		Lee, 1966
Theorie dualer, beziehungsweise segmentierter Arbeitsmärkte	Neo-klassische, makro-ökonomische und strukturalistische Migrationstheorie	Piore, 1979
Ökonomie der Migration	Neo-klassische, mikro-ökonomische und behavioristische Migrationstheorie	Harris und Todaro, 1971
Humankapital und Migration		Sjaastad, 1962
Werterwartungstheorie (subjectiv expected utility theory)		de Jong und Fawcett, 1981; Esser, 1980
Neue Ökonomie der Arbeitsmigration (New Economy of Labour Migration, NELM)		Stark, 1991
Welfare magnet theory		Borjas, 1990; Brueckner, 2000
Die Theorie des Marktversagens	Neo-strukturalistische Migrationstheorie	Massey et al., 1998
Ermittlung von Dispositionsräumen globaler Migration auf der Basis von Fuzzy Logic		Lienenkamp, 1999

Bei den neo-klassischen Modellen handelt es sich vor allem um die Anwendung der Theorie rationaler Wahlhandlung (*rational choice*) auf das Migrationsgeschehen. Obgleich sie nicht mehr aus einem naturgesetzlichen Referenzrahmen abgeleitet werden, sind sie ähnlich deterministisch, wie die klassischen Theorien. Regelmäßig wird ihnen deshalb von ihren Kritikern Realitätsferne vorgeworfen (siehe Haug, 2000: 16). Denn, so wird argumentiert, Menschen reagieren nicht mechanisch, sondern sie agieren menschlich, das heißt, sie reagieren nicht uni-kausal sondern multikausal. Die Empirie hat gezeigt, dass es „keinen direkten Zusammenhang gibt zwischen Armut, wirtschaftlicher Entwicklung, Bevölkerungswachstum und sozialem und politischem Wandel auf der einen Seite und internationaler Migration auf der anderen" (Van Hear et al., 2003: 5). Vielmehr „benötigen die Menschen ... Ressourcen und Verbindungen, um zur Migration zu greifen" (ebenda: 5). Nicht simple Wenn-Dann-Abläufe, sondern komplexe kognitive Prozesse liegen Migration zugrunde.

Auch die Theorie segmentierter Arbeitsmärkte erscheint wenig plausibel. Statt von einem, willkürlich differenzierten, dualen, muss vielmehr von einem vielfach segmentierten Arbeitsmarkt, von professionell, geschlechtlich oder ethnisch geprägten Schichten, damit einher gehender Nischenbildung und insofern von einer sehr komplexen Struktur gesprochen werden. Zunehmend ist zu beobachten, dass die Segmentierung nicht (mehr) zwischen verschiedenen Arbeitsmärkten, sondern innerhalb von Arbeitsmärkten verläuft, also beispielsweise im Rahmen einer Aufdifferenzierung von Arbeitsabläufen und einem daraus resultierenden Nebeneinander von einheimischer und zugewanderter Arbeitskraft. Demgegenüber ist die Hypothese, dass Migrationsarbeitskraft die einheimischen Arbeitskräfte verdrängt, statt unterfüttert, empirisch nur im Einzelfall – vermutlich wäre dies anhand des Bausektors in Deutschland möglich – nicht aber generell belegbar.

Die meisten Hypothesen sind bislang wissenschaftlich nicht verifiziert, vielfach liegen stattdessen Falsifizierungen vor, die zwar nicht die Theorien als ganzes, wohl aber ihre Universalität in Frage stellen. Diese Gegenbeispiele bestehen häufig (a) in solchen Fällen, in denen entweder die Migration fortbesteht, obwohl die Lohndifferenzen eingeebnet worden sind, (b) in Fällen, in denen trotz Armut, signifikanten Lohndifferenzen, hoher Arbeitslosigkeit oder hohen Geburtenraten in den angenommenen Abwanderungsregionen dennoch kein Mehr an Migration zu beobachten ist, und (c) in Fällen, in denen in Regionen der Wirtschaftskrise und Arbeitslosigkeit dennoch Zuwanderung zu beobachten ist. Ebenso unerklärlich im Rahmen dieser Theorien bleibt, wieso Menschen, wenn sie die Wahl zwischen Destinationen mit einem nur wenig besseren Einkommensniveau und Destinationen mit einem sehr viel höheren Einkommensniveau haben, dennoch häufig ein Land mit einem nur knapp über dem heimischen liegenden Einkommensniveau wählen, wie etwa im Fall der Süd-Südmigration. Solches Verhalten entspricht weder dem Prinzip individuellem Optimierungsverhaltens noch dem „*pull*"-Effekt eines hohes Einkommen. Auch ist demnach weder die kontinuierlich hohe Emigration aus beispielsweise Großbritannien – und dies gilt auch für Emigration aus Kanada, Neuseeland und Australien – vor allem nach Kanada, in die USA oder nach Australien zu erklären, wo doch an beiden Enden des Migrationsprozesses gleich gute ökonomische Bedingungen herrschen, in England sind sie sogar noch etwas besser. Und ebenso bleibt die angesichts hoher Arbeitslosigkeit sogar noch kontinuierlich ansteigende Migration in die Bundesrepublik Deutschland im Rahmen solcher Modelle unerklärlich. Andererseits bleibt rätselhaft, wieso aus dem krisengeschüttelten Russland, kaum Menschen abwandern, ja, stattdessen sogar hohe Nettomigration zu verzeichnen ist. Und Länder mit den höchsten Emigrationsraten gehören keineswegs zu jenen, mit den höchsten Geburtenraten, mitunter sogar im Gegenteil, wie die Beispiele Ukraine und Polen zeigen. Schließlich ist es eine häufig gemachte Beobachtung, dass weder die Ärmsten, noch die Menschen aus den ärmsten Staaten migrieren, sondern die aus den weniger Armen (Skeldon, 1997). Warum das so ist, wird im nächsten Kapitel erklärt, aber soviel sei gesagt: Migration erfordert Kapital, Geld, Human- und Sozialkapital, wer über dies nicht verfügt, kann nicht migrieren, zumindest nicht über große Distanzen.

Im Einzelfall war zu beobachten, dass insbesondere anhand dieser Theorien erstellte Prognosen über zukünftige Migrationsbewegungen unzutreffend waren. So zirkulierten beispielsweise im Rahmen der Süderweiterung der Europäischen Union 1986 (Spanien, Portugal, Griechenland) Befürchtungen, dass aufgrund der großen Einkommensdifferenzen zwischen Süd- und Nordeuropa die Wanderung in den Norden enorm ansteigen würde. Um dem zu begegnen, wurde eine Übergangsfrist vereinbart, innerhalb derer die Arbeitnehmerfreizügigkeit eingeschränkt wurde. Tatsächlich aber wurde bereits kurz nach dem Beitritt der neuen Mitglieder beobachtet, dass einerseits deren Staatsbürger, die in großer Zahl als Gastarbeiter in Nordeuropa gearbeitet hatten, in den Süden zurückkehrten, dass Staatsbürger aus dem Norden in die neuen Mitgliedsstaaten zogen, und dass die Migration aus Spanien gar nicht, die aus Portugal und Griechenland nur geringfügig anstieg. Dementsprechend ging die Nettomigration, mit Ausnahme von Griechenland, sogar zurück (European Commission, 2001a: 16).

In ähnlicher Weise zirkulierten Ende der 1980er Jahre Befürchtungen, dass der Zusammenbruch des Ostblocks, und insbesondere aufgrund der mit dem Systemwandel verbundenen massenhaften Arbeitslosigkeit und Verarmung vor allem im Flächenstaat Russland bis zu 50 Millionen Menschen nach Westen wandern würden. Auch diese Befürchtung hat sich nicht materialisiert (Iontsev und Ivakhniouk, 2004: 234). Tatsächlich wanderten zwischen 1988 und 1994 nur 583.000 Menschen aus, und zwar überwiegend in Reaktion auf Anreize ethnischer Migrationspolitiken in Deutschland, Israel und Griechenland (Codagno, 1998).

In jüngerer Zeit wurden ähnliche Warnungen in Bezug auf die arabischen Staaten laut, wonach die Hälfte aller Jugendlichen zu emigrieren wünscht (UNDP, 2002). Und im Rahmen der EU-Osterweiterung wurde erneut ein enormes Migrationspotential befürchtet. So gehen offizielle Dokumente von bis zu 3 Millionen Menschen aus, also etwas über 3 Prozent der Bevölkerung der 10 neuen Mitgliedsstaaten (European Commission, 2001a: 9). Aktuell hat der Beginn der türkisch-europäischen Beitrittsverhandlungen ähnliche Prognosen provoziert, deren Höchstschätzungen bei 20 Millionen oder 30 Prozent der gesamten türkischen Bevölkerung liegen (siehe Turkish Family Health and Planning Foundation, 2004).

Die große Schwäche aller makro-ökonomischen Modelle besteht wie bereits erwähnt darin, dass sie nicht zu erklären vermögen, warum einige Individuen migrieren, und anderer, unter exakt denselben Rahmenbedingungen, nicht. Sie erklärt auch nicht, wieso nicht alle geographisch mobilen Menschen an den Ort der höchsten Einkommen ziehen. Tatsächlich wird dies zwar häufig unterstellt, etwa wenn die Gefahr heraufbeschworen wird, Deutschland, England oder die USA könnten von Massenmigration überschwemmt werden, aber einen Beweis bleiben solche Annahmen regelmäßig schuldig. Man erfährt auch nicht, was Migranten von Nicht-Migranten unterscheidet. Massey et al. (1998: 8) gehen hart mit einigen dieser klassischen Theorien ins Gericht. Sie kommen aufgrund ähnlicher Einwände zu dem Schluss, dass sich die Modelle rationaler (Migrations-) Erwartungen in einer Krise befinden. Insbesondere Modelle, die auf demographischen Disparitäten basieren, seien schlichtweg „irrelevant" (ebenda: 9).

5. NEUE MIGRATIONSTHEORIEN

In diesem Abschnitt werden die, vor allem aus der Perspektive der klassischen und ökonomischen Theorien, so genannten alternativen, beziehungsweise neuen Ansätze behandelt. Tatsächlich können sie aber als die soziologischen Migrationstheorien angesehen werden, denn sie verstehen Migration vor allem als einen sozialen und weniger als einen ökonomischen Prozess. Anders, als die deterministischen und mit einem überwiegend universalistischen Anspruch daherkommenden klassischen und ökonomischen Modelle repräsentieren die neuen Ansätze, von einigen Ausnahmen abgesehen, Theorien mittlerer oder kurzer Reichweite.

Tabelle 5.1: Übersicht über die neuen Migrationstheorien

Theorie	Charakteristika	Vertreter
Anthropologie der Migration	Behavioristisch	Kubat und Nowotny, 1981; Massey et al. 1998.
Migrationssystemtheorie	Strukturalistisch, behavioristisch	Mabogunje, 1970; Kritz, Lim und Zlotnik, 1992.
Sozialkapital und Migration	Mikro-ökonomisch, strukturalistisch und behavioristisch	Portes und Sensenbrenner, 1993; Espinosa und Massey, 1997.
Migrationsnetzwerke	Strukturalistisch und behavioristisch	Gurat and Cacet, 1992; Espinosa und Massey, 1997.
Akkumulation von Migrationserfahrungen, Kultur der Migration	Strukturalistisch und behavioristisch	Massey und Zenteno, 1999; Massey, et al., 1998.
Transnationale Migration	Deskriptiv-analytisch	Glick-Schiller et al., 1997.
Theorien interner Arbeitsmärkte und Migrationskanäle	Strukturalistisch, behavioristisch	Salt, 1990; Findlay, 1990.
Place Utility Theory	Behavioristisch, deterministisch	Wolpert, 1966; Simmons, 1985; Lu, 1999.
Theorien internationaler Migrationspolitik	Strukturalistisch, behavioristisch	Hollifield, 1992, 2000; Cornelius et al., 1994.

1. Die Anthropologie der Migration

Massey, einer der führenden US-amerikanischen Migrationssoziologen, hält den Menschen für eine „migrierende Spezies" (Massey et al., 1998: 1). Hoerder (2003), einer der bekanntesten Migrationshistoriker, beschreibt Migration als ein historisches Kontinuum, Anthropologen erinnern gern daran, dass die Menschen sich nie von ihrem Ursprung in Afrika über den ganzen Erdball verbreitet hätten, würden sie nicht ständig in Bewegung sein. Es sollte, so Kubat und Nowotny (1981: 320), nicht vergessen werden, dass die Sesshaftigkeit erst sehr spät in der Menschheitsgeschichte auftrat, ja sogar Menschen bis heute zwangsweise sesshaft gemacht werden. Kubat und Nowotny kritisieren dementsprechend die Hypothese, dass Sesshaftigkeit die Normalform menschlichen Lebens sei, und auch Körner argumentiert, dass das Prinzip des Ortswechsels zunächst einmal der „Regelzustand" sei (Körner, 1990: 14). Im selben Tenor spricht auch Schlögel (2000) von einem „Planet der Nomaden". Dem sei hinzugefügt, dass Menschen, sobald sie ins gehfähige

Alter kommen prinzipiell geographisch mobil sind. Viele Künstler, Musiker und Autoren, von Jacques Brel bis Enzensberger, weisen auf ihre Art darauf hin, dass Menschen wissen wollen, was um die Kurve, auf der anderen Seite des Berges oder in einer anderen Stadt zu finden ist.

Angesichts der Normalität von Migration sei vielmehr zu erklären, warum Menschen ihrer Neigung zur Migration nicht nachgäben. Hamar und andere implizieren, dass die Gründe in ökonomischen und politischen Barrieren zu suchen seien.

Offenkundig besteht unter den Menschen eine Neigung zur Migration. Migration ist zu jeder Zeit und in jeder Epoche der Menschheitsgeschichte vorgekommen, es kann also von Migration als einem anthropologischen Kontinuum gesprochen werden. Deshalb erfordert Migration, so Davis (1974) eine Theorie, die Migration unabhängig von der Epoche, in der sie beobachtet wird, erklärt. Da die Menschen eine Spezies sind, deren Verhalten von Vernunft und Willensentscheidungen geleitet wird, kommen naturgesetzliche Erklärungen, wie sie etwa bei Wandervögeln angenommen werden, also die Annahme, es gäbe so etwas wie ‚Wandertriebe' oder ‚Wanderlust', nicht in Betracht. Was die Menschen auszeichnet, ist, so Davis, im Gegensatz zum vergleichsweise langsamen Modus organischer Evolution der „Modus soziokultureller Anpassung" an die Umgebung. Dies ist, neben der prinzipiellen Gehfähigkeit, quasi die Voraussetzung für Migration. Menschen sind in der Lage, sich relativ schnell an eine neue Umgebung anzupassen. Als Stimulus für Migration nennt Davis Differenz, sowohl im Sinne von Verschiedenheit, wie auch im Sinne von Ungleichheit. Aus Verschiedenheit und Ungleichheit leiten sich Neugier, Lernbegierigkeit, der Wunsch nach Veränderung und Verbesserung ab. Migration basiert jedoch nicht nur auf solchen Stimuli, Migration ist auch selbst Stimulus. Einerseits erfordert Migration die Anpassung an neue Umgebungen und treibt damit die soziokulturelle Entwicklung der Menschheit an. Andererseits verbreiten Menschen im Zuge ihrer Migration auch ihre jeweiligen Innovationen und Kenntnisse, Wissen und Technik sowie Kultur und Religion migrieren gewissermaßen mit den Menschen. Insofern ist Migration eine Quelle des menschlichen Fortschritts. Weitere Stimuli waren die Reaktion auf ökologische Gegebenheiten, etwa Jahreszeiten, der Handel mit verschiedenen Gütern zwischen verschiedenen Siedlungsgebieten, die Kolonisierung von (unbewohntem) Land, die Eroberung und der Raub von (bewohntem) Land sowie die daraus resultierende Flucht und außerdem der Raub von Gütern und Menschen, beziehungsweise Arbeitskräften (Sklaven). Schließlich ist der Überlebenswille von Menschen ein weiterer Stimulus, demzufolge nimmt Migration die Funktion einer Überlebensstrategie an.

Auch kognitive Migrationstheorien lassen sich in solch einem Differenzmodell verorten. Kubat und Nowotny (1981: 314) etwa verweisen auf den Aspekt persönlicher Befriedigung, der Menschen dazu veranlasst, Orte, an denen sie sich nicht verwirklichen können, auf der Suche nach besser geeigneten Orten zu verlassen.

2. Weltsystemtheorie

Die Weltsystemtheorie (Wallerstein, 1974) ist eine Art marxistischer Theorie der internationalen Beziehungen. Methodologisch zentral ist die Vorstellung, dass es einen einheitlichen, kapitalistischen, Weltmarkt gibt, der jenseits des Einflusses einzelner staatlicher Akteure liegt und die internationalen Beziehungen determiniert. Diesem zugrunde liegen vielmehr transnationale Institutionen, zunächst nur Weltbank und IWF, später dann auch die WTO, die Produktion, Kooperation und Handel organisieren. Außerdem wird regelmäßig die Rolle transnationaler Konzerne als bedeutender Akteure hervorgehoben. Die internationalen Beziehungen sind demnach primär Ausdruck des internationalen Akkumulationsprozesses (Krell 2000: S. 208), sind also dem Weltmarkt untergeordnet. Insofern relativiert die Weltsystemtheorie auch die Bedeutung des Nationalstaates. Diese Theorie charakterisiert das Weltsystem anhand von drei wesentlichen Strukturmerkmalen: (a) die asymmetrische internationale Arbeitsteilung, (b) der ungleiche Tausch zwischen Zentren und Peripherien und (c) der Existenz von Empires oder hegemonialer Staaten. Neben dem Kapitalismus werden Rassismus und Sexismus als die wesentlichen ordnenden, beziehungsweise hierarchisierenden Prinzipien identifiziert. Ursprünglich hat die Weltsystemtheorie Migration zwischen den verschiedenen Sphären (Zentrum – Semiperipherie – Peripherie – Außen) keinerlei Aufmerksamkeit gewidmet. Typischerweise wurde vielmehr davon ausgegangen, dass das Kapital zu den Menschen, aber nicht die Menschen zum Kapital wandern. Bei Wallerstein (1974) erscheinen Migranten, wenn überhaupt, dann als „Überschuss-„ oder „Überbevölkerung" (: 118; 189) und weil sich das Weltsystem durch funktionale und damit einhergehend durch geographische Arbeitsteilung auszeichnet (: 347), ist in dieser Theorie kein Raum für die geographische Mobilität von Arbeit.

Erst spätere Arbeiten haben Migration im Rahmen der Weltsystemtheorie zu erklären versucht (Portén und Walton, 1981; Sassen, 1988). Die sieht einen Zusammenhang zwischen der Ausweitung der kapitalistischen Marktwirtschaft und der Zunahme internationaler Migration. Demnach wurden in der Peripherie Menschen aufgrund fortschreitender kapitalistischer Subordination der klassischen Sektoren (Landwirtschaft, Subsistenzökonomie) freigesetzt, während in den kapitalistischen Zentren eine Nachfrage nach billiger Arbeitskraft herrschte, im Zusammenspiel resultiere daraus internationale Migration. Insofern sei Migration eine strukturelle, und der Ausdehnung des Kapitalismus inhärente Konsequenz globaler ökonomischer Ungleichheiten. Internationale Migration verläuft demzufolge parallel, und komplementär, zur internationalen Bewegung von Kapital (und Waren), allerdings in entgegengesetzter Richtung. Massey et al. (1998: 41) heben hervor, dass Migration, im Rahmen der Weltsystemtheorie, nicht ursächlich mit Lohndifferenzen oder Beschäftigungsmöglichkeiten zusammenhängt, sondern allein aus der Dynamik der Ausweitung von Märkten resultiert. In jedem Fall tritt sie zwangläufig auf und ist dem Weltsystem inhärent.

3. Migrationssystemtheorie

Die Migrationssystemtheorie sucht das Weltsystem differenzierter zu betrachten und dessen einzelne Elemente herauszuarbeiten. Außerdem sollen dessen zunächst noch sehr allgemeine Annahmen empirisch verifiziert werden. Insbesondere will sie in Abgrenzung zu den „alten" Theorien die Bedeutung temporärer Migration sowie der Migrationspolitik berücksichtigen (Kritz und Zlotnik, 1992: 1). Die wesentliche theoretische Aussage der Migrationssystemtheorie, obwohl gelegentlich als heuristischer Ansatz kritisiert (Haug, 2000), besteht darin, dass Migration vor allem innerhalb von Migrationssystemen stattfindet, dass also die Wahrscheinlichkeit von Migration innerhalb von bestehenden Migrationssystemen größer ist, als außerhalb davon. Migrationssystemtheorie erklärt insbesondere die Richtung, weniger jedoch den Umfang von Migration.

Die Migrationssystemtheorie geht auf Mabogunje (1970) zurück. Der insistiert darauf, dass Migrationsbewegungen nach einzelnen Migrationssystemen unterschieden werden müssen. Diese werden inzwischen definiert als Systeme von „Staaten, die enge historische, kulturelle und wirtschaftliche Bindungen haben" (Kritz und Zlotnik, 1992: 1) und aus mindestens zwei, eher aber aus einer Gruppe von, häufig benachbarten, Staaten bestehen. Migrationssystemtheorie hebt sowohl die räumliche Dimension eines Systems, als auch dessen zeitliche, also historische Dimension hervor. Anders als die Weltsystemtheorie, und in Abgrenzung zur Globalisierungstheorie, hebt die Migrationssystemtheorie die Bedeutung von Staaten als Untersuchungseinheit hervor, stützt sich also auf ein Container-Modell. Prinzipiell wird davon ausgegangen, dass sich die Bedingungen, unter denen Migration erfolgt, in kontinuierlicher Veränderung befinden, und dass *vice versa* Migration dazu beiträgt, dass sich die Bedingungen kontinuierlich verändern.

Um ein System zu konstituieren, muss ein Migrationsprozess die Bewegung einer „relativ großen Anzahl von Migranten" aufweisen (Kritz and Zlotnik, 1992: 2). Als Migranten werden allerdings nicht nur Auswanderer oder Arbeitsmigranten verstanden, sondern auch Studierende, Geschäftsleute und sogar Touristen, also jede Form des „Bevölkerungsaustausches" innerhalb des definierten Systems. Obwohl Kritz und Zlotnik auf die eher klassische Vorstellung verweisen, wonach es Entsende- und Empfängerstaaten gäbe (ebenda: 4), muss dem entgegen gehalten, dass, wenn sie schon explizit von Bevölkerungsaustausch sprechen und sogar Touristen darin einschließen, Migranten häufig aus solchen Niedriglohnregionen kommen, in denen wegen der Niedriglöhne die Bürger der Zuwanderungsstaaten ihrerseits häufig Urlaub machen. Ein weiterer Schlüsselbegriff der Migrationssystemtheorie, neben dem Bevölkerungsaustausch ist die Verbindung der ökonomischen und politischen Sphären, insbesondere das Auftreten grenzüberschreitender Arbeitsmärkte. Die dritte Schlüsseldimension besteht in der Migrationspolitik, insbesondere, wenn sie bestimmte Formen der Migration, also beispielsweise die Familienzusammenführung, die Aufnahme von Studierenden oder die Anwerbung von Arbeitskräften aus spezifischen Regionen begünstigt. Schlussendlich weist ein System eine spezifische Infrastruktur auf, bestehend aus Netzwerken früherer Migranten, Arbeitsvermittlungsbüros, Unternehmen, Reisebüros ja sogar Entwicklungshilfeorganisationen (ebenda: 1).

Migrationssysteme werden in der Regel geographisch definiert, wie etwa das transatlantische Migrationsystem oder das euro-mediterrane System (Sassen 1988, 1996; Hoerder, 2002). Additiv werden aber auch politisch-kulturelle Definitionen angewendet, wie etwa das frankophone System, oder das anglophone Commonwealth. In aller Regel übersehen wird, dass es daneben auch noch das russophone System gibt, welches Russland, die ehemaligen Sowjetrepubliken sowie einige andere Staaten des ehemaligen COMECONs miteinander verbindet. Und auch dem spanischen sowie dem lusophonen Migrationssystem (des portugiesischen Kulturraums) wird bislang wenig Beachtung geschenkt. Tatsächlich repräsentieren langlebige imperiale und (post-) koloniale Bindungen die klassische Form von Migrationssystemen. So bestehen zwischen Frankreich und dessen ehemaligen afrikanischen Kolonien, wie auch zwischen Großbritannien und dessen ehemaligen Kolonien anhaltende spezifische ökonomische, politische und kulturelle Bindungen sowie gemeinsam geteilte Werte, trotz oder wegen der Vergangenheit. Dazu zählen Sprache, moralische Werte, aber auch die Ausbildung in Geschichte und Kultur der beteiligten Staaten (insbesondere der des dominierenden Staates). Häufig gelten bevorzugte migrationpolitische Regelungen, etwa die vereinfachte Einreise für Mitglieder ehemaliger Kolonien. So gewährt beispielsweise Großbritannien allen Bürgern des Commonwealth, immerhin 50 Staaten, die Möglichkeit eines zweijährigen Aufenthalts zum Zweck des Arbeitens und Lernens, das *working holiday maker* Visum.

Kritz und Caces (1992) implizieren, dass es neben diesen geographisch und politisch-kulturell begründeten Migrationssystemen auch transnationale Systeme geben könnte. So deuten sie an, dass auch die internationale Migration von Wissenschaftlern und Technikern ein spezifisches Migrationssystem darstellen könnte, eines, welches die Bewegung von Gütern, Wissen, Talent und Expertise gleichsetzt mit der Bewegung jener Menschen, die die Träger dieser Qualitäten sind.

Prinzipiell koexistieren innerhalb eines Migrationssystems die verschiedensten Migrationstypen (ebenda: 5), also beispielsweise Arbeitsmigration, Bildungsmigration, Familienzusammenführung, ja sogar Asylmigration, aber auch Geschäftsreisen, Besucher- und Touristenströme, legale und illegale Migration sowie Rückkehrmigration. Um die Komplexität von Migrationssystemen zu erfassen, ist also die ganze Bandbreite des Migrationsgeschehens zu analysieren. Der Zeitpunkt des Einsetzens oder des Ablaufs erlaubt wiederum Rückschlüsse auf die Bedingungen innerhalb des Systems sowie auf Veränderungen.

Unterhalb der Makroebene berücksichtig die Migrationssystemtheorie auch die Mikroebene internationaler Migration. Migrationssysteme können differenziert werden in spezifische Migrationsnetzwerke, innerhalb derer die eigentlichen Migrationsentscheidungen getroffen werden und innerhalb derer Menschen dann tatsächlich migrieren. Interessante Fragen sind, inwiefern sich Migrationssysteme in Netzwerke aufdifferenzieren, wie sich Netzwerke zu Systemen verdichten (siehe u.a. Gurak und Caces, 1992), und ob die Auslöser von Migrationssystemen auf der Mikro- oder der Makroebene, oder aber einer komplexen Interaktion beider Ebenen zu suchen sind.

In der Literatur wird der Zusammenhang zwischen Kapitalströmen und Migration widersprüchlich behandelt. Beispielsweise geht die Migrationssystemtheorie gelegentlichstrukturalistisch und deterministisch vor, wenn sie eine Reziprozität zwischen Migrationsbewegungen und Auslandsdirektinvestitionen (*foreign direct investment*, FDI) unterstellt. Demnach leiten FDIs ein System internationaler Beziehungen ein, während also Investitionen in die eine Richtung fließen, migrieren

97

Menschen in die entgegengesetzte Richtung, also in die Geberländer von FDI (u.a. Gould, 1994). Nicht nur, dass die Globalisierung, und damit das Anwachsen von FDIs mit der Zunahme von internationaler Migration korreliert, auch lässt sich beispielsweise anhand der Beziehung zwischen den USA und Mexiko feststellen, dass die Bundesstaaten, die die meisten FDI empfangen, auch diejenigen sind, aus denen die meisten Migranten stammen (Aroca und Maloney, 2002: 22). Im Widerspruch dazu steht die klassische Migrationstheorie, wonach Investitionen und Entwicklungshilfe, weil sie die *Push*-Faktoren dämpfen, Migration reduzieren (siehe u.a. Stalker, 2000: 59ff). Grundsätzlich muss zunächst einmal festgestellt werden, die sowohl die Geber, als auch die Empfängerstaaten überwiegend die industrialisierten Staaten sind, und dass zwischen diesen, und das gilt insbesondere für die Staaten der EU, vergleichsweise wenig Migration zu beobachten ist. Dies dürfte allerdings weniger den FDIs, als vielmehr der ohnehin geringen Notwendigkeit zur Migration geschuldet sein. Und im Gegensatz zu dieser Hypothese steht auch die Beobachtung, dass der Hauptempfängerstaat von FDIs außerhalb der ‚ersten Welt', nämlich China, gerade nicht als Emigrationsstaat betrachtet werden kann. Üblicherweise werden diese Diskrepanzen mit Kurzzeitkonsequenzen – Zunahme von Migration -, und Langzeitkonsequenzen, Abnahme von Migration – erklärt. Dennoch illustrieren diese gegensätzlichen Beispiele, dass sich zwischen FDIs und Migration kein uni-kausaler Zusammenhang besteht und dass keine allgemeine Gesetzmäßigkeit aufgestellt werden kann.

Typische moderne große Migrationssysteme haben sich im Hinblick auf Nordamerika, Westeuropa, die Golfstaaten, den asiatisch-pazifischen Raum und das südliche Südamerika herausgebildet (Massey et al., 1998). Außerdem muss wohl inzwischen von einem transpazifischen System (USA, Kanada-Ostasien) gesprochen werden. Kleine Migrationssysteme bestehen zwischen Frankreich, Großbritannien, Spanien, den Niederlanden, Belgien, Angola und den jeweiligen ehemaligen Kolonien, außerdem zwischen Deutschland, Niederlanden, Belgien, England und der Türkei, zwischen Deutschland und einigen zentral- und osteuropäischen Staaten, rund um das Schwarze Meer, innerhalb der GUS, im südlichen Afrika und zwischen den USA, Mexiko und der Karibik.

Historische europäische Migrationssysteme im 18. Jahrhundert waren häufig kleinräumlicher und hatten sich beispielsweise im Hinblick auf Ostengland, das Pariser Becken, Kastilien, die nordwestliche Mittelmeerküste, die Po-Ebene, Mittelitalien und die Nordseeküste entwickelt (Lucassen, 1987; Sassen, 1996). In diesem Zeitraum hatte sich auch bereits das transatlantische Migrationssystem herausgebildet. An weiteren, ganz oder teilweise außerhalb Europas liegenden historischen Migrationssystemen wären beispielsweise für das 13. Jahrhundert das ostmediterrane, das turkomanisch-zentralasiatische das westafrikanische, das nordost-afrikanische, das indisch-arabische rund um den westlichen indischen Ozean, das indisch-malaiische rund um den östlichen indischen Ozean und das ostasiatische System aufzuführen (Hoerder, 2002). Diese waren im Wesentlichen mit den damaligen Handels- und Kulturregionen identisch.

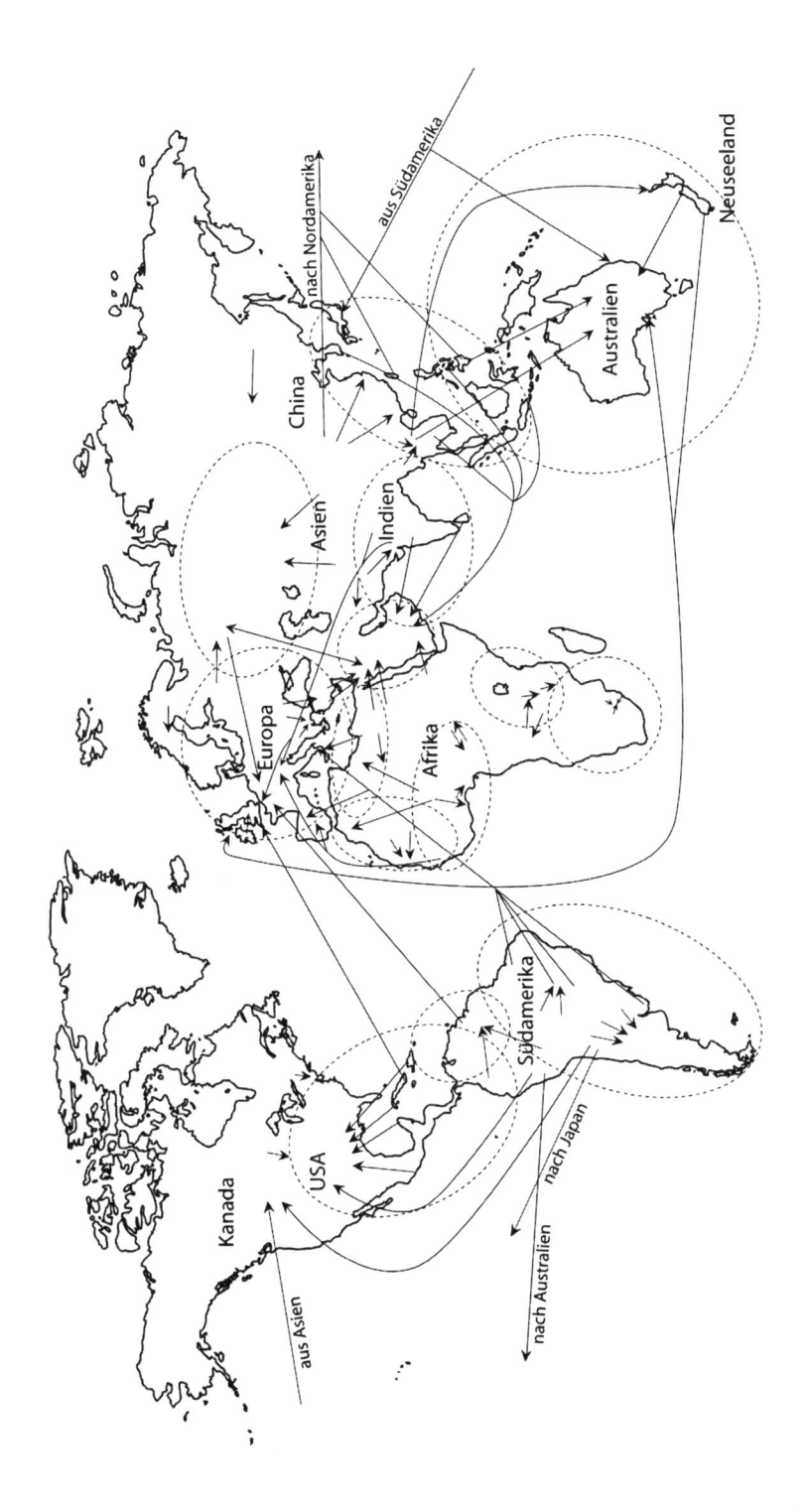

Karte 5.1: Globale Wanderungsbewegungen 1070 - 2000 und Migrationssysteme

4. Sozialkapitaltheorie in der Migrationsforschung

Die Sozialkapitaltheorie sucht sowohl die Wahrscheinlichkeit von Migration als auch die Richtung von Migration zu erklären (siehe Espinosa und Massey, 1997). Darüber hinaus weist sie Verbindungen zur Humankapitaltheorie auf.

Nach Bourdieu und Wacquant (1992: 119) ist „Sozialkapital die Summe der Ressourcen, konkreter oder virtueller, die einem Individuum oder einer Gruppe kraft des Besitzes eines dauerhaften Netzwerkes von mehr oder weniger institutionalisierten Beziehungen gegenseitiger Bekanntschaft und Anerkennung zufallen". Sozialkapitel besteht aus Aspekten sozialer Struktur und ermöglicht bestimmte Aktionen der Akteure innerhalb dieser Struktur (Coleman, 1988: 98). Ein Charakteristikum von Sozialkapital besteht darin, dass es in andere Formen von Kapital (ökonomisches, kulturelles, symbolisches) übersetzt werden kann. Vor allem Portes hat die Sozialkapitaltheorie als einer der ersten auf Migrationsprozesse angewendet. Demnach sind vier verschiedene Arten von Sozialkapital zu unterscheiden (Portes und Sensenbrenner, 1993):

(1) Werteintrojektion (*value introjection*). Die Sozialisierung in Werten, die im Erwachsenenleben hohe *returns* garantieren.
(2) Gegenseitiger Tausch (*reciprocity exchanges*). Soziale Interaktion wird von Normen ausgeglichenen Tausches geregelt.
(3) Zwangssolidarität (*bounded solidarity*). Bindungen zwischen beispielsweise Mitgliedern einer ethnischen Minderheit oder religiösen Gemeinschaft.
(4) Erzwingbares Vertrauen (*enforceable trust*). Solidarität oder gegenseitiger Tausch werden unter Androhung von Sanktionen durch andere Mitglieder der Gruppe erzwungen.

Darüber hinaus wird Sozialkapital nach Qualität und Quantität beurteilt. Unterschieden wird (a) zum einen danach, wie eng die (Verwandschafts-) Beziehung ist, und welche moralischen Ansprüche demnach an den Kontakt in einem anderen Land gestellt werden können. Zum anderen ist (b) jeweils zu untersuchen, wie viele Kontakte eine Person hat. Und drittens ist die Zusammensetzung von (a) und (b) zu berücksichtigen. Denn zehn lose Kontakte, die einem zwar Informationen, aber keine konkrete Hilfe schuldig sind, sind nicht soviel Wert, wie ein enger Kontakt, der einem eine Unterkunft schuldet. Allerdings gilt auch umgekehrt, dass eine Person, zu der eine enge Bindung besteht und die einem zwar eine Unterkunft schuldet, aber wenig Wissen über offene Arbeitsstellen hat, in dieser Frage weniger nützlich ist, als zehn lose Kontakte, die vereint über ein Vielfaches an Informationen verfügen.

Sozialkapital kann, neben den positiven auch negative Konsequenzen haben. Beispielsweise können die Mitglieder einer ethischen Gruppe daran gehindert werden, diese zu verlassen, sie bleiben allen Konsequenzen kollektiver Diskriminierung ausgeliefert, obgleich ihre Chancen sozialer Mobilität in Form von individuellen Strategien und außerhalb solcher Netze besser wären. Zudem sind die Ressourcen des Einzelnen nur so umfangreich, wie die Ressourcen des ganzen Netzwerkes.

Mangelt es einem Netzwerk an spezifischen Ressourcen, so wird es auch dem Einzelnen daran mangeln und diese nur außerhalb eines Netzwerkes zu finden sein. Die Anwendung der Sozialkapitaltheorie auf die Untersuchung von Migrationsprozessen zeitigt folgende Ergebnisse:
(1) Menschen werden in migrationserfahrene Strukturen hineinsozialisiert.
(2) Gefälligkeiten werden in Form der Unterstützung von nachfolgenden Migranten abgegolten.
(3) Es entstehen verlässliche Strukturen, die Migration und den Aufenthalt in einem anderen Land ermöglichen.
(4) Mangelnde Unterstützung von Migranten im Ausland schlägt auf die zurückgebliebene Familie zurück.

Kasten 5.1: Sozialkapital

> "Among those considering international movement, a social tie to a current or former migrant is productive because one can draw on it to gain access to a high-paying foreign job. Potential migrants extract the social capital embedded in ties to migrants to lower the costs and risks and raise the benefits of international movement. Each act of migration thus creates social capital among those to whom the migrant is related. Once someone migrates, the costs and risks of international movement fall for that person's friends and relatives, inducing some of them to migrate, which further expands the network of people with ties to migrants, yielding more social capital, which induces new people to migrate, further expanding the network, and so on."
> "… having a tie to someone with migrant experience increases the likelihood of out-migration; that the odds of taking an additional trip rise with each trip taken; and that probabilities of emigration and settlement both increase as foreign experience accumulates" (Massey und Zenteno, 1999: 5329).

Als Konsequenz werden Menschen in Migration hinein sozialisiert. Das Risiko der Migration wird vermindert, weil es Informationen und Unterstützung seitens Personen gibt, die schon einmal migriert sind. Am Zielort gibt es wiederum Personen, die Wohnung, Informationen, Übersetzungen stellen und bei der Arbeitsplatzsuche helfen. Ausgehend von einem Pilotmigranten oder Brückenkopf haben dessen Angehörige Anspruch auf Unterstützung, wenn sie nun ihrerseits migrieren wollen. Haben sie das realisiert (Kettenmigration), leben bereits mehrere Personen mit dementsprechend mehr sozialen Kontakten in die Herkunftsregion. Demnach haben zukünftige Migrationswillige nun mehrere Kontakte, sprich Sozialkapital in der Zielregion, wodurch das Migrationsrisiko weiter gemindert wird. Zudem haben nun zunehmend mehr Personen in der Abwanderungsregion Kontakte in der Zielregion. So entsteht ein ganzes Netzwerk aus Personen an beiden Enden des Migrationsprozesses, die einander kennen und Anspruch auf Unterstützung haben. Einmal angelaufen treibt Migration sich selbst an, da „jeder Akt der Migration zusätzliches Sozialkapital schafft und mehr Bewegungen ermöglicht und aufrechterhält" (Espinosa und Massey, 1997: 143). Je mehr Sozialkapital eine Person hat, desto geringer sind die Migrationskosten und desto größer ist die Chance, schnell einen einträglichen Job zu finden. Im Rahmen der Humankapitaltheorie heißt das, die Chance, im Zielland höhere Einkünfte zu erzielen und bei der Wanderung dorthin geringe Kosten zu haben, steigt, und damit auch die Migrationswahrscheinlichkeit. Die Erforschung mexikanisch-US-amerikanischer Migration hat bestätigt, dass, je mehr Sozialkapital ein Mexikaner in Mexiko hat, desto größer ist die Wahrscheinlichkeit, dass er oder sie auch migrieren wird. Damit bestätigt sich zunächst eine häufig unterstellte Hypothese, wonach dort, wo sich einmal eine Gruppe von Migranten hinbegeben hat, es aller Wahrscheinlichkeit nach auch Nachfolger geben wird (ebenda: 145).

5. Migrationsnetzwerketheorie

„Migrationsnetzwerke sind ein Satz inter-personeller Beziehungen, die Migranten, ehemalige Migranten und Nicht-Migranten in Herkunfts- und Zielgebieten mittels Verwandtschaft, Freundschaft und einer gemeinsamen Herkunft miteinander verbinden (Massey et al., 1998: 42). Netzwerke sind eine Form von akkumuliertem Sozialkapital. Sie minimieren das Risiko der Migration und Erhöhen demnach den Nutzen, also die Netto-Erträge von Migration. Ab welchem Umfang an Sozialkapital von Netzwerken gesprochen werden kann, scheint bislang allerdings nicht definiert zu sein. Netzwerkeffekte entstehen, wenn Personen, die sozial mit Migranten verbunden sind, dadurch eine größere Wahrscheinlichkeit entwickeln, nun ihrerseits ebenfalls zu migrieren (Espinosa und Massey, 1997: 141). Eine weitere Variante besteht darin, dass Migranten, die über Netzwerke in Einreiseregionen verfügen, schneller Zugang zu den Ressourcen dieser Regionen bekommen (siehe beispielsweise Munshi, 2003), strukturell integriert werden und die Wahrscheinlichkeit zunimmt, dass sie zumindest über die Anfangsphase hinaus auch bleiben. Gemäß der Netzwerktheorie ist Migration nicht frei, in dem Sinne, dass Migranten hingehen (können) wohin sie wollen, vielmehr können sie nur dorthin migrieren, wohin bereits Kontakte bestehen, also in Staaten und Regionen, die bereits von einem Migrationsnetzwerk abgedeckt werden. Die Wahlmöglichkeiten werden also in Abhängigkeit von der Existenz von Netzwerken eingegrenzt (Dorai, 2002).

Der Umfang von Netzwerken wird erst offenkundig, wenn man die Reihe der Kontakte visualisiert, die sich Migranten nutzbar machen: Kriminelle, Schmuggler, legale oder illegale Reiseagenturen oder nicht-kommerzielle Fluchthelfer; Verwandte, Bekannte und Freunde oder Landsleute; ethnische, religiöse, humanitäre oder politische Organisationen; Arbeitgeber, Vermieter und dementsprechende Makler und Vermittler. Einige Studien haben gezeigt, dass sogar Angestellte und Beamte im öffentlichen Dienst, also etwa Sozialarbeiter, Lehrer, medizinischen Personal und gelegentlich sogar Wohnungsbeamte, Angestellte von Sozialämtern und sogar Polizeibeamte eine Rolle in solchen Netzwerken spielen, beispielsweise aufgrund ihrer Ermessensspielräume, ihrer Berufsethik oder aus Sympathie (Jordan and Düvell, 2002; Triandafyllidou, 2003). Die richtige Person zum richtigen Zeitpunkt zu kennen, ist essentiell. Solch eine Person muss nicht notwendigerweise den eigenen ethnischen Hintergrund aufweisen, wie Portes und Sensenbrenner implizieren (1993), es kann ebenso ein Mitglied der aufnehmenden Gesellschaft sein. Solche Beziehungen von unterschiedlicher Qualität sind von Granovetter (1973) als starke, beziehungsweise schwache Bindungen (*weak ties, strong ties*) interpretiert worden. Addiert repräsentieren sie die ganze Bandbreite eines sozialen Netzwerkes. Gerade schwache Bindungen haben den Vorteil, "ohne dass sie größerer Investitionen erfordern, ...den Pool der einem Netzwerkmitglied zur Verfügung stehenden Ressourcen zu vergrößern" (Gurat and Cacet, 1992: 161). Granovetter (1973) hat bewiesen, dass schwache Bindungen im Hinblick auf die Erlangung von Informationen, beispielsweise über offene Arbeitsplätze, besonders einträglich sind. Sie sind dem zu Folge einflussreiche Elemente von sozialen Strukturen.

Die Forschung hat allerdings mittlerweile gezeigt, dass migrationswillige Individuen auch dann migrieren, wenn sie über keinerlei Sozialkapital verfügen und keinerlei sozialem Netzwerk angehören (Düvell, 2005). Deren Abwesenheit wird teilweise ersetzt durch die bestehenden Strukturen von Hilfsorganisationen, Kirchen, NGOs und Solidaritätskomitees, die die Rolle von Netzwerken und sozialem Kapital, beispielsweise die Vermittlung von Unterkünften, einer Erstausstattung sowie Arbeitsgelegenheiten übernimmt. Doch selbst bei Abwesenheit solcher Strukturen kann die Migration von Menschen beobachtet werden, die müssen sich dann allein auf ihr Humankapital stützen.

Häufig übersehen wird auch, dass Netzwerke, wie am Beispiel des Sozialkapitals diskutiert wurde, auch negative Effekte haben können (Portes, 1994). Entweder, weil sie gar nicht über die Informationen und Ressourcen verfügen, derer Migranten bedürfen, zum Beispiel weil die betreffende Gruppe stark marginalisiert and benachteiligt ist. Oder aber der Konkurrenzdruck innerhalb eines Netzwerkes um die zur Verfügung stehenden Ressourcen der Aufnahmeregion ist derart groß, dass es beim Kampf um diese knappen Ressourcen beispielsweise zu Denunziation kommt. Tatsächlich spielt die Denunziation bei der Bekämpfung von illegaler Migration beispielsweise in England eine herausragende Rolle (Jordan und Düvell, 2002). In Fällen, in denen die Charakteristika von sozialen Netzwerken den sozialen Aufstieg oder die soziale Integration eher behindern, statt ermöglichen, oder in denen die Zugehörigkeit zu Netzwerken gar zu einer Gefährdung des Migrationsprojekts wird, halten sich Migranten mitunter explizit von Netzwerken fern (ebenda).

In aller Regel übersehen wird, dass zwischen zweierlei Netzwerken zu differenzieren ist, sozialen Netzwerken und Marktnetzwerken. So unterstreicht Granovetter (1995), dass nahezu jegliches ökonomisches Verhalten in ein Netzwerk sozialer Beziehungen eingebettet ist. Märkte für Informationen, Waren oder Arbeit weisen demnach Merkmale sozialer Netzwerke auf, insofern, als Märkte beispielsweise auf persönlichen Beziehungen und gegenseitigem Vertrauen basieren. Und umgekehrt weisen soziale Netzwerke auch Marktmerkmale auf, insbesondere wenn es um gegenseitige Tauschprozesse von Informationen, Gefälligkeiten, Schulden und Gütern geht (siehe Curtis et al., 1995). Demnach existiert eine kongruente Sphäre, wo Märkte sozialen Netzwerken gleichen, sozusagen sozio-ökonomische Netzwerke. Und genau in dieser Sphäre agieren Migranten häufig.

Schlussendlich kann zwischen Netzwerken unterschieden werden, die bereits vor der Migration bestanden haben und solchen, die erst im Verlauf des Migrationsprozesses hergestellt werden. So können Möchtegern-Migranten bereits vor ihrer Migration über Kontakte verfügen, die ihnen die Informationen und die Infrastruktur zur Verfügung stellen, die für die Migration nötig sind. Oder aber es sind nur die Voraussetzungen für die Migration erfüllt, jene Kontakte und Netzwerke aber, die für das Überleben in der Aufnahmegesellschaft erforderlich sind, müssen erst im Migrationsverlauf aufgebaut werden (siehe beispielsweise Psimmenos und Kassimati, 2005: 153). Anders ausgedrückt, es können verschiedene Netzwerke sein, die verschiedene Funktionen erfüllen: sie dienen entweder der eigentlichen Migration, oder aber der Integration in die Aufnahmegesellschaft.

6. Theorie der kumulativen Verursachung

Das „Modell der kumulativen Verursachung", auch „Theorie der Kultur der Migration" sowie Theorie der „Bedeutung der Akkumulation von Migrationserfahrungen" genannt, wird von ihren Autoren (Massey und Zenteno, 1999) als Verschmelzung der beiden, ohnehin verwandten Human- und Sozialkapitaltheorien verstanden wird. Sie versuchen die Beobachtung zu erklären, wieso Migration, einmal eingeleitet, häufig über lange Zeiträume fortbesteht, sogar noch anwächst und schließlich die Form von Massenmigration annimmt, und dies selbst dann, wenn sich die ökonomischen Rahmenbedingungen inzwischen geändert haben und beispielsweise Arbeitslosigkeit an die Stelle der ursprüngliche Arbeitskräftenachfrage getreten ist. Massey und Zenteno nehmen aufgrund ihrer Beobachtung der mexikanisch-US-amerikanischen Migration an, dass die „Neigung" zur Migration mit der Akkumulation von Migrationserfahrungen von Individuen sowie von Gemeinschaften zunimmt.

Kasten 5.2: Theorie der kumulativen Verursachung I

"Whatever the initial reasons for migration, once someone has lived and worked in a foreign setting, he or she is no longer the same person. The experience of work in an advanced industrial economy generates irreversible changes in individual motivations and personal attributes that make long-term settlement (of temporary migrants) or re-emigration (of returned migrants) very likely. Satisfaction of the wants that originally led to emigration creates new wants, and access to high wages creates new standards of material well being and instills new ambitions for upward mobility that did not before exist. As migrants grow accustomed to higher incomes, they alter their consumption patterns and adopt new lifestyles that cannot be maintained through local work, making additional trips necessary and stays abroad longer. These shifting motivations signify a change in human capital – the personal qualities that make individuals productive and determine their value to potential employers (10). In addition to shifting motivations, migrants acquire other forms of human capital in the course of foreign labor migration. They gain a knowledge of the host country's language, employment practices, job routines, and ways of life. They learn how to enter the country legally or illegally, find out where the jobs are, and discover how to manage life in a foreign setting. As a result of this new knowledge – this new human capital – the costs and risks of taking an additional trip (or staying on for an additional year) drop while the potential benefits rise. Once it has been experienced, therefore, international migration tends to be repeated, becoming a familiar resource used again and again as new needs arise and motivations change. Having worked abroad once, people acquire knowledge that lowers the risks, raises the benefits, and reduces the costs of additional migration, which raises the odds that they take another trip, which yields still more knowledge and experience, which raises the odds of a third trip, generating still more knowledge, leading to a fourth trip, and so on. The more someone migrates, the more he or she is likely to continue migrating and the longer he or she will stay abroad, yielding a self-sustaining process of human capital accumulation that produces more trips of longer duration" (Massey und Zenteno, 1999: 5328-29).

Ähnliche Überlegungen finden sich im Übrigen auch in der Theorie ‚transnationaler Migration' (siehe 5.9), wo gelegentlich ebenfalls auf Migrationstraditionen verwiesen wird (Smith und Guarnizo, 1998). Die Theorie der kumulativen Verursachung existiert sowohl in einer individualistischen, wie auch einer kollektivistischen Variante, das heißt, dass entweder das Individuum oder ein Kollektiv Migrationserfahrungen akkumuliert und dem entsprechend eine erhöhte Neigung zur Migration ausbildet (siehe Kasten 5.2 und 5.3).

Kasten I erklärt, wieso ein Individuum, welches ein gewisses Maß an Migrationserfahrungen gesammelt hat, dazu neigt, wiederholt und weiterhin zu migrieren. Diese Annahmen werden u.a. durch DaVanzos Beobachtungen in den USA bestärkt. Demnach sei es sehrwahrscheinlich, dass Arbeiter, die gerade migriert sind, entweder zu ihrem Herkunftsort zurückkehren werden, und ebenso sei es sehr wahrscheinlich, dass sie weiter migrieren, hin zu einem anderen Ort. So liegt in den USA die Wahrscheinlichkeit der Rückkehr von Migranten zwischen Bundesstaaten bei 13 Prozent, und die Wahrscheinlichkeit der Weitermigration in einen anderen Bundesstaat bei 15 Prozent (DaVanzo, 1983).

Kasten 5.3: Theorie der kumulativen Verursachung II

> "The steady accumulation of social capital through the progressive expansion of interpersonal networks yields another powerful feedback loop that results in the cumulative causation of migration over time" (Massey und Zenteno, 1999: 5329).

Aus Kasten 5.3 folgt, dass je mehr Mitglieder einer Gemeinschaft migriert sind, also über je mehr Migrationserfahrungen diese Gemeinschaft verfügt, desto größer sei die Neigung zur Migration. Diese Neigung sei demzufolge zunehmend unabhängig von den ökonomischen Rahmenbedingungen (siehe auch Bongaarts und Bulatao, 2000: 181). Das heißt, Migration wird wahrscheinlich auch dann fortbestehen, wenn sich die ökonomischen Rahmenbedingungen im Zielstaat verschlechtern, also die Wahrscheinlichkeit, einen Arbeitsplatz zu finden sinken. Einschränkend muss aber bedacht werden, dass Migration wahrscheinlich auch dann zurückgehen wird, wenn zwar ein hohes Maß an Migrationserfahrung akkumuliert ist, sich aber die ökonomischen Rahmenbedingungen im Herkunftsstaat verbessern, also der Migrationsanreiz abnimmt.

7. Verhaltenstheoretische Theorien: ‚Place Utility', ‚kulturelle Differenz', ‚biographische Brüche'

Mit der *‚place utility theory'* sowie dem „Stress-Anpassungsansatz" (*Stress-Threshold*) werden zwei weitere verhaltenstheoretische Theorien angeboten. Erstere wird von behavioristisch orientierten Geographen, letztere von Psychologen verwendet. In beiden Fällen handelt es sich allerdings um verwandte behavioristische sozialpsychologische Theorie mit ausgeprägten strukturellen Anteilen (Wolpert, 1965, 1966; Brown and Moore, 1970; Simmons, 1985). Sie betrachtet die Zufriedenheit, beziehungsweise Unzufriedenheit an einem Ort, beziehungsweise mit einem Ort, gemessen an den Bedürfnissen sowie am Nutzen des Ortes. Darin spiegelt sich die auch in anthropologischen Migrationsdiskursen verwendete Idee von der persönlichen Befriedigung wieder, die, wenn sie an einem Ort nicht möglich ist, zu einem Ortwechsel führt (Kubat und Nowotny, 2002). Verwandt mit diesen Annahmen ist die „Theorie struktureller und anomischer Spannungen" (Nowotny, 1970), einer kombinierten strukturalistisch-behavioristischen Theorie. „Die Ursachen der Migration sind demnach gesellschaftliche Spannungen, die nicht anders zu lösen sind, als dass diejenigen Gruppen oder Individuen, die darunter zu leiden haben, ihre Lage durch Ortsveränderung zu verbessern suchen" (Körner, 1990: 6). Spannung wird allerdings auch als das Missverhältnis zwischen dem individuellen Streben und dem gesellschaftlich Möglichen verstanden (siehe Pries, 2001: 20). Dieser Ansatz abstrahiert demnach von den ökonomischen Triebkräften und setzt sie in ein Verhältnis zu den Lebensansprüchen (ebenda) deren Frustration zum Migrationsauslöser wird.

Die strukturalistischen Anteile bestehen darin, dass die aus der klassischen Ökonomie bekannte Methode der rationalen Wahlhandlung (*rational choice*) von Sozialpsychologen und Behavioristen auf die Erklärung des Wohnortwechsels angewendet wird.

„Konventionelle Theorien postulieren, dass es eine gradlinige Beziehung zwischen der Wohnzufriedenheit, Mobilitätsabsichten und tatsächlichem Umzug gibt. Es wird angenommen, das Individuen beständig ihre Wohneinheit und Nachbarschaft anhand ihrer Bedürfnisse und Aspirationen bewerten" und dementsprechend rational handeln (Lu, 1999: 467). Das heißt, im Fall eines Missverhältnisses zwischen Bedürfnissen und Aspirationen sowie der tatsächlichen Wohnsituation ein Umzug in Erwägung gezogen und häufig auch tatsächlich vollzogen.

Entscheidend, und deshalb handelt es sich um eine überwiegend behavioristische Theorie, sind nicht die messbaren strukturellen Konstellationen, sondern die subjektiv festgestellten Bedürfnisse und Erwartungen. Personen bewerten ihren Aufenthaltsort anhand des Nutzens des Ortes („*space utility*") und zwar gemessen an ihren Bedürfnissen und Erwartungen („*aspiration level*"). Sinkt nun der Nutzen eines Ortes unter das Erwartungsniveau, entsteht Anpassungsdruck („*stress threshold*").

Ein weiteres behavioristisches theoretisches Fragment wird von Cyrus und Vogel (2005: 82) angeboten, welches man die Theorie der kulturellen Differenz nennen könnte. Diese leiten sie insbesondere aus der Beobachtung von Migranten ab, die nicht ökonomische sondern kulturelle Überlegungen in den Vordergrund stellen und als Grund für ihre Migration nennen. Demnach greifen kulturell-religiössexuelle Minderheiten oder Anhänger spezifischer (hedonistischer) Lebensstile, also beispielsweise Punker, Buddhisten, Schwule und Lesben zur Migration in ein anderes Land, weil sie dort ihren Lebensstil besser verwirklichen können, weil dort bessere kulturelle Rahmenbedingungen herrschen, als im Land ihrer Herkunft.

Des Weiteren weisen Cyrus und Vogel (2005: 80) darauf hin, dass Migration häufig im Rahmen von Brüchen in der Biographie erfolgt (Düvell, 2005), beispielsweise einer Scheidung, dem Bankrott eines Unternehmens und der Arbeitslosigkeit. Auch andere Forscher haben auf die Besonderheit des Zeitpunktes hingewiesen, an dem die Migrationsentscheidung fällt, beispielsweise nach Beendigung von Schule oder Universität (Psimennos und Kassimati, 2005). Insbesondere die Transformationsprozesse in Deutschland und Ost-Europa haben die Forschungen solcher biographischen Brüche sowie des Einflusses von politischen Veränderungen auf persönliche Biographien provoziert (Elis, 2002; Humphries et al., 2003). So könnte hypothetisiert werden, dass die Wahrscheinlichkeit von Migration zum Zeitpunkt eines solchen Bruches in der Biographie höher ist, als bei ungebrochenen Verläufen. Andererseits kann vermutet werden, dass, ist dieser Moment einmal passiert, die Neigung zur Migration wieder abnimmt. Obwohl noch wenig entwickelt, handelt es sich um ein Fragment für einen behavioristischen ‚migration trajectory' Ansatz, der nicht Migration pauschal, sondern anhand der verschiedenen Schritte des Migrationsverlaufs zu verstehen und zu erklären versucht.

8. Kettenmigration

Unglücklicherweise gibt es keine einheitliche Definition von Kettenmigration, vielmehr wird diese ganz unterschiedlich verstanden. Der Begriff der Kettenmigration kann sowohl eine Migrationstypologie, als auch eine Migrationstheorie bezeichnen. Offenkundig ist der Theoriebildungsprozess also noch nicht abgeschlossen, die folgende Definition kann demnach nur vorläufig sein.

Einerseits wird Kettenmigration mitunter mit Migrationsnetzwerken gleichgesetzt (MacDonald und MacDonald, 1974). Demnach machen sich Nicht-Migranten die Kontakte zu Migranten sowie deren Erfahrungen und bereits geschaffene Infrastrukturen (Wohnung, Sprachkenntnisse, etc.) zu Nutze, um ihrerseits zu migrieren. So folgt, so das Bild, einer dem anderen in Form einer Kette. Genau genommen sind aber Migrationsnetzwerke die Determinanten und Kettenmigration die Form der Wanderung.

Andere verwenden das Konzept der Kettenmigration allerdings nur in spezifischen Fällen, die sich von Wanderungen im Rahmen von Migrationsnetzwerken abgrenzen lassen. So wird das Konzept der Kettenmigration häufig auf die Migration innerhalb von Familien angewendet. El-Badry und Shabbas (2002) beispielsweise, die die arabisch-US-amerikanische Migration erforschen, wollen Kettenmigration verstanden wissen als „Praxis, bei der ein Familienmitglied (normalerweise ein älterer Bruder) auswandert, den Ort vorbereitet und ein Unternehmen gründet, wohin er dann seine jüngeren Brüder und Schwestern und Eltern bringen kann. Das Unternehmen ist oft der Ort, wo die neu ankommenden Familienmitglieder beschäftigt werden können, während sie selbstständig werden und sich darauf vorbereiten, der amerikanischen Gesellschaft beizutreten". Auch in der Auswandererliteratur ist häufig von Familienkettenmigration die Rede, wonach die zurückgebliebenen Familienmitglieder den Erstmigranten folgen (siehe beispielsweise Ciafardo, 1991). Und ebenso versteht Rowland (1992) Kettenmigration als Familien-basierte Migration, ermöglicht durch unterstützende Familienmitglieder an den Zielregionen. Dementsprechend wird im US-amerikanischen migrationspolitischen Diskurs Kettenmigration häufig mit dem Nachzug von Familienmitgliedern, also der Familienzusammenführung gleichgesetzt (Moore und Anderson, 1997).

Kasten 5.4: Kettenmigration – Fallbeispiel

> „Meine Schwester sagte, ‚wenn du nach Spanien kommen willst, komm nach Barcelona und ich habe einen Job für dich'. Also kam ich und schon am nächsten Tag ging ich arbeiten. …Ich kam mit einer Freundin, …dann kam die Schwester meiner Freundin, ihr Ehemann und ihre Mutter, …und dann kam mein Ehemann, …und dann nahmen wir ein anderes Haus, ein größeres. Dann rief ich alle an und meine Schwester und meine Cousine, die war Sekretärin, und wir haben für sie einen Job gefunden – es war einfach, schnell Arbeit zu finden – dann kam mein Sohn, und dann meine anderen Geschwister, und mit den anderen war es genauso. Nach neun Monaten waren alle hier" (Peruanische Hausangestellte, in Anderson, 2000: 31).

Während Sozialkapital für sich betrachtet auch in einer geringen Anzahl von Kontakten besteht, sind Migrationsnetzwerke sehr viel umfangreicher, es kann sich um komplette Minderheiten*communities* in den Zielregionen handeln, und demnach um die Summe aus sowohl starken als auch schwachen Bindungen. Migrationsketten wären demnach zwischen diesen beiden Determinanten anzusiedeln. Einerseits sind sie zu umfangreich, um allein als Sozialkapital betrachtet zu werden, andererseits sind sie zu eng, um als Netzwerk interpretiert zu werden, weil sie beispielsweise allein auf starken Bindungen basieren. So könnte als Kettenmigration die Wanderung von Freunden und Verwandten betrachtet werden, wo zwar einer nach dem anderen migriert, insgesamt aber nur eine überschaubare Gruppe, und nicht etwa ein ganzes Dorf oder eine ganze ethische Gruppe.

Gelegentlich wird unter Kettenmigration auch ein scharf umrissener Prozess verstanden, in dessen Rahmen Individuen und Familien aus einer spezifischen Region in eine spezifische ökonomische Nische strömen.

Für die Migrationstheorie heißt dies, dass Migration, einmal begonnen, beziehungsweise eingeleitet, weiter geht, also nur schwerlich wieder anzuhalten ist. Demnach entwickelt Migration eine gewisse Eigendynamik, besteht unabhängig von den anfänglichen Ursachen fort und treibt sich gewissermaßen selber an (*self-perpetuating*) (Tapinos, 1982; Hollifield, 1992: 33).

9. Transnationale Migration

Die neueste Typologie der Migrationstheorie ist das Konzept der transnationalen Migration, die einen sehr produktiven akademischen Diskurs ausgelöst hat (siehe Faist, 2000b; Pries, 1999). Allerdings sind nicht die transnationalen Migrationsprozesse etwas neues, als vielmehr der Terminus (Castles und Miller, 2003: 30). Transnationale Migrationsprozesse hat es auch schon in der Vergangenheit gegeben. Bei der transnationalen Migrationstheorie handelt sich um *„theory in progress"*, deren Reichweite zwar kontinuierlich ausgeweitet wird, die dabei aber zusehends schwammiger wird (siehe Vertovec', 1999). Dieser Abschnitt wird sich auf dessen ursprüngliche Lesart, wie sie aus der empirischen Forschung abgeleitet wurde, konzentrieren. Die hat charakteristische Migrationsprozesse und Strategien zwischen Nationalstaaten, einem Ursprungsland und einem Zuwanderungsstaat, und deren Wirtschaft und Kultur aufgedeckt. Transnationale Migration resultiert also ursächlich aus der Existenz von Nationalstaaten, Transnationale Migranten, manchmal auch Transmigranten genannt, reagieren auf die Existent von Nationalstaaten, auf deren voneinander abweichende Chancen, beziehungsweise den Mangel an Chancen.

Nach Glick-Schiller et al. (1997: 121)
„sind Transmigranten Einwanderer, die von den wirtschaftlichen und politischen Institutionen, den Orten und Mustern des alltäglichen Lebens jenes Landes, indem sie Leben, einverleibt werden. Sie sind aber auch anderswo engagiert, ...halten Beziehungen, bilden Institutionen, ...und beeinflussen lokale und nationale Ereignisse in jenen Ländern, aus denen sie einst auswanderten".

Und nach Portes et al. (1999: 217-18) bestehen transnationale Aktivitäten aus:
„einer ganzen Skala von ökonomischen, politischen und sozialen Initiativen, die von informellen Import-Exportgeschäften, über den Aufstieg einer Klasse bi-nationaler höherer Berufsgruppen bis hin zu Kampagnen von Heimatpolitikern untern ihren ausgewanderten Mitbürgern reichen".

Konsequenterweise „haben [transnationale Migranten] Loyalitäten zu jedem Staat, in dem sie soziale Bindungen aufrecht erhalten", und sie haben Loyalitäten zu sozialen Gruppen in diesen Staaten (Glick-Schiller et al., 1997: 123). Charakteristisch für diese Migrationsstrategie ist, dass die Individuen "ihr Herkunftsland und das Land, in dem sie sich niederlassen, miteinander verbinden" (Basch et al., 1994: 6; siehe auch Portes, 1997). Ein weiteres Charakteristikum besteht darin, dass diese grenzüberschreitenden Aktivitäten „intensiv" und „produktiv" sind in dem Sinne, dass neue Realitäten hergestellt werden sind (Portes, 1999: 233).

Dies unterscheidet sie von herkömmlichen Emigranten, die ihren Lebensmittelpunkt von einem in einen anderen Staat verlegen, aber auch von Pendelmigranten, die ihren Lebensmittelpunkt im Herkunftsstaat belassen. Transmigranten zeichnen sich durch spezifisches Humankapital, wie Zweisprachigkeit und Bi-Kulturalismus aus, welches sie befähigt, gleichzeitig in zwei verschiedenen Gesellschaften zuagieren. Kurz gesagt, sie nutzen die Tatsache, dass Nationalstaaten existieren, suchen deren Nachteile zu überwinden und die Differenzen zwischen beiden positiv zu wenden, indem sie spezifische soziale und ökonomische Strategien entwickeln.

Die Metakräfte hinter diesen Transnationalisierungsprozessen sind die zunehmende ökonomische Integration von Staaten, Rassismus sowie ‚nation building processes' (Glick-Schiller et al., 1997: 123). Transmigranten reagieren auf die neuen Möglichkeiten, wie sie die Globalisierungsprozesse bieten, während sie gleichzeitig Triebkraft der Globalisierung in Form einer ‚Globalisierung von unten' (Portes, 1997) darstellen.

„What common people have done in response to the process of globalisation is to create communities that set astride political borders and that, in a very real sense, are ‚neither here nor there' but in both places simultaneously" (ebenda: 3).

Transmigranten formieren transnationale Gemeinschaften (*‚transnational communities'*), spezifische ethnische Diasporas, die sich „kollektiv selbst als ethnische Gruppe [oder Netzwerk] identifizieren" (Vertovec, 1999: 449). Diese erstrecken sich über zwei oder mehr Staaten und sind nicht mehr deckungsgleich mit national definierten Territorien. Vielmehr stellen sie einen hiervon abweichenden transnationalen Raum her (Pries, 1997).

Kasten 5.5: Transmigration – Fallbeispiel

> Mohamed reist als sechzehnjähriger und Ältester Sohn seiner Familie nach Frankreich. Er zieht im Land umher, findet einen Job als Maurergehilfe, den er die nächsten zwanzig Jahre ausübt und lässt sich nieder. Er beginnt, gelegentlich nach Tunesien zu reisen, jedes Mal nimmt er Autos oder landwirtschaftliche Maschinen mit. Immer öfter und immer länger reist er nach Tunesien. Er kauft Land, baut ein Haus, wird in den Gemeinderat gewählt, seine Eltern werden geehrt. Er ist Mitglied der neuen tunesischen Mittelklasse. „Dennoch denkt er noch nicht an seine endgültige Rückkehr, da der Erfolg in seiner Heimat noch zu sehr von seiner Präsent hier [in Frankreich] abhängt" (aus Tarrius, 1994: 129).

Die von Tarrius (1994: 126-30) beschriebene Person Mohamed ist in Tunesien, was er ist – Mittelklasse, geehrt – aufgrund seines Lebens in Frankreich, weil er ein Migrant ist, der zwar häufig zurückkehrt, der zirkuliert, aber doch weiterhin die Quelle seines Einkommens im Ausland hat. In Frankreich ist er ebenfalls was er ist – Ausländer, Hilfsarbeiter, Unterklasse – weil er ein Migrant aus Tunesien ist, der spezifische Jobs zu spezifischen Bedingungen bekommt, weil er Migrant ist. Zwar hat er die Staatsbürgerschaft beider Staaten, aber in keinem ist er wirklich zuhause und verwurzelt, in Frankreich ist er sogar noch diskriminiert.

Üblicherweise verläuft transnationale Migration zwischen Paaren von Staaten (Glick-Schiller et al., 1992), beispielsweise Mexiko und die USA (Cohen, 1998), die Philippinen und die USA (Glick-Schiller et al., 1997), die Dominikanische Republik und die USA (Portes und Guarnizo, 1990), oder die Türkei und Deutschland (Faist, 2000a). Als typische transnationale *Communities* werden Palästinenser (Dorai, 2002), Kurden (Wahlbeck, 2002) und Eriträer (Bernal, 2004), aber auch Tamilen (Fuglerud, 1999) genannt.

Durch Migration werden zuvor politisch separierte Räume miteinander verbunden, dadurch entsteht aber kein neuer zusammenhängender politischer Raum, wohl aber, da die politischen Grenzen bestehen bleiben, ein neuer sozialer Raum. Dieser liegt sowohl jenseits des politischen Raumes, als auch zwischen den politischen Räumen, es sind transnationale Räume.

Auf Grundlage individueller Aktivitäten sind mittlerweile ganze Handelsnetze in dem Raum zwischen zwei Ländern entstanden, wo sie, wie in Marseille, ganze Viertel prägen. Einerseits nutzen Migranten die Differenz – Überschuss und Mangel – zwischen zwei Ländern, um darauf ihren Handel aufzubauen. Andererseits reagieren sie aber auch und sind das Produkt der Probleme in beiden Ländern. In

Tunesien konnten sie der Armut nur entkommen, indem sie das Land verließen, in Frankreich wurden sie diskriminiert und mussten sich Nischen schaffen, um weiterzukommen. Transnationale Strategien resultieren aus der Diskriminierung resultieren, sie sind eine Strategie, ein Fluchtweg aus der doppelten Benachteiligung. Transnationale Räume sind entpolitisierte und deterritorialisierte Räume, es sind dynamische und zirkulatorische Räume, die auf dynamischen und zirkulatorischen Prozessen beruhen. Noch gibt es keine politische Entsprechungen zu dieser sozialen Realität, das traditionelle Konzept der Staatsbürgerschaft, und sei es auch eine doppelte, passt nicht mehr, eine adäquate, etwa transnationale Form der Mitgliedschaft, eine transnationale Bürgerschaft (Bauböck, 1994) gibt es noch nicht.

10. Theorien interner Arbeitsmärkte und Migrationskanäle

Zwei zu unrecht weniger bekannte und miteinander verwandte, aber plausible Theorien befassen sich mit der Bedeutung von unternehmensinternen Arbeitsmärkten sowie Migrationskanälen zwischen Märkten, Unternehmen und Staaten.

Findlays (1990) Theorie der Migrationskanäle fußt in der Untersuchung von Expertenmigration im Zeitalter der Globalisierung. Demnach würden entweder Arbeitsvermittlungsagenturen, *Headhunter* oder international aktive Unternehmen Arbeitnehmer weltweit überwiegend befristet vermitteln, beziehungsweise einsetzen.

„Die Migrationsrichtung hochqualifizierter Migranten verläuft oft entgegen der Richtung der etablierten Migrationsströme in Europa" (vgl. Wolter 1997; Hillmann und Rudolph; 1996). Ein Grund dafür wird in die Steuerung der Migration durch verschiedene Institutionen auf der Meso-Ebene gesehen, da diese Migrationskanäle erstens Informationen und Ressourcen zur Migration bereitstellen, zweitens die Größe und Zusammensetzung des Migrationsstromes regulieren, indem die beteiligten Institutionen als ‚*Gatekeeper'* für die Migranten fungieren und drittens die prospektiven Migranten zur Migration motivieren (Findlay und Li, 1998). Stellvertretend für diese Vorstellung kann man den von zwei britischen Geographen, Findlay und Garrick, Ende der 1980er Jahre entwickelten ‚*Migration Channel Approach'* betrachten (Findlay und Garrick, 1990), der drei Migrationskanäle nennt: erstens den internen Arbeitsmarkt von multinationalen Unternehmen, zweitens Unternehmen, die internationale Aufträge ausführen und drittens Personalvermittler, die international Personal für kleine und mittlere Unternehmen rekrutieren" (Pethe, 2003: 5).

Der Bedeutungszuwachs einer derartigen Infrastruktur der Migration wird mit dem weltweit wachsenden Bedarf an Experten zur Lösung von drängenden Problemen (Düvell und Jordan, 2002), beispielsweise im IT-Bereich eines Unternehmens, oder der Durchführung von spezifischen Projekten erklärt (Findlay, 1990: 18). Da es sich teils um zeitsensible Aufgaben handelt, die keinen Aufschub dulden, wurden dementsprechende Rekrutierungsprozesse zur schnellen Vermittlung der benötigten Fachkräfte eingerichtet. Die Bereitschaft zur Migration steht in einem Zusammenhang mit der Unternehmenskultur im Zeitalter der Globalisierung: dem Anspruch, spezifische Probleme und Aufgaben weltweit und schnell zu lösen; der zunehmenden Bedeutung sowohl von persönlicher Flexibilität sowie den Pluspunkten, die den Arbeitnehmern durch einen Auslandsaufenthalt in Bezug auf die Karriereperspektiven erwachsen. Solche Migrationskanäle ermöglichen zum einen die Migration innerhalb der OECD-Staaten, also beispielsweise von Führungspersonal und Fachkräften aus Japan und den USA, die nach Europa versetzt werden und umgekehrt, als auch die Migration aus Nicht-OECD-Staaten, wie etwa Indien und China, deren zunehmend international aktive Unternehmen inzwischen ebenfalls Vertretungen in Europa eröffnet haben und deren Arbeitsvermittlungen zunehmend an die OECD-Staaten vermitteln.

Der Gebrauch des Terminus „Migrationskanal" ist allerdings nicht auf die Infrastruktur von Migration beschränkt, sondern wird insbesondere in Politik und Medien benutzt, um allgemein legale Migrationspfade zu umschreiben (siehe unter anderem *BBC News*, 28.11.2002; Home Office, 2002).

Salt (1990) hat auf die vergleichbare Rolle von internen Arbeitsmärkten (*„Internal Labour Markets'*, ILMs) innerhalb von Unternehmen hingewiesen. In diesem Fall erfolgt Migration in Form von Versetzungen innerhalb eines Unternehmens, aber zwischen dessen verschiedenen Niederlassungen. Johnson und Salt haben dies zunächst nur anhand von Versetzungen innerhalb eines Landes untersucht. Zwar liegen nur alte Zahlen vor, doch die wiesen darauf hin, dass beispielsweise 1981 über die Hälfte der innerhalb Großbritanniens mobilen Arbeitskräfte zwar ihren Wohnort, nicht aber den Arbeitgeber wechselten, also sich innerhalb von internen Arbeitsmärkten bewegten (: 54). Inzwischen hat Salt (2004: 13) dieses Modell aber auch auf international aktive Unternehmen, also auf die multinationalen Unternehmen übertragen.

„Corporate transferees. These people move internationally within the internal labour markets (ILMs) of large employing organisations. Numerical data on these are scarce and where available are low but these is partly a reflection of how the moves are recorded and the definitions used by statistical and administrative authorities. Their moves are for a wide range of reasons, and for varying time periods. Frequently, moves are related to career development and training, but they may also be production, marketing or research specialists. Their moves generally reflect the organisational structure of their employers" (siehe auch Düvell und Jordan, 2002).

Die Besonderheit der Migration innerhalb von internen Arbeitsmärkten sowie im Rahmen von Migrationskanälen innerhalb von Unternehmen besteht darin, dass die Migranten sich einerseits innerhalb eines geschlossenen Arbeitsmarktes bewegen. Da sich dieser Arbeitsmarkt aber im Fall von multinationalen Unternehmen über mehrere Staaten erstreckt, überschreiten diese Angestellten simultan Staatsgrenzen. Deshalb müssen sie auch als internationale Migranten gelten. Diese Gleichzeitigkeit von internen Bewegungen und internationalen Bewegungen ist charakteristisch für Wanderungen zu Beginn der Globalisierung und resultiert aus der Gleichzeitigkeit von national eingegrenzten Gemeinschaften, den Staaten, und zunehmend grenzenlosen Märkten und Unternehmen.

Migrationskanäle und interne Arbeitsmärkte sollten im Hinblick auf Migrationssysteme untersucht werden. Es erscheint plausibel, dass Migrationssysteme Migrationskanäle und interne Arbeitsmärkte aufweisen, wohingegen nicht *per se* unterstellt werden kann, dass Migrationskanäle und interne Arbeitsmärkte bereits ein Migrationssystem konstituieren. Schließlich stellen beide, Migrationskanäle, die auf Arbeitsvermittlungsagenturen basieren, und grenzüberschreitende interne Arbeitsmärkte eine Verbindung zwischen den Märkten zweier Staaten da. Sie können als Teil der Infrastruktur der Globalisierung betrachtet und als Merkmale globaler Integration verstanden werden.

11. Theorien internationaler Migrationspolitik

Unter Migrationspolitik werden alle politischen Maßnahmen verstanden, die explizit auf die geographische Mobilität von Menschen zielen. Migrationspolitik ist sowohl ein eigenständiges Politikfeld, wie auch ein Teilbereich anderer Politikfelder, etwa der Innen-, Außen-, Sicherheits-, Handels-, Bevölkerungs- oder Entwicklungspolitik. Migrationspolitik intendiert wahlweise die bloße Steuerung, Ermutigung, Kontrolle, Beschränkung, Verhinderung oder auch nur Erfassung von Migration. Sie umfasst die Aufgaben der Kontrollorgane ebenso, wie die Rechte von Migranten, Anwerbung ebenso, wie Abschiebung. Richtigerweise ist deshalb nicht von einer Migrationspolitik, sondern vielmehr von Migrationspolitiken zu sprechen (siehe auch Vogel, 2005).

Unter der Überschrift „Politik internationaler Migration" verbirgt sich ein höchst komplexes Bild. Es enthält (1) die Themen Staat, Territorium und Volk sowie (2) Angelegenheiten, wie Bürgerschaft, Bürgerrechte und Partizipation sowie Recht und Gerechtigkeit. Es beinhaltet (3) alle Aspekte von Kontrolle, Einfluss, Macht und Autorität sowie (4) die Fragen der Legitimität und Grenzen der Ansprüche von Staaten. Dieses komplexe Bild wird entweder aus der Perspektive der Untersuchungseinheit eines einzelnen Nationalstaates oder aber aus der Perspektive der Gesamtheit aller involvierten Staaten analysiert, also im Rahmen der Disziplin der Internationalen Beziehungen (*International Relations*, IR). In diesem Abschnitt soll aber nur der Zusammenhang zwischen den politischen Einflussfaktoren auf den Verlauf von Migrationsbewegungen skizziert werden.

Bis zur Mitte des 19. Jahrhunderts hat es keine systematischen und anhaltenden Wanderungsbeschränkungen gegeben (Hammar, 1992). Über die ganze Menschheitsgeschichte hinweg konnten sich Menschen mehr oder weniger frei von politischen Beschränkungen auf dem Globus bewegen (der Aspekt unfreier Bewegung, Sklaverei und Deportation, verdient gesonderte Betrachtung). Erst die Bildung der modernen Nationalstaaten in der Neuzeit hat dies geändert. Diese Nationalstaaten können zum Teil als eine Antwort auf die großen Wanderungsprozesse des 18. und 19. Jahrhunderts, der Flucht vor Junkertum und Knechtschaft, Landlosigkeit und Verarmung sowie den Härten des Manchesterkapitalismus verstanden werden. Im revolutionären Europe wurde dies zunächst toleriert, konnte doch auf die Art ein Teil des sozialen Konfliktpotentials entweichen. Allerdings gingen Europa auch Millionen von Arbeitskräften verloren. Der Kapitalismus am Übergang vom Handels- zum Industriekapital korrespondierte mit einer neuen Idee von Staat, dem Nationalstaat, in dessen Zentrum die Idee vom Staatsvolk stand. Dieser moderne Staat

113

sollte solche unkontrollierten Absetzbewegungen aufhalten, die Arbeiterklasse einhegen und ihre geographische Mobilität einschränken[22].

„Der Aufstieg der Moderne war unter anderem auch ein durchgehender und systematischer Angriff des ‚Sesshaften', der ortsgebundenen Lebensweise, gegen das Nomadische und die dazu gehörenden Lebensformen, die mit den auf Begrenzung und Territorialität fixierten Vorstellungen des Nationalstaates in Konflikt gerieten. ...Nomaden, die sich um die territorialen Ansprüche und Grenzziehungen der neuen Gesetzgeber nicht scherten, wurden zu den Hauptfeinden im Heiligen Krieg, der im Namen von Fortschritt und Zivilisation geführt wurde. ...Staatsbürgerschaft war an Sesshaftigkeit gebunden und wer keinen ‚festen Wohnsitz' hatte, ...galt als rechtlich diskriminierter Außenseiter und wurde aktiv verfolgt" (Bauman, 2003: 20).

Ortsfestigkeit, so Foucault, ist eine Voraussetzung (moderner) Herrschaft und deshalb sucht (moderne) Herrschaft Ortsfestigkeit durchzusetzen. Zunächst wurden Grenzen gezogen, um Besitztümer und Herrschaftsbereiche zu demarkieren, auf die Bewegung von Menschen hatten diese Grenzen zunächst wenig Einfluss. Erst im Verlauf Moderne kam der Grenze eine weitere Funktion zu, die Kontrolle der Bewegung von Menschen. Noch bis in den späten Feudalismus hinein wurde die Bewegung der Untertanen per Restriktionen eingeschränkt, was, wie die Große Europäische Auswanderung illustrierte, recht wirkungslos war. Beispielsweise wurden in Preußen ab etwa 1850 erste Bedenken gegenüber der Massenauswanderung geäußert, aber erst 1897, als die Auswanderungsbewegung bereits abebbte, wurde ein Reichsgesetz über das Auswanderungswesen erlassen. In Italien wurden 1888 und 1901 ähnliche Regelungen erlassen, in Großbritannien wurden 1873 die Förderung der Auswanderung eingestellt (Körner, 1990: 56; siehe auch Bade, 1984). Zeitgleich wurden in Europa und den USA auch die ersten Einwanderungsbeschränkungen eingeführt.

Der moderne Nationalstaat setzt allerdings zunehmend darauf, seine Staatsbürger mittels der Gewährung von sozialen und politischen Rechten, die ihnen nur zuerkannt, weil sie als Bürger anerkannt wurden, an den Staat zu binden (Ruggie, 1997). Zunächst konnten diese Rechte nur in jenem Staat wirksam werden, wo die Menschen zugleich Bürger waren, außerhalb dieses Staates waren sie „Ausländer" oder „Aliens". Allerdings galt dieses Prinzip vor allem in Europa. Anderswo, wie etwa den USA, Kanada oder Australien konnten Rechte per Einwanderung erworben werden, wodurch das europäische Prinzip unterlaufen wurde. Das heißt allerdings im Umkehrschluss, dass Staaten, die ihren Bürgern wenig oder gar keine Rechte gewähren, diese kaum politisch binden können. Das heißt aber auch, dass die Internationalisierung von Rechten, wie etwa durch die Menschenrechte, die politische Bindung des Einzelnen an einen spezifischen Staat ebenfalls schwächen. Sowohl ein Mangel an Rechten, als auch die Internationalisierung, beziehungsweise Deterritorialisierung von Rechten dürften zur Lockerung der Bindung zwischen

---

[22] Dies lässt sich sehr schön aus Max Webers Studie 1892, Weber 1993, über die ostelbischen Junker herauslesen.

Staat und Individuum und damit zu einer Zunahme der Neigung sowie Bereitschaft zur Migration beitragen.

Es waren also vor allem drei sich ergänzende Maßnahmen, die Einfluss auf das Wanderungsgeschehen hatten: (1) die bereits erwähnte Einführung von Einwanderungsbeschränkungen und (2) die verstärkte Bindung der Bürger an den jeweiligen Nationalstaat. Doch erst (3) die Einführung von Personalausweisen um die Zeit des Ersten Weltkrieges schaffte die Voraussetzungen für eine effektive Kontrolle der Identität der Wandernden sowie ihrer Bewegungen (Caplan und Torpey, 2000).

Tatsächlich finden individuelle Entscheidungsprozesse von Migranten nicht allein im Rahmen von ökonomischen, sozialen und kulturellen Überlegungen, sondern auch unter Berücksichtigung der politischen Umstände statt. Umso erstaunlicher ist es, dass die Politikwissenschaften lange Zeit kaum Interesse an Migration hatten und wenig zur Migrationsforschung beigetragen haben (Layton-Henry, 1996; Freeman, 2000). Vielmehr hatte sich die Migrationsforschung lange auf die ökonomische und soziologische Perspektive beschränkt. Angesichts einiger neuerer Entwicklungen kann man aber inzwischen von einer Migrationstheorie der Migrationspolitik sprechen (für eine Übersicht siehe Hollifield, 2000) [23].

Insbesondere die Theorien internationaler Beziehungen haben einen Beitrag zur Migrationsforschung geleistet. In diesem Rahmen lassen sich nach Hollifield (1992: 27-31) fünf Ansätze unterscheiden.

(1) Realismus[24]: Staaten wünschen Migration einzudämmen und dennoch nimmt das Migrationsvolumen zu. Dies wird mit Diskrepanzen zwischen Politik, nationalem und internationalem Recht, mit dem Zusammenspiel von Akteure mit unterschiedlichen Interessen sowie mit politischem Versagen, nämlich mangelnder Implementierung der Kontrollpolitik erklärt (*gap hypothesis*, siehe unten).
(2) Marxismus: Flexible Nachfrage und flexible Marktstrukturen erfordern flexible Arbeitskräfte (Stichwort Reservearbeitkräfte, segmentierte Arbeitsmärkte).
(3) Liberalismus: Freie Markwirtschaft und Wettbewerb führen zum Zusammenbruch der schwachen Wettbewerber und zur Freisetzung der betreffenden Arbeitskräfte, was wiederum deren Mobilität erhöht und eine Zunahme der Migration zur Folge hat. Allerdings führt dies langfristig zur Konvergenz der Einkommen (*factor price equalisation*) und damit zur Abnahme von Migration.
(4) Theorie hegemonialer Stabilität: der Weltordnung muss eine dominante Macht vorstehen, Migration verläuft demzufolge innerhalb eines rechtlichen Rahmens, der von dieser dominierenden Macht festgesetzt wird und mehr o-

---

[23] Dies ist damit zu erklären, das Migration(-spolitik) lange als „niedere Politik' betrachtet wurde, alsonationale Integrations-, Arbeitsmarkt- und Sozialpolitik, und erst mit dem Endedes Kalten Krieges zu einem Gegenstand von Hochpolitik, also Angelegenheit von internationalen Beziehungen sowie Krieg und Frieden wurde, siehe Cornelius et al., 1994: 7). Erst aufgrund dieses Bedeutungswandelshatte sich auch diePolitikwissenschaft des Themas angenommen.
[24] Nach Keohane sind Staaten, angetrieben von ihrem jeweiligen nationalen Interesse die Schlüsselakteure in den internationalen Beziehungen.

der weniger deren Interessen entspricht. Allerdings wird die Macht von Staaten durch die dem Liberalismus innewohnenden Rechte (*embedded liberalism*) eingeschränkt.

(5) Das liberale Paradox: Es resultiert aus dem Spannungsverhältnis zwischen der freien Marktwirtschaft und auf Rechten basierenden politischen Systemen (*rights based regimes*). „Der Staat ist durch Gesetze gezwungen, sich für marginale Gruppen einzusetzen", und diese, beziehungsweise Gleichberechtigung sowie soziale und Menschenrechte zuschützen. ...Der Zusammenfluss von offenen (unregulierten) internationalen Märkten für Arbeitskräfte und auf Rechten basierenden nationalen Regimes erklärt die Welle internationaler Migration in der Nachkriegszeit" (Hollifield, 1992: 28).

Prinzipiell ist zwischen liberalen Politiken, die Migration zulassen und realistischen, statischen Politiken, die häufig protektionistisch und nationalistisch sind und Migration einzudämmen suchen, zu unterscheiden (ebenda: 30-31).

Nationale und internationale Migrationspolitik hat Auswirkungen auf Ursache, Form, Umfang und Richtung von Migration. Allerdings ist die Interaktion zwischen Migration und Politik, beziehungsweise zwischen Politik und Migration multidimensional. Häufig geht Migration der Politik voraus, Politik reagiert also auf Migration, andererseits löst Politik Migration aus, entweder weil Menschen Objekte von Vertreibung werden, oder aber weil Politik die Rekrutierung etwa von Arbeitskräften anstrebt. Migration kann entweder den Intentionen von Politik zuwiderlaufen, beispielsweise in Form unerwünschter oder illegaler Migration, oder aber sie entspricht weitgehend den politischen Absichten, wie etwa im Fall von Expertenmigration. Nicht selten auch verläuft Migration bei gleichzeitiger Abwesenheit von politischer Regulation, nicht nur in der Geschichte, sondern auch im Fall der neuen Zuwanderungsstaaten in Süd- und Osteuropa.

Kasten 5.6: Die vier Grundmuster der Interaktion von Migration und Politik

Politik reagiert auf Migration	Migration konterkariert Politik
Politik löst Migration aus	Migration steht im Einklang mit Politik

Die Konsequenzen von Migrationspolitik auf das Migrationsverhalten von Menschen lassen sich anhand des Verhältnisses zwischen den Politikzielen (*policy goals*) und dem Ergebnis (*policy outcome*) untersuchen. Häufig lässt sich eine Kluft zwischen beiden ausmachen (*policy gap*) (Cornelius et al., 1994). Nicht selten auch zeitigt Politik unbeabsichtigte (Neben-) Effekte (*un-intended side-effects*) (Engbersen, 2001). So mag das Politikziel in der Verhinderung illegaler Migration bestehen, gleichwohl wird in vielen Staaten eine beträchtliche Anzahl illegaler Migranten vermutet (Düvell, 2005). Aber auch die Diskrepanz zwischen restriktiver, geradezu zuwanderungsfeindlicher Rhetorik, beispielsweise in Deutschland, bei gleichzeitig selektiv liberalen Einwanderungspolitiken, wie sie sich beispielsweise in dem Green Card Programm für IT-Experten manifestierte, wird anhand der ‚*gap hypothesis*' analysiert (Kolb, 2003). Ein anderes Beispielrepräsentierte die Erwartung der Rückkehr von „Gastarbeitern", insbesondere nach dem Anwerbestopp. Das Politikergebnis ist bekannt, eine beträchtliche Anzahl kehrte nicht zurück, sondern blieb und holte die Familien nach. Oder aber das Politikziel besteht in der Verhinderung von Migration, im Ergebnis wird allerdings nur das Auftreten neuer Formen von Migration beobachtet, wie etwa von Asylmigration oder illegaler Migration. Nicht zu vernachlässigen sind Fälle, in denen Migration erwünscht ist, aber ausblieb, weil die Menschen entweder immobil sind, wie beispielsweise im integrierten Europa, oder aber anderen Destinationen den Vorzug geben, etwa weil dort bessere Bedingungen oder höhere Löhne geboten werden.

In all den genannten Fällen besteht offenkundig eine Kluft („gap") zwischen dem Politikziel und dem Politikergebnis. Mitunter besteht das Ergebnis im Gegenteil dessen, was bewirkt werden sollte, beispielsweise wenn Migranten sich angesichts eines Anwerbestopps niederlassen oder angesichts von Migrationsbeschränkungen irreguläre Formen entwickeln. Entweder ist also das Politikziel unrealistisch, oder aber es wird nicht (vollständig) implementiert. Dies kann verschiedene Gründe haben. Das Politikziel ist überambitioniert und kann im Rahmen der zur Verfügung stehenden personellen und finanziellen Ressourcen nicht umgesetzt werden. Oder aber das Politikziel steht im Widerspruch zu den Zielen anderer gesellschaftlicher Akteure, etwa von Unternehmern, oder der Organisationskultur der involvierten Behörden oder der Berufsethik der involvierten Gruppen. Beispielsweise lassen sich sozialarbeiterische Berufsgruppen schwerlich in Kontrollpolitiken integrieren. Möglicherweise besteht aber auch ein Konkurrenzverhältnis zu anderen Staaten, die erwünschten Migranten bessere Bedingungen bieten. Probleme und Spannungen können aber auch aus einem Missverhältnis von Politik und Migration resultieren, beziehungsweise zwischen politisch-institutionellen und individuellen Zielen (Shresta, 1987). Typischerweise wäre dementsprechend anzuregen, entweder die Implementierung zu optimieren, die Politikziele den Realitäten anzupassen oder aber die institutionellen und individuellen Ziele in Einklang miteinander zu bringen.

Tabelle 5.7: Grundmuster der Ursachen von *policy gaps*

Widerspruch zwischen Ziel sowie Organisationskultur und Berufsethiken	Überambitionierte und unrealistische Ziele	Konkurrenz zwischen Staaten
Widerspruch zwischen institutionellen Politikzielen und individuellen Zielen	Widerspruch zwischen den Zielen verschiedener Akteure	Widerspruch zwischen nationalen Politikzielen und nationalem sowie internationalem Recht

Die Politikwissenschaft hat sich insbesondere mit der Diskrepanz zwischen der restriktiven Rhetorik der öffentlichen Politik und faktisch liberalen und expansiven Politiken befasst und deren Gründe und Ursachen zu identifizieren versucht. Im Rahmen der neo-institutionalistischen Perspektive werden zwei Erklärungsansätze genannt. (1) Die Theorie des internationalistischen Institutionalismus weist auf den Einfluss internationaler Verträge und Verpflichtungen, beispielsweise gegenüber den Menschenrechten hin, die der Politik von Nationalstaaten Einhalt gebieten (und letztlich ein ‚liberales Paradox' begründen). Insbesondere Soysal (1994) meint, dass sich zunehmend eine Art transnationaler Bürgerschaft herauskristallisiert, die die nationale Staatsbürgerschaft zu überlagern beginnt. (2) Hollifield (1992) hebt demgegenüber die Bedeutung der Institution der nationalen Gerichte hervor (Stichwort ‚*embedded liberalism*'), die dem politischen Handlungsspielraum des Staates rechtliche Grenzen setzen. Demnach sei es also die internationale, beziehungsweise nationale Legislative, die die Umsetzung von Politik beeinflusst und zu einer Kluft zwischen ‚*policy goals*' und ‚*policy outcome*' führen würde. Dies sei eine Erklärung dafür, dass einerseits Staaten, insbesondere aber die Öffentlichkeit Migration beschränken wollen, während sie doch andererseits fortbesteht.

Parekh (1994) wirft einen alternativen Blick auf die Einwanderungspolitik von Staaten und führt die Unterschiede zwischen restriktiven, selektiven und liberalen Politiken auf Theorien über die nationale Identität von Staaten zurück. Demnach sei zwischen liberalen, kommunitaristischen und ethnischen Staaten zu unterscheiden, Hollifield (1994) fügt dieser Unterscheidung noch den republikanischen Staat hinzu. Triandafyllidou (2001: 81) schlägt eine andere Ordnung vor, indem sie liberale und kommunitaristische Staaten zu einer Kategorie der ‚*civic nation*' zusammenfasst und mit ‚*ethnic nations*' kontrastiert[25]. Dem zufolge zeichnen sich ‚*ethnic nations*' durch den Glauben aus,

> „dass ihre Mitglieder abstammungsmäßig miteinander verwandt sind, einen gemeinsamen Satz an kulturellen Traditionen und kollektiven Erinnerungen und eine Verbindung zu einem spezifischen historischen Territorium, dem Heimatland, haben."

‚*Civic nations*' dagegen
> „basieren auf einer gemeinsamen politischen Kultur und einem Rechtssystem, das allen Mitgliedern gleiche Recht und Pflichten zuweist, einer Wirtschaft mit einer einzigen Form von Arbeitsteilung und einem Territorium, dass die geopolitische Basis der Gemeinschaft ist".

Tabelle 5.2: Einwanderungspolitik im Lichte von Theorien nationaler Identität

	national identity			
	‚ethnic nations'	‚civic nations'		
		liberal	communitarian	republican
Migration policy	restrictive but selectively liberal on ethnic grounds	principally liberal but selective on economic and political grounds		

Demnach wären Deutschland, Japan, Griechenland und die Türkei als ‚*ethnic nations*', die USA, Kanada, Großbritannien, Frankreich und Spanien als ‚*civic nations*' sowie Italien dazwischen anzusiedeln. Dies erklärt weshalb ‚*ethnic nations*' eine ethnisch selektive Einwanderungspolitik betreiben und „Aussiedlern" (Deutsch-

---

[25] Sie bezieht sich dabei auf Smith, 1986, 1991

land), „pontischen Griechen" (Griechenland), Turkomanen (Türkei), „Nikkejin" (Japan) sowie anderen ‚Rückkehrern' privilegierte Einwanderungsrechte zugestehen und alle „signifikant anderen" Migranten dem gegenüber als temporäre Migranten betrachten, während die USA oder Großbritannien Migranten aus aller Welt und unabhängig von ihrer Herkunft oder Abstammung aufnehmen und eine ethnisch plurale Einwanderungspolitik betreiben.

Im Unterschied zu Hollifield wendet Freeman (2000) eine Kombination aus an sich politisch-ökonomischer (*rational choice*) sowie pluralistischer Theorie an. Einerseits werden in der aufnehmenden Gesellschaft die Gewinner und Verlierer von Migration identifiziert, das ist der ökonomische Aspekt seines Ansatzes, weitaus differenzierter, als der der klassischen Ökonomie, etwa von Borjas, der allein auf die Gesamtheit der Volkswirtschaft abhebt. Andererseits wird die Interaktion und das Kräfteverhältnis zwischen den verschiedenen Akteuren berücksichtigt, also den Interessengruppen, Lobbies und sozialen Klassen (namentlich ‚Unternehmen und Arbeit'), welches den pluralistischen Aspekt illustriert. Wenn Migration zum Nutzen eines Akteurs ist, werden liberale Politiken wahrscheinlich, wenn aber Migration zum Nachteil eines Akteurs ist, wird dagegen der Ruf nach Restriktionen wahrscheinlich.

Tabelle 5.3: A Factor Model of Immigration Policy Preferences (nach Freeman)

Productive Factors	Immigrants complement or supplement domestic labour	Demand for Policy
Land	complement	liberal
	substitute	no restrictionist incentives
Capital	complement	liberal
	substitute	no restrictionist incentives
Labour	complement	liberal
	substitute	restrictionist

Quelle: Freeman, 2000: 5, abgeleitet aus Kessler, 1997

Demnach sind es nicht Rechte, wie vom institutionalistischen Ansatz reklamiert, sondern (kontrastierende) Interessen, so der politisch-ökonomische Ansatz, die die Richtung festlegen, die Politik nimmt. Die tatsächlichen Entscheidungen werden allerdings in Form von politischer Interaktion und üblicherweise hinter verschlossenen Türen gefällt, wobei diejenigen, die sich Vorteile von Migration versprechen häufig besser organisiert sind (‚klientelistische Politik', Freeman, 2000: 4). Nur so ist zu erklären, weshalb trotz der im öffentlichen Diskurs häufig dominierenden Einwanderung ablehnenden Haltung Migration dennoch zugelassen wird.

Ette (2003: 40) charakterisiert diese beiden unterschiedlichen institutionalistischen Erklärungsansätze treffend als ‚Hinterzimmer' und ‚Gerichtssaal'. Bei aller Plausibilität dieser Erklärungsversuche muss ihnen doch auch ihre Beschränktheit vorgehalten werden: zum einen lässt sie bislang die Zivilgesellschaft sowie soziale Bewegungen als mächtige Akteure weitgehend unberücksichtigt, und zum anderen bleibt der Menschen als wirkende Kraft (‚*human agency*', siehe Kapitel 8, Autonomie der Migration) außerhalb dieses Erklärungsansatzes. Beispielsweise analysiert Bhagwati (2003: 99), dass zivilgesellschaftlicher Aktivismus sowie das Engagement von ethnischen Minderheiten regelmäßig "Regierungspolitik zum Rückzug [von restriktiven oder Erzwingungsmaßnahmen] zwangen". Basisgruppen und Flüchtlings- und Migranten *ad hoc* Komitees, Unterstützungsorganisationen "haben sich stark vermehrt und an Bedeutung und Einfluss gewonnen" (ebenda: 102) und schränken effektiv den Spielraum für die institutionelle Praxis ein. Deshalb muss dem ‚Hinterzimmer' und dem Gerichtssaal' die ‚Strasse' als dritte Ebene der Interaktion hinzugefügt werden.

‚Human agency' lässt sich allerdings nicht ohne weiteres als politischer Akteur betrachten und in das Konzept des Institutionalismus integrieren, da es sich dabei nicht um einen, sich wie auch immer politisch artikulierenden, organisierenden oder als politische Kraft konstituierenden Akteur handelt. Auch strukturell ist *‚human agency'* außerhalb dieser Ansätze verortet. Migration findet ja nicht etwa statt, weil nationale oder internationale Gerichte Migration provozieren, oder weil NGOs Migration fordern, sondern weil es Menschen gibt, die migrieren wollen. Insofern erklärt die ‚*gap*-Hypothese' nur die der Migration nachgeordneten Prozesse, nicht aber die Migration als solche.

Eine weitere Forschungsfrage, die sich die Politikwissenschaften stellt, ist, welchen Einfluss Politik auf das Migrationsgeschehen hat, und sogar ob dieser Einfluss planbar, also prognostizierbar ist, und ob Politik Migration, zumindest partiell, steuern, beziehungsweise managen kann (Ghosh, 2000), also pro-aktiv intervenieren kann, oder überwiegend reaktiv bleibt (Düvell, 2005). Tatsächlich zielt beispielsweise die so genannte Lissabon-Strategie der EU darauf ab, die innereuropäische Mobilität zu erhöhen, bislang allerdings mit wenig Erfolg (Favell, 2003).

Die Empirie dieser Herangehensweise beinhaltet eine Reihe spannender Fälle. Darunter zählt die einerseits erfolgreiche Anwerbepolitik in Europa in den 1960er Jahren, deren Resultat in Form umfangreicher Süd-Nordmigration aber, einmal eingeleitet, nur schwerlich zu stoppen, geschweige denn rückgängig zu machen war. Und auch die Einführung von Migrationsbeschränkungen, Befristungen von Aufenthaltsvisa oder Arbeitsverbote für bestimmte Gruppen von Migranten haben weder den Aufenthalt, noch die Arbeitsaufnahme zahllose Migranten verhindern können, diese aber vielmehr in den Untergrund abgedrängt, ist also in illegaler Migration gemündet (Düvell, 2005). Darüber hinaus geht Thielemann (2002) davon aus, dass weniger Kontrollpolitiken, als vielmehr systemische Beziehungen zwischen Staaten, Migrationsnetzwerke und der ‚Ruf' von Staaten die Migration von (in diesem Fall) Asylsuchenden erklären. Nicht minder bemerkenswert ist das relative Scheitern der deutschen Green Card Regelung für IT-Experten in 2000 folgend, welche weitaus weniger Expertenmigration zur Folge hatte, als beabsichtigt (siehe u.a. Kolb, 2003).

Dies soll anhand eines Beispiels, der illegalen Migration diskutiert werden. Ob die Einführung von Einwanderungsbeschränkungen oder des Verbotes der Arbeitsaufnahme für Touristen eine abschreckende Wirkung hat, lässt sich bislang nicht verifizieren. Die hohe Anzahl illegaler ausländischer Arbeitskräfte in Deutschland lässt zumindest Zweifel an der Effizienz solcher Regelungen aufkommen. Derartige Restriktionen scheinen weniger darin zu resultieren, dass Migration ausbleibt, sondern vielmehr darin, dass die Regelungen umgangen werden und sich Migranten Migrationskanäle außerhalb der gesetzlichen Regelungen suchen (Düvell, 2005). Dies dürfte ein nicht intendierter Nebeneffekt der ursprünglich intendierten Begrenzung von Migration sein (Engbersen, 2001).

Die Gründe lassen sich zum einen anhand der politischen Ökonomie analysieren. Demnach generieren die Kräfte des Marktes eine Nachfrage nach Arbeitskräften, denen die Migrationsbeschränkungen im Wege stehen. Also werden diese unterlaufen, woraus zu schließen wäre, dass die Kräfte des Marktes sowie die dem entsprechenden individuellen Aspirationen stärker sind. Im Rahmen der *Common Sense* Philosophie wäre hinzuzufügen, dass unvernünftige und nicht durchsetzbare Gesetze anfällig dafür sind, gebrochen zu werden. Daraus ergibt sich nahezu zwingend, derartige Politiken, beziehungsweise Gesetze zu überprüfen und gegebenenfalls zu reformieren.

12. Schlussfolgerungen

Anhand der vorgestellten Theorien lässt sich eine Geschichte der Theorien der Migration erkennen. Zunächst, also zwischen dem späten 19. bis in die Mitte des 20. Jahrhunderts, waren Migrationstheorien vor allem Bevölkerungstheorien und Migration wurde im Rahmen von Bevölkerungslehre und Politik diskutiert (siehe Körner, 1990: 182). In den 1970er Jahren begann der Durchbruch strukturalistischer und behavioristischer ökonomischer Erklärungsmodelle und in den 1980er, vor allem aber den 1990er Jahren kamen die alternativen, überwiegend soziologischen sowie später politikwissenschaftlichen Migrationstheorien hinzu.

Alle bestehenden Migrationstheorien, also sowohl die (neo-) klassischen ökonomischen als auch die neuen, soziologischen, demographische Hypothesen vielleicht einmal ausgeschlossen, enthalten jeweils zumindest ein Körnchen Wahrheit. Sie lassen sich zwar auf spezifische historische Perioden, auf Bewegungen in spezifischen Regionen oder auf spezifische Bewegungen anwenden, auf viele andere aber nicht. Jede dieser Theorien lässt sich leicht anhand von empirischen Gegenbeispielen falsifizieren. Insofern sind sie keineswegs als universell zu betrachten. Im Großen und Ganzen, weil sie sich in der Regel auf nur eine Determinante beschränken, müssen sie als unvollständige Theorien, beziehungsweise als Teiltheorien verstanden werden. Als solche sind sie teils hochgradig simplifizierend.

Zwischen den verschiedenen Schulen herrschen, wie in der Wissenschaft nicht unüblich, Methodenstreits, insbesondere zwischen makro-ökonomischen und handlungstheoretischen Strömungen, aber auch zwischen Systemtheoretikern und Transnationalisten, und die Vertreter neuer Hypothesen stoßen nicht selten zunächst auf Ablehnung. Dies ist der Wissenschaft abträglich und verhindert geradezu den potentiellen gegenseitigen Erkenntnisgewinn. Tatsächlich hat jede der Theorien und Hypothesen, einschließlich der von ihnen eingebrachten Variablen, Messinstrumente und Terminologien einigen erkenntnistheoretischen Wert.

Eine konsistente und umfassende Migrationstheorie allerdings, die die bestehenden Teiltheorien zu einer Gesamttheorie, einer „integrierten Theorie der internationalen Migration" verschmilzt, wie Massey et al. (1998) es vorschlagen, existiert bislang nicht. Aber es liegen Vorschläge vor, wie diese zusammengesetzt sein müsste. Massey et al. machen vier wesentliche Elemente aus, die darin enthalten sein müssten:

(i) Die strukturellen Kräfte, die die Abwanderung aus Entwicklungsländern begünstigen.
(ii) Die strukturellen Kräfte, die die sich entwickelnden Länder für Migranten attraktiv machen.
(iii) Die Berücksichtigung der Motive, Ziele und Erwartungen von Menschen, die auf diese strukturellen Kräfte reagieren und internationale Migranten werden.
(iv) Die sozialen und ökonomischen Strukturen, die die Gebiete der Abwanderung und der Zuwanderung miteinander verbinden.

Allerdings ist diese Auflistung unvollständig. Um Migration zu erklären, bedarf es weiterer Element. Dies sind:

(v) Die strukturellen und politischen Kräfte, die Menschen aus sich entwickelnden Ländern davon abhalten, zu migrieren.
(vi) Die politischen Kräfte, die die Migration von Menschen aus den sich entwickelnden Ländern begünstigen.
(vii) Die subjektiven Motive, Ziele und Erwartungen von Menschen, aus denen heraus sie agieren.
(viii) Die historische Dimension.

Diese acht Dimensionen lassen sich, in Abwandlung und Erweiterung einer Systematisierung von Hollifield (2000: 148) zu vier wesentlichen Dimensionen bündeln.

Tabelle 5.4: Die vier Antriebskräfte von Migrationen

Ökonomische Kräfte (Angebot, Nachfrage)	Politische Kräfte (Rechte, Restriktionen) (Vertreibung, Anwerbung)
Soziale Kräfte (Netzwerke, Migrationsketten)	Individuelle (menschliche) Kräfte (Forderungen, Erwartungen)

Weiterführende Literatur
Cohen, Robin (Hrsg.). 1996. *Theories of migration*. Cheltenham: Edward Elgar.
Hollifield, James (Hrsg.) *Migration theory. Talking across disciplines*. London, New York: Routledge.
Haug, Sonja. 2000. *Klassische und neuere Theorien der Migration*. Arbeitspapiere MZES, Nr. 30. Mannheim: Mannheimer Zentrum für europäische Sozialforschung, http://www.mzes.uni-mannheim.de/publications/wp/wp-30.pdf.
Ludger Pries. 2001. *Internationale Migration*. Bielefeld: Transcript.
Massey, Douglas S.; Arango, Joaquin; Hugo, Graeme; Kouaouci, Ali; Pellegrino, Adela; Taylor, Edward J. (Hrsg.). 1998. *Worlds in motion. Understanding international migration at the end of the Millennium*. Oxford: Clarendon Press.

6. WARUM MENSCHEN NICHT MIGRIEREN

Die Frage, die sich die Migrationssoziologie stellen muss, aber noch viel zu selten stellt, ist, warum Menschen, bei denen die strukturellen Voraussetzungen für Migration vorliegen – Armut, Arbeitslosigkeit, Chancenlosigkeit, und so weiter – dennoch nicht migrieren. Wie kann es angehen, dass angesichts von 800 Millionen Hungernden und insgesamt 2,1 Milliarden Armen[26] nur 200 Millionen Menschen international migrieren? Carling (2002) schlägt deshalb vor, analog und in Ergänzung zu Castles und Millers programmatischem Werk „Age of migration" (1993) von einem „Zeitalter der unfreiwilligen Immobilität" (*the age of involuntary immobility*) zu sprechen. Die europäischen Roma, die arabischen Palästinenser und die nordafrikanischen Tuareg sind einige Beispiele von Gruppen, die in den vergangenen Jahrzehnten unter Zwang sesshaft gemacht wurden (siehe u.a. Harris, 2005b). Für Hamar lautet die Frage deshalb auch nicht, wieso diese 200 Millionen migrieren, sondern vielmehr, wieso so wenig Menschen migrieren. Ähnlich fragen Fischer et al (2000: 6)

> „wieso ist die Mobilität der Arbeitskräfte innerhalb der Europäischen Union – aller Freizügigkeit zum Trotz – so gering? Traditionelle Theorieansätze vermögen die schwach ausgeprägte Wanderungsintensität der EU-Angehörigen nur begrenzt zu erklären. Denn eigentlich sollten die teilweise beträchtlichen Einkommens- und Beschäftigungsunterschiede zu weit mehr Migration innerhalb der EU führen".

Eine andere Frage ist, wieso Menschen, die den gleichen ökonomischen und sozialen Bedingungen ausgesetzt sind, sich unterschiedlich verhalten, in dem der eine migriert, der andere aber nicht. Und ebenso ist zu fragen, wieso Menschen in unterschiedlichen Lebenslagen, einem geht es besser, dem anderen schlechter, der, dem es besser geht migriert, während, der, dem es schlechter geht, nicht migriert.

Beispielsweise hat Lu (1999: 467) im Rahmen seiner Untersuchung von innerstaatlicher Migration in den USA „behavioristische Inkonsistenzen" beobachtet, „eine beträchtliche Anzahl von Menschen realisiert ihre Umzugsabsichten nicht, während noch viel mehr unerwarteterweise umziehen", mit anderen Worten, sie verhalten sich nicht entsprechend der Theorie. Bilsborrow (2002: 77) begründet lapidar, „psychological/emotional attachments to home/family, friends, and community keep most people from migrating". *Place utility* und *stress threshold* Theorien haben darüber hinaus gezeigt, dass die Entgegnung von Menschen auf unbefriedigende Lebensumstände nicht notwendigerweise in Form von Migration erfolgen muss, sondern im Allgemeinen eher in Maßnahmen besteht, die ohne Migration auskommen. Dies geschieht, in dem entweder das Erwartungsniveau herunter geschraubt wird, oder aber indem die (Un-)Zufriedenheit mit einem Ort durch Wechsel innerhalb einzelner Systeme, also beispielsweise einen Wechsel des Arbeitgebers, durch Fortbildung, oder einen Wechsel des Freundeskreises erfolgt.

---

[26] Siehe www.un.org, www.fao.org, oder www.worldhunger.org

Wenn zwei Individuen sich angesichts exakt gleicher Lebensumstände verschieden verhalten, so kann das Verhalten, beziehungsweise die Wahl der Strategie nicht aus den strukturellen Bedingungen abgeleitet werden, sondern muss anhand der individuellen Prädispositionen erklärt werden. Da wäre (1) der Einfluss des Sozialkapitals zu nennen. Individuen können Vorteile daraus ziehen, zu bleiben, also nicht zu migrieren, weil sie sich auf ihre Familien, auf Freunde und Netzwerke stützen, die ihnen ihre Situation erträglich macht. Nicht zu unterschätzen sind die emotionalen Zuneigungen und Zugehörigkeitsgefühle. Demnach
„übt die Verweildauer einen direkten positiven Einfluss auf die Verharrenswahrscheinlichkeit aus. Wer lange an einem Ort lebt, wird immer wahrscheinlicher an diesem Ort bleiben!" (Fischer, et al., 2000: 6)[27].

Andererseits haben Individuen (2) verschiedene Akzeptanzniveaus gegenüber Frustration, sie können die Dinge lassen, wie sie sind, oder sie können diese zu ändern versuchen. Und (3) haben Individuen verschiedene Arten, mit denen sie auf Stress und Frustration regieren, sie können versuchen, ihre Umgebung zu verändern (*loyalty*), sie können ihr zu entkommen versuchen (*exit*), oder sich können sich in ihr Schicksal fügen (*apathy*) (siehe Kapitel 8, „Autonomie der Migration" für diese Kategorisierung).

Demnach ließe sich die Migration von Menschen, die einen an sich guten Job haben, also beispielsweise IT-Experten sind, damit erklären, dass sie ein relativ geringes Frustrationsniveau haben, dass sie also nicht akzeptieren können, weniger zu verdienen, als anderswo möglich wäre, oder aber damit, dass sie eine relativ hohe Erwartungshaltung haben und deshalb migrieren. Demgegenüber ließe sich auch das Bleiben von Menschen in Armut damit erklären, dass sie ein relativ hohes Frustrationsniveau haben, also in der Lage und Willens sind, vergleichsweise unangenehme Lebensumstände hinzunehmen.

Allein verhaltenstheoretisch lässt sich die Frage, warum Menschen nicht migrieren, allerdings nicht beantworten, zu berücksichtigen sind außerdem die strukturellen und politischen Rahmenbedingungen, die beispielsweise Migration entweder begünstigen oder aber erschweren, beziehungsweise sogar unmöglich zu machen versuchen. Carling (2002: 9) hat die sieben Erklärungen für das Phänomen der Nicht-Migration zusammengetragen:

- "Lack of development. Migration is restricted by poverty, illiteracy, lack of education and the absence of long-term planning in the live of people who live from hand to mouth.
- Risk-adversiveness of potential migrants. Even when an improvement of living conditions is highly likely, awareness of the risk involved acts as a deterrent.
- Location specific advantages that would be lost with migration. Migration usually means foregoing locally-bounded social, political and economic resources.

---

[27] Empirisch verifiziert ist diese Hypothese bislang nicht, sie wird allerdings durch die Beobachtung entkräftet, wonach in den wohlhabenden europäischen Staaten immer mehr Menschen gerade jenseits des Rentenalters geographisch mobil werden und gen Süden ziehen.

- Cumulative immobility. Decisions to stay tend to be cumulative as they encourage local investment and increase the likelihood of others making the same decision.
- Opportunities of internal migration. People may prefer to migrate to more prosperous areas within the country, especially in large developing countries.
- Discrimination against migrants at the destination. Discrimination may prevent migrants from enjoying the markedly higher standard of living at destination.
- Migration control policies. Policies of receiving states to control migration increase the costs and risks of migration".

Als Fallbeispiel hat Carling (2002a, 2002b) die Kapverden ausgewählt: Ausgangspunkt seiner Untersuchung ist die Feststellung, dass (i) mehr Kapverdianer außerhalb der Inseln leben, als in ihrem Heimatstaat, (ii) dass kapverdianische Diasporas in 25 Staaten zu finden sind, und (iii) damit die Voraussetzung kumulativer Verursachung von Migration erfüllt wären, dass (iv) tatsächlich über die Hälfte der Bevölkerung zu migrieren wünscht, während (v) die Auswanderung 1990 auf nur noch ein Viertel des Niveaus von 1970 zurückgegangen ist. Zunächst macht Carling (2002a: 5) eine bedeutende analytische Unterscheidung zwischen den zwei Schritten des Migrationsentscheidungsprozesses, „dem Wunsch, zu migrieren" (‚aspiration') und der ‚Fähigkeit, zu migrieren (‚ability'), beziehungsweise dem „Wunsch" und dessen „Verwirklichung". Sowohl für den Wunsch, als auch für die Fähigkeit können individuelle oder strukturelle Gründe vorliegen. Außerdem unterscheidet er zwischen Personen, die nicht migrieren, weil sie nicht migrieren wollen (‚voluntary non-migrants'), und solchen die migrieren wollen, aber nicht können (‚involuntary non-migrants'). Für den Fall der Kapverden kommt er zu dem Ergebnis, dass nicht ein Mangel an Sozialkapital, und weder die Transport- noch andere Kosten ausschlaggebend sind für die Nicht-Migration, sondern dass das bedeutendste Hindernis in den restriktiven Migrationspolitiken der Zielstaaten besteht (nicht berücksichtigt bleibt allerdings die Variable Humankapital) (: 26).

7. MIGRATIONSTYPOLOGIEN

In der Forschungspraxis erweisen sich die bislang vorgestellten Migrationstheorien häufig als realitätsfern. Insbesondere qualitative Forschung, beispielsweise in Form von ethnographischen, biographischen und allgemein narrativen Interviews, illustriert in der Regel außerordentlich komplexe Entscheidungsprozesse und Wanderungspfade. Teils sind es schlichtweg Zufälle und andere unvorhersehbare Entwicklungen, beziehungsweise Abweichungen von idealtypischen Verläufen, die Migrationsentscheidungen und -verläufe bestimmen. Deshalb verzichtet qualitative Forschung häufig auf Generalisierungen.

In jüngster Zeit sind allerdings neue und fruchtbare Anstrengungen unternommen worden, die hochkomplexen Prozesse internationaler Migration dennoch theoretisch in den Griff zu bekommen. So, wie internationale Migration eine Metamorphose durchmacht (Joly, 2004), so macht auch die Migrationssoziologie eine Metamorphose durch. Die makro-ökonomischen, strukturalistisch-deterministischen und welt-systemischen Theorien werden zunehmend um mikro-ökonomische und behavioristische Erklärungen und Modelle ergänzt. Wissenschaftler haben, häufig anhand von *„grounded theory"* zahlreiche Migrationstypologien entwickelt, die ein besseres Verständnis des Migrationsgeschehens erlauben sollen. Sie basieren auf der Annahme, dass es unangemessen ist, von *dem* Migranten als einem uniformen Konzept oder und verallgemeinerbaren Typ geographisch mobiler Menschen zu sprechen. Allerdings sind auch Typologien recht rigide Konzepte, wohingegen Migranten beständig auf sich verändernde Möglichkeiten und Umgebungen reagieren und dementsprechend veränderliche und flexible Strategienaufweisen. Oft passieren individuelle Migranten nacheinander unterschiedliche Migrationstypen, oder kehren zu vorherigen Typen zurück, und oft geben Migranten vor, zu wissen, wo sie hinwollen und wie lange sie dort bleibenwollen während sie das tatsächlich gar nicht wissen können, da sich unter dem Einfluss ihrer Migrationserfahrung, mit anderen Worten, der Akkumulation von Human- und Sozialkapital, auch ihre Aspirationen sowie ihre Persönlichkeit verändern.

Migrationstypologien sind zuerst von der Anthropologie „als ein Weg zur Theoretisierung von Ähnlichkeiten und Unterschieden" fruchtbar gemacht worden (Brettell, 2000: 99). Typologien lassen sich am Besten anhand von Vergleichen generieren. Beobachtungen werden mit anderen Beobachtungen, beziehungsweise mit bereits bestehenden Typen verglichen. So lassen sich Gemeinsamkeiten und Unterschiede erkennen, letztere führen entweder zur Verfeinerung oder Erweiterung bereits bestehender Typen, oder aber machen die Formulierung eines neuen Typus notwendig. Typologien wurden zunächst anhand einer Reihe ziemlich grober Variablen formuliert. Zunächst war dies vor allem Zeit, oder, um genauer zu sein, die Dauer des Aufenthaltes in einem anderen Staat. Dementsprechend schlug Gonzalez (1961) vor, zwischen fünf Typen von Migration zu unterscheiden: saisonale, temporäre, periodische, anhaltende oder permanente. Diese Typen ersetzten frühere Vorstellungen, wonach Migration mit dem permanenten Prozess von Auswanderung/Einwanderung gleichgesetzt wurde. Im selben Zeitraum wurde die Unterscheidung zwischen Arbeitsmigration, einer Form der ökonomischen Bewegung von Menschen, angetrieben durch so genannte *'push and pull'* Faktoren, und erzwungene Migration, eine Reaktion auf politische Konflikte (Kriege) und Druck (Verfolgung). Im Laufe der Zeit sind diese Typen weiter verfeinert worden, die existierenden Variablen wurden weiter unterteilt und neue Variablen eingeführt. Geographen beispielsweise unterschieden Bewegungen anhand ihrer geographischen Merkmale nach regionalen, inter-regionalen, kontinentalen oder interkontinentalen Migrationen und anhand ihrer Richtung, wie etwa Ost-West oder Süd-Nord-Bewegungen. Verwirrenderweise verwenden Politikwissenschaftler dieselbe Terminologie, allerdings in einer metaphorischen Weise und meinen vielmehr die Migration aus den ehemaligen kommunistischen Staaten, beziehungsweise die Migration zwischen Entwicklungsstaaten. Ökonomen verweisen oft auf die Berufe und das Bildungsniveau der Migranten und unterscheiden zwischen ungebildeten- (*‚unskilled'*), gebildeten- (*‚skilled'*) und hochgebildeten Migranten (*‚highly skilled'*), sowie zwischen Berufsgruppen, wie etwa Hausangestellten und IT-Experten. Politikwissenschaftler konzentrieren sich auf die politische Dimension von Migration und nehmen den Nationalstaat als Referenzpunkt. Im Resultat unterscheiden sie zwischen interner, internationaler und transnationaler Migration. Und sowohl Ökonomen, als auch Juristen kategorisieren Migration entsprechend der normativen Rahmenbedingungen, unterscheiden zwischen legaler und illegaler Migration, sowie zwischen den verschiedenen, von den Gesetzen vorgegebenen Kategorien, wie etwa Arbeits-, Asyl- und Familienzusammenführungsmigration. Insofern verwenden sie die vom Staat vorgegebenen Kategorien. Soziologen und Ethnologen hingegen konzentrieren sich auf die behavioristischen Aspekte von Migration, also Zweck, Motive und Strategien individueller Migranten (siehe beispielsweise Findlay et al., 1996; Iredale, 1999; Pellegrino and Calvo, 2001; Salt, 2005). Jordan und Vogel (1997), Jordan und Düvell (2002), sowie Cyrus und Vogel (2005) wenden zur Typenbildung spieltheoretische, beziehungsweise allgemein behavioristische Herangehensweisen an und bilden verschiedene Migrationstypen anhand der unterschiedlichen Motivation von Migranten (Motivationstypen, siehe Kapitel 1.1).

Im Resultat ist eine lange Liste von deskriptiv-analytischen Migrationstypen entstanden, mit denen die Realität abzubilden und zu kategorisieren versucht wird und die mehr oder weniger eine Nomenklatur der Migration darstellt (siehe Tabelle 2.3). Solche Migrationstypologien repräsentieren teilweise Theorien kurzer Reichweite, sind aber überwiegend heuristisch und deskriptiv. Allerdings bestehen zwischen diesen verschiedenen Typen beträchtliche Verbindungen und Überlappungen, vor allem, weil normalerweise mehr als ein Merkmal als charakteristisch gelten kann oder weil mehr als eine Dimension ausgemacht werden kann, die eine bestimmte Wanderung prägt. Beispielsweise zeigen qualitative Interviews, in denen die Akteure nach ihren Motiven und Gründen befragt werden, häufig, dass Informanten mehrere Gründe nennen. Typischerweise, muss man fast schon sagen, wird beispielsweise erklärt:

> *„Ich hatte politische Schwierigkeiten, Arbeit hatte ich [deswegen] auch nicht. Ein Onkel von mir lebt in London. Englisch wollte ich schon immer einmal lernen. So bin ich halt hierher gekommen".*

Liegt in solch einem Fall nun erzwungene Migration vor, oder handelt es sich um Wirtschaftsmigration, ist es Bildungsmigration oder Familienzusammenführung, ist es Vertreibung oder Kettenmigration? Dies reflektiert einerseits die Schwierigkeiten der Theoretisierung von Migration, also die scheinbar unmögliche Aufgabe, die Charakteristika und Erklärungen eines Wanderungsvorganges auf nur ein dominantes Merkmal zu reduzieren, sowie andererseits die Problematik der Formulierung von verallgemeinerbaren Theorien. Dies ist nicht notwendigerweise ein Nachteil. Zum einen werden statt der problematischen Theorien großer Reichweite deskriptiv-analytische Handwerkzeuge kurzer Reichweite formuliert und damit realitätsnahe, fein abgestimmte Typologien geschaffen, die nicht nur ein äußerst scharfes Bild von Migrationen ergeben, sondern auch am ehesten der Bandbreite menschlicher Motive und Verhaltensformen gerecht werden.

Im Folgenden werden einige ausgewählte Typologien – klassische, weniger bekannte sowie besonders markante- erläutert.

1. Saisonmigration

Die Saisonmigration gehört zu den klassischen Migrationsformen, charakteristisch ist das periodische, beziehungsweise zyklische Auftreten von Wanderungen in Abhängigkeit von den Jahreszeiten. Es handelt sich um eine anthropologische, einige würden sagen, anachronistische Wanderungsform, primär angetrieben von natürlichen und weniger von politischen und ökonomischen Kräften. Sie wird meist mit der Wanderung von Hirten assoziiert. Saisonmigration ist allerdings nicht zu verwechseln (1) mit der Wanderung von Nomaden, denn die ist permanent und nicht zyklisch, und (2) der temporären Migration, denn deren Ursachen sind sehr viel vielfältiger, als die ökologisch-klimatischen Ursachen der Saisonmigration. Aufgrund der teils harschen Umweltbedingungen, die keinen anderen Ausweg als die Migration lassen, sprechen einige Autoren auch von „purer Überlebensmigration" (Konseiga, 2004). Saisonmigration wird meist von starken Traditionen angetrieben, wobei die Migranten periodisch zur selben Zeit in derselben Region, demselben Ort oder sogar derselben Farm anreisen, um beispielsweise in der Ernte zu arbeiten (siehe beispielsweise O'Dowd, 1991).

Saisonmigration kann neben den ökologischen und migrationsstrategischen allerdings auch migrationspolitische Gründe haben. So zeigt beispielsweise Basok (2003) auf, dass die kanadische Regierung „sicherzustellen versucht, dass die saisonale Migration [von Mexikanern] nicht in permanente Ansiedlung übergeht", sondern dass die Migranten zurückkehren. Und auch in Europa ist die Saisonmigration häufig politisch bedingt, insofern Einreise- und Arbeitsvisa an die Arbeit zu einer bestimmten Saison gebunden sind. Deshalb kommt die Saisonmigration heutzutage in Form der Migration von Kontingentarbeitsmigration, beziehungsweise Kontraktarbeitsmigration vor, wie etwa in Deutschland ‚Großbritannien, Italien oder Spanien, wo polnische, rumänische, ukrainische oder marokkanische Arbeitskräfte zur Deckung der saisonal bedingten Arbeitskräftenachfrage in der Landwirtschaft rekrutiert werden. In den USA erfüllen Mexikaner dieselbe Funktion.

Noch häufiger allerdings dürfte Saisonmigration in den Industrienationen allerdings irregulär erfolgen. Neben der Landwirtschaft ist vor allem die Tourismusindustrie als ein bedeutender, Arbeitsmigration generierender Sektor zu nennen.

Während die Saisonmigration in Europa an Bedeutung verloren hat, weil die meisten Sektoren eine saisonunabhängige Nachfrage nach Arbeitskräften aufweisen, sind andere Regionen, in denen die Landwirtschaft nach wie vor eine bedeutende Rolle spielt, stärker von der Saisonmigration geprägt. Deshalb stammen die Mehrzahl der zeitgenössischen Berichte über Saisonmigration aus Afrika, dem Mittleren Osten und Asien (z.B. Findley, 2004; Deshingkar und Start, 2003). Insgesamt werden weltweit noch rund 20 Millionen Hirtenhaushalte geschätzt, mit teils abnehmender (Afrika), teil zunehmender (Zentral-Asien) Tendenz (Haan, et al. 1997).

2. Pendelmigration

Pendelmigration, sofern es sich um internationale Migration handelt, bezeichnet eine Wanderungsform, bei der die Wandernden ihren Wohnsitz im Herkunftsland behalten, aber regelmäßig und für unterschiedlich lange Zeiträume über die Grenze wechseln, um dort Geschäften oder Arbeit nachzugehen. Pendelmigration erfolgt entweder mit einem dem entsprechenden Visum, beziehungsweise einer Arbeitserlaubnis, oder aber irregulär. In dem Fall kommen Pendelmigranten überwiegend mit einem Touristenvisum, das zwar die Einreise, nicht aber die Arbeit erlaubt.

Der Begriff der Pendelmigration ist bislang recht unscharf. Zum einen beinhaltet er Personen, die für mehrere Monate ins Ausland gehen, andererseits aber auch Personen, die nur für wenige Tage, etwa eine Arbeitswoche ins Ausland gehen, dies allerdings regelmäßig. Er umfasst Personen die nur ins Nachbarland gehen, aber auch solche, die in weiter entfernte Staaten ziehen. Die Tätigkeiten reichen von der Lohnarbeit bis zum (Wander-)Handel. Die Übergänge zwischen Einkauftourismus, Wanderhandel und Saisonmigration sind zumindest fließend. Außerdem kann diese Migrationsstrategie dazu dienen, entweder ein Zusatzeinkommen zu verdienen oder aber es handelt sich um die Haupteinnahmequelle.

Beobachtet wurde die Pendelmigration zunächst vor allem von Morokvasic (1994) und unter den besonderen Bedingungen des Falls des „Eisernen Vorhangs" zwischen Deutschland und Polen. Allerdings weist sie darauf hin, dass diese Form der Wanderung im Ostblock bereits vorher existiert hat, etwa zwischen Polen und Istanbul, oder zwischen Rumänien und Jugoslawien.

Die Besonderheit dieser Wanderung zwischen den Zentral-, Ost-, und Südosteuropäischen Staaten sowie in den Westen liegt darin, dass deren Bürger nach dem Fall des „Eisernen Vorhangs" sowohl ausreisen als auch zurückkehren konnten und durften (ebenda: 166). In der Vergangenheit war die Ausreise oft eine Flucht ohne Rückkehraussichten. Diese neue relative Reisefreiheit, relativ, weil der Westen nun seinerseits zahlreiche Restriktionen erließ, wurde von der Bevölkerung nicht nur als neue Freiheit, sondern auch als „seine wichtigste Ressource" (ebenda: 169) angesehen, um sich im Transformationsprozess zu behaupten.

Die Pendelmigration ist zum einen die Wiederbelebung historischer Formen des Wanderhandels (Bade, 2002a: 42-59), sie wird insbesondere mit den so genannten „Polenmärkten" in Deutschland assoziiert. Schlögel (2001) spricht in diesem Zusammenhang auch von „Ameisenhandel" und spielt damit sowohl auf dessen Quantität, als auch auf die Emsigkeit aber ihrem Umfang nach geringen individuellen Mengen, die derart umgeschlagen werden. Der Umgang polnischer Reisetätigkeit ist von anfänglich 8 Millionen Auslandsreisen 1988 (Morokvasic, 1994: 172) auf 53,1 Millionen Auslandsreisen 2001 angewachsen 53, 1 (Institute of Tourism, 2004).

Parallel zum Wanderhandel wurde die Zunahme der Pendelmigration zum Zweck der Arbeit beobachtet. Dies ergab sich zum einen, so Morokvasic aus dem Wanderhandel, aus dem sich gelegentlich auch Arbeitsgelegenheiten ergaben. Vor allem bot das deutsche Ausländergesetz die Möglichkeit der befristeten Arbeit in der Landwirtschaft sowie in der Bauindustrie. Zum einen wurden ohnehin bereits bestehende Muster nachträglich reguliert, zum anderen ging aus den einmal gesponnen Kontakten und Netzen aber auch weitere Migration hervor.

Nun läuft die Wanderhandel genannte Form der Pendelmigration nicht nur zwischen Polen und Deutschland (Morokvasic, 1994) oder inzwischen auch Polen und Belgien (Kuzma, 2003). Das Äquivalent zum so genannten Polenmarkt in Berlin waren ähnliche, allerdings von russischen, weißrussischen und ukrainischen Händlern bestückte Märkte in Polen, etwa in Warschau und entlang der polnischen Ostgrenze. Ein ähnliches System existiert über und rund um das Schwarze Meer und reicht an die türkische Nordküste, insbesondere aber nach Istanbul. Ein drittes System besteht zwischen Russland sowie einigen der neuen unabhängigen Republiken und China.

Eine Sonderform der Pendelmigration ist das grenzüberschreitende Berufspendeln (*cross border commuting*). Innerhalb der EU pendeln mindestens 0,2 Prozent der Bevölkerung (500.000 Personen) zur Arbeit in einen Nachbarstaat (European Commission, 2001b). Pendelmigration wurde aber auch in anderen Regionen beobachtet. So verweist Hugo (1998: 127) auf 20.000 Berufspendler, die täglich aus Malaysia nach Singapur zur Arbeit in der Produktion, auf dem Bau sowie auf den Werften pendeln. Und Breitung (2003) verweist auf ähnliche Prozesse zwischen Hongkong und der VR China. Dort verläuft der Prozess allerdings zunehmend in beide Richtungen (Tze-Wei und Lam, 2005).

Die Besonderheit der Pendelmigration, so Morokvasic besteht darin, dass es sich um eine zwar mobile Strategie handelt, die aber dennoch dazu dient, dauerhafte Auswanderung zu vermeiden. Indem sich Migranten die Möglichkeit verschaffen, einen Teil ihres oder sogar das gesamte Einkommen im Ausland zu verdienen, erarbeiten sie sich im Sinne des Wortes zugleich die Möglichkeit in einem Land zu bleiben, welches ihnen ansonsten nicht genügend oder nur unbefriedigende Möglichkeiten bietet. Sie dürfte allerdings einerseits sowohl die Interessen jener Migranten widerspiegeln, die nicht auswandern wollen, als auch einem strategischen Umgang mit den Zuwanderungsrestriktionen der betreffenden Staaten entsprechen, die zwar den kurzfristigen Besuch zulassen, nicht aber die dauerhafte Niederlassung oder eine Arbeitsaufnahme. Diesem Aspekt hat Morokvasic allerdings keine Aufmerksamkeit gewidmet. Kurz gesagt: Die Pendelmigration ist, je nach Perspektive entweder eine Auswanderungsvermeidungsstrategie oder der taktische Umgang mit westlichen protektionistischen Migrationspolitiken.

3. Transitmigration

Nach dem Fall des Eisernen Vorhangs wurde beobachtet, dass Asyl- und Arbeitsuchende aus Asien und Afrika über Zwischenstopps in den zentral- und osteuropäischen Staaten, den Nahen Osten und Nordafrika nach Europa gelangten. Dies hatte vor allem zu tun mit den im Vergleich mit den westlichen Staaten liberaleren Einreise- und Visabestimmungen, beziehungsweise lückenhafter Kontrollpolitik. Selbst für Asylsuchende war die legale Einreise in die westeuropäischen Staaten zunehmend erschwert und schlussendlich unmöglich gemacht worden. Demgegenüber boten zahlreiche osteuropäische Staaten noch die Visa-freie Einreise. Von dort machten sich die Migranten dann auf den Weg an die EU-Außengrenzen, wie etwa in Polen, Tschechien, Ungarn, Jugoslawien und Slowenien, um dort entweder direkt an der Grenze ihren Asylantrag zustellen oder unbemerkt einzureisen. Aus unterschiedlichen Gründen sind aber inzwischen auch die zentral- und osteuropäischen Staaten zu einem Ziel von Migration geworden. Dies ist einerseits ein Resultat der EU-Osterweiterung, der Verlagerung des EU-Migrationsregimes nach Osten sowie der Regelungen des Dubliner Abkommens, wonach all diese Staaten als sichere Dritt-Staaten verstanden werden und demnach beispielsweise Asylanträge bereits dort und nicht erst im Westen gestellt werden müssen. Damit wurde der Nutzen der Transitmigration durch diese Staaten erheblich eingeschränkt. Gleichzeitig waren diese Staaten aber auch selbst bereits zu Zuwanderungsstaaten geworden, teils, weil sie aus der Perspektive ihrer Nachbarstaaten eine gewisse Attraktivität hatten, teils, weil sich in den entstehenden Schattenökonomien Einkommensmöglichkeiten für Migranten ergaben und teils, weil sich auch dort Migrationsnetzwerke zu bilden begannen.

Es wurden aber auch Staaten wie die Türkei (Icduygu, 2005), Libyen (Boubakri, 2004) und Marokko (Haas, 2005), oder Südafrika (Sumata, 2002) als Transitstaaten betrachtet. Dieses Konzept geht von der Vorstellung aus, dass diese Staaten nur von geringer Attraktivität für Migranten sind und dass die Nähe zu Europa eine unwiderstehliche Anziehungskraft auf Migranten haben müsse, es also quasi gar keine anderen logischen Migrationsziele geben könne[28]. Tatsächlich aber sind diese Staaten angesichts eines abgestuften und häufig zu den Rändern hin abfallendes Lohngefälles aus der Sicht ihrer Nachbarstaaten durchaus auch in Betracht zuziehende Migrationsziele, in denen Handels- und Einkommensmöglichkeiten bestehen. Zum Teil bestehen aber auch kulturelle sowie linguistische Überschneidungen, die die Migration in diese Staaten erleichtern. So liegen sie näher an den Herkunftsregionen und erlauben weniger umständliche Heimreisen, zudem sind die Einreiseformalitäten, anders als in der EU, weniger aufwendig und rigide, sprich die Einreise legal möglich und zum anderen bestehen mitunter traditionelle regionale Handels- und Migrationssysteme. Insofern nimmt das Konzept Transitmigration weder die regionalen und historisch gewachsenen Beziehungen zwischen Staaten, noch die ökonomischen Möglichkeiten innerhalb solcher regionalen Systeme zur Kenntnis.

---

[28] Insofern wohnt dem Konzept Transitmigration eine gewisse politische Voreingenommenheit inne, wie sie insbesondere in einigen Publikation der InternationalOrganization for Migration (IOM) zum Ausdruck kommt, siehe beispielsweise IOM, 1995.

Beispielsweise ist die Türkei seit vielen Hundert Jahren Ziel von Migrationen. Und abgesehen von der Finanzkrise um 2000 weist das Land hohe Wachstumsraten, eine wenig regulierte Ökonomie und eine Reihe dynamischer Industriesektoren im Westen (Textil, Tourismus, Dienstleistungen) sowie personalintensive Sektoren im Westen (Hausarbeit) und Osten (Landwirtschaft) auf. Diese generieren, wie in anderen Staaten auch, eine Arbeitskräftenachfrage, die zum Teil durch Migration gedeckt wird. In Großstädten, wie Istanbul, Adana, Izmir, Antalya und Urk hat sich eine ausgedehnte Schattenökonomie entwickelt[29]. Inzwischen leben in der Türkei über eine Millionen Immigranten.

Stärker noch als die Türkei ist Libyen ein regionales Migrationszentrum, in dem, bedingt durch den Ölreichtum, und ähnlich wie in den arabischen Staaten, Millionen ausländische Arbeitskräfte, häufig aus den Nachbarstaaten Ägypten, Niger, Sudan und Tschad sowie den Staaten südlich der Sahara, beispielsweise Nigeria, Mali und Burkina Faso, Beschäftigung und Einkommen finden. Dort leben neben 6,4 Millionen Staatsbürgern zwischen 1 Millionen (Migration News, November 2000) und 1,8 Millionen Ausländer, die in der Statistik unterschiedslos als Touristen geführt werden, also einem Drittel der Bevölkerung (INJEP, 2004). Berichte, wonach bis zu 2 Millionen in den nordafrikanischen Staaten lebende süd-saharische Migranten allesamt nur darauf warten, nach Europa zu gelangen (*Guardian*, 12.8.2004), müssen als blanker Unsinn und Migrationspanik betrachtet werden. Die 2004 genannten Zahlen von illegal aus Libyen nach Italien weiterreisenden Migranten, die Libyen auf die Landkarte der Transitstaaten setzte, repräsentierten im Vergleich dazu nur einen Bruchteil dieser Gruppe. So war in Malta von jährlich durchschnittlich 1.300 Migranten die Rede, die über Libyen kamen (*Washington Times*, 26.12.2004). An Italiens Küsten wurden 2004 etwa 10.000 Immigranten registriert, die über das Mittelmeer, aus der Türkei, dem Libanon, Zypern, Libyen und Tunesien gekommen waren.

Und auch Marokko, das selbst ein bedeutendes Auswanderungsland ist, gilt als Transitstaat für westafrikanische Migranten auf dem Weg nach Europa. Gleichwohl ist festzustellen, dass beispielsweise vom UNHCR in Marokko 2001 über 2.000 Flüchtlinge betreut wurden. Daneben werden im Land etwa 10.000 Nigerianer vermutet, die überwiegend weder eine Aufenthalts- noch Arbeitserlaubnis haben. Genannt werden auch Kongolesen, Ghanaer, Sierra Leoner, Liberianer, Algerier, Tunesier und Senegalesen. Zudem existiert in Rabat, Casablanca und Tanger, wo die viele afrikanische Migranten leben, eine ausgedehnte Schattenökonomie mit dementsprechenden Einkommensmöglichkeiten für diese Menschen (Lindstrom, 2002). Lahlou (2000: 1) hat zudem die Beobachtung gemacht, dass auch in Marokko Migranten „zunehmend bleiben". Obwohl die überwiegende Mehrheit der Migration aus Marokko aus Marokkanern besteht, gibt es doch auch Formen der Transitmigration, wenn auch in vergleichsweise geringem Umfang.

Im Anschluss an diese Diskussion stellt sich die Frage, ob das Konzept der Transitstaaten adäquat ist oder ob es nicht vielmehr ein europäisches Konstrukt ist, indem

---

[29] Siehe beispielsweise IMILCO conference – Irregular Migration, Informal Labour and Community in Europe, 1-2 Dezember 2005, http://www.arbetslivsinstitutet.se/famm/en/imilco/conference.asp

sich die Furcht vor einer Invasion aus dem Süden widerspiegelt. Populär wurde das Konzept durch die Veröffentlichungen der IOM, und politisch wirksam gemacht wurde es im Rahmen einer Reihe von migrationspolitischen Konferenzen der west- und osteuropäischen Regierungen in Wien (1991) und Budapest (1993) (siehe Düvell, 2002: 76), die sich auf eine plakative Unterscheidung zwischen Herkunfts-, Transit- und Einreisestaaten einigten. Zumindest aber muss es in jedem Einzelfall kritisch überprüft werden, so scheint es auf eine spezifische Situation, die kurze Phase der Migration durch Osteuropa nach Westen zwar anwendbar zu sein, obgleich auch hier überprüft werden müsste, ob nicht mehr Migranten in diesen Staaten blieben, als letztlich weiter zuziehen. Eine Übertragung dieser anhand einer spezifischen Situation aufgestellten Theorie auf andere Staaten und Perioden scheint aber kaum gerechtfertigt.

4. Sekundäre Migration und Familienzusammenführung

Bei der sekundären Migration handelt es sich *per definitionem* um den Nachzug der Familienangehörigen, also den Ehefrauen und Kindern, von Arbeitsmigranten, den primären Migranten[30]. Sie ist im Gesetz gewöhnlich als Familienzusammenführung (*family reunification*) kategorisiert und repräsentiert zudem gemäß den internationalen Menschenrechtsstandards ein Grundrecht[31]. Sekundäre Migration ist Immigration, Intention und Konsequenz ist normalerweise die dauerhafte Niederlassung. Typisch war sie für die Migration nach den Anwerbestopps in den westeuropäischen Staaten. Jene Migranten, die mit Einsetzender Rezession nicht in ihre Herkunftsländer zurückkehrten, und dies war die Minderheit, ließen sich in den Anwerbeländern der „Gastarbeit" nieder und holten dann ihre Familien nach. Aber auch um die Jahrtausendwende stellte sich ein weiteres Mal heraus, dass die sekundäre Migration die zahlenmäßig größte Wanderungsform in die EU hinein ist (European Observatory, 2002).

Sekundäre Migration hat verschiedene Ursachen. Die primären Migranten haben von Beginn der Migration die Absicht, sich dauerhaft in einem anderen Land niederzulassen. In diesem Fall gehen sie vor und schaffen zunächst die Voraussetzungen für den Nachzug der ganzen Familie, also beispielsweise einen dauerhaften Arbeitsplatz sowie eine angemessene Wohnung. Sie kann aber auch Folge sich verändernder Migrationsstrategien sein. Beispielsweise erweisen sich Rückkehrabsichten als unrealistisch, weil die wirtschaftliche oder politische Situation in den Herkunftsstaaten dies nicht zulässt. Vielleicht wurde aber auch ein aussichtsreicher dauerhafter Arbeitsplatz gefunden, den aufzugeben unvernünftig erscheint. Nicht selten war es aber auch die Einführung neuer, migrationspolitischer Restriktionen, die neue Entscheidungen erzwingen. Als beispielsweise die britische Regierung 1962 begann, die Migration sukzessive einzuschränken, stellte sich den bereits im Lande befindlichen Migranten die Frage, ob sie zurückkehren sollten, dann hätten

---

[30] Allerdings wird in den USA und Kanada auch die interne Weitermigration von dort angesiedelten Flüchtlingen an neue Orte innerhalb des Landes als sekundäre Migration bezeichnet, siehe IOM. 2004: 59. Andere verwenden das Konzept sekundärer Migration im Zusammenhang mit derWeiterwanderung von Asylsuchenden vom Ankunfts- in einen weiteren Staat, siehe van Hear, 2005.

[31] Siehe EU Council Directive2003/86/EC on the right to family reunification. Brüssel.

sie aber keine Möglichkeit mehr, zu einem späteren Zeitpunkt erneut einzureisen, oder aber sich stattdessen dauerhaft niederzulassen und die bislang zurück gebliebene Familie nachzuholen. Viele der bereits im Lande lebenden Migranten begannen, in großer Zahl Familienangehörige nachzuholen, bevor der weitere Zuzug effektiv gestoppt werden würde. Dieser Trend wurde „*beating the barriers*"genannt, also so viele Angehörige wie möglich nachzuholen, bevor es dafür zu spät sei. Dasselbe Dilemma hatte sich auch karibischen Migranten in den USA nach Einführung des *MacCarren-Walter act* 1952 gestellt. Er wiederholte sich in Deutschland, Großbritannien, Belgien und Holland. Obwohl aus Deutschland die Mehrheit aller insgesamt 14 Millionen im Laufe der Jahre angeworbenen „Gastarbeiter" zurückkehrten, nämlich rund 11 Millionen (Bade, 1994: 38), entschieden sich doch über 2 Millionen zunächst zu bleiben. 1971 lebten 2,17 Millionen Gastarbeiter in Deutschland (Nikolinakos, 1973: 39), 2,34 Millionen 1973, dem Jahr des Anwerbestopps (Davis, 1974: 103). Während aber die Zahl der Griechen zwischen 1973 und 1981 um 194.000 und die der Spanier um78.000 zurückging, stieg die Zahl der Türken um 436.000 an (Sen und Goldberg, 1994: 20). Nach 1973 „entwickelte sich die Familienzusammenführung bald zu einer der stärksten oder sogar – wie in den USA – zur stärksten Zuwanderungsbewegung" (Bade, 2004: 321). In Großbritannien hatte dieser Trend bereits 1962 eingesetzt. In diesem Fall hatte die Migrationspolitik einen maßgeblichen, ja womöglich auslösenden Effekt auf sich verändernde und neue Migrationsformen. Sie hatte aber auch zur Folge, zumindest aber einen Anteil daran, dass zunächst temporäre Wanderungsstrategien in dauerhafte Niederlassung übergehen. Dies ist umso signifikanter, als das politische Ziel im Ende der Zuwanderung und der Rückkehr der Gastarbeiter bestand. Insofern hatte die neue restriktive Migrationspolitik auch nicht-intendierte und ungewollte Nebeneffekte.

Die herkömmliche Migrationsforschung geht jedoch überwiegend davon aus, dass der Prozess der Niederlassung, der Nachzug von Familienmitgliedern und der Übergang von temporären zu dauerhaften Strategien bereits früher eingesetzt hatte. Sie führen dies weniger auf den Einfluss der sich verändernden politischen Rahmenbedingungen, als vielmehr auf sich verändernde Motive und Perspektiven der Migranten zurück (Bade, 1994: 34). Es werden beide Tendenzen gewesen sein, die zum Resultat hatten, dass die nord- und westeuropäischen Industrienationen Einwanderungsstaaten geworden waren, wenn auch in jedem Fall entgegen der politischen Intentionen.

Anfang des dritten Jahrtausends wurde dann erneut festgestellt, dass Familienzusammenführung die zahlenmäßig umfangreichste Form der Migration in die Europäische Union zur Folge hat (Pflegerl und Trnka, 2005). Dies unterstreicht, dass der Familie eine bedeutende Rolle im Migrationsprozess und damit auch zur Erklärung von Wanderungen zukommt. Außerdem impliziert dieser Mechanismus, dass die Bedeutung ökonomischer Migration sowie ökonomischer Motive im Migrationsprozess überschätzt wird. Wenn auch der Familienzusammenführung gewisse ökonomische Motive innewohnen mögen, so ist doch das primäre Motiv sowie der Auslöser der Migrationsentscheidung die Tatsache, dass bereits ein Familienmitglied, häufig der Hauptverdiener, im Zielstaat lebt.

5. Elite-, Experten-, Fachkräfte- und Studentenmigration

Die herkömmliche Migrationsforschung ging lange davon aus, dass Migranten relativ arm und ungebildet sind. Man nahm gemeinhin an, dass gebildete Menschen über genügend Möglichkeiten in ihren Heimatländern verfügten und deshalb keine Notwendigkeit zur Migration bestand. Zudem herrschte die Vorstellung vor, dass Migranten aus weniger entwickelten Regionen oder Staaten kommen, mit einem weniger entwickelten Bildungswesen. Die Forschung wurde dementsprechend von dem Bild beherrscht, dass Migranten vor allem manuelle Arbeitsplätze in der Industrie besetzen und demnach Migration die Migration von Un- oder Niedriggebildeten sei. Erst gegen Ende des 20. Jahrhundert wurde die Migration von Hochgebildeten von der Forschung verstärkt wahrgenommen (Breinbauer, in Fassmann et al., 2005: 31). Dies wurde ausgelöst durch die zunehmende unternehmerische Nachfrage nach hochqualifizierten Kräften in Forschung, Entwicklung, Verwaltung und Management.

Bevor dieser Entwicklung nachgegangen wird, soll zunächst diskutiert werden, ob diese Prämisse haltbar ist. Erste Zweifel wirft die Migrationsgeschichtsforschung auf. Die weist regelmäßig auf die Migration von Experten, insbesondere Handwerken, hin, seien es Baumeister, Steinmetze oder Zimmerleute (Bade, 2002a). Und auch bei der erzwungenen Migration von Hugenotten aus Frankreich ab 1685 handelte es sich um Experten, die wiederum in den Nachbarstaaten, wie etwa Preußen, ausdrücklich erwünschte waren. Demnach hat es in der Geschichte bereits Beispiele für Experten- und Fachkräftemigration gegeben. Andererseits schrieben die Migrationsgesetze mitunter vor, wie beispielsweise in Teilen Preußens, dass Migranten nur in den unteren Ausbildungs- und Lohnsegmenten beschäftigt werden durften. In diesem Fall waren es die gesetzlichen Regelungen, die die Dominanz der Migration von Ungebildeten determinierte. Doch auch wenn dies nicht gesetzlich geregelt war, so ließ sich doch in nahezu allen Zuwanderungsregionen beobachten, dass Migranten überwiegend die einheimischen Arbeitsmärkte unterschichteten, und zwar sowohl im 19. Jahrhundert (Bade, 2002a: 110), wie auch im 20. Jahrhundert (Piore, 1979). Nun hat aber die soziologische Forschung regelmäßig Belege dafür gefunden, dass die Integration von Migrationsarbeitskräften in die unteren Segmente der Arbeitsmärkte auch von Diskriminierung geprägt war. Dem entsprechend häufig wurden Migranten unterhalb ihrer Qualifikation beschäftigt. In der Migrationssoziologie ist deshalb auch von Dequalifizierung, ‚deskilling' oder ‚downgrading' die Rede (z.B. Bach, 2003).

Wie auch immer, ob aus ideologischen, politischen oder ökonomischen Gründen wurden Migranten unabhängig von ihrem tatsächlichen Ausbildungsstand vorzugsweise in die unteren Segmente des Arbeitsmarktes integriert und vom Zugang zu höheren Segmente ausgeschlossen. Zwei Gründe waren dafür ausschlaggebend: (a) die soziale Mobilität der einheimischen Arbeitskräfte, die Lücken in den unteren Segmenten hinterließ und eine Nachfrage nach Arbeitskräften in diesen Sektoren generierte, und (b) der weit verbreitete politische Protektionismus, der die besseren und höher entlohnten Arbeitsplätze den einheimischen Arbeitskräften vorbehielt. Dies sagt jedoch wenig darüber aus, ob die Migranten tatsächlich ungebildet waren.

Für die Migranten selbst gilt, dass sowohl die ungebildeten Arbeitskräfte, die sich in den unteren Einkommensgruppen, als auch die qualifizierten Fachkräfte, die entweder gar keine angemessenen Arbeitsplätze oder aber im internationalen Vergleich niedrige Einkommen hatten, sich durch die Migration zu verbessern suchten. Die Annahme, qualifizierte Arbeitskräfte hätten in ihren Herkunftsländern genügend Möglichkeiten, muss zurückgewiesen werden.
Im zweiten Drittel des 20. Jahrhunderts begann sich die Nachfragestruktur auf den internationalen Arbeitsmärkten zu verschieben zugunsten gut gebildeter und erfahrener Fachkräfte und Experten (siehe Sassen, 1988). Bereits in den 1970er und 1980er Jahren entwickelten die Ölförderstaaten zum Aufbau ihrer Industrien und Infrastruktur sowohl qualifizierte als auch unqualifizierte Arbeitskräfte.

Tabelle 7.1: Anteil der qualifizierten Arbeitsmigranten in Prozent

Staat	Anteil
Ägypten (1973)	35 %
Jordanien (1975)	50 %
Sudan (1975)	50 %
Indien (1970er Jahre)	45 %*
Pakistan (1970er Jahre)	33 %*
Bangladesh (1970er Jahre)	50 %*

* Der Anteil bezieht sich nur auf jene Arbeitsmigranten die in den Mittleren Osten migrierten.
Quelle: Körner, 1990: 115/116

Aber auch die meisten Industriestaaten begannen in den 1990er Jahren in vielen Sektoreneinen Facharbeitermangel aufzuweisen, insbesondere die IT-Revolution führte zu einer schnell und stark anwachsenden Nachfrage nach Experten. Zum anderen hatten die Ausbildungsstätten in den Auswanderungsländern inzwischen weltmarkttaugliche Ausbildungs- und Studiengänge entwickelt, in der Regel angelehnt an die US-amerikanischen Studiengänge und Abschlüsse.
„*According UN estimates for the early 1990s, the number of high-skilled emigrants/immigrants worldwide was 7 million, which is a minority of the total 80 million labour migrants*" (Fromhold-Eisebith 2002: 27).

Wenig Beachtung hat bislang die Migration von Fach- und Führungspersonal aus der ersten in die zweite und dritte Welt gefunden. Diese Wanderungen sind häufig gegenläufig zu den dominierenden Bewegungen, zwar sind sie häufig zahlenmäßig gering, haben aber erhebliche soziale Konsequenzen. Eine der wenigen Studien wurde von Rudolph und Hillmann (1998) verfasst, die sich mit westeuropäischen und asiatischen Migranten in Polen befasst haben. Dort wurden 1994 7.132 Arbeitserlaubnisse an Ausländer ausgestellt, die meisten an Engländer, US-Amerikaner, Deutsche und Franzosen. Davon gingen über die Hälfte, nämlich 3.840 an Fach-, Verwaltungs- und Führungskräfte und weiter 633 an Unternehmer, der Rest an Künstler und ungelernte Arbeitskräfte, darunter aber auch das Personal ethnischer Restaurants. Dazu zu zählen wäre noch die unbekannte Anzahl nach Polen pendelnder Fachkräfte, etwa aus Schweden, Deutschland und Österreich. Zwar haben insbesondere polnische Intellektuelle, also beispielsweise Wissenschaftler das Land verlassen, doch seit 1994 übersteigt die Zuwanderung von Experten aus dem Ausland die Abwanderung aus Polen. Unter diesen Migranten befinden sich aber auch ethnische Polen, Migranten der zweiten Generation, die, etwa weil sie die notwendigen Sprachkenntnisse oder kulturelle Kompetenz haben, oder aber aus Neugier und Interesse, ihre Firmen in Polen vertreten. Wenn sie bereits im Ausland geboren worden sind, sind sie schwerlich als Rückkehrer zu betrachten.

Insbesondere der Systemwechsel im ehemaligen Ostblock basiert auf der Hereinnahme von Wissen und Erfahrung aus dem kapitalistischen Ausland. Diese Form der Migration erfolgt innerhalb von politischen Organisationen und innerhalb von transnationalen Konzernen, in dem Fall handelt es sich um das Personal dieser Agenturen, oder aber sie erfolgt innerhalb der Strukturen des Marktes, dann handelt es sich um Selbständige. Je stärker Polen in die EU und in den Weltmarkt integriert wird und je mehr westliche Unternehmen ihre Produktions- und Verkaufsstätten in die MOE-Staaten verlegen, desto mehr solcher Fach- und Führungskräfte dürfte es in Polen, aber auch allen anderen der MOE-Staaten geben. Andererseits sind solche Kräfte hoch bezahlt, also teuer und dürften deshalb über kurz oder lang von einheimischen Fachkräften abgelöst werden.

Auch die Migration von Studierenden hat weltweit zugenommen. In Europa studierten 2002 insgesamt etwa 834.000 Ausländer (einschließlich der Auslands-Inländer in Deutschland). Etwa die Hälfte kommt aus einem anderen Staat der OECD, die andere Hälfte von Staaten außerhalb der OECD. In den USA lag die Zahl ausländischer Studierender bereits Ende der 1980er Jahre bei 366.000, und 2001 bei 689.000. In Australien waren es 2002 97.700 Anträge, fast ein Drittel mehr als noch 1999 (alle Zahlen aus OECD, 2004). Insgesamt zog es zwischen 1991 und 1997 260.000 Studierende nach Australien, und zwar je zur Hälfte Männer und Frauen (Hugo, 1998: 104). Die Migration von Studierenden ist in doppelter Hinsicht ein Wirtschaftsfaktor. Zum einen zahlen Studierende in den meisten aufnehmenden Staaten teils hohe Studiengebühren, deshalb ist sogar bereits ein Wettbewerb um zahlungskräftige ausländische Studierende entbrannt. Auf der anderen Seite wird die Ausbildung von Fachkräften aus Nicht-OECD-Staaten aber auch als Investition in das Entwicklungspotential und die Wirtschaftskraft dieser Staaten angesehen. Und schließlich werden auch die daraus folgenden politischen und wirtschaftlichen Beziehungen zwischen den Ausbildungsstaaten und zurückkehrenden Akademikern und Führungskräften überwiegend positiv beurteilt. Signifikante Anteile bleiben jedoch auch über das Studium hinaus als Fachkräfte in den Ausbildungsstaaten, insbesondere in den USA und Australien. Aber auch Großbritannien und Deutschland haben ihre diesbezüglichen Aufenthaltsbestimmungen liberalisiert. Untersuchungen würden wahrscheinlich ergeben, dass auch die Migration von Studierenden innerhalb spezifischer Systeme erfolgt und bestimmte Regionen miteinander verbindet, etwa Großbritannien mit dem Commonwealth, Deutschland mit Osteuropa, Frankreich mit dem frankophonen Afrika und Australien mit Ostasien.

6. Umweltmigration

Es wäre einäugig, die Trends von Wanderungsbewegungen allein aus einer ökonomischen und sozialen Perspektive zu betrachten. Einerseits ist es richtig, dass natürliche und ökologische Faktoren zunehmend weniger Einfluss auf das menschliche Wanderungsverhalten haben. Seit der Massenauswanderungen während der süddeutschen Agrarkrise 1816/17 sowie der irischen Kartoffelkrise 1845-49, und seit der entweder aufgrund des technologischen Fortschritts oder auch der politisch begründeten zwangsweisen Sesshaftwerdung von Nomaden waren es ökonomische und politische, weniger aber ökologische Reize, aufgrund derer die Menschen zu mobilen Strategien griffen. Der Klimawandel wird ökologische Gründe aber wahrscheinlich wieder auf die Liste der Hauptursachen von Migration, und insbesondere von Massenmigration setzen.

Mit der Industrialisierung der asiatischen, und teils auch afrikanischen Flächenstaaten, insbesondere Chinas und Indiens, setzt sich der von den westlichen Industriestaaten eingeleitete Trend des Treibhauseffektes und der Erderwärmung fort. Aufgrund des Abschmelzens von Gletschern bis hin zu den Polkappen wird sich der Meeresspiegel anheben, von einem Meter, bis zu drei bis fünf Metern. Durch Versteppung, Verwüstung und Überschwemmungen wird derzeit bewohntes Land verloren gehen, während im Norden, in den Permafrostregionen, bislang nahezu unbewohnbares und landwirtschaftliches kaum nutzbares Land besiedelbar werden wird. Ob es zu einem Nettoverlust an bewohnbarem, beziehungsweise landwirtschaftliche nutzbarem Land kommt, scheint demnach nicht ausgemacht.

Kasten 7.1: Umweltflüchtlinge

> „Experten der Vereinten Nationen haben vor einer dramatisch steigenden Zahl von Umweltflüchtlingen gewarnt. Steigende Meeresspiegel, die Ausdehnung der Wüsten und Wetterkatastrophen wie Fluten können in Zukunft mehrere hundert Millionen Menschen aus ihrer Heimat vertreiben, erklärte die UN-Universität in Bonn. ‚Diese neue Kategorie von Flüchtlingen muss einen Platz in den internationalen Ankommen finden. …Viele von ihnen wandern innerhalb eines Landes. Damit fehlt der Grenzübertritt als ein wichtiges Kriterium zur Anerkennung als Flüchtling'. Doch auch wenn die betroffenen Menschen in ein anderes Land gehen, würden sie dort oft als Migranten gesehen, die aus wirtschaftlichen Gründen ihre Heimat verlassen haben. …Dabei sind vor allem in der Sub-Sahara Umweltflüchtlinge unterwegs. Aber auch Marokko, Tunesien und Lybien verlören pro Jahr über 1.000 Quadratkilometer fruchtbares Land an die Wüsten. Die UN-Universität geht von annähernd 19 Millionen Menschen aus – mit stark steigender Tendenz. Das Rote Kreuz geht davon aus, dass am Ende dieses Jahres bereits 50 Millionen Umweltflüchtlinge in der Welt unterwegs sind" (*Tageszeitung*, 12.10.2005).

Im schlimmsten Fall wären in Europa 20-40 Millionen Menschen, in Bangladesh aber 100 Millionen Menschen betroffen. Die müssten ihre bisherigen Lebensräume verlassen und sich andernorts niederlassen. Dies wird allerdings weder plötzlich, noch überraschend geschehen, sondern sich über einen Zeitraum von 50, 100 oder mehr Jahren erstrecken (bis hierher siehe Tol, 2005). Im September 2005 konnte bereits beobachtet werden, wie ein Hurrikan, der sich über dem Golf von Mexiko gebildet hatte, die Großstadt New Orleans und die umliegenden Gemeinden verwüstete. Rund eine Millionen Menschen wurden obdachlos und mussten innerhalb von Tagen teils befristet, teils dauerhaft die Stadt verlassen. Grundsätzlich bestehen zwar die Voraussetzungen, den ‚*worst case*', wenn er denn eintritt, politisch, also vernünftig zu lösen. Dies dürfte allerdings eine gemeinsame globale Anstrengung der Menschheit als ganzer erfordern. Im Rahmen des Konzeptes Nationalstaat, also der eifersüchtigen Verteidigung der eigenen Interessen, dürfte dies allerdings schwierig werden. Ebenso fraglich ist, ob Arme und Reiche gleichermaßen in den Genuss koordinierter Hilfe gelangen werden. Im Fall New Orleans jedenfalls wurden die Armen weitgehend sich selbst überlassen[32].

7. Rückkehrmigration

Die Rückkehrmigration (*return migration, remigration*) ist die im Sinne des Wortes Rückkehr von Migranten in ihr Herkunftsland nach einem mehr oder weniger langen Aufenthalt in einem anderen Staat. Die „große europäische Auswanderung" wir in der Regel mit der dauerhaften Einwanderung in Übersee assoziiert, wo sich Migranten eine „neue Heimat" aufbauen. Diese Vorstellung dominiert in der Regel das öffentliche Bewusstsein. Weniger bekannt ist, dass beispielsweise rund 40 Prozent der südeuropäischen Migranten, die um oder nach der Jahrhundertwende aufbrachen, wieder zurückkehrten (Piore, 1979: 149ff), dies galt auch für alle anderen Nationalitäten (siehe auch Gould, 1980; Wyman, 1993; Harper, 2005). So sind aus den USA, dem Einwanderungsstaat *per se*, zwischen 1900 und 1980 zwischen einem Drittel und der Hälfte der rund 30 Millionen Migranten in ihre Herkunftsländer zurückgekehrt (Stalker, 2005). Aus Südamerika begannen Italiener und Spanier ab den 1950er Jahren in großer Zahl zurückzukehren (Körner, 1990: 157). Und auch aus Nordeuropa kehrten die einstigen Gastarbeiter mit Einsetzen der Rezession in großer Zahl zurück, beispielsweise nach Italien (Gentileschi und Simoncelli, 1983). Insgesamt kehrten mindestens zwei Drittel der in Deutschland angeworbenen ‚Gastarbeiter' wieder zurück (Bohning, 1981), darunter 2,1 Millionen Türken (1964-1995, Wohlfahrt, 2002). Bis heute kehren jährlich etwa „40.000 – 45.000 Personen in die Türkei zurück. Die Rückkehr-Quote hat sich bei 2,3% stabilisiert" (ebenda, 2002: 3).

Während der Trend zur Rückkehr unter den Migranten der großen europäischen Auswanderungsbewegung weniger bekannt ist, wird demgegenüber für die Migration seit dem zweiten Weltkrieg überwiegend für gegeben angenommen, dass sie auch wieder in „ihre Heimat" zurückkehren. Obwohl eine Reihe von Publikationen vorliegt, ist festzuhalten, dass die Rückkehrmigration bislang wenig erforscht ist (Haug, 2000b).

Der Gegenstand der Rückkehr ist ähnlich schwer zu greifen, wie der Migrationsprozess an sich. Ist unter Rückkehr die dauerhafte oder sogar nur die endgültige Niederlassung in jenem Staat zu verstehen, von wo die Migranten einmal aufbrachen? Oder fällt unter Rückkehr auch die zeitlich befristete Rückkehr? Ist allein ein endgültiger Schritt unter Rückkehr zu verstehen, oder aber kann auch dies als Teil eines Prozesses mit ungewissem Ausgang betrachtet werden? Ist Rückkehr die Rückkehr an genau jenen Ort, von dem ein Migrant aufbrach, oder aber ist die Rückkehr soweit zu fassen, dass sie jeden Ort meint, solang er nur innerhalb eines Nationalstaates liegt? Gelten nur jene Menschen als Rückkehrer, die auch persönlich emigriert sind, oder können auch solche Personen als Rückkehrer verstanden

---

[32] Süddeutsche Zeitung, 5.9.2005. Allein gelassen im Gefängnis Stadt, Interview mit Mike Davis.

werden, die in jenem Land, aus dem sie „zurückkehren" doch eigentlich geboren worden sind, also die so genannte zweite Generation?

Zunächst muss als Ausgangspunkt festgestellt werden, dass der Terminus Rückkehr ebenso unscharf und breit wie eng gefasst ist. Er wird definiert anhand allein *einer* Variabel, die Einreise und Niederlassung in jener politischen Einheit (Staat, Bundesstaat oder Region), von der ein Migrant, teils auch dessen Vorfahren, einst aufbrach. Im Rahmen des Studiums interner Migration, wird unter Rückkehr im allgemeinen die Rückkehr an den Ort der Abreise, also das heimatliche Dorf, den Geburtsort oder der Wohnort der Familie verstanden, in der internationalen Migration ist Rückkehr vor allem die Rückkehr an den Staat, dessen Nationalität man besitzt, unabhängig davon, an welchen Ort innerhalb dieses Staates man geht. Demgegenüber zeichnet die Literatur ein sehr differenziertes Bild. So lässt sich auf der politischen Ebene zwischen autonomer, ermöglichter und erzwungener Rückkehr unterscheiden. Anhand einer verhaltenstheoretischen Analyse kann zwischen Rückkehr aufgrund von Versagen, konservativen Rückkehrern, Rentnerrückkehr und innovativen Rückkehrern unterschieden werden (Cerase, 1974). Entlang von Migrationstypen muss aber auch zwischen der Rückkehr von Flüchtlingen und Vertriebenen, von Studierenden, Arbeitsmigranten, Experten oder Unternehmern unterschieden werden (Cassarino, 2003: 21).

Rückkehr ist ein nicht weniger komplexer Prozess, als die Migration an sich. Sie besteht aus der Entscheidung, Vorbereitung und dem physischen Vollzug der Rückreise; sie findet unter spezifischen Bedingungen statt und erfolgt aufgrund ganz unterschiedlicher Motive; sie beinhaltet die Re-Integration, Re-Sozialisation; Wiederanpassung, aber auch die Wieder-Akzeptanz der Rückkehrer. Ebenso, wie sich aus Emigrationsdauer, Eigenkapital, Human- und Sozialkapital ganz unterschiedliche Bedingungen für die Migrationsstrategien und -erfahrungen von Migranten ergeben, so werden auch die Konsequenzen der Rückkehr beeinflusst davon, wie lange die Person abwesend war, mit welchem finanziellen, Human- oder Sozialkapital eine Person zurückkehrt und ob die Rückkehr freiwillig, unter Druck oder erzwungenermaßen erfolgt. Ebenso, wie die Emigration „in die Fremde" erfolgt, so kann auch die Rückkehr eine Rückkehr „in die Fremde sein", denn je nach Aufenthaltsdauer in einem anderen Land, haben sich auch Land, Umwelt, Kultur, Politik und Familie verändert. Teils können Migranten mit solchen Veränderungen Schritt halten, weil sie beispielsweise transnationale Strategien entwickelt hatten und das Geschehen in den Herkunftsregionen mitverfolgt und auch mitbestimmt haben, teils hatten sie diesen Einfluss aber auch nicht und haben sich von den Menschen und Bedingungen ihrer Herkunftsregion entfremdet.

Nicht als Rückkehrmigration zu betrachten ist die Migration der Angehörigen von früheren Auswanderern, die in das Herkunftsland ihrer Eltern oder Vorfahren ‚zurückkehren'. Da sie in diesem Land niemals zuvor gelebt sind und von dort nicht ausgewandert sind, können sie auch nicht als Rückkehrer im Sinne des Wortes betrachtet werden. Vielmehr könnte in diesem Zusammenhang angemessenerweise von Umkehrmigration gesprochen werden.

Rückkehr lässt sich nur selten anhand der klassischen und neo-klassischen Theorien erklären. Die Rückkehr würde demnach nur dann erfolgen, wenn sich mittlerweile in dem einstigen Herkunftsland bessere oder zumindest vergleichbar gute ökonomische Bedingungen ergeben hätten, als im Land des aktuellen Aufenthaltes. Dies dürfte auf einen Teil der nordeuropäischen ‚Gastarbeiter' zugetroffen haben. Zudem ergäbe Rückkehr im Rahmen der NELM als Teil einer Gesamtstrategie und –Kalkulation einen Sinn (Cassarino, 2003). Häufig wurde die Rückkehr auch mit einem gescheiterten Migrationsprojekt, also mit einem fehlgeschlagenen ökonomischen Projekt – Arbeitslosigkeit oder geschäftlicher Misserfolg – assoziiert. Daneben haben politische Faktoren, wie Rückkehrbeihilfen, einen nicht zu unterschätzenden Einfluss. Jenseits ökonomischer Überlegungen, dürfte allerdings analog zu Migrationsentscheidungen, die Familie, im Sinne einer Rückkehr zur Familie ein bedeutendes Motiv darstellen.

Problematisch am Konzept der Rückkehr ist, dass sie im Rahmen von Migrationsprozessen die Rückkehr an den Ort der Herkunft impliziert, im politischen Diskurs wird sogar so weit gegangen, das an die Migration die Erwartung an eine Rückkehr gekoppelt wird. Demnach sei der Ort des Weggehens so etwas wie ein Ort natürlicher, zumindest aber juristischer Zugehörigkeit, der Mensch gehört an einen bestimmten Ort, an den er zurückkehrt. In aller Regel wird die Rückkehr in den Staat der Herkunft in den jeweiligen Ausländer- und Migrationsgesetzen jedenfalls derart geregelt. Besondern deutlich wird dies anhand des Heimatkonzeptes, an der Ort der Heimat zurückzukehren erscheint als selbstverständlicher, quasi natürlicher Vorgang. Andererseits beinhaltet das Konzept der transnationalen Migration, zur Kenntnis zu nehmen, dass es deterritoriale soziale Netzwerke und deterritoriale Mitgliedschaftssysteme gibt. Da stellt sich die Frage, ob nicht auch vorstellbar ist, dass Zugehörigkeit deterritoriale ist, also sozial und nicht geopolitisch definiert ist. Dem entsprechend könnte auch „Heimat" deterritorial sein, oder, wie es Künstler gelegentlich ausdrücken, *„my home is where my heart is"* (Pat Benetar).

8. Illegale Migration[33]

Kaum ein Staat akzeptiert die Wanderung von Menschen als gegeben und bietet dementsprechend freizügige politische Rahmenbedingungen. Während einige Staaten in Afrika, Asien und Südamerika bislang eine *‚laissez faire'* Haltung an den Tag gelegt haben, wurden andere, wie etwa die Türkei oder Marokko eher von neuen Migrationsbewegungen überrascht und haben deshalb erst spät begonnen, eine effiziente Kontrollpolitik entwickelt. Andere Staaten haben solche Politiken bereits eingeführt und praktizieren mehr oder weniger strikte Einwanderungskontrollen. In jedem Fall aber reisen Menschen in die verschiedenen Staaten ein, entweder weil es schlichtweg keine Gesetze gibt, die ihre Wanderung regeln, oder aber sie umgehen die bestehenden Gesetzen, weil sie von diesen ausgegrenzt werden. Sie werden wahlweise als spontane, undokumentierte, unautorisierte, irreguläre oder illegale Migranten bezeichnet.

---

[33] Dieses Kapitel basiert auf Düvell, Franck (Hrsg.). 2005. Illegal immigration in Europe. Houndmills: Palgrave/Macmillan.

Tapinos (OECD, 2000: 16-17) unterscheidet zwischen klandestiner Einreise, klandestiner Arbeit und klandestinem Aufenthalt und macht sechs verschiedene Kategorien von irregulären Migranten aus:
- "Migrants who have entered the country legally with a legal residence permit, but who are working illegally either because the job is not declared or because their residence permit does not allow them to work [Dies beinhaltet Touristen, Familienmitglieder ohne Arbeitserlaubnis, Studenten und *au pairs* sowie Asylsuchende ohne oder mit eingeschränkter Arbeitserlaubnis].
- Migrants who have entered the country legally, who are living in the country illegally (either because their work permits are invalid or have expired, or because they do not have residence permits), and who are working illegally. It is assumed that a migrant without a residence permit cannot work legally under the legislation in force [Diese Kategorie korrespondiert mit *'visa overstayers'*, welche Touristen, Arbeiter, Studenten, *au pairs*, abgelehnte Asylsuchende oder Geschiedene sein können, die aufgrund einer Scheidung ihren Aufenthaltsstatus verloren haben].
- The same category as above, but covering [economically] inactive migrants [Dies können entweder Familienangehörige der oben genannten Gruppe oder aber Familienangehörige von legal im Land lebenden Ausländern sein, die keinen Rechtsanspruch auf Familienzusammenführung haben oder deren Antrag auf Familienzusammenführung abgelehnt wurde].
- Migrants who have entered the country clandestinely, who have no residence permit, and who are working illegally [Dies können Arbeiter sein, Familienangehörige oder Flüchtlinge, die keinen Antrag auf Asyl gestellt haben].
- The same category as above, but covering inactive migrants.
- Migrants who have entered the country clandestinely, who have a residence permit (e.g. following regularisation, or by variation in their status through marriage) and are working illegally."
- Eine weitere Kategorie, die zu erwähnen wäre, die Tapinos aber unerwähnt lässt, sind die im Lande geborenen Kinder von irregulären Migranten, die 'illegal' sind obgleich sie nie eine internationale Grenze übertreten haben.

In Europa, dessen Grenzen recht effizient kontrolliert werden, geht man davon aus, dass die meisten irregulären Migranten in die erste Kategorie fallen, also zu einem gewissen Zeitpunkt legal waren. Man nimmt an, dass sie in das jeweilige Land legal eingereist sind und dann entweder gegen ein Arbeitsverbot verstoßen haben oder aber die im Visum festgelegte Aufenthaltsfrist abgelaufen ist. Sie müssen als integraler, wenn auch vergleichsweise kleiner Anteil des legitimen globalen Migrationsgeschehens zum Zweck von Tourismus, Geschäften oder der Arbeit betrachtet werden.

Die Bevölkerungsabteilung der Vereinten Nationen (UN, 1997: 27) weist darauf hin, dass irreguläre Migration „heute eine der am schnellsten wachsenden Formen von Migration in der Welt ist". Und ein OECD-Bericht (2001) räumt ein, dass "ein wichtiger Teil der gegenwärtig auftretenden Flüsse undokumentierte Migranten beinhalten". Beispielsweise heißt es aus Südost-Asien, „ein zunehmender Anteil der internationalen Migration ist undokumentiert" (Hugo, 1998a: 100). Währendessen deutet einer der jährlichen Berichte der OECD über die aktuellen Migrationstrends an, dass die Abnahme dokumentierter Migrationsbewegungen seit 1993, und der Abnahme von Asylmigration seit 1998, mit einer Zunahme der undokumentierten Migration korreliert. Escribano et al. (2000: 4) schließen daraus, dass "legale Migranten durch illegale Migranten ersetzt werden". Inzwischen stößt man nur noch selten auf ein Land, aus dem keine Berichte über irgendeine Form illegaler Migration zu erhalten sind. Aus Staaten wie Singapur, Japan, Süd-Korea, Malaysia, Thailand, Kambodscha, Süd-Afrika, Botswana, Nigeria, Libyen, Marokko, Argentinien, Uruguay, Costa Rica, Russland und der Ukraine, und natürlich auch aus allen anderen Industriestaaten sind Medienberichte und politische Dokumente zu finden, die auf das Phänomen der „illegalen Migration" hinweisen[34]. Aus nahezu allen asiatischen Staaten, die sich durch lang anhaltendes Wachstum auszeichnen, liegen auch Berichte über illegale Migration vor: Süd-Korea, Japan, Taiwan, Hongkong, Singapur, Malaysia. Und auch in Afrika ist illegale Migration ein epidemisches Phänomen, Castles und Miller (2003: 141) sehen die Gründe vor allem in schlecht umgesetzten bilateralen Handels- und Migrationsabkommen, die eigentlich Bewegungsfreiheit garantieren sowie damit zusammenhängenden opportunistischen Praktiken, die Bewegungsfreiheit in guten Zeiten zulassen, aber in schlechten Zeiten einschränken.

Die Liste dieser Staaten zeigt bereits an, dass dieses Phänomen nicht auf die Hochlohnstaaten beschränkt ist, sondern auch die Entwicklungsstaaten betrifft. Nach Millers Einschätzung (1995, siehe auch Soysal, 1994) hat erst der Anwerbestopp während der Rezession in den 1970er Jahren zusammen mit den zunehmenden Einwanderungsbeschränkungen in vielen Staaten die Voraussetzungen für die Entstehung von ‚illegaler Migration' als globales Phänomen geschaffen. Trotz energischer und weltweiter Anstrengungen, Migration einzudämmen und ‚illegale Migration zu bekämpfen' (OECD, 1994) bestehen diese Wanderungen fort und nehmen sogar noch zu. 'Illegale Migration' ist zu einem inhärenten Aspekt globaler Migration geworden. Es erscheint nahezu unmöglich, den exakten Umfang dieses Phänomens festzustellen, weshalb jegliche Zahlen mit äußerster Vorsicht zu behandeln sind (siehe das nächste Kapitel). Wie auch immer, unter diesem Vorbehalt wird die Zahl der irregulären Migranten in den USA derzeit auf 8-11 Millionen geschätzt (*BBC*, 8.1.2004), während es in Westeuropa 4-7 Millionen sein könnten (siehe die Berechnung unten)[35]. Addiert man die zur Verfügung stehenden Angaben, kommt man auf eine Summe von weltweit zwischen 22-44 Millionen irreguläre Migranten (siehe Düvell, 2002)[36], eine Schätzung, die keinen Anspruch auf Genauigkeit erhebt, aber doch zumindest die Größenordnung dieses Phänomens andeutet[37]. Daraus ergibt sich, dass, verglichen mit den aktuellen Schätzungen internationaler Migration (200 Millionen), zwischen circa 10 und 25 Prozent aller Migranten keinen Migrationsstatus haben.

---

[34] Eine wichtige Informationsquelle sind die 'Migration News' der University of California, Davis.

[35] Sassen (1996) nennt für 1993 eine Zahl von 4-5 Millionen, aber es muss angenommen werden, dass die in der Zwischenzeit angestiegen hat.

[36] Diese Zahlen basieren auf der Summe der für die jeweiligen Staaten genannten untersten, beziehungsweise obersten Schätzungen. Allerdings liegen für viele Staaten gar keine Angaben vor, die Gesamtzahl könnte also durchaus noch weitaus höher sein.

[37] Für dieses Argument und für weitere Literaturangaben siehe auch OECD, 1990: 67.

Eine ‚Theorie der illegalen Migration' existiert bislang nicht. Gelegentlich wird aber von einer ‚Gleichung der illegalen Migration' gesprochen (Arango, 2005). Deren vier Variablen seien demnach
- die Nachfrage nach Arbeitskraft,
- der eingeschränkte Zugang zu Arbeitserlaubnissen,
- ausgedehnte informelle Sektoren,
- problematische oder lückenhafte Kontrollen.

Liegen alle diese Bedingungen vor, resultiert daraus irreguläre Arbeitsmigration.

8.1 Illegale Migration in Europa

Es scheint plausibel, anzunehmen, dass die Mehrheit der in Europa lebenden irregulären Migranten charakterisiert ist durch (1) ihre Herkunft in einer benachbarten Region – Ost- und Südosteuropa sowie Nordafrika. (2), dass sie innerhalb eines Migrationssystems wandern, welches seinen Ursprung in der europäischen Kolonialgeschichte hat – also, der frankophonen Welt im Fall Frankreichs und zum Teil auch Belgiens, der anglophonen Welt im Fall Großbritanniens, der Spanischsprechenden Welt, im Fall von Spanien sind dies überwiegend Südamerikaner und der Verbindung zwischen Südostasien und den Niederlanden. (3) Irreguläre Migranten bewegen sich innerhalb von Migrationssystemen, die erst während der Nachkriegszeit und im Gefolge von Gastarbeiterrekrutierungspolitiken entstanden sind – Türken im Falle Deutschlands und Belgiens, Türken und Marokkaner im Fall der Niederlande. (4) Irreguläre Migranten müssen im Zusammenhang mit Flüchtlingskrisen während der 1980er und 1990er Jahre betrachtet werden, entweder weil abgelehnte Asylsuchende nicht zurückgekehrt sind oder zurückkehren konnten, oder aber weil die neuen Migranten*communities* weitere, allerdings unerlaubte Kettenmigration nach sich gezogen haben. (5) Einige europäische Staaten, die bislang nicht in Migrationssysteme einbezogen waren, wie etwa Griechenland oder Italien, beobachten nun ihrerseits das Auftauchen neuer Migrationssysteme, entweder in Form der Transformation von Transitstaaten in Einwanderungsstaaten, was auch auf die Türkei und die zehn neuen EU-Mitgliedsstaaten zutrifft, oder weil sie in Form eines hohen Wirtschaftswachstum sowie angesichts ausgedehnter Schattenökonomien nun selber attraktive Zielstaaten von Migration geworden sind. (6) Jenseits solcher geographisch charakterisierten Systeme bewegen sich Migranten auch im Rahmen von globalen Arbeitsmärkten, wie beispielsweise jenen für Hausarbeit, Unterhaltung und Sex. (7) Europas *'global cities'*, wie etwa London, Paris, Brüssel oder Berlin, und internationale Hafenstädte, wie etwa Hamburg, Rotterdam oder Marseille repräsentieren zusätzliche Anziehungskräfte, die aus deren wirtschaftlichen und politischen Verbindung mit der Welt resultieren. (8) Jedwede Flüchtlings-, Immigranten- oder Minderheiten*community*, mag sie auch noch so klein sein, kann als Brückenkopf oder Netzwerk fungieren und weitere Migranten ermutigen zu kommen, typischerweise in Form von Kettenmigration. Aus diesen Gründen ist es möglich, die bedeutendsten Herkunftsstaaten und Regionen auszumachen – Nachbarstaaten und frühere Kolonien-, obgleich diese traditionellen Systeme zunehmend von neuen Migrationsbewegungen überlappt werden. Schließlich können aber auch zahlreiche Ausnahmen gefunden werden, wie etwa irreguläre equadorianische Migranten in Hamburg, Brasilianer in London und Berlin, oder irreguläre Chinesen in Spanien, Belgien und Italien. Europas irreguläre Einwandererpopulation ist ausgesprochen gemischt, tatsächlich können irreguläre Migranten aus jedem Teil der Welt stammen.

Table 7.2: Irreguläre Immigranten in Europa in Millionen (eine Auswahl)

Staat	Bev.[1]	Ausländer bev.[1]	Schätzung Illegale[2]	Legalisierungen (Jahr)[2]	Aufgriffe[2] alle	Grenze[2, 18]
Deutschland	82,4	7,3	0,5-1,1	Keine	0.7 (90-97)[5]	0.0226 (02)
GB	60,1	4,9[3]	0,05-0,5	1.500 jährlich	0.056	0.006 (00)
Frankreich	59,3	3,6	1,0	0,3 (82, 98)	0.028[11]	0.0092[11]
Italien	58,0	0,6[4]	0,57-1,1	1.26 (90, 96, 98, 02)	0.1 (02)[12]	0.044 (02)
Spanien	40,0	0,81	0,5-1,0	1,44 (85, 01, 04)	0.077 (02)[6]	0.064 (02)
Polen	38,5	0,04	0,5-1,0	Ja, keine Daten	0.009 (2000)	0.005 (02)
Niederlande	16,1	0,6	0,11-0,16	0,016 (75, 78)	0.047 (97-00)	0.01 (02)[16]
Griechenl.	10,5	0,17	0,35-0,7	0,37 (99)	1.25 (91-99)[6]	0.035-0. 15
Belgien	10,3	0,8	< 0,1	0,67 (74, 99, 00)	0.01 (jährlich	0.005 (02)[13]
Portugal	10,0	0,18	0,04-0,2	0,2 (93, 96, 01)	0.004 (03)[13]	0.004 (03)
Ungarn	10,0	0,14-0,16	0,2 (1995)	keine	0.018 (98)[9]	0.0017(02)[17]
Schweden	8,9	0,5	< 0,01	keine	0.004 (01)[10]	none
Österreich	8,1	0,7	0,25	keine	0.01 (98)[6]	0.025 (98)
Norwegen	4,4	0,18	0,01-0,02	keine	0.003 (02)[14]	0.002[13]
Irland	3,7	0,7	None	keine	0.01[14]	0.004 (02)
Zypern	0,6		0,0025		0.003 (03)[7]	0.003 (03)[7]
Gesamt			4,14-7,34	>4,26	0.584	0.298
Nicht-EU						
Türkei	66,6	1,13[3]	0,3-1,0	keine	0.46 (95-03)	0.044 (02)[19]
Schweiz	7,3	1,4	0,1-0,18	keine	0.016 (1997)[9]	0.0075 (02)
Nicht-Europa						
USA	281,4	33,35	5,7-8,8	2,7 (86)	1.75 (98)[8]	

[1] Eurostat Jahrbuch
[2] Eigene Zusammenstellung, basierend auf verschiedenen Quellen, Aufgriffe überwiegend aus Higgins, 2004.
[3] Im Ausland geboren.
[4] Nur Nicht-EU-Ausländer.
[5] Aufgegriffene Verdächtige innerhalb des Landes, 29.000 Abschiebungen (2002).
[6] Ausweisungen.
[7] Zurückweisungen an der Grenze und Abschiebungen aus dem Land.
[8] 90 Prozent an der Grenze zwischen Mexiko und den USA, 10 Prozent innerhalb des Landes.
[9] Aufgriffe an der Grenze und innerhalb des Landes.
[10] Nur abgelehnte Asylsuchende.
[11] Januar-Oktober 2003, Zwangsmaßnahmen gegen irreguläre Migranten.
[12] 105.808 Personen wurden ausgewiesen, aber nur 44.706 verließen tatsächlich das Land.
[13] Nur Zurückweisungen an der Grenze, andere Zahlen stehen nicht zur Verfügung.
[14] Einreise abgelehnt und Abschiebeanordnungen.
[15] 2004 wurde eine Familienamnestie für Asylsuchende einschließlich abgelehnter, also irregulärer Personen durchgeführt.
[16] Alle abgeschobenen irregulären Migranten.
[17] Ausgewiesen aufgrund von Verstößen gegen die Einreisebestimmungen.
[18] In dieser Spalte erscheint es plausibel, auch die anderen EU-Staaten zu berücksichtigen, die Außen- oder Seegrenzen mit Nicht-EU-Staaten haben: Malta, 1.686 (02); Finnland, 3.000 Einreise verweigert an der Grenze (02); Lettland, 118 (02); Kroatien, 5.415 (02).
[19] Illegale Einreise.

Die Methoden, die hier angewendet worden sind, um irreguläre Migration zu quantifizieren, basieren auf bestimmten Annahmen und können nichts anderes, als Schätzungen liefern (Tapinos, 1999; Clark, 2000). Insbesondere die Zahlen aus Russland weisen eine extreme Spannbreite auf, „von 700.000 bis zu ziemlich unplausiblen 15 Millionen" (Heleniak, 2002: 2). Und abgesehen davon sind die jeweiligen nationalen Daten nicht miteinander vergleichbar, da sie anhand von verschiedenen Methoden und unterschiedlichen Definitionen erhoben worden sind. Dennoch erlauben diese groben Kalkulationen eine Schätzung von 4-7 Millionen irregulären Immigranten in Europa. Die irreguläre Immigrantenbevölkerung beträgt zwischen einem Maximum von 15 Prozent der ausländischen Bevölkerung (Deutschland) und einem Minimum von 2 Prozent (Schweden). Die Zahl der Aufgriffe an den Grenzen betrug 2002 knapp unter 300.000 Personen – beträchtlich weniger als die normalerweise zitierte Zahl von 500.000 -, aber weil diese Zahl in einigen Staaten auch Fälle von verweigerter Einreise enthält, ist die Anzahl derer, die bei der irregulären Einreise aufgegriffen wurden tatsächlich noch niedriger. Die Zahl der Zwangsmaßnahmen in der EU lag 2002 bei 584.000, doch auch dies ist eine irreführende Angabe, da sie zum Teil auch abgelehnte Asylsuchende, Fälle verweigerter Einreise an der Grenze, oder, wie in einigen Staaten, jeglichen Fall eines Gesetzesverstoßes gegen die Einwanderungsbestimmungen enthält (illegale Einreise, illegaler Aufenthalt, verbotene Arbeitsaufnahme). Diese Zahlen können relativiert werden, indem sie in Bezug zur Anzahl der insgesamt 2,05 Millionen regulären Immigranten in den EU-Staaten (1999) gesetzt werden. Demnach entsprechen 300.000 aufgedeckte irreguläre Migranten etwa 15 Prozent der bekannten Migrationsbewegungen. Eine weitere Zahl wäre die Anzahl der Einreise von internationalen Touristen in Europa – 403 Millionen 2001 (World Tourism Organization, 2002: 10). Die Anzahl der aufgedeckten irregulären Einreisen stellt demnach nur einen winzigen Anteil dar, weniger als 0,08 des internationalen Personenverkehrsaufkommens. Weil aber angenommen werden muss, dass die Mehrheit der irregulären Migranten legal einreist, dann aber irregulärerweise bleibt, bilden sie einen kaum auszumachenden, wenn auch kleinen Anteil am internationalen Personenreiseverkehr.

Wie auch immer, was mit einiger Rechtfertigung gesagt werden kann, ist, dass irreguläre Migranten unter uns leben, sie können überall sein, in der Nachbarschaft, am Arbeitsplatz, auf Strassen oder Märkten. Aufgrund der Ausmaße des Phänomens – den zunehmenden Migrationsbeschränkungen, der Anzahl der betroffenen Staaten, und der geschätzten Anzahl der involvierten Personen – muss geschlossen werden, dass irreguläre Migration ein historisch signifikantes strukturelles Phänomen am Ausgang des 20. Jahrhunderts geworden ist. Es scheint ein merkwürdiges und unbeabsichtigtes Wechselverhältnis zwischen Migration, Migrationsbeschränkungen, dennoch anhaltenden Wanderungen und deren Irregularisierung zu bestehen; wobei die Restriktionen, statt eine abschreckende Wirkung zu haben, vielmehr Menschen dazu verleiten, tiefer in unsichtbare Aktivitäten einzutauchen. Sie sind dann nicht nur außerhalb der Reichweite der Kontrollbehörden, sondern auch außerhalb der Reichweite jener Institutionen, die die grundlegenden sozialen und Arbeitsrechte sicherstellen sollen, von denen irreguläre Migranten weitgehend ausgeschlossen sind. Diese Entwicklung scheint eine endlose Spirale ohne *'happy end'* zu sein. Sie schafft eine grundlegende strukturelle Spannung in unseren Gesellschaften, stellt eine fundamentale Herausforderung für die Politik und ebenso für unsere ethischen Grundsätze dar. Die Existenz einer Bevölkerungsgruppe am Rande, gar außerhalb der sozialen Sicherungssysteme und kaum geschützt durch die Grundrechte ist kaum zu akzeptieren.

Heutzutage wird das Konzept ‚illegale Migration' so regelmäßig und mit großer Selbstverständlichkeit verwendet, dass leicht vergessen wird, dass das nicht schon immer so war. Tatsächlich handelt es sich um ein relativ junges, spätmodernes Konzept. Denn,

'... it was only when States were in a position to formulate rules governing the entry and residence of foreigners and to enforce them that contravention of those rules – and consequently the concept of illegal immigration – became possible' (House of Lords, 2002, part 2, paragraph 17).

Insofern muss irreguläre Migration als soziales und politisches Konstrukt betrachtet werden. Dessen Genese kann anhand der folgenden Kästen abgelesen werden.

Kasten 7.2: Die politische, juristische und soziale Konstruktion illegaler Migration, 1850-2000

1849, 1885, 1889, 1905	Die ersten Ausländergesetze in den Niederlanden, USA, Kanada und Großbritannien, gerichtet gegen spezifische Ausländer (Chinesen, Juden, politische Agitatoren).
1914/1918	Die ersten allgemeinen Ausländergesetze.
1920	Die erste Erwähnung von „illegalen Fremden" (USA), bzw. „illegaler Migration", jüdische Migration in das britische Protektorat Palästina.
1950-1973	Migration außerhalb der offiziellen Anwerbepolitik wird als „spontane Migration" verstanden und üblicherweise regularisiert.
1968/1973	Erste Erwähnungen des Konzeptes „Illegale Migration" in England und Deutschland.
1980er Jahre	Sukzessive Einführung restriktiver Gesetze.
1980	Erste Erwähnung des Begriffes „illegale Immigration" in den OECD Migrationsberichten (Sopemi).
1985	Erste Erwähnung des Phänomens „Illegale Migration" auf der Ebene der Europäischen Gemeinschaft.
1980-1990	Durchsetzung und internationale Verbreitung des Konzeptes „illegale Migration" in und durch die internationalen Organisationen OECD und IOM.
1989	Beginn der Durchsetzung des Konzeptes Illegale Migration im öffentlichen Diskurs. Emergenz der Figur des „illegalen Ausländers", kurz des „Illegalen".
1990er Jahre	Höhepunkt der Flüchtlingskrise und „Asylpanik", Gleichsetzung von Flüchtlingsbewegungen mit illegaler Migration (Deutschland, Großbritannien, Italien, Australien).

Parallel zur juristischen und politischen Konstruktion der Figur des „illegalen Migranten" taucht sie in den Massenmedien auf. In Deutschland liegt eine Diskursanalyse bislang nicht vor. Für Italien lässt sich allerdings anhand der Arbeit von Colombo und Sciortino (2004) ablesen, dass sie erst ab etwa 1996 auftaucht.

Kasten 7.3: Diskursanalyse der Migration nach Italien

1970er Jahre	Ausländer (*stranieri*), gemeint waren ausschließlich westliche, westeuropäische Migranten.
1980er Jahre	Immigranten (*immigrati*), gemeint waren Europäer und Nicht-Europäer.
1989	Außergemeinschaftliche (*Extracommunitary*), gemeint waren Nicht-EU-Bürger.
1996/97	Illegale (*Clandestini*), es beginnt die Differenzierung nach dem Einwanderungsstatus.

8.2 Sklaverei: eine Form illegaler Zwangsmigration

Eine Sonderrolle nimmt die häufig unterschlagene Sklaverei ein. Die bestehen in etlichen Ländern Afrikas, Asiens und Südamerikas in verschiedenen Formen – Schuldknechtschaft, Zwangsprostitution, Kinderarbeit – fort. Ihre Zahl wird vom *Comité contre l'esclavage moderne* und der ILO auf 200 Millionen Menschen geschätzt. In der Tat sind „niemals mehr Menschen zur Herstellung von Waren oder als Dienstleister versklavt worden, als gegen Ende des 20. Jahrhunderts". Die Ausweitung der Markwirtschaft hat die Sklaverei mitnichten abgelöst, sondern vielmehr zu deren Verbreitung beigetragen. Gerade „im Spannungsfeld der Deregulierung", wo Menschen zur bloßen Ware werden, haben sich neue Formen der Sklaverei ausgebreitet. Es ist ein Irrglaube, dass mit der Ausbreitung des Industriekapitalismus die Produktionsweise der Sklaverei verschwunden sei. Zahlreiche wirtschaftliche Sektoren in Industrie und Handwerk, in der Haus- und Landwirtschaft basieren auf dieser Form der Zwangsmigration. Sklaverei ist ein Baustein in der transnationalen Produktionskette und geht ein in die globalen Wertschöpfungsnetze, beispielsweise wird die Holzkohle, die die Sklavenköhler in Mato Grosso do Sul herstellen, in Sao Paulo in der Stahl- und Automobilproduktion verwendet. Sklaverei ist kein Anachronismus, sondern hat mit der Globalisierung, also der Neuordnung der Verwertung und der damit einhergehenden Brutalisierung der Ausbeutung erneut an Bedeutung gewonnen.[38]

9. Menschenhandel und Menschenschmuggel

Die Themen Menschenhandel (*'trafficking'*) und Menschenschmuggel (*'human smuggling'*) nehmen einen prominenten Platz im gegenwärtigen migrationspolitischen Diskurs ein. Zunächst einmal muss betont werden, dass die überwiegende Mehrheit sowohl der Migranten und Reisenden *per se*, als auch der irregulären Migranten legal einreisen. Jene, die schließlich ihre Ausreisefristen übertreten und irregulär werden, sind normalerweise mit irgendeiner Art Visum eingereist, entweder als Touristen und Besucher, als Arbeitnehmer, Studenten oder *au pairs*. Es gibt kaum Belege für das weit verbreitete ‚Hintertür'-Theorem (*'back door theorem'*, siehe z.B. Katseli u.a., 1999). Und selbst jene, die illegal einreisen, nehmen mehrheitlich nicht die Dienste von Schmugglern in Anspruch, sondern machen sich eigenständig auf den Weg, mit dem Auto, dem Zug oder zu Fuß (siehe Düvell, 2005). Dennoch rangiert insbesondere das Thema des Menschenhandels weit oben auf der Liste der Migrationspolitiken und sorgt für beträchtliche Aufregung. Es herrscht

---

[38] Zu diesem Abschnitt siehe Alacchi, 2000 und Bales, 2001.

einige Verwirrung darüber, was Menschenhandel eigentlich sei und worin die Straftat bestehe. Beispielsweise hat die International Organization for Migration (IOM) in einer ziemlich weit reichenden Art und Weise Menschenhandel definiert als "Migranten, die illegal engagiert (rekrutiert, entführt, verkauft etc.) und/oder bewegt werden...". Diese Definition ist so weit reichend, dass sie sogar die im Ausland erfolgte Anwerbung von Migranten zur irregulären Arbeit als Menschenhandel fasst. Demgegenüber hat Europol eine weitaus engere Definition, wonach Menschenhandel "die Unterwerfung einer Person unter die tatsächliche und illegale Gewalt anderer Personen mittels Gewalt oder Drohungen, oder durch Missbrauch oder Intrigen" (für diese Definitionen siehe Council of t the European Union, 1999a). Inzwischen hat das UN Protocol on Trafficking diese Angelegenheit geklärt und erklärt, dass Menschenhandel

"die Rekrutierung, der Transport, Transfer, das Verstecken oder die Aufnahme von Personen mittels Drohung oder der Anwendung von Gewalt, oder von Zwang oder anderen Formen von Nötigung, von Entführung, Betrug, Irreführung, Missbrauch von Macht oder einer Position von Verletztlichkeit" ist (UN, 2000b).

Vergleichende Studien zur irregulären Migration in Europa haben gezeigt, dass beispielsweise irreguläre Polen in Italien, Deutschland, Belgien und Großbritannien sowie irreguläre Albaner in Griechenland dorthin ohne die Unterstützung oder Einmischung Dritter gelangt sind (siehe Düvell, 2005). Insbesondere Polen haben sich vor allem an reguläre Reisebüros und Reiseunternehmen gewandt und eine Reise gebucht. Albaner hingegen haben öfter die Dienste von Schmugglern in Anspruch genommen. Diese Unterschiede verlangen nach einer Erklärung.

Polen wurde aufgrund seines Kandidatenstatus der EU 1991 von der Visapflicht ausgenommen. Außerdem hat das Land einen entwickelten Markt für Reisen, es gibt zahllose Reisebüros und in Zeitschriften werden günstige Angebote für Reisen aus jedem Teil Polens in jeden Teil der Welt angeboten. Allein 2001 wurden 53,1 Millionen Reisen verkauft (siehe Institute of Tourism, 2004). Im Gegensatz dazu wird von Albanern nach wie vor ein Visum von der Botschaft ihres Ziellandes verlangt, welches "ziemlich schwierig zu erhalten ist" (Triandafyllidou und Kosic, 2005). Innerhalb der Europäischen Union wird die Auswanderung aus Albanien als ein Problem betrachtet (Council of the European Union, 1999b). Beispielsweise hat Italien eine Politik der Einreiseverweigerung eingeführt und versucht gemeinsam mit den albanischen Behörden, auch die irreguläre Migration zu bekämpfen. Auf der anderen Seite ist der Kommunismus in Albanien erst relativ spät zusammengebrochen und der Übergang zur Markwirtschaft verlief bislang weniger erfolgreich als in anderen Staaten. Dies hat unter anderem zur Folge, dass bislang noch kein Markt für Reisen entstanden ist, es gibt kaum Reisebüros und Reiseunternehmen, Visa sind ebenfalls schwer zu erhalten, so dass es für Albaner nur sehr wenige Möglichkeiten gibt, das Land legal und regulär zu verlassen oder ihre Arbeitsmigration als einfache Reise zu tarnen[39]. Aufgrund dieses Mangels an legalen Möglichkeiten, dem Fehlen eines regulären Marktes bei gleichzeitiger Nachfrage nach Reisemöglichkeiten wurden informelle Mechanismen entwickelt. In diesem Lichte erscheint die Bedeutung von Schmugglern als Resultat des Marktversagens. Auch Engbersen und Leun (2002) fanden heraus, dass die Gründe, aus denen Migranten bestimmter Nationalitäten eher dazu neigen, legal einzureisen, während andere überwiegend mit Hilfe von Schmugglern einreisen, darin liegen, dass letztere Schwierigkeiten haben, Reisedokumente von den einheimischen Behörden zu erhalten und deshalb Probleme haben, legal zu reisen.

Im Prinzip sind die regulären Reisebüros in Polen und die informellen Reiseagenturen in Albanien nicht sehr verschieden. Beide haben einen Markt ausgemacht, beide reagieren auf eine Nachfragesituation und beide haben Strukturen entwickelt, um diese Nachfrage zu befriedigen. Informelle Reiseagenturen sind typische *'bastard institutions'* (Hughes, 1994), die erwünschte Dienste anbieten, die ansonsten nicht zur Verfügung stehen und können deshalb als Konsequenz der Kriminalisierung von spezifischen Konsummustern analysiert werden (Schur, 1966). Der Einfluss albanischer Schmuggler beschränkt sich auf den eigentlichen Transport, üblicherweise eine Seefahrt zwischen zwei zuvor festgelegten Orten. Das unterscheidet sie allerdings von der Rolle von Schmugglern in anderen Migrationsprozessen. So haben einige Studien gezeigt (Engbersen und Leun, 2002; Jordan und Düvell, 2002), dass Schmuggler durchaus auch Einfluss auf Reiseziel, Arbeitsplatz und Wohnung nehmen. Die Aussagen von irregulären albanischen Migranten in Italien (Triandafyllidou und Kosic, 2005) zeigen, dass die Reisen überwiegend sicher waren, dass die Zahlung der Gebühr erst bei sicherer Landung fällig wurde und auch mehrere Versuche einschloss, sollte eine Reise einmal fehlschlagen. Dieses Prinzip wurde auch anderswo festgestellt, wie etwa in der Türkei (Icduygu, 2004). Solche Forschungsergebnisse stehen in einem gewissen Widerspruch zu Berichten über desaströse Unternehmen, wie etwa jenes, bei dem im Januar 2001 21 Albaner im Adriatischen Meer ertranken (Reuters, 2004). Einige dieser informellen Reiseagenturen mögen schlicht Pech gehabt haben. Aber andere sind offenkundig nur auf schnelles Geld aus, zeigen kaum Verantwortung gegenüber ihren Passagieren, wie die Berichte über verrottete Boote oder von ihren Kapitänen im Stich gelassene Schiffe zeigen. Aus diesen gegensätzlichen Berichten kann geschlossen werden, dass es zweierlei Arten von Schmugglern gibt, solche mit und solch ohne eine gewisse 'kriminelle Ethik'.

Während Menschenhandel inzwischen klar definiert ist, können Menschenschmuggel und Reisen nicht so eindeutig voneinander unterschieden werden. Beiden gemeinsam ist die Tatsache, dass es sich um eine freiwillige Reise handelt. Was verschieden ist, ist die Tatsache, dass die eine Reise regulär stattfindet, die andere nicht, dennoch muss Menschenschmuggel als eine Form des Reisens betrachtet werden. Schließlich gibt es beträchtliche Unterschiede innerhalb des Menschen-

---

[39] Eine Internetrecherche ergab, dass es nur 35 Reisebüros gibt, von denen die meisten auf westliche Besucher im Lande ausgerichtet sind (siehe http://www.budgettravel.com/albania.htm, aufgerufen Januar 2004).

schmuggels, beispielsweise anhand des Ausmaßes der kriminellen Energie. Während sich einige auf die Übertretung von Einwanderungsgesetzen beschränken, gefährden andere Menschenleben.

10. Abschiebungen, Rückführungen, Repatriierungen, Ausweisungen

Im deutschen Sprachgebrauch wird in der Regel zwischen Abschiebungen, also rechtstaatlich legitimierten Prozessen und Deportationen, also diktatorischen Politiken, unterschieden. Deportationen werden demnach vor allem mit der Deportation von Juden aus dem Dritten Reich sowie später aus den besetzten Gebieten assoziiert, und darüber hinaus mit der Nationalitätenpolitik Stalins. Im angelsächsischen Sprachraum wird diese Unterscheidung nicht gemacht, selbst offizielle Dokumente sprechen von *"deportation"*. Darüber hinaus wird eine Reihe weiterer Konzepte verwendet, die vor allem den unterschiedlichen juristischen Charakter der erzwungenen Ausreise von Ausländern markieren. Allerdings sind die Übergänge zwischen den verschiedenen administrativen Kategorien (engl.: *deportation, removal, repatriation, readmission, return*; dtsch.: Deportation, Abschiebung, Ausweisung, Rückführung, freiwillige Rückkehr) fließend und die Abgrenzungen dementsprechend verwaschen. Teils werden die härteren Bergriffe verwendet, um etwa eine Verwaltungsentscheidung zu skandalisieren, oder aber es werden die weicheren Begriffe verwendet, um etwa den wirklichen Charakter von Verwaltungsentscheidungen zu verwischen. Zudem wird der politische und administrative Druck auf Migranten im Zuge von groß angelegten Abschiebungspolitiken häufig so groß, dass nicht wenige, ja vielleicht sogar der Mehrheit der Zielgruppe relativ freiwillig ausreist. Die tauchen dementsprechend nicht in den Abschiebungsstatistiken auf.

Abschiebungen, Rückführungen, Ausweisungen oder Deportationen sind ein konstitutiver Bestandteil der Politik von Nationalstaaten. Sie illustrieren die Souveränität eines Staates über das Staatsterritorium und den Anspruch darüber zu entscheiden wer sich auf diesem Territorium aufhalten darf. Schon bereits die Gründungsgeschichte zahlreicher moderner Nationalstaaten, wie etwa Polens, Griechenlands, Bulgariens, der Türkei, Ugandas oder Ghanas ging häufig mit der Deportation von im neuen Staat unerwünschten Bevölkerungsgruppen einher. Entweder wurden Bevölkerungen aus den neuen Nachbarstaaten in den neu gegründeten Staat deportiert, oder aber Bevölkerungen aus dem neu gegründeten Staat wurden in die Nachbarstaaten deportiert. Nicht selten ging dies mit der Ermordung unerwünschter Bevölkerungsgruppen einher.

Unerwünschte Bevölkerungs- oder soziale Gruppen wurden ganz verschieden definiert, beispielsweise als ethnische, kulturelle oder religiöse Minderheiten, als politisch unerwünschte Gruppen (Gewerkschaftler, Kommunisten, Anarchisten) oder aber als moralisch unerwünschte Gruppen (allein stehende Frauen, allein erziehende Mütter, Vagabunden). Heutzutage dürften Abschiebungen ebenso zur Tagesordnung gehören, wie Migration an sich.

Aus den OECD-Staaten wurden, soweit sich dies aus den lückenhaften Zahlen rekonstruieren lässt, seit 1990 mindestens 6,3 Millionen Menschen abgeschoben. Obwohl die Zahlen aus den verschiedenen Staaten nicht vergleichbar sind, weil unterschiedliche Maßnahmen bezeichnet werden, und obwohl für verschiedene

Staaten, beziehungsweise Jahre keine Angaben zu bekommen waren, muss wohl davon ausgegangen werden, dass die tatsächlichen Zahlen noch um einiges höher liegen. Innerhalb der EU ist von jährlich rund 380.000 Abschiebungen die Rede.
„The commission has published figures suggesting that of 662.046 orders for deportation an annual 225.000 removals actually took place – a ratio of three to one"[40].

Tabelle 7.3: Abschiebungen aus den OECD-Staaten

Griechenland	1991-2002	2.500.000
USA	1991-2003	1.454.121
Deutschland	1990-2002	800.000
Großbritannien	1990-2002	250.000
Frankreich	1998-2001	38.100 (+ 396.000 Fälle assistierter Ausreise) *
Italien	2000-2001	267.100*
Niederlande	1998-2000	214.900*
Ungarn	1998-2001	126.000*
Schweiz	1998-2003	33.246** (+ 150.511 festgenommene illegal Eingereiste)

* OECD 2004 (Sopemi 2003)
** Bundesamt für Migration. 2004. Bericht zur Illegalen Migration. Bern: BfM
** Aus Kanada, Australien, Japan, Spanien, Neuseeland und Polen wurden 2001 weitere 77.145 Personen abgeschoben.

Eine weitere Datenquelle, die zur Ermittlung der Abschiebungen aus Europa herangezogen werden kann, ist das Schengen Informationssystem (SIS). Dort werden unter anderem alle Ausländer erfasst, die aus einem der Schengen-Staaten abgeschoben oder ausgewiesen wurden und deren Wiedereinreise unerwünscht ist, die also mit einem Bann („ban") belegt sind. Die italienischen Zahlen sind unter anderem deshalb die höchsten in Europa, weil ein Wiedereinreiseverbot für 10 Jahre verhängt wird und die Gesamtzahl der unerwünschte Ausländer schnell akkumuliert. In Deutschland sind es dagegen bei Abschiebungen 2-3 Jahre (siehe Aufenthaltsgesetz, § 11), bei Ausweisungen allerdings länger[41].

Tabelle 7.4: Ausländer mit Einreiseverbot in die Schengenstaaten

EU	778.886
Italien	335.306
Deutschland	267.884
Griechenland	58.619
Frankreich	52.383

Quelle: Statewatch News 2005[42], Stand 1.2.2003

---

[40] Siehe http://www.eupolitix.com/EN/News/200509/b23e5505-3a85-4394-9693-841fd0e27ccd.htm, aufgesucht am 15.9.2005.
[41] In beiden Fällen sieht das Gesetz keine konkreten Zeiträume vor, praktisch lässt sich aber nach Auskunft von Anwälten eine Wiedereinreise nach Abschiebung nach zwei bis drei Jahren erwirken, wenn (1) die Kosten der Abschiebung bezahlt wurden und (2) ein Rechtsanspruch auf eine Aufenthaltserlaubnis, beispielsweise aufgrund eine Ehe oder eines in Deutschland lebenden Kindes besteht. Nach einer Ausweisung ist dies jedoch weitaus schwieriger, in jedem Fall aber Verhandlungssache.
[42] Statewatch News online, 2.5.2005, http://www.statewatch.org/news/2005/apr/08SISart96.htm.

Ganze Gruppen wurden aus Europa ausgewiesen, insbesondere Sinti und Roma, Flüchtlinge aus dem ehemaligen Jugoslawien (220.000, FFM, 1995) und dem Kosovo, sowie andere Gruppen, darunter insbesondere unerwünschte Flüchtlinge und Asylsuchende (siehe Fekete, 2005).

Aus *Deutschland* wurden zwischen 1990 und 2002 414.663 Personen abgeschoben, etwa die Hälfte davon abgelehnte Asylsuchende, und etwa ebenso viele zurückgeschoben, also insgesamt rund 800.000 Menschen (verschiedene Quellen des Bundesgrenzschutzes). Damit haben sich die Zahlen seit 1990 etwa verdreifacht. Eine etwa gleich große Zahl wurde bereits an den Grenzen zurückgewiesen. In *Großbritannien* wurden im gleichen Zeitraum etwa 250.000 Menschen abgeschoben sowie 180.000 an der Grenze abgewiesen (1990-1998, in diesem Zeitraum haben sich die Zahlen versiebenfacht) (Home Office, 2001), in den *Niederlanden* waren es zwischen 1991 und 2000 131.000 abgelehnte Asylsuchende und aus *Griechenland* wurden allein zwischen 1991-2002 2,5 Millionen Migranten abgeschoben, überwiegend illegale Migranten aus Albanien (Fakiolas, 2002: 85).

Aus den *USA* wurden 1995 etwa 60.000 und 1998 172.500 Menschen abgeschoben, seither pendeln die Zahlen zwischen jährlich 150.000 und 185.000 Menschen, darunter überwiegend Mexikaner. Insgesamt wurden zwischen 1991 und 2003 1.454.121 Millionen Menschen abgeschoben. Seit 1991 hat sich die Zahl der jährlichen Abschiebungen damit verfünffacht. Während dies bis 1995 noch jeweils mindestens zur Hälfte Straftäter waren, sind es seit 1998 überwiegend undokumentierte Migranten (Office of Immigration Statistics, 2005).

In Asien wurden aus *Thailand* zwischen 300.000 (2000) bis zu 1,5 Millionen Migranten (2003) nach Burma und Bangladesch abgeschoben, während Süd-Korea etwa 270.000 Menschen abschob. Die *Malaysische* Regierung hatte 2004 die Abschiebung von Hunderttausenden bis zu über einer Millionen überwiegend so genannter illegaler Migranten angekündigt. *Saudi Arabien* schiebt jährlich etwa 350.000 – 450.000 Migranten ab, aber zu Beginn des Golfkrieges 1991 wurden bis zu einer Millionen Jemeniten ausgewiesen, weil sich dessen Regierung auf die Seite des Iraks gestellt hatte (Castles und Miller, 2003: 130). Aus den *Arabischen Emiraten* wurden 1996 in einem Zeitraum von nur drei Monaten 160.000 Personen abgeschoben (Castles und Miller, 2003: 160).

Adepoju (1995: 167) geht in *Afrika* sogar von einer Ära der Massenausweisungen aus und weist auf mindestens 23 Massenausweisungen in 16 Staaten zwischen 1958 und 1996 hin. Diese wurden beispielsweise 1958 und 1964 in der Elfenbeinküste, 1967 im Senegal und in Kamerun, 1968 in Sierra Leone sowie in Guinea, 1969 in Ghana, 1970 und 1973 in Zaire, 1971 in Sambia, 1972 in Uganda, 1974 in Äquatorial-Guinea, 1977 sowie 1978-1981 in Kenia, 1978 in Burundi, 1979 im Tschad, 1983 und 1985 in Nigeria, 1983 in Liberia sowie regelmäßig seit Anfang der 1990er Jahre in Südafrika vollstreckt.

Tabelle 7.5: Abschiebungen, Rückführungen, Ausweisungen in Afrika

Burundi	1978	40-50.000	Zaire
Ghana	1969	500.000	Nigeria
Sambia	1971	150.000	Zaire, Zimbabwe, Tansania, Somalia
Uganda	1972	50.000	Inder
Nigeria	1983-85	1,5 – 2 Millionen	Ghana, Niger, Kamerun, Togo, Benin
Senegal	1989	170.000	Mauretanien
Mauretanien	1989	70.000	Senegal
Kongo	1991	750.000	Zaire
Südafrika	1995/96	340.000	Mocambique
Libyen			Ägypten

In Südafrika werden seither jährlich über 72.000 Menschen abgeschoben, Mocambique ist eines der Hauptziele von Abschiebungen (*Taz*, 17.5.2005). In jüngster Zeit mehren sich die Anzeichen, wonach die nordafrikanischen Staaten (Marokko, Algerien, Libyen), auf Druck der EU so genannte Transitmigranten in ihre Herkunftsländer abschieben, um ihrer möglichen Weiterreise nach Norden vorzubeugen.

Diese Beispiele zeigen, dass Abschiebungen ein inhärentes Element moderner Migrationspolitik, aber auch gegenwärtiger Migrationsbewegungen sind. Allein aus Westeuropa sind seit 1990 mehrere Millionen Migranten abgeschoben worden. Abschiebungen haben eine wichtige politische Funktion: sie signalisieren bestimmten Gruppen, dass sie unerwünscht sind, die Zahl derer, die daraufhin selbsttätig ausreist, muss im Zusammenhang mit den vollstreckten Abschiebungen gesehen werden.

8. DIE SOZIALEN KONSEQUENZEN VON MIGRATION

1. Konsequenzen der Migration

Migration hat weit reichende Konsequenzen. Diese sind zu unterscheiden nach Konsequenzen für die Individuen, die sendenden und die aufnehmenden Gesellschaften. Diese Konsequenzen werden überwiegend im Rahmen von Demographie und Ökonomie, von Urbanisierung und sozialem Wandel, und von Entwicklungsprozessen untersucht. Ein Strang in der Literatur konzentriert sich überwiegend auf die ökonomischen Aspekte, die negativen und positiven Auswirkungen auf Sende- und Empfängerstaaten, einschließlich der Arbeitsmarkteffekte, ‚Brain Drain', die Konsequenzen für das Steueraufkommen und die Auswirkungen auf die sozialen Sicherungssysteme sowie allgemein auf die demographischen Effekte. Ein anderer Strang befasst sich mit den sozialen und kulturellen Konsequenzen, insbesondere die Probleme der Integration von Migranten einschließlich der politischen Entgegnungen auf Zuwanderungen, aber auch auf den Wandel von Frauenrollen. In jüngster Zeit sind auch verstärkt Gesundheits- sowie Sicherheitsfragen aufgeworfen worden. Oft sind es allerdings die negativen Auswirkungen, beziehungsweise Befürchtungen derselben, denen die größte Aufmerksamkeit gewidmet wird. Im Folgenden sollen einige Aspekte beispielhaft benannt werden.

1.1 Demographischer Wandel

In demographischer Hinsicht verändert Migration sowohl die Verteilung, Zusammensetzung und Charakteristika von Bevölkerung, als auch deren Entwicklung. Migration führt häufig zur Konzentration von Bevölkerung, etwa in Städten oder bestimmten Staaten. (i) Migration in Form von Land-Stadtwanderungen ist einer der wesentlichen Faktoren der Urbanisierung gewesen. Inzwischen aber übersteigt das natürliche Wachstum der Städte das Wachstum durch Migration, Urbanisierung ist also in den meisten Teilen der Welt, nicht jedoch in Europa, wo die Stadtbevölkerung aufgrund einer allgemeinen Bevölkerungsabnahme sinkt, zu einem Selbstläufer geworden. (ii) Migration ist einer der wesentlichen Faktoren der Industrialisierung gewesen, Bergbau und Fabriken, das Entstehen massenhaften Abbaus von Rohstoffen sowie der industriellen Massenfertigung basierte auf der Massenmigration in die entstehenden urbanen Konglomerationen, etwa dem MidWest um Birmingham herum, dem Ruhrgebiet, dem MidWest in den USA um Detroit und Chicago herum. Und auch die *„global cities"* wie London, New York, Paris, und Madrid, sowie der neuen Zentren Hongkong, Singapur, Sao Paolo, Lagos, Bombay/Mumbay, Shanghai etc. basieren auf der Migration. (iii) Migration führt zu einer Abnahme des natürlichen Bevölkerungswachstums, und zwar sowohl in den Herkunftsregionen, wo die jungen, Nachwuchs zeugenden Menschen weniger werden, als auch in den Städten, wo unter anderen Bedingungen weniger Nachwuchs sinnvoll erscheint. (iv) Migration kann einen Ausgleich zwischen demographisch alternden und demographisch jungen Gesellschaften einleiten, indem etwa junge Menschen in die vor allem westlichen europäischen, osteuropäischen und russischen alternden und schrumpfenden Gesellschaften hinein migrieren (*replacement migration*).

1.2 Geographische Mobilität und soziale Mobilität

Die geographische Mobilität, also der Wechsel des Wohn-/Aufenthaltsortes und die soziale Mobilität, also der Statuswechsel stehen in einer komplexen und interdependenten Relation zueinander. Anstatt nur einer Regel sind diverse, und oft sogar entgegengesetzte, Muster festzustellen. (i) Häufig gehen der Migration ein sozialer Abstieg voraus – etwa Arbeitslosigkeit, Bankrott, Verschuldung – oder ein Einbruch der familiären Verhältnisse, eine Scheidung etwa. (ii) Nicht minder häufig geht aber auch die Migration mit einem sozialen Abstieg einher, etwa wenn Krankenschwestern putzen gehen, Lehrer Taxi fahren oder Abteilungsleiter Hemden bügeln. (iii) Migration kann aber zugleich zu einer Verbesserung des Status im Herkunftsort führen, wenn nämlich die Überweisungen eintreffen, und die Familie sich Konsumgüter, ein neues großes Haus, also allgemein Statussymbole anschafft. (iv) Ebenso besteht aber die Gefahr, dass die in die migrierende Person gesetzten Erwartungen frustriert werden, weil die keinen Erfolg hat oder die Überweisungen niedrig ausfallen oder gar nicht eintreffen. Dann werden die Zurückgeblieben, nun um ein Einkommen reduziert, womöglich sozial absteigen, gewiss aber im Ansehen der Gemeinschaft sinken. (v) Vielfach besteht die Perspektive der Migranten jedoch darin, nicht primär sich, sondern vor allem ihren Kindern bessere Chancen, also den sozialen Aufstieg zu ermöglichen. Der erfolgt dann mit einer zeitlichen Verzögerung von mindestens einer Generation. (vi) Je nach Prädisposition der aufnehmenden Gesellschaft kann dieser Aufstieg aber aufgrund von Diskriminierung und strukturellem Rassismus blockiert sein. Dann wird die sozial marginalisierte Position eine dauerhafte. (vii) Differenziert man die Frage der sozialen Mobilität nach Herkunftsland und Aufnahmeland, so lässt sich häufig feststellen, dass Migranten zwar im Aufnahmeland einen sozialen Abstieg erleben und beispielsweise in die „Klasse der ausländischen Hilfsarbeiter" absteigen, im Herkunftsland aber aufgrund der Überweisungen und Investition ein sozialen Aufstieg ermöglicht wird. Erst eine solche transnationale Perspektive enthüllt den ganzen Zusammenhang zwischen Migration und sozialer Mobilität.

1.3 Die Integration und Inklusion von Migranten

Die sozialen Konsequenzen demographischer Neuzusammensetzung und sozialer Mobilität lassen sich am Besten anhand der komplexen Aufnahmeprozesse von Migranten in den Aufnahmestaaten darstellen. Internationale Migration resultiert in der dauerhaften Begegnung von Menschen mit ganz unterschiedlichen sozialen, kulturellen und äußeren Merkmalen. Diese Begegnung kann in drei Schritten – Kontakt, Konflikt, Adaption – erfolgen (Berry, 1980) und in anschließender Kohabitation münden – von Zusammenleben zu sprechen, ist in diesem Zusammenhang oft zu weitgehend. Der Inkorporations-, beziehungsweise Integrationsprozess beginnt mit der Ankunft der Migranten im Aufnahmestaat. Er weist zwei wesentliche Akteure auf, (i) die Migranten sowie deren Organisationen, (ii) die Aufnahmegesellschaft sowie deren Institutionen, während (iii) die Regierungen der Herkunftsstaaten eine, wenn überhaupt, nur untergeordnete Rolle spielen. Integration ist also ein interaktiver Prozess von allerdings ungleichen Partnern und involviert sowohl Individuen als auch Kollektive. Sie hängt von der Offenheit oder Geschlossenheit, also den entweder inklusiven oder exklusiven Praktiken der Mehrheitsgesellschaft ab und hat eine politisch-rechtliche, eine materiell-ökonomische und eine soziale Dimension. Sie lässt sich sehr gut anhand separater Untersuchungen der Integration in die verschiedenen sozialen Systeme Arbeitsmarkt, politische Sphäre, wohlfahrtsstaatliche Sphäre (Bildung, Gesundheit, soziale Dienste), Wohnungsmarkt, zivilgesellschaftliche Sphäre und soziale Sphäre analysieren (siehe z.B. Bommes, 1999). Integration ist allerdings ein ebenso normativer, wie politisch aufgeladener Terminus. Weil er die unvoreingenommene Auseinandersetzung mit dem Untersuchungsgegenstand erschwert, wird im Wissenschaftsdiskurs deshalb alternativ zunehmend von Inklusion sowie von Diversität gesprochen.

Inklusionsprozesse verlaufen entlang einer Vielzahl verschiedener Muster und können je nach Staat, Region, Migrantengruppe, Religion, Geschlecht und Alter verschieden verlaufen. Schließlich muss zwischen politischer und sozialer Inklusion – man könnte auch sagen formeller und informeller Inklusion- differenziert werden, also zwischen den rechtlichen Rahmenbedingungen der Inklusion von Migranten, ihrem Recht auf Zugang zu politischen und sozialen Rechten sowie ihrer Inklusion in die sozialen Strukturen, wie etwa Vereinen, Nachbarschaften, Gewerkschaften und so weiter, also allen Formen der friedlichen Kohabitation, Kommunikation und Zusammenarbeit.

In Anhängigkeit von der jeweiligen nationalen Identität und politischen Kultur werden Immigranten entweder weitgehend politisch und rechtlich gleichgestellt oder aber dauerhaft politisch ausgegrenzt. Der Rahmen, innerhalb dessen die politische Inklusion von Migranten diskutiert wird, wird von den Themenkomplexen Mitgliedschaft (*membership*) und Bürgerschaft (*citizenship*) gebildet.

Integration kann als Einbahnstrasse verstanden werden, Migranten passen sich an die aufnehmende Gesellschaft an und werden assimiliert, oder aber als zweispuriger Prozess, in dessen Verlauf sich Migranten und aufnehmende Gesellschaft *aneinander* anpassen.

Die unterschiedlichen Resultate werden anhand verschiedener Integrationstheorien dargestellt:
- Assimilation (Hoffman-Nowotny, 1973), Migranten geben ihre kulturelle Identität auf;
- Akkulturation (Berry, 1980, siehe auch Esser, 1979), Migranten behalten ihre kulturelle Identität bei, nehmen aber aktiv an der aufnehmenden Gesellschaft teil;
- Marginalisierung, soziale Ausgrenzung (Heckmann, 1981),
- Segregation, räumlicher Ausdruck der Marginalisierung (Massey, et al., 1994).

Jedes dieser Konzepte basiert auf spezifischen historischen Beobachtungen, etwa der spurenlosen Assimilation der diversen europäischen Migranten in die USA, der Stadtteile mit hohen Ausländeranteilen in den USA, Frankreich und Großbritannien oder den nach wie vor sichtbaren außereuropäischen Minderheiten in Europa.

Das Ergebnis sind dementsprechend verschiedene Umgangsformen mit Migration, beziehungsweise gesellschaftliche Modelle:

- Die Nation, nach diesem republikanisch geprägten Modell verschmelzen Migranten und Einheimische zur einer universalistischen nationalen Gemeinschaft (Favell, 1998), wie etwa in dem Schmelztiegel (*melting pot*) USA oder im kosmopoliten Frankreich.
- Die multikulturelle Gesellschaft, die von vielen kulturell voneinander unterscheidbaren Gruppen gebildet wird (Kymlicka, 1995), wie etwa in Großbritannien. Eine Variante dessen ist die „Gemeinschaft der Gemeinschaften", Menschen organisieren sich in unterschiedlich definierten Gemeinschaften und bildet zusammen die Gesellschaft (Parekh, 2000).
- Das ethno-kulturelle Volk, welches unterscheidet zwischen auf Blutbande und Abstammung basierender Zugehörigkeit und den dauerhaft ausgegrenzten ‚Anderen', den ‚Ausländern', wie etwa in Deutschland[43].

Während die beiden ersten Modelle zu Grunde legen, dass Individuen, also Migranten, ihre Zugehörigkeit prinzipiell frei wählen können, weshalb sie als liberal charakterisiert werden können, basiert das dritte Modell auf der Annahme, dass man in eine Zugehörigkeit quasi unwiderruflich hineingeboren wird, weshalb es als ‚deterministische' betrachtet werden muss (Favell, 1998: 64).

Die spuren- und problemlose Integration erregt nur selten die Aufmerksamkeit der Öffentlichkeit und nicht viel häufiger die der Wissenschaft. Da beide überwiegend auf Probleme reagieren und aktiv werden, wird Integration vor allem mit dessen problematischen Aspekten assoziiert. Die können auftreten, wenn (i) die Abwehr der aufnehmenden Gesellschaft zu groß wird, wenn (ii) Migranten die Integration ihrerseits ablehnen, oder wenn (iii) die Politik entweder gar nicht handelt, oder aber die protektionistischen Aspekte betont, in jedem Fall aber nicht die öffentliche Meinung und Erziehung dahin gehend steuert, dass das friedliche Zusammenleben von bereits ansässigen sowie neu hinzu kommenden Bevölkerungsgruppen, von sesshaften und mobilen Bevölkerungen, beziehungsweise von verschiedenen Kulturen und Religionen gefördert wird.

Weiterführende Literatur
Bauböck, Rainer, Heller, A.; Zolberg Aristide R. 1996. *The Challenge of Diversity: Integration and Pluralism in Societies of Immigration.* Aldershot: Avebury.
Favell, Adrienne. 1998. *Philosophies of integration.* Houndmills: Macmillan.
Triandafyllidou, Anna. 2001. *Immigrants and National identity in Europe.* London, Routledge.
Migrations- und Integrationsbeauftragte der Bundesregierung. *Bericht zur Lage der Ausländerinnen und Ausländer in Deutschland,* jährlich,
   http://www.integrationsbeauftragte.de/download/LageberichtInternet.pdf

---

1.4 Migration und Rassismus
Rassismus wird allgemein als eine Form der Ausgrenzung, Stigmatisierung und Ungleichbehandlung (Diskriminierung) von Menschen anhand von biologisch, kul-

---

[43] Seit Einführung eines neuen Ausländerrechts, welches die Einbürgerung von Ausländern erleichtert, ist hier allerdings eine Mischform eingeführt worden.

turell, religiös oder politisch konstruierten Unterschieden verstanden[44]. Unterschieden wird üblicherweise zwischen dem individuellen Rassismus und dem strukturellen und institutionellen Rassismus.

„Whereas individual racism is the expression of personal prejudice, institutional racism is the expression of a whole organization's racist practice and culture" (Institute of Race Relations, ohne Datum).

„Rassismus beschreibt ein *System* ungleicher Macht" (Gordon and Newnham, 1983: 1) und, so muss hinzugefügt werden, Ressourcenverteilung, und bezeichnet vor allem soziale und nicht zwischenmenschliche Beziehungen und Verhältnisse.

„Rassismus war schon immer ein Instrument zur Diskriminierung von Menschen, und Diskriminierung war schon immer ein Instrument zur Ausbeutung von Menschen. In diesem Sinne ist Rassismus seit jeher in den ökonomischen Zwängen des kapitalistischen Systems verwurzelt. Aber Rassismus drückt sich zuallererst als kulturelles Phänomen aus, der kulturelle Rassismus dient der ökonomischen Ausbeutung. Zusammenfassend ist zu sagen, dass Rassismus von ökonomischen Imperativen bestimmt, aber kulturell vermittelt wird" (Sivanandan, 2003: 189).

Rassismus befindet sich in beständiger Veränderung, insofern ist nicht von einem Rassismus, sondern von diversen Rassismen zu sprechen. Rassismus ist kein starres Prinzip, sondern nimmt unter verschiedenen historischen Bedingungen je verschiedene Formen an (siehe Solomos und Gilroy, 1982; Hall, 1978).

Castles, der dieses analytische Konzept auf die Untersuchung von Migrationspolitik anwendet, schlussfolgert (2000: 177), *„die Rekrutierung von Migrationsarbeit beinhaltet regelmäßig rassistische Praktiken: die Trennung zwischen Staatsbürgern und Nicht-Staatsbürgern, oder zwischen der dominierenden ethnischen Gruppe und den Minderheiten sind Wege, den Arbeitsmarkt zu segmentieren und die Löhne zu drücken".*

Der Einfluss von rassistischem Denken lässt sich sowohl in der Migrationspolitik und -kontrolle, also der Auswahl der Migranten, als auch dem Umgang mit Migranten und indigenen Völkern innerhalb des Landes beobachten. In den USA, Kanada und Australien wurden bis in die 1960 Jahre hinein nur Migranten aus Europa aufgenommen, also aufgrund ihrer Ethnie zugelassen (siehe Körner, 1990: 137, 151), und in Deutschland, Japan, Griechenland und der Türkei werden bis heute Migranten der gleichen ethnischen Herkunft privilegiert behandelt. In den klassischen Kolonialmächten, wie etwa Großbritannien, Frankreich und den Niederlanden, wo die Migranten zunächst aufgrund ihrer Zugehörigkeit zu den jeweiligen Empires die volle Staatsbürgerschaft hatten, basierte die Unterscheidung sowohl auf phänotypischen Merkmalen, wie auch der Unterstellung, ‚Schwarze' hätten einen minderwertigen Charakter, beziehungsweise eine minderwertige Kultur.

---

[44] Siehe auch die UN Durham Declaration, 8. September 2001, „racism, racial discrimination, xenophobia and related intolerance occur on the grounds of race, colour, descent or national or ethnic origin" (: 5), Rassismus verhindert demnach "equal participation … in economic, social, cultural, civil and political life" (: 3).

Daneben und in den anderen Staaten basierte die Unterscheidung auf der Zuschreibung eines komplizierten Systems von Aufenthaltsstatussen. Die waren und sind mit einem komplexen Satz unterschiedlicher Rechte – Arbeitserlaubnis oder Verbot, Aufenthaltsdauer, Recht auf Familiennachzug, und so weiter – ausgestattet und bilden die Grundlage für diskriminierende Praktiken gegenüber Migranten.

Rassismus manifestiert sich vordergründig am Ausmaß der Gewalt gegenüber Ausländern, Immigranten und ethnischen, kulturellen oder religiösen Minderheiten sowie in den Aktivitäten rechtsradikaler Organisationen und Parteien. Vor allem aber lässt sich Rassismus, genauer gesagt, die Auswirkungen rassistischer Diskriminierung, anhand der sozioökonomischen Charakteristika im Vergleich zwischen der einheimischen Bevölkerung und den ethnischen Minderheiten ablesen. Wenn beispielsweise Arbeitslosigkeit, Sozialhilfebezug oder Wohnungsnotstand unter Ausländer doppelt so hoch ist, wie bei der Mehrheit der Bevölkerung, oder wenn ausländische Jugendliche fünfmal häufiger von der Polizei kontrolliert werden, dann lässt dies auf Rassismus schließen.

Der moderne Rassismus basiert nicht allein auf der Diskriminierung von Menschen mit dunkler Haut. Vielmehr richtet er sich allgemein gegen Ausländer, vor allem aber gegen arme Ausländer, insbesondere „gegen alle neuen Flüchtlinge, Vertriebene und Entwurzelte". Während in Deutschland auch die hochgebildeten „Computer-Inder" diese Ablehnung zu spüren bekommen – „[deutsche] Kinder statt Inder" hieß es dementsprechend provokativ von Seiten einiger deutscher Politiker -, sind sie in den USA, Kanada und Großbritannien hochwillkommen. Die volle Wucht rassistischer Ausgrenzung und Diskriminierung richtet sich eher gegen die mobilen Unterklassen. Deshalb spricht Sivanandan (2003; 175) von gegen Ausländer gerichtetem „Xeno-Rassismus" und die Arbeitsstelle Neonazismus (ohne Datum) von „Sozialrassismus".

> Weiterführende Literatur
> Institute of Race Relations, diverse Veröffentlichungen, siehe http://www.irr.org.uk/index.html.
> United Nations World Conference against Racism, 2001, http://www.un.org/WCAR/.

1.5 „Brain drain" versus „brain gain"

Lange Zeit wurde die Abwanderung von Hochqualifizierten als eine Einbahnstrasse zum Nachteil der Entwicklungsländer betrachtet. Mittlerweile hat sich die Perspektive etwas verschoben und es werden auch die möglichen Vorteile für die Herkunftsstaaten hervorgehoben. Deshalb wird inzwischen diskutiert, ob die (wiederholte) Migration und anschließende Rückkehr (oder Weitermigration) von Fachkräften nicht vielmehr einer „brain circulation" zum Wohle aller involvierten Gesellschaften sei, die politisch zu fördern wäre.

Konventionellerweise wurde problematisiert, ob es sich beim Wegzug von qualifizierten Migranten insbesondere aus Entwicklungsländern um „brain drain", also einen Verlust von im Grunde in den Abwanderungsregionen benötigten Fachkräften handelt. Diese Frage wurde unter anderem im Zusammenhang mit der zunehmenden Nachfrage nach Fachkräften in den Ölförderstaaten seit den 1970er Jahren gestellt und der sich insgesamt verschobenen Nachfrage von unqualifizierten zu qualifizierten Arbeitskräften (siehe Kapitel zur Elitemigration, außerdem Abella, 1984; Lowell und Findlay, 2001). Diese Annahme basiert auf Beobachtungen wonach beispielsweise 20-30 Prozent aller Mediziner in den USA, Kanada und Großbritannien im Ausland ausgebildet worden sind, überwiegend in Entwicklungsländern (OECD, 2002a). Und auch rund eine halbe Millionen in Asien geborene Techniker und Ingenieure lebten 1997 in den USA (Lucas, 2001; zum „brain drain" aus Südafrika siehe auch McDonald und Crush, 2002). Dieses plakative Konzept unterstellt allerdings, dass die Auswanderung von Fachkräften dauerhaft sei, speist sich also aus historischen Vorstellungen, als Migration eine überwiegend endgültige Entscheidung war. Im Zeitalter zunehmender Mobilität kann dies aber nicht mehr angewendet werden. Dem unilateralen Bild wird deshalb inzwischen entgegen gehalten, es könnte sich auch um *„brain exchange"*, also den Austausch von Fachkräften handeln, da ja auch in Entwicklungsländern ausländische Fachkräfte tätig werden, oder gar um *„brain gain"*, also einen Zuwachs an Fachwissen, insofern zu beobachten ist, dass nicht wenige dieser emigrierenden Fachkräfte zu einem späteren Zeitpunkt, und mit einem größeren Erfahrungsschatz in die Herkunftsregionen zurückkehren. So weisen Hermann und Hunger (2003: 94-95) auf den Technologie- und Humankapitaltransfer in die Entsendestaaten, wie etwa Indien, China und Taiwan hin. Tatsächlich mehren sich die Kenntnisse, wonach migrierende Fachkräfte zu einem späteren Zeitpunkt an den Ausgangsort zurückkehren, dort Unternehmen gründen und maßgeblich zum Wachstum neuer Industrien beitragen (ebenda, siehe auch OECD, 2002b).

Andere weisen darauf hin, dass deshalb sowohl die Zielstaaten von Expertenmigration, wie auch die Herkunftsstaaten von der Expertenmigration profitieren, dass also besser von *„brain circulation"* zu sprechen wäre (Saxenian, 2002; Tefarra, 2004), die einer *‚win win situation'* für alle Beteiligten entspräche.

Zudem ist zu bedenken, das *„brain drain"* nur dann denkbar wäre, wenn in einem Staat genau jene Zahl an Fachkräften ausgebildet wird, die dort auch benötigt wird, wenn dann ein Teil davon auswandert, kommt es tatsächlich zu einem Verlust und einem Mangel. Wenn aber in einem Staat mehr Fachkräfte ausgebildet werden, als dort einen Arbeitsplatz finden können, und diese dann abwandern, kann nicht von *„brain drain"* gesprochen werden. Vielmehr werden gut ausgebildete Fachkräfte zu einem Exportgut. Insbesondere asiatische Staaten, wie etwa Indien, die Philippinen, Malaysia, Pakistan und zunehmend auch Thailand und Bangladesh setzen auf diese Karte (siehe Abella, 1997). Beispielsweise haben Desai et al. kalkuliert, dass Indien durch Auswanderung zwar 0,2-0,6 Prozent seines Bruttosozialproduktes (BSP) verliert, während der Wert der Remittances allerdings rund 2,1 Prozent des BSP entspricht. Migration generiert also einen Nettozuwachs von mindestes 1,5 Prozent des BSP.

1.6 Migration und Sozialer Wandel

Migration ist eine der stärksten Kräfte sozialen Wandels. Dort, wo sie wirksam wird, hat sie einen signifikanten Einfluss auf soziale, demographische und ökonomische Transformationsprozesse. Wanderungsbewegungen verändern kontinuierlich das soziale Gesicht der Erde. Durch Migration werden Bevölkerung und Arbeitskraft von Regionen, Städten und Staaten diversifiziert und neu zusammengesetzt. Politische Grenzen werden übertreten und obsolet, politische Projekte unterminiert. Migration ist die Quelle der fortschreitenden Urbanisierung der Welt und hat das Gesicht der Städte dieser Welt nachhaltig verändert. In allen großen Städten dieser Welt spiegelt sich die Vielfalt der globalen Bevölkerung wieder. Migration ist in der Regel unumkehrbar: so ist es nicht vorstellbar, dass die Afroamerikaner oder die Mennoniten die USA, die Weißen Australien, die britischen Asiaten England oder die Türken Deutschland wieder verlassen. Diese Gruppen gehören zu den Bevölkerungen der Territorien, in denen sie leben. Migration ist eine Triebkraft kultureller und ökonomischer Entwicklung. Die Migration von Menschen ist nicht zuletzt die Migration von Wissen, Erfahrung und Kultur. Diese Konsequenz der Migration reicht von der Weitergabe des Wissens um die Herstellung von Steinbeilen während der Steinzeit, der arabischen Schriftzeichen im frühen Mittelalter, über die Verbreitung der Pizza bis hin zu Computerprogrammen. Mit der Migration im 19. Jahrhundert hat die Idee des Sozialismus Einzug in den USA gehalten und im 20. Jahrhundert der Islam in Nordeuropa. Es ist, so mahnen Castles und Miller (2003: 153) unangemessen, Migration als ein isoliertes soziales Phänomen zu betrachten, vielmehr ist Migration „eine Facette sozialen Wandels und globaler Entwicklung", aber auch von sozialen Konflikten und Klassenkämpfen. Migrationen sind ein integraler Bestandteil der Entwicklung der Menschheit.

2. Migration und Entwicklung

Erst in jüngster Zeit haben sich Wissenschaft und Politik mit dem Zusammenhang von Migration und Entwicklung befasst. Während lange davon ausgegangen wurde, dass Migration eine Konsequenz von Unterentwicklung und Armut sei, wird stattdessen inzwischen die Frage gestellt, welchen Einfluss Migration auf Entwicklung und Armutsverminderung hat. Außerdem wurde angenommen, dass Entwicklungspolitik Migration steigert, weil zum Beispiel die Erwartungen zunehmen, weil erst dadurch die Ressourcen zur Verfügung stehen, die zur Migration benötigt werden, und weil die sich entwickelnden *Communities* Migranten aussenden, um für die notwendigen Überweisungen aus dem Ausland zu sorgen (Ascensio, 1990). Inzwischen wird allerdings vielmehr die Frage gestellt, inwiefern Entwicklung den Druck mindern kann, aufgrund dessen sich Menschen zur Migration genötigt sehen. Man neigt zunehmend zu der Annahme, dass Migration eine Quelle von Entwicklung ist.

Mittlerweile haben Van Hear und Sørensen (2003) einen von UN und IOM veröffentlichten Sammelband herausgebracht, in dem sie „das Potential von Migration für die Entwicklung auf lokaler, nationaler und internationaler Ebene untersuchen" (: 1). Bei diesem Thema geht es, erstens, um den Einfluss, den Diasporas auf die Entwicklungen in ihrem Herkunftsstaat haben sowie um transnationale Aktivitäten von Migranten, und in diesem Zusammenhang um Migranten- und Entwicklungshilfeorganisationen. Zweitens geht es um Armut und Politiken zur Armutsbekämpfung sowie darum, wie sichergestellt werden kann, dass die Armen sowohl von der Globalisierung im Allgemeinen, als auch von Migration im Besonderen profitieren können. Und Drittens geht es um die Beilegung von Konflikten, aufgrund derer Menschen gezwungen werden, ihre Wohnorte zu verlassen. In den Mittelpunkt all dieser Überlegungen sind inzwischen die Überweisungen (‚remittances') von Migranten geraten (Massey et al., 1998, siehe das folgende Kapitel), zunehmend aber geht es auch um Rückkehrpolitiken.

Zu den typischen transnationalen Aktivitäten gehört, dass Migranten, Exilanten und Flüchtlinge als Lobby für die Interessen ihre Landes agieren und beispielsweise dahingehend Einfluss ausüben, dass repressive Regierungen unter Druck oder sogar abgesetzt werden, sie können aus dem Ausland die Opposition in ihrem Land finanziell und politisch unterstützen. Sie können sich den Aufnahmestaaten als Alternative zur herrschenden Regierung präsentieren, oder auch auf den schädlichen Einfluss des Westens, etwa in Form von Waffenlieferungen oder der Unterstützung einer repressiven Regierung Aufmerksam machen. Sie können ihre bloße Anwesenheit als Argument und Druckmittel einsetzen („wir sind hier, weil ihr dort seid"), um die westlichen Regierungen zum Umdenken zu bewegen.

Transnationale Aktivitäten einer eher ökonomischen Art ermöglichen zudem lokale Entwicklungsprojekte in den Herkunftsregion von Migranten, die dort beispielsweise den Bau einer Schule oder medizinische Einrichtung finanzieren (Smith, 2001), vorausgesetzt sie sind ökonomisch erfolgreich. Nicht selten engagieren sich Migranten als Händler und etablieren Geschäftsverbindungen und Handelsrouten oder entwickeln Wege, Geld an korrupten einheimischen Instituten vorbei in ihre Herkunftsländer zu transferieren. In dem Maße allerdings, indem Migranten entweder ökonomisch scheitern oder aber es ihnen sogar untersagt wird, zu arbeiten, wie dies häufig auf Flüchtlinge zutrifft, in dem Maße wird das entwicklungspolitische Potential von Migranten unterminiert.

Aus entwicklungspolitischer Perspektive können Migranten nicht allein als Arbeitskräfte betrachtet werden. Vielmehr müssen sie als Investoren angesehen werden, die enorme Summen in ihre Herkunftsländer überweisen und dort oft auch investieren. Auf der Makroebene trägt dies dazu bei, dass sich die Handelsbilanz des jeweiligen Staates zu dessen Gunsten verschiebt, zum anderen fließen dadurch Devisen ins Land, die von den Regierungen dringend benötigt werden. Aus diesen Gründen haben die Regierungen von Entwicklungsstaaten häufig ein großes Interesse am Fortbestand der Migration. Und auf der Mikroebene heben diese Überweisungen den Lebensstandard in den Empfängergemeinden, reduzieren dort die Armut, kurbeln die Nachfrageseite der Wirtschaft an und tragen, wenn sie produktiv investiert werden, also in Farmland oder ein Unternehmen, zur Verbesserung der Wirtschaftskraft einer Gemeinde bei (Van Hear et al., 2003). Je mehr Migranten verdienen, beziehungsweise sparen können, desto positiver ist dies aus der Entwicklungsperspektive. Allerdings muss bedacht werden, dass arme Migranten, mit einer schlechteren Ausbildung länger brauchen, um die notwendigen Mittel zu verdienen, als dies bei besser Gebildeten aus ohnehin nicht so armen Verhältnissen der Fall ist (Gamburd, 2000).

Diese Skizze impliziert, in welcher Weise Migrations- und Entwicklungspolitik eingesetzt werden könnten, um die Notwendigkeit zur Migration zu verringern. Zum einen könnten Regierungen Migration im Zuge der Entwicklungspolitik unterstützen, insbesondere könnten transnationale Aktivitäten gefördert werden. Darüber hinaus könnten Regierungen den sinnvollen Einsatz der Überweisungen unterstützen und fördern, und schließlich könnten Regierungen sinnvolle Bedingungen für die mögliche Rückkehr von Rückkehrwilligen anbieten, wobei beachtet werden muss, dass man die Gemeinschaften in den Herkunftsregionen nicht ihrer Einnahmequelle in Form der Überweisungen beraubt.

Weiterführende Literatur
Van Hear, Nick; Sørensen, Ninna N. (Hrsg.) 2003. The migration-development nexus. Genf: UN, IOM.

2.1 Remittances

Ein anderer Aspekt, der in der Migrationsforschung, aber mehr noch in der Entwicklungssoziologie eine bedeutende Rolle spielt, sind die so genannten „*remittances*", also Überweisungen des im Ausland verdienten Geldes. Nach Angaben des IWF wurden 2002 80 Milliarden Dollar von Migranten in ihre Herkunftsländer überweisen. Diese Summe dürfte allerdings der Untergrenze der tatsächlichen Überweisungen entsprechen, denn Gelder, die durch informelle Kanäle fließen, per Post oder per Boten versandt oder persönlich übergeben werden, sind nicht berücksichtigt. Tatsächlich könnten es demnach 100 Milliarden Dollar gewesen ein (Addy, et al., 2003). Schon die offizielle Summe entspricht in etwa den weltweiten ausländischen Direktinvestitionen, übersteigt die internationalen Entwicklungshilfe in Höhe von 60 Milliarden Dollar 2003 um bald das doppelte (World Bank, 2003) und liegt gelegentlich sogar über der Handelsbilanz einiger Staaten. In 2004 wurden bereits 140 Milliarden Dollar erwartet (*BBC News*, 18.3.2004). *Remittances* machen teilweise bis zu 30 Prozent des Bruttosozialproduktes aus (Nicaragua), in Mexiko verlassen sich 10 Prozent aller Haushalte auf die *Remittances* (*The News Mexico.com*). Sie spielen also eine zum Teile außerordentlich große Rolle in den wirtschaftlichen Beziehungen zweier Staaten, für die Entwicklung eines Landes sowie für das Wohlergehen seiner Bewohner.

Tabelle 8.1: Empfängerstaaten von *Remittances*

Indian	10 Milliarden
Mexiko	9,9 Milliarden
Philippinen	6,4 Milliarden
Marokko	3,3 Milliarden
Ägypten	2,9 Milliarden
Türkei	2,8 Milliarden
Libanon	2,3 Milliarden
Bangladesh	2,1 Milliarden
Jordanien	2,0 Milliarden
Dominikanische Republik	2,0 Milliarden

Quelle: Weltbank, zitiert aus *BBC News*, 18.3.2004, http://news.bbc.co.uk/1/hi/business/3516390.stm

Zum einen ist die Höhe von Überweisungen ein Messinstrument, anhand dessen die NELM sowie transnationale Strategien abgelesen werden können. Zum anderen haben sie im Rahmen von Migrationssystemen bedeutenden Einfluss auf die Bedingungen in den Herkunftsregionen und damit auch auf das Migrationspotential. *Remittances* sind auch Teil von Rückkehrstrategien, zum einen kehrt vor den Menschen das Geld zurück, zum anderen schaffen *Remittances* häufig überhaupt erst die Voraussetzungen für eine Rückkehr, indem beispielsweise ein Geschäft eingerichtet, eine Behausung erworben oder die eigene Zukunft sowie die der Kinder gesichert werden kann.

Tatsächlich ist es nicht notgedrungen so, dass dort, wo einmal Migrationsnetzwerke entstanden sind, immer mehr Migranten kommen. Vielmehr lässt sich im Gegensatz dazu beobachten, dass dort, wo einmal Migrationssysteme entstanden sind, nicht zwangsläufig mehr Menschen kommen, weil nämlich die Überweisungen derer, die bereits migriert sind, die Bedürfnisse der Zurückgebliebenen abdecken und die Migration weiterer Familienmitglieder unnötig machen.

3. 'Autonomie' der Migration

In diesem Abschnitt wird es nun nicht mehr länger um die Quantität oder die Kategorien von Migration gehen, sondern um die Bedeutung von Migration. Schematische Darstellungen von sozialen Prozessen verdecken ebenso wie Zahlen die Subjektivität von sozialen Prozessen. In zahlreichen (neo-) klassischen aber auch den so genannten neuen Migrationstheorien erscheinen die Menschen als Objekte von ihnen übergeordneten, oder doch außerhalb ihrer Reichweite liegenden strukturellen Kräften. Sie sind gewissermaßen Teilchen von Strömungen, die durch externe Kräfte verursacht werden. Allenfalls wird ihr Verhalten als Reaktion auf die sie umgebenden Bedingungen aufgefasst. Die steht allerdings in einem gewissen Widerspruch erstens zur anthropologischen Prämisse, dass Menschen eine migrierende Spezies sind, und zweitens zur historischen Prämisse, dass Geschichte von Menschen gemacht wird. Insofern wird die komplexe Interaktion zwischen Individuum und Gesellschaft zu ungunsten des Individuums entschieden. Die Hypothese von der „Autonomie der Migration" ist als Entgegnung, ja sogar als Protest gegenüber diesen Grundannahmen aufgestellt worden. Sie sucht, den Menschen als wirkende Kraft (*human agency*) in die Theorie zurückzuholen.

In der *human agency theory* wird zwischen zwei Perspektiven differenziert (siehe Brunner, 1990: 1) einer Welt-Subjekt Perspektive, die Aktionen von Subjekten werden dem Subjekt durch soziale, historische oder biologische Kräfte vorgegeben, sie unterwerfen das Subjekt und determinieren deren Aktionsmöglichkeiten. (2) einer Subjekt-Welt Perspektive, das Subjekt schafft sich selbst (*self-making*), basiert auf Bewusstsein und freiem Willen, ist in der Lage, Entscheidungen zu treffen und engagiert sich wirkungsvoll sowohl in der Welt als auch in der Selbstverwirklichung. Jeder Versuch, *human agency* zwischen diesen beiden Polen zu positionieren, kann nicht darum herum, den Subjekten ein gewisses Maß an Wirkungsmächtigkeit zuzugestehen. Je mehr es Menschen gelingt, sich selbst zu verwirklichen, desto „autonomer" sind sie, Autonomie entsteht im Ringen mit den strukturellen Kräften, ist sozusagen deren Gegengewicht, ja sogar Antagonismus, in jedem Fall

aber Ausdruck für den Widerstand gegen die Unterwerfung des Subjektes unter die sozialen, ökonomischen und politischen Kräfte.
Ein ähnlicher Ansatz findet sich in italienischen und französischen philosophischen und politischen Diskursen. Dies sind zum Teil post-moderne, post-existenzialistisch, und post-marxistisch beeinflusste kritische Diskursanalysen. Dort erhält die Diskussion eine politische Konnotation. Subjekt und Welt werden nicht als wertfreie Sphären, sondern als Mensch versus Kapitalismus betrachtet. Die Subjekt-Weltperspektive wird zu einem Kräfteringen zwischen dem Subjekt und seinem Streben nach Selbstverwirklichung und der Welt des Kapitals, welche das Subjekt unterzuordnen sucht. Shrestha (1987) beispielsweise sieht darin einen Konflikt zwischen individuellen Wünschen und institutionellen Zielen:

'It appears that human history is a history of [a] tug-[of]-war between institutional policies to mould peoples' behaviour to achieve certain economic and political goals and individuals' attempts to free themselves from institutional constraints [and their] determination to control their own destiny. One area in which such conflicting tendencies between institutional goals and individual needs and desires are most apparent is migration' (ebenda: 329).

Castles (2000) würde angesichts der Tatsache, dass Staaten wie Frankreich, Großbritannien oder Deutschland bereits gezwungen sind, ihre Rolle als Einwanderungsstaaten und multiethnische Gesellschaften zu akzeptieren, möglicherweise hinzufügen, dass dieses Seilziehen bereits zugunsten der wirkenden Kraft des Menschen entschieden ist.

Rodriguez (1996) versteht Migration ebenfalls als einen autonomen Prozess, der sich durch Eigenaktivitäten (*'self activity'*) auszeichnet, die auf volkstümlicher und nicht auf öffentlicher Politik beruhen und im politischen Sinne unabhängig und manchmal auch in Opposition zum Staat stehen. Insofern ist Autonomie Ausdruck einer gewissen Form von Antagonismus (siehe auch Moulier-Boutang, 1997; Mezzadra, 2004). Und Sørensen et al. (2003: 13) nehmen Netzwerkeffekte, die sich unabhängig von den ökonomischen Rahmenbedingungen zum Selbstläufer entwickeln, zum Anlass, über Migration zumindest als einen „halb-autonomen Prozess" nachzudenken.

Es sind vor allem zwei Beobachtungen, die zum Anlass genommen werden müssen, über die Subjektivität von Migration, beziehungsweise die Autonomie von Migration nachzudenken. Zum einen ist es unbestritten, das die gegenwärtige Migration eng mit ökonomischen, ökologischen und politischen Bedingungen, Problemen und Krisen zusammenhängt. Ebenso wenig umstritten ist, dass sie überwiegend von Regionen mit größerer Armut, geringeren Chancen, niedrigeren Löhnen, weniger Arbeitsplätzen, weniger Frieden und weniger Freiheit zu Regionen mit einem Mehr an diesen Merkmalen verläuft (Stalker, 2000). Migration verläuft also entgegen der allgemeinen globalen Ungleichverteilung dieser Merkmale. Nun ergeben qualitative Migrationsforschungen regelmäßig, dass die Wünsche und Träume, die Erwartungen und Forderungen von Migranten genau darin bestehen, zu erlangen was sie in den Herkunftsregionen nicht, oder zu wenig haben.

Zum zweiten können wir weltweit ein hohes Maß an Migrationsbewegungen beobachten, die nicht erwünscht und gesetzlich häufig auch nicht erlaubt sind. In diesem Zusammenhang ist vor allem an die so genannte ‚illegale Migration' zu denken. In diesem Fall handelt es sich offenkundig um Menschen, die sich auf eigenen Antrieb und ihrem eigenen Willen folgend aufmachen, in ein anderes Land zu gehen. Sie tun dies nicht auf Einladung oder Aufforderung sondern folgen ihrer eigenen Agenda. Damit stehen sie aber in einem Widerspruch zur Agenda der aufnehmenden Staaten, die dies zu verhindern sucht. Insofern handelt es sich zumindest um einen Interessenkonflikt.

Die Emigration, der Exodus der Juden aus Ägypten ist eine geradezu archetypische Version dieser „Autonomie der Migration". Im Alten Testament wird der Exodus als Flucht aus Sklaverei, Unterdrückung und Demütigung beschrieben, Gott hat demnach die Juden „aus dem Lande Ägypten, dem Sklavenhaus herausgeführt", so beginnen die Zehn Gebote (Ex 20, 1, siehe auch Ex 11-15). Der Exodus ist eine Grundform des Protestes und repräsentiert die Forderung nach einem „Leben in Gerechtigkeit, Würde und Freiheit" (Grill, 1992: 19). Konsequenterweise wird der Exodus im jüdischen Glauben als eine „befreiende Erfahrung" verstanden (Grill, 1992: 50). Analog dazu findet sich beispielsweise in der deutschen mittelalterlichen Geschichte der Ausspruch „Stadtluft macht frei" (Albrecht, 1972: 116). Er erklärte und rechtfertigte die damalige Migration vom Land in die Städte, vor allem weist er darauf hin, dass Menschen dem System ländlicher Leibeigenschaft entflohen, um in der Stadt ihre Freiheit zu finden. Migration war und ist die wirkungsvollste Art, gesellschaftlichen Ketten und Zwängen, der Bestimmung zum Untergebenen, Leibeigenen oder Abhängigen zu entweichen. „Denn, wo die Hörigen fliehen konnten, konnten sie auch auf Herren Druck ausüben. Flucht bedeutete als Drohung in einer latent mobilen Gesellschaft dasselbe, was als Streik in einer sesshaften Gesellschaft wirkt. Fluchtbewegungen …haben bereits im frühen und hohen Mittelalter dazu geführt, dass Grundherren die Zinsen senkten, um ihre Bauern zu halten" (Schubert, 2002: 49).

Max Weber war einer der ersten, der in seiner Analyse der Europäischen Auswanderung im 19. Jahrhundert die subjektive Dimension der Entscheidung, nach Westen zu gehen, berücksichtigte. Er hat die Auswanderung als eine bewusste Entscheidung zur Flucht vor dem patriachalen System und dem despotischen Regime der ost-preußischen Großgrundbesitzer verstanden (Weber, 1993). Gambino hat darin einen indirekten Protest gegen das politische System sowie die Forderung nach einem ‚Systemwechsel' ausgemacht (1996). Für Weber waren diese Absetzbewegungen ein 'latenter Streik' und der ‚Beginn der Mobilisierung zum Klassenkampf' (Weber, 1993, I/4: 452), motiviert von den Ideen und manchmal auch nur Illusionen von einem besseren Lebens in Amerika und größerer individueller Freiheit (ibid.: 448)[45]. Bade (2002) hat darauf hingewiesen, dass südwestdeutsche Auswanderer zu Beginn des 19. Jahrhunderts, also einer Zeit des Hungers, ihr Land unter dem Absingen von Spott- und Protestliedern verlassen haben. Dies richtete sich sowohl gegen die Landesfürsten, denen gewissermaßen eine lange Nase ge-

---

[45] Diese Interpretation der Arbeit von Max Weber wurde inspiriert von Mezzadra (1997).

zeigt wurde, als auch vermutlich gegen die Zurückbleibenden, die nicht den Mut hatten, diesen miserablen Bedingungen zu entfliehen.

In neuerer Zeit war es MacDonald (1963), der eine zunächst gänzlich neue Interpretation vorlegte. Anhand einer Analyse der italienischen internen und überseeischen Migration kommt er zu dem Schluss, dass Arbeitermilitanz und Migration zwei Seiten derselben Medaille sind. Denn in solchen Regionen, in denen die Arbeiter und Bauern gut organisiert waren, und einen klar erkennbaren Gegner hatten, und wo sie ihre Lebensbedingungen im Rahmen von Streiks, Landbesetzungen und sozialistischen Kollektiven verbessern konnten, war die Auswanderung gering. „Militante [anarchistische, syndikalistische und marxistisch-sozialistische] Arbeiterklasseorganisationen halten die Bevölkerung zu Hause" (ibid: 67). Demgegenüber wanderten in solchen Regionen die Menschen ab, wo es diese Formen der Militanz nicht gab, wo kein klarer Gegner auszumachen war, und wo allein die Migration als Mittel geeignet schien, die Lebensbedingungen zu verbessern. Als dritte Variante nennt er Stagnation, die Menschen ergeben sich in ihr Schicksal, was insbesondere in solchen Regionen anzutreffen sei, die noch nicht in den modernen Kapitalismus, in Markt- und Geldwirtschaft integriert sind. MacDonald geht davon aus, dass die Sehnsucht nach besseren ökonomischen und politischen Lebensumständen die Triebkraft war, aufgrund derer die Menschen *entweder* revoltierten *oder* migrierten. Migration hat also dieselbe Funktion wie Militanz, Motive und Ziele sind jeweils identisch, aber die Mittel unterscheiden sich.

In neuerer Zeit hat Hugo (1998b) Migration als eine überwiegend ökonomische „Überlebensstrategie" betrachtet. Gurriere (1986) sieht in der Migration dagegen auch einen Prozess „sozialer Befreiung". Nach Bauman (2003: 25) ist „Befreiung die Beseitigung [oder zumindest die Überwindung] von Hemmnissen, die Bewegung einschränken oder verhindern". Angewendet auf Migration würde dies bedeuten, mit dem Weggehen wird ein Freiheitswunsch und Freiheitsanspruch ausgedrückt. Andere Autoren gehen noch einen Schritt weiter und rücken Migrationsprozesse in die Nähe von sozialen Bewegungen. So prägte beispielsweise der *Club of Rome* (Schneider, 1988) in den 1980er Jahren den Begriff von der „Weltrevolution der Barfüssigen" und Jungfer (1993) spricht von einer „Revolution der Erwartungen", die sich in Migrationsbewegungen manifestiert. Hirschman (1974) ist der Bekannteste und am Häufigsten zitierte, er interpretiert „*voice or exit*" – also sowohl die Verbalisierung von Unzufriedenheit als auch das Weggehen – als alternative Formen des Protestes. Die Ökonomen Fischer und Straubhaar (1994: 113) sehen in der Migration eine „Abstimmung mit den Füssen" und für den US-Wirtschaftswissenschaftler Galbraith ist Migration die „älteste Aktion gegen Armut"[46]. Und Körner 1990: 5), der sich auf Kubat und Hoffman-Nowotny (1981: 318) bezieht, gibt zu bedenken, dass

„Abwanderung als Konfliktlösungsmittel relevant sein kann: Gruppen oder Individuen setzen sich in Bewegung, um Lebensansprüche, die sie innerhalb der ‚Muttergesellschaft' nicht durchsetzen können, ‚in der Fremde' einzulösen".

---

[46] Zitiert in Harris, 2002: 119.

Bemerkenswert ist Körners Verweis auf Leben*ansprüche*, die es *durchzusetzen* gilt. Dies impliziert einen bewussten, zielgerichteten und aktiven Vorgang, in dem die Migranten von der Formulierung ihrer Lebensansprüche, über das Bemühen, diese in der Ursprungsgesellschaft zu realisieren, bis hin zur Entscheidung, abzuwandern, die im wahrsten Sinne des Wortes entscheidenden Subjekte sind.

Politisch motivierte und radikale Positionen sehen in der Migration eine Gegenbewegung zu Kolonialismus, Imperialismus und Globalisierung („wir sind hier, weil ihr dort wart", Chuhan und Jolly, 2001[47]), als Inanspruchnahme der, sowie als Kompensation für, aus der Dritten in die Erste Welt transferierte Werte.

Kombiniert man Hirschman (1974) mit den Verhaltenstheoretikern, wie etwa Wolpert (1966) und Lu (1999), so lassen sich vier Strategien ausmachen die anhand einer Kreuztabelle dargestellt werden können.

Tabelle 8.2: Voice, exit, loyalty or apathy

	Voice/Protest Kollektive Strategie Verbesserung der Lebensumstände durch Protest	
Exit/Migration Individuelle Strategie Verbesserung der Lebensumstände durch Migration		**Loyalty/Bleiben** Individuelle oder kollektive Strategie Verbesserung der Lebensumstände durch Verbesserung des Lebensumfeldes
	Apathie Individuelles oder kollektives Verhalten Keine Verbesserung der Lebensumstände	

Drei der vier Strategien zielen eindeutig auf eine Verbesserung der Lebensumstände ab, und zwar entweder durch Migration, durch Protest oder andere Formen der aktiven Umgestaltung der Umgebung. An dieser Stelle sollen allerdings nur zwei Strategien, *„exit or voice"* diskutiert werden.

Worin bestünde demnach der Gehalt des Protestes, was wären die Forderungen, um was für Erwartungshaltungen handelt es sich? Ein Versuch, die Inhalte der Migration zu verbalisieren, die Handlung der Migration zu dekodieren, ergibt folgendes Bild:

Lasst uns kommen; lasst uns auf diese Art unsere Probleme lösen; lasst uns hier sein; lasst uns bleiben; lasst uns mit unseren Familien zusammen leben; lasst uns in Frieden leben; lasst uns arbeiten, unseren Lebensunterhalt bestreiten; lasst uns hier wohnen; lasst uns hier unsere Kinder großziehen.

---

[47] Siehe auch diverse Texte der 'Karawane für die Rechte von Flüchtlingen und Migranten', www.thecaravan.org.

Demnach ist Migration die Entscheidung über das Verlassen eines bestimmten Ortes sowie ein Votum *gegen* dessen politische, wirtschaftliche, kulturelle oder religiöse Bedingungen. Ebenso sehr ist es eine Entscheidung *für* einen bestimmten anderen Ort, sowie die dort vorherrschenden tatsächlichen oder angenommenen Bedingungen. Migranten gehen in der Regel dorthin, wo sie zu finden hoffen, was sie am Herkunftsort nicht haben, sei dies Frieden, politische, religiöse, kulturelle oder persönliche Freiheiten, ökonomische Möglichkeiten, oder Bildungschancen.
Zunächst also hat Migration viel von einem Selbsthilfeprozess, Migranten helfen sich und ihren Familien selbst, indem sie aus unerträglichen oder perspektivlosen Situationen auf- und ausbrechen, um dem abzuhelfen. Migration könnte also auch mit einiger Berechtigung als eine Selbsthilfebewegung verstanden werden.

Koser und Lutz (1998: 4) gehen allerdings einen Schritt weiter und interpretieren Migration entgegen und unter Umgehung von Migrationsbeschränkungen als eine Form des Widerstandes. Sie meinen damit beispielsweise neue Migrationsstrategien, die von Migranten entwickelt werden, um Restriktionen zu überwinden. Als eine „Antwort von unten", als „Widerstandstrategien" verstehen sie auch Migrationsnetzwerke, Schmugglerdienste sowie Unterstützungsstrukturen in Immigranten-*communities*. Migranten sind demnach nicht einfach als passiv anzusehen, als Opfer von Migrationspolitiken und -beschränkungen, sondern als Akteure, die eigenen Agendas folgen und sich aktiv eigene Bewegungsspielräume schaffen. Solche Strategien könnten auch als eine Form zivilen Ungehorsams angesehen werden. Bhagwati (2003: 99) weist in diesem Zusammenhang auch auf zivilgesellschaftlichen Aktivismus hin, dieser
"forced governments into retreat' from restriction and enforcement policies. Grass-roots refugee and migrants' ad hoc defence committees, support agencies and international organisations 'have proliferated and gained in prominence and influence" (ebenda: 102).

Derart wird der Handlungsspielraum von Regierungen effektiv eingeschränkt. In den Niederlanden beispielsweise wurden 2004 per Parlamentsentscheid 20.000 Asylantragsteller ihres Status beraubt und sollten abgeschoben werden, allerdings berichtete die Presse, dass dies von zwei Dritteln der Bevölkerung und nahezu allen zivilgesellschaftlichen Agenturen abgelehnt wurde (*BBC*, 17.2.2004). Und auch Netzwerke, innerhalb derer sich beispielsweise irreguläre Migranten bewegen sowie zivilgesellschaftliche Akteure, die sie darin unterstützen, müssen als "civic culture as a countervailing culture" angesehen werden (Bridges, 2001).

Im Kern handelt es sich diesen Lesarten zufolge bei der Migration also um einen Ausdruck der ‚sozialen Frage' und bei den Migranten zumindest teilweise um ein global mobiles Weltproletariat. Migration kann also als eine Art ‚sozialer Bewegung für globale soziale Gerechtigkeit' betrachtet werden (Jordan und Düvell, 2003).

4. Feminisierung von Migration

Mit der ‚Feminisierung der Migration' meinen die meisten Autoren im Allgemeinen, dass der Anteil der Frauen an der Migration zunimmt, insbesondere derer, die selbständig migrieren, dass also Migration zunehmend weiblich wird. Es gibt einige, überwiegend männliche Forscher, etwa Castles und Miller (1993), die implizieren, die Feminisierung der Migration seit etwa Mitte der 1980er Jahre geradezu entdeckt zu haben. Demnach sei eine der Schlüsselentwicklungen des globalen Migrationsgeschehens die Zunahme der Wanderung von Frauen. Mittlerweile wird geschätzt, dass etwa die Hälfte der 175 Millionen offiziell angenommenen Migranten Frauen sind. Dieses Konzept wird unter anderem von Hugo (1998a) auf die Migrationsbewegungen in Südostasien angewandt. Ob dies aber aus einer beispielsweise historischen Perspektive gerechtfertigt ist, kann an dieser Stelle nicht, sollte aber, überprüft werden. Hugo selbst räumt immerhin ein, dass die "nicht-autonome Natur der Migration von Frauen in der Vergangenheit stark übertrieben wurde" (ebenda: 101). Aber auch internationale Organisationen, wie etwa die IOM (2003) haben dieses Thema für sich entdeckt und aufgegriffen. So hat der Pressesprecher der IOM gegenüber IPS erklärt, eine der bedeutendsten Veränderungen der Migration sei, angesichts der Tatsache, dass 47,5 Prozent weiblich sei, deren Feminisierung (*IPS*, 4.12.2002). Und auch die OECD (2000) hat registriert, dass etwa die Hälfte aller Migranten in den OECD-Ländern Frauen sind, in den USA sind es sogar 55 Prozent, in Griechenland 56 Prozent. Die Gründe für eine Feminisierung der Migration werden unter anderem im verbesserten Zugang von Frauen zu Bildung und Arbeitsplätzen sowie sich wandelnden Rollenbildern gesehen, angesichts derer, wie Hugo (1998a: 110) am Beispiel Indonesien aufzeigt, weibliche Mobilität ansteigt. Diese ‚Feminisierung der Migration' wird allerdings vor allem assoziiert mit der Migration von philippinischen Frauen (Javate de Dios, 2001), vielleicht weil sie als erste Gruppe von der Forschung wahrgenommen wurde.

Die Feminisierung der Migration wird assoziiert mit der, so wird behauptet, Bedeutung spezifischer Arbeitsmärkte, beispielsweise der Hausarbeit, von Pflegetätigkeiten sowie ganz allgemein dem Gesundheitssektor. Campani (1995) argumentiert, dass die zunehmende Migration von Frauen zu erklären ist mit strukturellen Veränderungen der internationalen Arbeitsmärkte. Sie denkt dabei auf der einen Seite an die zurückgehende Bedeutung industrieller Arbeit insbesondere in der westlichen Welt und die damit einhergehende zurückgehende Nachfrage nach männlicher Arbeitskraft. Auf der anderen Seite argumentiert sie mit der Tertiärisierung der Arbeit, also der Zunahme der Bedeutung des Dienstleistungssektors. Daraus schließt sie auf eine Zunahme der Nachfrage nach weiblicher Arbeit. Andererseits korrespondiert die Feminisierung der Migration aber auch mit einer Feminisierung der Armut, genauer gesagt der Verarmung von Familien mit einem weiblichen Haushaltsvorstand. Nach Angabe des UNDH „hat Armut ein weibliches Gesicht, …70 Prozent sind Frauen" (UNDP, 1995: 4). Demnach bestehen die Rahmenbedingungen für die gegenwärtige Migration von Frauen aus einer eine Kombination aus (i) der Verarmung von Frauen, die die Notwendigkeit von Migration hervorbringt, (ii) der sich verändernden Rolle von Frauen in der Gesellschaft, die deren Migration möglich macht und (iii) der veränderten Arbeitskräftenachfrage, die die weibliche Migration anzieht.

Die Migrationssoziologie hat inzwischen eingeräumt, dass die Migration von Frauen aus einer Reihe von Gründen separat untersucht werden muss:

- „Die Muster [der Migration von Frauen] unterscheiden sich von denen der Männer;
- die Gründe und Konsequenzen der Bewegung können sich von denen der Männer unterscheiden;
- die politischen Implikationen der Bewegung können sich von denen der Männer unterscheiden" (Hugo, 1998a: 98).

Deshalb soll im Folgenden einige Formen spezifisch weiblicher Migrationsmuster erläutert werden.

4.1 Häusliches Personal

„Südost-Asien ist einer der weltgrößten Lieferanten von internationalen Migrantinnen, die Hausangestellte werden, nicht nur anderswo in Südost-Asien, sondern auch in anderen Regionen, insbesondere dem Mittleren Osten, Europa und anderswo in Asien. ... Diese Bewegung umfasst mindestens zwei Millionen Frauen von den Philippinen, aus Indonesien, Sri Lanka und Thailand" (Hugo, 1998: 102).

Bridget Anderson war eine der Ersten, die sich mit der internationalen Migration von weiblichen Hausangestellten befasst hat. ‚*Doing the Dirty Work*' lautet der Titel ihres Buches, das auf zahlreichen Interviews mit Frauen in griechischen, italienischen, spanischen, deutschen, französischen und englischen Großstädten basiert. Sie ersetzen dort zum einen die mittelständische ‚weiße' Frau, die dadurch, dass eine billige Hausangestellte beschäftigt werde kann, ihrerseits eine Arbeit aufnehmen kann. Sie ersetzen aber auch die zusammengebrochenen Familiennetze, indem sie beispielsweise die Pflege alternder Angehöriger übernehmen. Aus diesen beiden Gründen sind riesige Arbeitsmärkte entstanden und inzwischen arbeiten in Europa Millionen ausländische Hausangestellte. Die wenigsten dürften über einen legalen Aufenthaltsstatus verfügen. Unterschieden wird zwischen Hausangestellten die im Haushalt leben, die so genannten ‚*live-ins*', und sich um nur diesen einen Haushalt kümmern, und die ‚*live-outs*', die außerhalb des Haushalts leben, häufig wie Selbständige arbeiten und viele Haushalte betreuen.

Tatsächlich bezeichnet der Begriff eine ganze Bandbreite von Berufen. In Großbritannien ist ‚*domestic worker*' inzwischen sogar eine Berufsbezeichnung, sie meint das Management eines Haushalts, vom Budget, über den Einkauf und die allgemeine Versorgung der Arbeitgeber bis hin zur Aufsicht der Kinder. Sie sind aber auch die klassischen Dienstboten, die im Haushalt leben und für nahezu alle, vor allem niedere, Tätigkeiten zuständig sind. In diesem Bereich dürfte auch die Gefahr sexueller Gewalt besonders groß sein. Andere werden vor allem mit der Aufsicht über die Kinder beauftragt (Kindermädchen) oder aber mit der Aufsicht und Pflege von alten Angehörigen. Daneben gibt es die herkömmlichen Putzstellen, wo Frauen regelmäßig in den Haushalt kommen, aufräumen und putzen.

Vermittelt und organisiert wird diese Art der Migration teilweise über international tätige Agenturen, aber auch über einschlägige Webseiten und Zeitschriften. Helma

Lutz (2003) hat das sehr schön aufgedeckt. Innerhalb des Landes findet die Vermittlung von solchen Putzstellen einerseits über Mund-zu-Mund-Vermittlung statt, aber auch mittels informeller Netzwerke oder Agenturen, mit anderen Worten, solche Putzstellen werden auf dem informellen Markt gegen eine Gebühr verkauft. Ob Frauen im Haushalt wohnen, wie es in Italien, Griechenland und Spanien üblich ist, oder außerhalb, wie in Deutschland oder England, hängt von den Traditionen im jeweiligen Land ab.

Bemerkenswert ist, dass zumindest in Deutschland Hausangestellte recht gut bezahlt werden, Morokvasic berichtete 1994 von 13 – 15 DM, Lutz und Schwalgin 2003 bereits von 7 Euro in kleinen und – 10 Euro in Großstädten. Im Vergleich, so Morokvasic, die die Situation von Polen in Deutschland untersucht hat, verdienen diese in aller Regel illegal arbeitenden Frauen doppelt soviel wie ebenfalls illegal arbeitende Männer. Diese Beobachtung stellt jene Annahme auf den Kopf, wonach die Arbeit von Frauen niedriger bezahlt wird, als die von Männern. Damit ändert sich auch die Rolle der Frau in der Familie, sie wird, wenn sie arbeitet im Westen gefunden hat, zur Hauptverdienerin, der Mann, selbst wenn er ebenfalls im Westen arbeitet, wird zum Zusatzverdiener. Insofern kann sich durch und in der Migration die klassische geschlechtliche Rollenverteilung ändern und sogar umkehren.

Die höheren Löhne der Frauen erklärt Morokvasic (1994: 182) mit der hohen Nachfrage, also einem Resultat der Markgesetze sowie den spezifischen Beziehungen zwischen weiblichen Arbeitnehmerinnen und den üblicherweise weiblichen Arbeitgeberinnen. Denn es sind die Frauen im Haushalt, die für die Anstellung von Haushaltsgehilfinnen verantwortlich sind. Demnach schienen einerseits die besonderen ausbeuterischen Verhältnisse auf den männlichen Arbeitsmärkten zu fehlen, andererseits gehören die Arbeitgeberinnen häufig zu den mittelständischen und gebildeten Schichten, „die sich um *political correctness* gegenüber Ausländern bemühen" (ebenda: 182).

4.2 Krankenpflegepersonal

Weniger gut untersucht ist die Migration von Krankenschwestern und Pflegekräften. Und dennoch ist hier ebenfalls ein globaler Arbeitsmarkt entstanden, mit international tätigen Vermittlungsagenturen. In einigen Staaten, beispielsweise in Indien werden Frauen explizit für den internationalen Arbeitsmarkt ausgebildet. Die Hauptherkunftsländer dürften die Philippinen, Indien und Südafrika sein, aber auch Indonesien und Polen. Allein nach Großbritannien sind 2002 14.000 Krankenpflegekräfte, überwiegend Frauen, migriert. Dort ist bereits jede zehnte Krankenschwester eine Migrantin (IPPR, 2005a). Diese Migration wird häufig als *brain drain*, also als moralisch verwerflicher Abzug von in den so genannten Entwicklungsländern ausgebildeten Fachkräften in die Industrienation bezeichnet. Das mag zum Teil so sein. Andererseits hat die Forschung gezeigt, dass migrationswillige Inderinnen und Inder bewusst, also strategisch die Ausbildung zu Krankenpflegern wählen, weil ihnen bewusst ist, das es für diesen Beruf eine Nachfrage auf dem internationalen Arbeitsmarkt gibt, dieser Beruf also besonders gut geeignet ist, um ihren Migrationswünschen zu entsprechen (Düvell, 2004). Ebenso gibt es ganze

Familien, deren Mitglieder über den Erdball verstreut leben und arbeiten. Da gehört es gewissermaßen zur Tradition, im Ausland zu arbeiten und eine dementsprechende Ausbildung anzutreten.

4.3 Unterhaltungssektor, Sexindustrie und Frauenhandel (women trafficking)

Die Migration von Frauen wird häufig mit der Unterhaltungsindustrie, der Sexindustrie sowie dem Frauenhandel assoziiert. Die Übergänge zwischen diesen Kategorien sind allerdings fließend. So umfasst ‚Unterhaltungsindustrie' die Tätigkeit von Kellnerinnen, Tänzerinnen, Stripperinnen, Animateurinnen und Hostessen. Dies kann, muss aber nicht in jedem Fall sexuelle Dienstleistungen beinhalten. Zielstaaten dieser Formen der Migration sind entweder die westlichen Industrienationen, die regionale Wachstumspole sowie die Tourismusregionen. Unter anderem Japan wird als ein bedeutender Zielstaat dieser Form der Migration identifiziert (Hugo, 1998).

Eine besonders schwierige und komplexe Form der Migration ist die Wanderung von Frauen in die Sexindustrie. Grundsätzlich muss dabei zwischen freiwilliger Migration und Frauenhandel unterschieden werden. Allerdings konzentriert sich die Mehrheit der Literatur zur Migration von Frauen in die Sexindustrie auf den Frauenhandel. So entsteht der Eindruck, die Migration von Frauen sei (1) überwiegend Migration in die Sexindustrie, und (2) es handele sich überwiegend um erzwungene Migration. Die ist sicherlich irreführend, die Mehrheit der migrierenden Frauen dürften, abgesehen von ihrer sekundären Rolle als Familienangehörige, als Hausangestellte sowie im Gesundheitswesen beschäftigt sein. Aber aufgrund dieses Ungleichgewichtes der Forschung erscheinen Frauen wiederum als Objekte, und nicht als Subjekte im Migrationsprozess. Zudem widerfährt der Migration von Frauen eine zweifache Denunziation: (1) erstens wird sie mit der Anrüchigkeit der Sexindustrie assoziiert, und (2) wird sie mit Kriminalität identifiziert. Besonders profiliert mit dieser Gleichung ‚Frauenmigration gleich Frauenhandel' haben sich internationale Organisationen, namentlich die IOM (siehe u.a. IOM, 2001). Der politische Zweck besteht wohl zum einen darin, den Frauenhandel zu skandalisieren, polizeilich verfolgen und möglichst unterbinden zu lassen. Er besteht aber auch darin, Frauen ganz gezielt von der Migration abzuschrecken, sie zu entmutigen und auch ihre Familien einzubinden in eine allgemeine Anti-Migrationstimmung (Davis, 2002). Mit anderen Worten, der Schutz von Frauen, so John Davis wird in der internationalen Politik zunehmen häufiger verwendet, um Maßnahmen zu rechtfertigen, die ganze andere Intentionen haben.

Darüber hinaus ist es sicherlich schwer zu akzeptieren, dass sich Frauen wissentlich und im Rahmen eigener Willensentscheidungen für diese Art der Arbeit entscheiden. Aktivistinnen und Wissenschaftler sind sich darin uneins, schwer zerstritten sollte man besser sagen, ob Prostitution ein Verbrechen an der Frau ist oder aber eine Form der Arbeit. Leah Platt (2001) hat dieses Dilemma sehr anschaulich in ihrem Aufsatz ‚Die Regulierung des globalen Bordells' dargestellt. Demnach betont die eine Partei den Sex-Anteil dieser Tätigkeit während die andere Seite den Arbeits-Anteil hervorhebt. Platt weist auf einen ILO-Report hin, der die Situation von Sexarbeiterinnen in Asien untersucht hat und herausfand, dass nahezu alle befragten Frauen wussten, worauf sie sich einließen. Tatsächlich ist die Auseinandersetzung mit der Migration von Frauen, und insbesondere ihre Beschäftigung in der Sexindustrie, hochgradig ideologisiert und es ist oft nicht möglich, das reale Migrationsgeschehen zu analysieren.

Davis (2001) hat zudem eine irritierende Feststellung gemacht. Opfer von Frauenhandel werden vor allem Frauen aus jenen Ländern, für die in Europa strenge Einwanderungsbeschränkungen gelten. Er hat die Migration von Frauen aus den EU-Kandidatenstaaten, also beispielsweise Polen und Ungarn, mit der Migration von Frauen aus EU-Drittstaaten, also Moldawien und der Ukraine verglichen. Der politische Unterschied bestand darin, dass für Polinnen die Visa-freie Einreise galt und für Moldawierinnen die Visa-pflichtige Einreise. Ein Visum ist aber ohne Angabe triftiger Gründe nicht zu erhalten. Er hat weiter festgestellt, dass der Frauenhandel unter ukrainischen und moldawischen Frauen weit verbreitet, unter polischen und ungarischen Frauen dagegen weniger verbreitet war. Daraus schloss er, dass die politischen Restriktionen eine der wesentlichen Ursachen für den Frauenhandel sind, dass also die politischen Rahmenbedingungen maßgeblich für die Form sind, die Migration annimmt.

Wie auch immer, in den Massenmedien wird gelegentlich von 700.000 Frauen gesprochen, die jährlich international gehandelt werden. In Westeuropa sollen es demnach jährlich 120.000 sein (*Financial Times*, 17.3.2001) und in den USA 50.000 (Platt, 2001). Diese Zahlen können nun aber nicht einfach über die Jahre addiert werden, da diese Art der Beschäftigung häufig nur befristet ist, und entweder die Frauen, nachdem das nötige Geld verdient ist, wieder zurückkehren, oder aber die Bordelle das Personal austauschen. Ungeachtet der Einzelschicksale, die sich hinter solchen Zahlen verbergen, und die hier nicht heruntergespielt oder verschleiert werden sollen, sei doch angemerkt, dass 700.000 von 200 Millionen, von denen nahezu die Hälfte Frauen sind, nur etwa 0,78 Prozent, beziehungsweise 0,38 Prozent des weltweiten internationalen Migrationsgeschehens repräsentieren.

4.4 Die Feminisierung der Migration – eine kritische Würdigung

Die Theorie von der Feminisierung basiert auf der Annahme, dass vor den 1990er Jahren die Migration überwiegend männlich war, dass zumindest aber die primäre Migration überwiegend männlich war, während Frauen sowohl in der Minderheit als auch weniger primäre Migrantinnen waren, sondern vielmehr im Kielwasser ihrer Männer folgten. So heißt es beispielsweise in einem selbsternannten Quellenband, "in the past, migration to a foreign country for employment was predominantly male dominated" (Shameem and Brady, 1998). Diese ‚Theorie' basiert vor allem auf der Beobachtung der europäischen Gastarbeitermigration. Die war dadurch charakterisiert, dass politisch gezielt männliche Arbeitsmigranten für die industrielle Massenfertigung, die fordistische Fabrik, abgeworben wurden. Demnach war intendiert, nur die Männer für einen befristeten Zeitraum anzuwerben, während deren Familien, also Frauen und Kinder, in deren Herkunftsländern zurückbleiben sollten (Campani, 1995). Doch dies ist nur ein Teil der Wahrheit: vielmehr wurden auch gezielt Frauen angeworben und 20 Prozent der „Gastarbeiter" waren in den 1960er Jahren Frauen, also eigentlich „Gastarbeiterinnen" (Westphal, 1998). Die Genderisierung internationaler Migration war also, was diese Beispiele angeht, unmittelbare Konsequenz der Genderisierung der metropolitanen Arbeitsmärkte sowie der sich daraus ergebenden Anwerbepolitik. Sie sagt nichts aus über die Migrationsneigung oder das Migrationsverhalten von Frauen im Allgemeinen.

Diese Dominanz männlicher Migration konnte beispielsweise beobachtet werden anhand der Migration von Asiaten nach Großbritannien und auch die Migration aus der Türkei oder Marokko nach Deutschland und Holland weist ähnliche Muster auf. Begünstigt wurde dieses Muster demnach zunächst auch durch die herkömmliche Rollenverteilung in den Herkunftsregionen.

Bis zu den Anwerbestopps in Europa 1973 konnte diese Form der Migration auch aufrechterhalten werden, während nach 1973 der Nachzug der Familien jener Migranten einsetzte, die nicht zurückkehrten. Aus dieser Beobachtung resultierte das Modell, Migration sei überwiegend männlich und die Migration von Frauen überwiegend, sekundärer, also nachfolgenden Charakters.

Abweichungen von dieser Norm wurden dagegen von der Forschung zunächst weitgehend ignoriert. Beispielsweise waren bereits in den 1960er und 1970er Jahren unter den die karibischen Migranten in England nicht nur ebenso viele Frauen wie Männer, während einiger Perioden waren es sogar mehr Frauen als Männer, vielmehr waren dies auch oftmals allein stehende Frauen und insofern Alleinverdienerinnen (Düvell, 1998).

Auch andere historische Forschungen lassen Zweifel an der Hypothese der ‚Feminisierung der Migration' aufkommen. So weist Kurzel-Runtscheiner (1995) nach, dass bereits im Rom des 16. Jahrhunderts zahlreiche weibliche Migrantinnen aus ganz Europa lebten. Zu jener Zeit beschränkte sich der Arbeitsmarkt für Frauen auf die Berufe Dienstmagd und Konkubine. Zehn Prozent aller damals in Rom lebenden Personen sollen solche Konkubinen gewesen sein, die Mehrheit dieser Frauen waren keine Römerinnen, sondern stammten aus ganz Europa. Und auch Bade (2002a) kann nachweisen, dass die bereits im Rahmen der Schuldknechtschaft (*indentured servants*) im 16. und 17. Jahrhundert aus Europa nach Amerika auswandernden Migranten ‚beiderlei Geschlechts' waren (ebenda: 123). Ähnlich hatte es unter den italienischen Amerikawanderern des frühen 20. Jahrhunderts ausgesehen, laut Campani (1995) haben sich viele junge und allein stehende Frauen unter ihnen befunden. Schließlich weist Bade (ebenda) darauf hin, dass die flämischen Migranten in der Zuckerrübenernte in Frankreich im frühen 20. Jahrhundert, die schwedischen Zuckerrübenerntehelfer in Dänemark im späten 19. Jahrhundert sowie die spanischen Saisonarbeiter in Frankreich vor dem ersten Weltkrieg zum größten Teil Frauen waren. Weiterhin ist für das gesamte 19. Jahrhundert die Migration von weiblichen polnischen Hausangestellten in die westlichen und nördlichen Teile Preußens, sowie von schwedischen Hausangestellten zunächst in den Süden des Landes und vor dort weiter in die US bekannt (ebenda).

Und was die Neuzeit betrifft, so kommt Zlotnik zu dem Ergebnis, dass bereits in den 1960er Jahren 46,6 Prozent aller Migranten Frauen waren. Bis 2000 war dieser Anteil auf 48,8 Prozent angestiegen. Diese Zunahme um nur 2,2 Prozent kann schwerlich als Feminisierung gekennzeichnet werden. In Europa, Nord- und Südamerika sowie in Ost- und Südostasien lag dieser Anteil sogar bei jeweils über 50 Prozent.

Tabelle 8.3: Anteil von Frauen an der internationalen Migration

	1960	2000
Nordamerika	49,8	58,0
Südamerika	44,7	50,5
Europa	48,5	52,4
Ost- und Südostasien	46,1	50,1
Weltweit	44,6	48.8

Phizacklea (1998) erklärt die Diskrepanz zwischen der Annahme, Migration sei zunächst vorwiegend männlich gewesen und der Tatsache, dass sie doch bereits in den 1960er Jahren fast zur Hälfte weiblich war, zum Teil damit, dass weibliche Migrationsarbeit unsichtbar war, das heißt, dass die Sektoren weiblicher Migrationsarbeit überwiegend vor den Augen der öffentlichen Wahrnehmung verborgen waren, oder aber dass der genderisierte Blick der Beobachter die Arbeit von Migrantinnen nicht wahrnahm.

Man muss also feststellen, dass die Annahme, Migration sei zunächst männlich gewesen und habe sich dann feminisiert, allein aufgrund einer sowohl regionalspezifischen Entwicklung, anhand von historisch spezifischen Merkmalen sowie aufgrund von auf einem Auge blinden Beobachtern aufgestellt wurde. Das Konzept von der ‚Feminisierung der Migration' ist demnach keineswegs universalistisches, sondern vielmehr ebenso ahistorisch wie eurozentristisch. Insofern ist es zweifelhaft, ob tatsächlich von einer ‚Feminisierung der Migration' gesprochen werden kann. Zumindest aber muss, angesichts des heutigen Standes der Forschung, der Zeitpunkt des Beginns der Feminisierung vorverlegt werden, also mindestens von den 1990er Jahren auf das 16. Jahrhundert. Möglicherweise lässt sich aber davon sprechen, dass Frauen schon immer migriert sind, und zwar nicht allein als Anhängsel männlicher Migranten, sondern als Subjekte.

Insofern erscheint es gerechtfertigt, statt von der ‚Feminisierung der Migration' von einer ‚Feminisierung der Forschung zu sprechen. Nicht die Migration von Frauen ist tatsächlich neu, sondern die Wahrnehmung von Frauen als migrierende Subjekte durch die Forschung. Das erkenntnistheoretische Problem scheint in diesem Fall darin zu bestehen, dass die erkenntnisleitende Hypothese, die Frage, die die Forschung antreibt, vom Topos des Mannes ausgeht. Von Feminisierung kann nur gesprochen werden, wenn zuvor die Migration des Mannes als Modell galt.

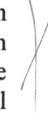

Weiterführende Literatur
Anthias, Floya; Lazaridis, Gabriella (Hrsg.). *Gender and migration in southern Europe: women on the move*. Oxford: Berg.
Sharpe, Pamela. (Hrsg.). 2001. *Women, gender and labour migration*. London: Routledge.
Piper, Nicola; Roces, Mina (Hrsg.). 2003. *Wife or worker? Asian women and migration*. Lanham: Rowman and Littlefield.
Kelson, Gregory; Delaet, Debra (Hrsg.). 1999. *Gender and immigration*. Basingstoke: Macmillan.

9. DIE POLITISCHE ÖKONOMIE DER MIGRATION

Die politische Ökonomie der Migration geht von einer Reihe von Grundannahmen aus, (1) Migration generiert Wachstum, (2) Migration resultiert in ökonomischer Konvergenz und führt zur Abnahme von Migration, (3) Freihandel ersetzt Migration, (4) Auslandsdirektinvestitionen ersetzen Migration, und (5) Grenzen sind entscheidend für das Verständnis der politischen Ökonomie der Migration. Im Folgenden wird dies kurz erläutert und kritisch bewertet werden, anschließend wird der allgemeine Einfluss von Migration auf die Ökonomie untersucht.

Traditionellerweise fokussiert die politische Ökonomie der Migration auf Kosten und Nutzen, beziehungsweise die Gewinner und Verlierer von Migrationsprozessen. Es sind aber in der Regel vor allem die angenommenen negativen Effekte, die die größte Aufmerksamkeit erregen: der verschärfte Wettbewerb um knappe Ressourcen, wie etwa Arbeitsplätze, Wohnungen und soziale Dienste; relative und absolute Überbevölkerung; Lohndumping und die Verdrängung von einheimischen Arbeitskräften; die Unterminierung des traditionellen Kräfteverhältnisses zwischen Unternehmern und gewerkschaftlich organisierten Arbeitnehmern; aber auch die Ausbeutung von ausländischen Arbeitskräften und der *brain drain* in den Herkunftsregionen. Was auf den ersten Blick plausibel erscheinen mag, stellt sich bei näherer Betrachtung häufig ganz anders dar, denn „wie Kosten und Nutzen der Migration verteilt sind, ist keineswegs offensichtlich" (Freeman, 2000: 2). Vielmehr müssen einige dieser Annahmen als Stereotypen betrachtet werden, die Situation ist sehr viel komplexer, als sie zunächst scheint.

1. Allgemeine Auswirkungen von Migration auf die Wirtschaft

Migration beeinflusst die Produktion, die Konsumtion und das Steueraufkommen der Zuwanderungsstaaten, und zwar auch dann, wenn Migranten nicht berufstätig sind. Grundsätzlich trägt Migration zu einem höheren Bruttosozialprodukt, zu größeren Märkten und zu einer reichhaltigeren und dynamischeren Umgebung bei. Migration hat eine dämpfende Wirkung auf die Lohnentwicklung und hält damit die Inflation und die Zinsrate niedrig. Der positive Einfluss von Migration auf das Wachstum wurde zuerst von Kindleberger (1967) anhand des europäischen Nachkriegswachstums analysiert. Castles (2000: 11) erklärt das asiatische Wirtschaftswunder der 1970er Jahre und den Aufstieg der Asiatischen Tigerstaaten ganz ähnlich mit der Verfügbarkeit von Millionen Arbeitsmigranten. Und in einer weiteren Arbeit verweisen Castles und Miller (2003: 195) auf Untersuchungen, denen zufolge auch in Australien Migration allgemein positive Auswirkungen auf die Wirtschaft hat. In Deutschland haben Gieseck et al. (1995) die ökonomischen Auswirkungen von Migration untersucht und kommen zu dem Schluss, dass das Bruttosozialprodukt 1992 um 6 Prozent höher war, als dies ohne Migration der Fall gewesen wäre. Ebenso hat eine Studie des britischen Innenministeriums ergeben, dass Immigranten, die acht Prozent der Bevölkerung repräsentieren, zehn Prozent des Bruttosozialproduktes generieren (siehe *Guardian,* 13.11.2003). Und kürzlich kam eine weitere Studie zu dem Schluss, dass Migranten, die 8,7 Prozent der Bevölkerung ausmachen, 10,2 Prozent der Einkommensteuer zahlen, Migration hat demnach auch einen positiven Effekt auf das Steueraufkommen des Landes (IPPR, 2005). Zumindest unter günstigen Umständen sind Migranten demnach keineswegs eine Belastung nationaler Arbeitsmärkte und Sozialsysteme, vielmehr generieren sie Wachstum, Import und Export, Steueraufkommen und, wie im übernächsten Abschnitt gezeigt wird, Arbeitsplätzezuwachs. Migration kann also Perpetuum von Wirtschaftswachstum sein und schafft zumindest die Voraussetzungen für eine Steigerung des Wohlergehens aller. Letzteres zu realisieren bedingt allerdings Systeme der Umverteilung der Wachstumsgewinne.

Aus der Perspektive der Entsendestaaten könnte allerdings geschlossen werden, dass Migration negative Auswirkungen auf diese Staaten habe, seitenverkehrt argumentiert hätte Emigration demnach ein niedrigeres Bruttosozialprodukt, kleinere Märkte, einen Rückgang der Produktivität und eine allgemein geringere Dynamik zur Folge. Andererseits würden, so die neo-klassische Wirtschaftstheorie, aufgrund der Arbeitskräfteverknappung, die Löhne steigen, neue Nachfrage folgen, die den Handel anregt und somit das Bruttosozialprodukt steigert. Zudem machen sich die *Remittances* positiv bemerkbar, insofern ein mehr an zur Verfügung stehenden Geldmitteln Inlandsnachfrage sowie Investitionen anregen und zu einem insgesamt dynamischeren ökonomischen Umfeld beitragen würde. Insofern wäre solch ein Einwand wenig plausibel.

Tabelle 9.1: Der ökonomische Effekt von Migration

	Aufnahmestaat	Herkunftsstaat
Positiv	Steigerung des Bruttosozialprodukt Wachstum der Märkte Diversifizierung und Zunahme von Import und Export (ethnic trade) Diversifizierung von Angebot und Nachfrage Dynamisierung der Märkte Generierung von weiterer Arbeitskräftenachfrage Dämpfende Wirkung auf Lohnentwicklung Dämpfung von Inflation und Zinsrate Erhöhung des Steueraufkommens Sinkende Preise für Produkte und Dienstleistungen	Einnahme von Devisen im Herkunftsstaat (Überweisungen) Ausländische Direktinvestitionen von Staatsangehörigen im Ausland Steigerung und Diversifizierung der Nachfrage Diversifizierung von Import und Export (ethnic trade)
Negativ	Zusammenbruch einheimischer Produkten aufgrund von Billigimporten Senkung der Löhne Erhöhung der Inanspruchnahme von öffentlichen Diensten.	Zusammenbruch einheimischer Produkten aufgrund von Billigimporten Sinken des Bruttosozialproduktes Schrumpfen der Märkte Rückgang der Produktivität Rückgang der Dynamik der Märkte Inflation

Im Umkehrschluss ergibt sich aus der Annahme, dass Migration insgesamt positive Auswirkungen auf die Ökonomie hat, dass Migrationsbeschränkungen dementsprechend negative Auswirkungen auf die Wirtschaft haben müssten (siehe Harris, 2005a: 5). Hamilton und Whalley (1984) haben in der Tat gezeigt, dass die Aufhebung aller Migrantionsbeschränkungen zu einem Anstieg des Welt-Bruttosozialproduktes um 4,7 Billionen bis zu 16 Billionen US-Dollar führen würde. In umgekehrter Lesart geht der Welt also genau diese Summe aufgrund der bestehenden Migrationsbeschränkungen verloren. Aktuelle Kalkulationen haben dies bestätigt (Iregui, 2002; Moses und Letnes, 2002). Andere Autoren legen nahe, dass sich mit der Migration von nur drei Prozent der ökonomisch aktiven Bevölkerung in den Entwicklungsländern in den Dienstleistungssektor der Industriestaaten 156 Milliarden US-Dollar erwirtschaften ließen (Walmsley und Winters, 2002). Aus den Wachstumsimpulsen sowie der Rolle der *Remittances* schließen Ökonomen, dass Migration das „bedeutendste Mittel zur Bekämpfung von Armut ist, das bedeutet, dass die Bekämpfung von Migration das bedeutendste Hindernis bei der Reduzierung von Armut ist" (Harris, 2005b). Nach Harris sind der Export von Arbeit(skräften) und die *Remittances*, die daraus resultieren, entscheidend.

2. Migration und Arbeitskräftenachfrage

Ein großer Teil der Migration erfolgt in Reaktion auf die Nachfrage nach Arbeitskräften. Wenn Migranten wissen, dass sie an einem bestimmten ihren Lebensunterhalt nicht bestreiten können, weil es dort keine Arbeit gibt, würden sie vermutlich einen anderen Ort wählen. Und umgekehrt liegen zahllose Berichte vor, wonach ganze Industriesektoren und Industrien von der Verfügbarkeit von Wanderarbeitern abhängig sind.

„Migration und Arbeitsmobilität sind essentielle Bestandteile wirtschaftlicher Integration. ...Migration ist ökonomisch effizient und förderlich" (Straubhaar, 1996: 11).

„Einwanderer sind eine biegsamere Arbeitskraft, ... im Unterschied zur einheimischen kann die eingewanderte Arbeitskraft flexibler eingesetzt werden, wodurch die urbanen Hersteller die Möglichkeit erhalten, ihre Produktion auf den Kunden zuzuschneiden und sich stärker auf Subunternehmer zu verlassen. ...Die Ankunft der neuen Migranten hilft zu erklären, warum die vergangenen zwei Dekaden eine neue 'urbane Renaissance' gesehen haben. Der Einfluss der im Ausland geborenen Arbeiter hat dem komatösen Fertigungssektor neues Leben eingehaucht" (Cross und Waldinger, 1997; siehe auch Baldwin-Edwards, 1998).

„[Immigranten sind] unentbehrliche Arbeiter, die unser Essen kochen, unsere Häuser reinigen, unsere Maschinen bedienen, unsere Alten pflegen, unsere Rasen mähen, unsere Autos waschen, in den Hotels arbeiten und eine ganze Menge Sachen machen, deren Vorhandensein unserem nationalen Mosaik Reichtum und Struktur hinzufügen" (Endelmann, 2000).

„Städten kommt eine strategische Bedeutung als Steuerungszentralen, globalen Marktplätzen und Produktionsstätten im wirtschaftlichen Globalisierungsprozess zu, und zweitens erfüllen viele entwertete Sektoren der urbanen Ökonomie für das Zentrum tatsächlich entscheidende Funktionen. Wir wollen damit unterstreichen, wie wichtig Städte gerade in einem globalisierten Wirtschaftssystem sind und wel-

che Bedeutung in diesem Zusammenhang die normalerweise übergangenen Sektoren haben, die weitgehend auf der Arbeit von Frauen, Immigranten und – im Fall der amerikanischen Großstädte – von Afro-Amerikanern und Latinos beruhen" (Sassen, 1994: 169[48]).

Vor allem die *Global Cities*, ein Netz von weltweit 500 Akkumulations- und Steuerungszentren, basieren auf der Beschäftigung von Wanderarbeitern. Sassen (ebenda) hat anschaulich dargelegt, dass weder die Firmenzentralen internationaler Unternehmen, noch die Dienstleistungsindustrie, weder die großen Finanzinstitute noch das Personal dieser Geschäftszentren ohne die Arbeit der Putzkolonnen, Gärtner, Hausangestellten, Parkplatzwächter, Fahrstuhlführer und anderer funktionieren würde.

Dies gilt nicht minder für irreguläre Wanderarbeiter, so Cross und Waldinger (1997), denn „als weiteres Plus können sich urbane Hersteller auch auf eine große, ungeschützte Population von illegalen Migranten beziehen". Betrachtet man jene Sektoren, in denen irreguläre Migranten typischerweise konzentriert sind – Landwirtschaft, Nahrungsmittelverarbeitung, Tourismus, Bau, Textil – so fällt zweierlei auf. Erstens handelt es sich um Industrien, die eine große Nähe zum Markt verlangen) etwa weil die Produzenten auf schnell wechselnde Modetrends reagieren müssen), oder weil es sich um Arbeiten und Dienstleistungen handelt, die nicht ins Ausland ausgelagert werden können (Hotel und Gaststätten, Pflege, Hausarbeit, Sexarbeit). Stattdessen wird also irreguläre und niedrig entlohnte Arbeitskraft hereingenommen. In den USA – und sicherlich auch in anderen Staaten – sind irreguläre Arbeitskräfte die Voraussetzung dafür, dass nahezu bankrotte Unternehmen, die ansonsten kaum mit billigen Importen konkurrieren könnten, überleben können (*Wall Street Journal*, 2004). Und auch der Aufstieg der Haushaltsarbeit (Putzen, Pflegen, *baby sitting*, etc.) ist ohne die irreguläre und niedrig-entlohnte weibliche Migrationsarbeit kaum zu erklären (siehe Jordan, 2005).

3. Der Arbeitsmarkteffekt von Migration

Migranten repräsentieren eine Quelle entweder knappe, hoch gebildete oder kostengünstiger Arbeitskraft. Die Auswirkung von Migration auf den Arbeitsmarkt sowohl im Herkunftsland, wie auch im Aufnahmeland kann sowohl positiv, als auch negativ sein, sie kann sowohl *entweder* positiv oder negativ sein, als auch *gleichzeitig* positiv oder negativ sein. Dies ist davon abhängig, ob nur ein Arbeitsmarkt existiert, ob dieser nach verschiedenen Segmenten differenziert werden kann oder ob die Summe der Effekte auf verschiedene Arbeitsmärkte kalkuliert werden kann. Der Arbeitsmarkteffekt muss dementsprechend im jeweiligen Einzelfall *en detail* untersucht werden.

Gemäß der neo-klassischen Wirtschaftstheorie fließt Arbeitskraft von Niedriglohn- in Hochlohnvolkswirtschaften. Aufgrund des sinkenden Arbeitskräfteangebots steigen die Löhne in den Herkunftsregionen während die Löhne aufgrund des stei-

---

[48] Syntax leicht geändert.

genden Angebots in den Zielregionen sinken. So kommt es zu einer Einebnung der Lohnunterschiede und zu einer Angleichung der Löhne (*factor price equalisation*) zwischen diesen Staaten, mangels Anreiz hört Migration auf. In diesem Mechanismus, der Angleichung des weltweiten Lebensstandards, liegt auch eines der Gerechtigkeitsversprechen der Globalisierung. Soweit die Theorie. Empirisch verifiziert wird sie überwiegend durch die Konsequenzen der transatlantischen Migration zwischen 1820 und 1960 sowie der Europäischen Integration. In beiden Fällen korrelieren der Rückgang von Migration mit der Angleichung von Löhnen und Lebensstandard. Zieht man allerdings weitere Beobachtungen heran, etwa einen internationalen Vergleich der Kaufkraftentwicklung, so zeigt sich, dass eine solche Konvergenz nur zwischen den industrialisierten Staaten zu beobachten ist, während zwischen den OECD-Staaten und den Nicht-OECD-Staaten eine sich vertiefende Divergenz festgestellt werden kann und Migration sogar weiter zunimmt (Stalker, 2000: 11-17). Das *factor price equalisation* Theorem scheint allerdings nur eine Theorie mittlerer Reichweite zu sein, beschränkt auf den europäisch-transatlantischen Raum.

Tabelle 9.2: Arbeitsmarkteffekte von Migration

	Negativ	Positiv
Abwanderungsland	Abwanderung von knapper Arbeitskraft/Expertise aus dem Herkunftsland (brain drain, muscle drain)	Abwanderung von überschüssiger Arbeitskraft/Expertise aus dem Herkunftsland.
	Sinkende Löhne im Abwanderungsland aufgrund einer allgemeinen Verringerung der Wirtschaftskraft.	Anstieg der Löhne im Abwanderungsland durch Verknappung der Arbeitskraft.
Aufnahmeland	Verdrängung von einheimischer Arbeitskraft im Aufnahmeland, die dadurch redundant wird.	Befriedigung der Nachfrage nach knapper Arbeitskraft.
	Lohnsenkende Wirkung auf einheimische Arbeitskraft.	Beschäftigungswachstum. Aufstieg der einheimischen Arbeitskraft in höhere Lohngruppen.

Ein weiterer Forschungsstrang, dessen Gegenstand ebenfalls die Auswirkung von Migration auf Einkommensungleichheiten ist, befasst sich mit den Auswirkungen von Migration auf die Entsendestaaten. So argumentieren Mackenzie und Rapoport (2004), dass zu Beginn eines Migrationszyklus vor allem Angehörige der Mittelklasse migrieren, weil nur sie sich die Migration leisten können. Aufgrund des zusätzlichen Einkommens, das den Mittelklassen durch die *Remittances* entsteht, wird das Einkommensgefälle innerhalb des Entsendestaates zunächst noch weiter vertieft. Sind aber erst einmal genug Personen migriert und ist ein Migrationsnetzwerk etabliert, dann sinken die Kosten der Migration und es beginnen auch die Angehörigen der Unterklassen zu migrieren. So kommen auch die einheimischen Unterklassen in den Genuss von *Remittances*. Empirische Untersuchungen scheinen zu bestätigen, dass mit dem Beginn von Massenmigration die Einkommensunterschiede innerhalb der Entsendestaaten abnehmen.

Konventionellerweise wird argumentiert, dass Migranten, weil sie anbieten, zu niedrigeren Löhnen zu arbeiten, eine Art unfaire Konkurrenz darstellen (z.B.

Commission of the European Union, 2001b: 20). Aber dies ist umstritten, beispielsweise unterscheiden sich Migranten in ihrem Humankapitals, insbesondere anhand ihrer sprachlichen Defizite, von einheimischen Arbeitskräften. Daraus resultieren Nachteile, aufgrund derer sie nicht unmittelbar mit den einheimischen Arbeitskräften konkurrieren. Psimmenos und Kassimati (2005) nehmen an, dass, weil Wanderarbeiter entweder rechtlich, oder aber aufgrund von Diskriminierung vom ersten Arbeitsmarkt ausgegrenzt werden, sie sich strukturell in einer Position befinden, die ihnen die Voraussetzungen für jeden fairen Wettbewerb entziehen. Es gibt zudem wenig Belege dafür, dass Migration einheimische Arbeitskräfte ersetzt, vielmehr gibt es Belege, denen zufolge Migration „eine ergänzende Rolle spielt" (OECD, 1990: 85). So kommt eine EU-Studie zu dem Schluss,

„auf dem ersten Blick sieht es so aus, als ob hohe Arbeitslosigkeit Einwanderung zu widersprechen scheint. Allerdings zeigt eine Analyse des italienischen Arbeitsmarktes, dass sich nur sehr wenige Italiener in einem tatsächlichen Wettbewerb mit Wanderarbeitern befinden" (European Communities, 2000: 53).

Dieselbe Untersuchung kommt auch im Hinblick auf Spanien zu den gleichen Schlussfolgerungen. Venturini (1999) bestätigt denn auch, dass der Verdrängungseffekt vernachlässigt werden kann und, wenn überhaupt dann nur auf spezifische Sektoren, wie etwa die Landwirtschaft einen, wenn auch geringen Effekt hat. Ebenso argumentieren US-amerikanische Quellen, dass der Einfluss von Migration auf das einheimische Lohnniveau marginal ist. Demnach könne nur für ungelernte Arbeitskräfte eine Lohnabnahme von fünf Prozent beobachtet werden (Greenhouse, 2000). Dasselbe gilt auch für das Beschäftigungsniveau, beziehungsweise Arbeitslosigkeit, Migration hat auf diese kaum, oder nur einen geringen negativen Einfluss (Friedberg und Hunt, 1995).

Insbesondere wird angenommen, dass Migration einen negativen Einfluss auf ungelernte einheimische Arbeitskräfte hat, aber auch dies ist empirisch kaum verifiziert. Demgegenüber "gibt es viele Belege, wonach ungelernte Migranten die Jobs machen, die die einheimischen, sogar wenn sie arbeitslos sind, nicht machen wollen, sie konkurrieren nicht, vielmehr konkurrieren ungelernte Migranten mit früheren ungelernten Migranten" (Harris, 2005a: 9). Außerdem entsteht Nachfrage häufig dort, wo die einheimischen Arbeitskräfte nicht leben, beziehungsweise nicht zur Verfügung stehen. Das heißt, während die immobilen einheimischen Arbeitskräfte die Nachfrage nicht befriedigen können, stellen sich mobile, aber ausländische Arbeitskräfte zur Verfügung. Ein Verdrängungsprozess ist dies sicherlich nicht.

Anstelle der Konkurrenz mit einheimischen Arbeitskräften lassen sich spezifische Muster der Interaktion zwischen Migranten, Märkten und einheimischen Arbeitskräften identifizieren. Migranten besetzen Arbeitsmarktsegmente, die entweder von den einheimischen Arbeitskräften abgelehnt und zurückgewiesen werden, oder aber aus anderen Gründen, wie etwa Arbeitskräfteknappheit nicht besetzt sind (Piore, 1979).

„[Sie] füllen nicht etwa deshalb Arbeitsplätze aus, weil sie billiger sind – im Allgemeinen scheinen sie das nicht zu sein – sondern weil sie die einzigen Arbeiter

sind, die zur Verfügung stehen (wie etwa im Fall der Saisonarbeiter in der europäischen Landwirtschaft)" (Harris, 2005: 9).

Cohen (1987) weist in diesem Zusammenhang auf eine grundsätzliche Arbeitsteilung hin, wonach Migranten spezifische Jobs, Segmente und Nischen zugewiesen werden, wo sie *"cluster* bilden" (Stark, 1991: 32) und wo sie deshalb auch nicht mit den einheimischen Arbeitskräften konkurrieren. Umgekehrt vermeiden auch die einheimischen Arbeiter die direkte Konkurrenz, indem sie jene Sektoren meiden oder verlassen, wo es zur direkten Konkurrenz käme (Borjas, 1999). In anderen Fällen haben unternehmerisch tätige Migranten brachliegende Industrien wiederbelebt (Werbner, 1990) oder sie haben neue Unternehmen und Industrien ins Leben gerufen (Klostermann und Rath, 2004).

Beispielsweise ist es so, dass allein weil günstige Arbeit zur Verfügung steht, sich auch weniger gut verdienende mittelständische Haushalte nun Haushaltsgehilfinnen leisten können. So ist inzwischen ein enorm großer Arbeitsmarkt entstanden, der zuvor in dieser Form nicht existiert hat. Dies befreit zudem einheimische Frauen von ihren Verpflichtungen im Haushalt, sie können nun arbeiten gehen, wodurch ihre Produktivität zunimmt (Young, 1999). Und auch die Verfügbarkeit irregulärer Migrationsarbeiter ermöglicht die weitere Teilung der Arbeit und erhöht deren Produktivität. Beispielsweise hat Alt (2003) herausgefunden, dass diese Arbeitsteilung so fein abgestimmt ist, das etwa in der Bauindustrie irreguläre Migranten als Handlager fungieren, wo sie im übrigen nicht mit den deutschen Bauarbeitern konkurrieren, während sich die einheimischen Bauarbeiter auf die eigentliche Facharbeit konzentrieren können (siehe auch Jordan und Düvell, 2002). Wie illustriert wurde, deuten zahlreiche empirische Studien an, dass einheimische Arbeiter und Wanderarbeiter sich eher ergänzen, als das erstere verdrängt werden. Inzwischen liegen Belege vor, wonach Migranten in Europa zwischen 1997 und 2002 für etwa 22 Prozent des gesamten Beschäftigungswachstum ursächlich waren, demnach schaffen sie mehr Arbeitsplätze, als sie selber in Anspruch nehmen (Commission of the European Union, 2004).

4. Die politische Ökonomie irregulärer Migration

Rivera-Batiz (2001: 186) hat die Einkommensverhältnisse von legalisierten Migranten mit denen von Migranten untersucht, die zwar legal mit einem Visum eingereist sind, aber die Wiederausreisepflicht missachtet haben (‚overstayers') und solchen, die illegal eingereist (‚*illegal entrants'*) sind[49]. Die Unterschiede und Gründe, die er dafür ausgemacht hat, sind bestechend. Demnach lag das durchschnittliche Jahreseinkommen einer Einwandererfamilie 1989 bei $ 11.775, das von *'overstayers'* bei $ 9.054, und das von *'illegal entrants'* bei $ 6.218. Dies entspricht einem Verhältnis von grob 2 zu 1,5 zu 1. So hatten mexikanische Immigranten, die überwiegend *'illegal immigrants'* sind, sogar nur ein Familieneinkommen von $ 5.662, verglichen mit $ 8.429 von nicht-mexikanischen hispanischen Immigranten. Selbst unter Berücksichtigung aller Unterschiede im Human-

---

[49] Siehe Tapinos Klassifizierung, Kapitel 8.

kapital kommt Rivera-Batiz (1999) zu dem Schluss, dass nur die Hälfte dieser Einkommensdifferenz den verschiedenen Charakteristika, wie etwa Alter, Geschlecht, Schulbildung oder Sprachfertigkeiten geschuldet ist. Die andere Hälfte muss demnach als Resultat der Diskriminierung aufgrund des Aufenthaltsstatus betrachtet werden[50]. Dies wirft weitere Zweifel an der Unterstellung auf, irreguläre Migranten seien unfaire Konkurrenten, stattdessen scheinen sie vielmehr Opfer von einer "systematischen Diskriminierung" (ebenda, 112) und Ausbeutung zu sein.

Boswell und Straubhaar (2003: 1) vertreten sogar die Auffassung, dass es ein "wirtschaftlich optimales Level von illegaler Migration gibt. Hazari et al. (2003) ergänzen, dass irreguläre Arbeit langfristig die Nachfrageseite der Wirtschaft stärkt. Und ein OECD Report (1989: 20) interpretiert "unautorisierte Migration" als eine Form der "Arbeitsmarktanpassung an wirtschaftliche Trends". Anhand einer Fallstudie zur Situation in Griechenland kommen Sarris and Zografakis (1999) denn auch zu dem Schluss, dass irreguläre Migration einen insgesamt positiven Einfluss auf die Wirtschaft hat.

Demgegenüber ist der oft genannte negative wohlfahrtsstaatliche Effekt weitgehend widerlegt. Es gibt keine Anzeichen dafür, das irreguläre Migranten Sozialleistungen in Anspruch nehmen, stattdessen vermeiden sie jeden Kontakt mit den Behörden und Institutionen des Aufnahmelandes (Düvell, 2005). Vielmehr zahlen sie als Konsumenten sowohl indirekte Steuern, wie auch, wenn sie unter falschem Namen, oder mit geliehenen Lohnsteuerkarten arbeiten, direkte Steuern und Sozialabgaben, für die sie aber kein Gegenleistungen beanspruchen können.

5. Migration, Handel und Auslandsdirektinvestitionen

Eine weitere neo-klassische (Handels-) Theorie unterstellt, dass Handel Migration ersetzt, wenn jedes Land nur die Produkte herstellt, für die es die optimalen Voraussetzungen erfüllt (Heckscher-Ohlin Modell, siehe Ohlin, 1933). Wenn jeder Staat die jeweils anderen Produkte, die für die einheimischen Märkte nachgefragt werden, im Ausland, also auf anderen Märkten einkauft, so sei es nicht länger notwendig, jene Arbeitskräfte zu importieren, mit denen diese Produkte im eigenen Land hergestellt werden müssten. Statt also chinesische Textilarbeiter nach Italien zu importieren, um dort Bekleidung herstellen zu lassen, können die Kleidungsstücke auch aus China importiert werden. Demnach bleiben die Textilarbeiter in einem Land und Migration erweist sich als unnötig. Diese Theorie kommt allerdings dann an ihre Grenzen, wenn es sich um Güter handelt, deren Produktion nicht exportiert werden kann, wie etwa Dienstleistungen oder Bautätigkeiten. Darüber hinaus hat die Geschichte des Handels häufig genug gezeigt, dass Volkswirtschaften, die bessere, billigere und mehr Produkte anzubieten haben, also eine Konkurrenz für die Volkswirtschaft anderer Staaten darstellt, deren einheimische Industrien unter Druck setzt, gar zu deren Zusammenbruch führt, was zu einem massenhaften Verlust von Arbeitskräften führen kann und vielmehr in der Zunahme von Migration resultiert. Demnach kann Freihandel sogar in mehr statt weniger Migration resultieren (Stalker, 2000: 35-57).

---

[50] Siehe in diesem Zusammenhang Kapitel 8.1.4, Rassismus, und Sivanandans Darstellung der Rationalität von Rassismus.

Ein Teilaspekt dieser Überlegung ist der Fluss von Kapital sowie ausländischen Direktinvestitionen, mit anderen Worten die Auslagerung von Industrien und der Export von Arbeitsplätzen. Demnach bewegen sich Kapital und Arbeitsplätze zu den Arbeitskräften, statt das sich die Arbeitskräfte zu den Arbeitsplätzen bewegen. Ausländische Direktinvestitionen haben demnach einen ebenfalls mindernden Einfluss auf Migrationsprozesse. Bestätigt wird diese Hypothese durch Entwicklungen in den neuen asiatischen Industrienationen, allen voran Süd-Korea, welches sich vom Auswanderungs- zum Einwanderungsstaat wandelte, sowie zahlreiche weitere sich industrialisierende Staaten. Andererseits hat auch der Export von Kapital häufig zur Folge, dass traditionelle (Subsistenz-) Ökonomien durch markwirtschaftlich orientierte Produktionsweisen abgelöst werden. Dadurch werden die traditionellen Überlebensökonomien zerstört, die betroffenen Menschen verlieren ihre Lebensgrundlage und müssen migrieren. Zudem ist zu bedenken, dass der größte Teil der weltweiten Direktinvestitionen zwischen den Industriestaaten fließen und nicht etwa in die Entwicklungsstaaten gehen.

Eine Erklärung für Beobachtungen, die diesen Hypothesen widersprechen, ist in der Anwesenheit von politischen Grenzen und Migrationsbeschränkungen zu suchen. Neo-klassische Theorien basieren auf idealen Bedingungen, und die wiederum bestehen in der Abwesenheit von Hindernissen für den freien Flusses von Waren, Kapital und Arbeitskräften. Grenzen und Einwanderungsbeschränkungen behindern und verhindern allerdings den freien Fluss von Arbeitskräften (siehe Jordan und Düvell, 2003). Demnach stellen sie ein entscheidendes Hindernis des Lohnkostenangleichs da. Dies ist jedoch keineswegs Ausdruck politischen Versagens, sondern basiert auf einem entgegengesetzten ökonomischen Prozess. Äußere Grenzen (*borders*) und innere Grenzen (*boundaries*) sind eine Voraussetzung der internationalen Migration, da es ihre Funktion ist, die soziale Beziehung zwischen den Bewohnern verschiedener Staaten sowie den rechtlichen Status mobiler Individuen festzulegen. Im Kern bewirken diese Grenzen einen Prozess der Differenzierung, der wiederum eine zentrale Rolle für die politische Ökonomie hat (Moulier-Boutang, 1998). Die Grenzen zwischen Geschlechtern, Ethnien und Nationalitäten, die auf diese Art konstruiert werden sowie deren Konsequenzen sind recht gut untersucht. Demnach werden sie (1) in ein System differenzierter Statusse und Rechte übersetzt (einschließlich eines Systems differenzierter Einwanderungsstatusse), und (2) ein System differenzierter Löhne sowie abgestufter Reproduktionskosten übersetzt. Diese Prozesse der Differenzierung werden manifest bei der geschlechtlichen, rassistischen und internationalen Arbeitsteilung (Fröbel, Heinrichs and Kreye, 1977), den segmentierten Arbeitsmärkten (Piore, 1979); und Preisunterschieden (Helliwell, 1998). All diese Differenzen werden im Rahmen von Mechanismen transnationaler Verwertungsketten ausgebeutet und in Gewinn übersetzt (Meillasoux, 1975). Auf der Meso-Ebene finden solche Differenzen beispielsweise Ausdruck in den Lohndifferenzen zwischen den USA und Mexiko, Deutschland und Polen, Finnland und Russland, Malaysia und Indonesien, aber auch in den Lohndifferenzen innerhalb von Staaten, wie etwa zwischen den Geschlechtern zwischen Einheimischen und Ausländern oder zwischen verschiedenen Regionen (Stichwort Ost-West, beziehungsweise Nord-Südgefälle).

6. Vernachlässigte Faktoren: Ungleicher Handel und Migrationskontrolle

Migrationsökonomen ignorieren üblicherweise zwei Aspekte. Erstens, Migranten sind normalerweise bereits erwachsen, wenn sie einreisen, ihre Herkunftsstaaten haben in beträchtlichem Umfang in ihre Sozialisation und Ausbildung investiert. Dieser Import von in die Menschen gesetzten Investitionen wird kaum jemals berücksichtigt. Zweitens muss berücksichtigt werden, dass Migranten überwiegend im Rahmen von Migrationssystemen wandern, die von spezifischen Handelsbeziehungen bestimmt sind. Dabei fließen billige Importe, in die bereits niedrig entlohnte Arbeit eingegangen ist, von einem Staat in einen anderen. Dieser Prozess wurde häufig als ungleiche Entwicklung, einhergehend mit ungleichem Handel beschrieben (Amin 1976; Raffer und Singer, 2001[51]). Die daraus resultierenden Überschüsse scheinen von Migrationsökonomen nie berücksichtigt zu werden. Dies verzerrt ihre Ergebnisse allerdings gewaltig, denn wenn man das Humankapital sowie diese Handelsgewinne in die Kalkulation der Kosten-Nutzenrechnung von Migration einbeziehen würde, gelangte man zu gänzlich anderen Ergebnissen.

Zweitens berücksichtigen Ökonomen selten die Kosten der Migrationskontrolle, die deshalb auch nicht in die Kalkulation der Vor- und Nachteile von Migration einfließen. Die Notwendigkeit von Kontrolle wird als gegeben angenommen, weshalb die Kostenfrage kaum jemals Gegenstand der Diskussion wird. Allerdings weist die IOM (Martin, 2003) darauf hin, dass allein die 25 reichsten Staaten jährlich zwischen 25-30 Milliarden Dollar für die Grenz- und Migrationskontrolle ausgeben. Pecoud und Guchteneire (2005: 4) kontrastieren diese Summe mit der Entwicklungspolitik und argumentieren, dass die Weltbank eine ähnlich hohe Summe, 30-50 Milliarden Dollar ansetzt, um die armen Staaten auf den Pfad der Entwicklung zu führen. Da sie die Migrationskontrollsysteme angesichts stetig zunehmende Migration für wenig effizient halten, implizieren sie eine gewisse Irrationalität dieser Politik. Zudem implizieren sie, dass mit der Umleitung der Gelder in die Entwicklungspolitik die Gründe zur Migration reduziert würden, dass Migration abnähme, dass also die Migrationskontrollkosten sinnvollerweise in die Prävention von Migration investiert werden könnten.

---

[51] Siehe UNCTAD, verschiedene Berichte.

10. GLOBALISIERUNG UND MIGRATION, GLOBALISIERUNG DER MIGRATION, GLOBALE MIGRANTEN

Inzwischen ist die Welt in eine neue Ära eingetaucht, charakterisiert durch eine neue Weltordnung und eine fortschreitende ökonomische, politische und kulturelle Integration, kurz Globalisierung genannt. Konsequenterweise, und aufgrund zahlreicher neuer Qualitäten globaler Migrationsprozesse am Beginn des dritten Jahrtausends argumentiert Hoerder, dass „am Beginn des 21. Jahrhunderts neue interkontinentale Migrationssysteme auftreten, die nicht länger denen vorheriger Jahrhunderte ähneln", und die von daher "ihrem Charakter, aber nicht ihrer Art nach neu sind" (Hoerder, 2003: 7-8; siehe auch 2002).

Mit dem Prozess der Globalisierung haben auch die Möglichkeiten für die geographische Mobilität von Menschen zugenommen. Sie sind immer weniger sesshaft und wenn sie einmal migriert sind, sei dies intern oder international, nimmt die Wahrscheinlichkeit zu, dass sie es noch einmal migrieren. Allerdings verbessert die Globalisierung nicht nur die technologischen und ökonomischen Bedingungen für Migration, vielmehr erhöht die Politik des Neoliberalismus, die unter anderem in Form von Handelsungerechtigkeiten auftreten, den Druck auf den einzelnen, sich weltweit nach Einkommensmöglichkeiten umzusehen. Außerdem kann Migration nicht unabhängig von anderen Formen von Mobilität analysiert werden, sondern muss in einem Zusammenhang mit der Bewegung von Kapital, Waren und Informationen betrachtet werden[52]. Sie ist Teil eines komplexen Systems internationaler Mobilität.

Eines der augenfälligsten Merkmale der Globalisierung ist die langsame, aber doch kontinuierliche Zunahme internationaler Migration. Noch 1996 gab die ILO die Zahl von Menschen, die in einem anderen, als ihrem Geburtsland lebten, mit 80-97 Millionen an (ILO, 1998: chapter 2), weniger als neun Jahre später war diese Zahl bereits auf 159 Millionen angestiegen (Zahlenangaben jeweils ohne Flüchtlinge). Die Zahl der internationalen Migranten stieg von 1995 125 Millionen auf inzwischen über 200 Millionen, ihr Anteil an der Weltbevölkerung stieg von 2,5 auf 3 Prozent, dies entspricht einem Anstieg von 16 Prozent (Global Commission on International Migration, 2005). Insbesondere hat sich die Verteilung der Migranten verändert. Während noch 1996 etwa ein Viertel bis ein Drittel aller Migranten in Europa lebten (36-30 von 80-97 Millionen), ging dieser Anteil 2005 auf 15 Prozent zurück (26 von 175 Millionen). Ebenso weist die jährliche Ankunft von Touristen ein Wachstum von 4,3 Prozent auf und lag 2004 bei rund 760 Millionen (1995: 550 Millionen), nach einem außergewöhnlich hohen Wachstum von 10 Prozent (World Tourism Organization, 2003, 2005). Dies entspricht einem Wachstum von 50 Prozent innerhalb von 10 Jahren. Für 2010 wird erwartet, dass dann über eine Milliarde Menschen ein anderes Land besuchen werden. Ebenso hat das Personenflugverkehrsaufkommen enorm zugenommen. Es stieg von weltweit 88 Millionen 1972, und 344 Millionen 1994 auf 1,8 Milliarden 2004 (nur Linienflüge) (ICAO, 2005).

---

[52] Siehe Migrationssystemtheorie, Kapitel 5.3.

Dies entspricht einer Verzwanzigfachung innerhalb von 30 Jahren. Einige Fluggesellschaften haben sich speziell auf den Bedarf im Rahmen weltweiter Wanderungsprozesse eingestellt und bedienen diesen zielgerichtet:

„Blue Wings AG ist [u.a.] Spezialist für ‚ethnische Verkehr', also etwa für Arbeitsmigranten, die in ihr Heimatland reisen möchten. Derzeit fliegt Blue Wings Ziele in Europa und im Mittleren Osten an" (Bordmagazin, Sommer 2005, S. 70).

Vergleicht man die Zahlen von Passagieren und Migranten, so lässt sich allerdings leicht erkennen, dass Migration, also der längerfristige Aufenthalt in einem anderen Land deutlich weniger steigt, als der grenzüberschreitende Verkehr. Das bedeutet, dass temporäre Merkmale überwiegen und das globale Wanderungsgeschehen dominieren und charakterisieren.

Tabelle 10.1: Entwicklung der verschiedenen Formen internationaler Mobilität

Verkehrsform	Jahr	Jahr	Anstieg
Personenflugverkehr	88 Mio. (1972)	1,8 Mrd. (2004)	2045 % in 32 Jahren, oder 700 % in 10 Jahren*
Tourismus		760 Millionen (2004)	50 % in 10 Jahren
Migration (in absoluten Zahlen und als Anteil an der Weltbevölkerung)	125 Mio., 2,5 % (1995)	175 Mio., 2,9 % (2005)	40 %, bzw. 16 % in 10 Jahren

* Bei linearem Anstieg, tatsächlich dürfte der Anstieg aber exponentiell verlaufen.

Die Zunahme internationaler Migration bedeutet nicht unbedingt, dass sich in den als typischen Abwanderungsregionen verstandenen Staaten immer mehr Menschen in Bewegung setzen. Die Zunahme der Migration ist zumindest zum Teil darin begründet, dass sich Menschen in immer mehr Regionen und Staaten über immer größere Distanzen bewegen. Das heißt, immer mehr, wenn nicht inzwischen sogar sämtliche Staaten dieser Erde sind auf die eine oder andere Art in das Migrationsgeschehen eingebunden. Dementsprechend ist die Zusammensetzung komplexer und vielfältiger. So führt Waki von der UNFPA (2005: 21) aus: *„ ... die Wanderungen sind wahrhaft global. ...Die Migranten von heute kommen von einem breiten Spektrum kultureller, wirtschaftlicher und sozialer Hintergründe"*.

Es ist allerdings nicht unbedingt ausgemacht, dass die menschliche geographische Mobilität insgesamt zugenommen hat, wohl aber, dass die Mobilität über die politischen Grenzen von Nationalstaaten zugenommen hat und insofern wohl auch, dass sich zunehmend mehr Menschen über größere Distanzen bewegen. Globalisierung korrespondiert nicht nur mit einer Zunahme internationaler Migration, vielmehr scheint Migration auch ein inhärentes Element der Globalisierung zu sein.

Ein Charakteristikum der Globalisierung sind die so genannten *Global Cities*, Sitz der Hauptquartiere der die Globalisierung antreibenden Konzerne, internationale Akkumulationszentren des Kapitals, Wachstumspole und damit Anziehungspunkt von Migration. So sind 45 Prozent der in London lebenden Bewohner Migranten, das heißt, sie sind außerhalb des Landes geboren. In München sind es 40 Prozent und in Singapur etwa ein Fünftel.

Ein besonders schönes Beispiel kosmopoliten Denkens lässt sich in Istanbul finden: *„Beyoglu [Stadtteil im Zentrum Istanbuls] ...accommodates people from every language, religion and race. It has not got tired, for centuries it has accepted everybody with open arms and everyone has found a piece from themselves in it"* [53].
Und aus Dubai wird berichtet:
„Nabil ist Taxifahrer aus Marokko mit französischem Pass. ‚In meinem Haus leben ein Deutscher, ein Brite, ein Palästinenser, ein Inder und ein Sri Lanker. Das ist ganz normal hier'"[54].

Nicht nur die ökonomische Bedeutung von *Global Cities* als Knotenpunkte der Netzwerkökonomie, sondern auch ihre Fähigkeit und Bereitschaft, Menschen jedweder Herkunft aufzunehmen erklären den Aufstieg dieser Städte.

Tabelle 10.2: Immigranten in *Global Cities* in Prozent

Dubai	80**
London	45*
Toronto	44*
München	40***
Los Angeles (City)	38*
New York (City)	36*
Miami	34** (-59*)
Rotterdam, Amsterdam	33*
Sidney	31*
Brüssel	28*
Istanbul	25
Wien	16**/25*
Singapur	20*
Paris	17,6**
Berlin	13,3*** - 20**
Prag	10*
Tokio	2,7**
Madrid	2**

Quelle: Eigene Zusammenstellung, * im Ausland geboren, ** Ausländer, *** ausländerrechtliche Ausländer, einschließlich der im Inland geborenen.

1. Globalisierung

Globalisierung ist die "Beseitigung von Hindernissen des Freihandels und die Integration von Volkswirtschaften durch verschiedene Institutionen, um Wirtschaftswachstum für alle zu schaffen" (Stiglitz, 2002: 7). Dies führt zu „zunehmender gegenseitiger politischer, ökonomischer und sozialer Abhängigkeit von Staaten (Kritz

---

[53] Gefunden in Haci Abdullah. Ohne Datum. More than a century old tradition in Ottoman-Turkish cuisine. Istanbul: Haci Abdullah, S. 1.
[54] Zitiert in Görgen, Vera. 2005. Die Welt als Schneekugel. Die Tageszeitung, Taz Mag, 10./11.9.2005: III.

und Zlotnik, 1992: 1). Als Ergebnis sind "Grenzen nicht länger von Wichtigkeit für Unternehmen" (Löscher, 2002: 59). Globalisierung ist auch
"die Beseitigung von künstlichen Hindernissen für einen uneingeschränkten grenzüberschreitenden Strom von Waren, Diensten, Kapital und Wissen und (in geringerem Umfang) von Menschen. ...Machtvolle treibende Kräfte sind internationale Unternehmen, die nicht nur Kapital und Waren, sondern auch Technologien über Grenzen hinweg bewegen" (Stiglitz, 2002: 24).

Gemessen wird die Globalisierung allerdings vor allem am Strom von Kapital, vor allem in Form von ausländischen Direktinvestitionen, 648 Milliarden Dollar 2004 (UNCTAD, 2005), fast 900 Milliarden 2005 (*The Times*, 24.1.2006). Globalisierung beinhaltet aber auch den Handel mit Wissen, Fertigkeiten und Dienstleistungen und führt zu einem neuen "globalen Zulieferermodell" (*'Global Delivery Model'*), welches Talent und Infrastruktur in verschiedenen Teilen der Welt aufbietet und qualitativ hochwertige, schnelle Lösungen für den Markt liefert" (Murthy, 2003: 2).
Konsequenterweise ist Globalisierung die Transformation von halb-geschlossenen nationalen Arbeitsmärkten in globale, grenzüberschreitende Arbeitsmärkte. Es entstehen infrastrukturelle Zentren, die zugleich Akkumulationszentren sind, die *Global Cities*, (Harris, 2005b).

Stiglitz macht deutlich, dass es der Politik der Globalisierung um die schrankenlose und grenzüberschreitende Bewegung von Waren, Dienstleistungen, Kapital und Wissen geht, und räumt ein, dass dies nicht die uneingeschränkte grenzüberschreitende Bewegung von Menschen beinhaltet. Bislang herrscht die Meinung, wie sie typischerweise vom DIW zum Ausdruck gebracht wird, wonach „der entscheidende Aspekt der Globalisierung ist, dass Unternehmen aufgrund zunehmender Mobilität von Kapital und Technologie ihren Standort besser wählen können" (Institut der Deutschen Wirtschaft 1998: 4). Es ist bezeichnend, dass, wenn moderne Managementtheorien von Migration sprechen, nicht die Migration von Menschen, sondern die Migration von Unternehmen (Oettinger, 2000: 255) oder Industrien (Campbell und Parisotto, 1995) gemeint ist. Sie tun dies, weil sie davon ausgehen, dass „Arbeitskräfte mit Standardqualifikationen nahezu überall zur Verfügung stehen" (Institut der Deutschen Wirtschaft (IDW), 1998: 4), was Unternehmern erlaubt, ihr Unternehmen dorthin zu verlagern, wo die besten Resultate zu erzielen sind. Andere sehen die Vorzüge der Informationstechnologie darin, dass sie reale Migration reduzieren und durch eine Art "virtuelle Mobilität" ersetzen: "Information und Wissen bewegt sich um die ganze Welt, ...ohne dass Menschen ihren Arbeitsplatz verlassen müssen, um sich an einer Aufgabe zu beteiligen" (Meier, 1999: 51). Und auch führende Denkfabriken, wie die OECD oder die Trilaterale Kommission, die mit der Politik des Abbaus von Handelsbeschränkungen Marktderegulierung assoziiert werden können, den Abbau von Migrationsbeschränkungen bislang ablehnen (Dreher, 2003). Wenn also Ökonomen und Soziologen Globalisierung untersuchen, dann tun sie das vor allem im Hinblick auf die Bewegung von Waren, Kapital und Wissen (z. B. Engardio, 2001) sowie der Bewegung von Unternehmen zu den Aufenthaltsorten der Arbeitskräfte (Beck, 1997: 14). Im Gegensatz dazu ist zu Bedenken, dass, erstens „hochqualifizierte Arbeitskräfte – Wissenschaftler, Manager, Ingenieure, Informationstechniker – vergleichsweise knapp sind, was Unternehmen dazu zwingt, sie zu umwerben" (IDW, 1998: 4). Und zweitens, „wenn Unternehmen global werden und Produktionskreisläufe verkürzt werden, dann müssen Unternehmen in der Lage sein, mehr Menschen, und mehr Arten von Menschen über mehr Länder, für kürzere Perioden und innerhalb kürzerer Fristen zu bewegen" (OECD, 2003).

Diese kurze Diskussion illustriert anschaulich das Migrationsdilemma der Globalisierung. Einerseits erfordern unternehmerische Überlegungen die so weit als möglich uneingeschränkte Mobilität von Arbeitskräften, andererseits ist diese politisch unerwünscht (siehe auch Jordan und Düvell, 2002; Düvell, 2005). Bislang haben es weder die Politik, noch die Politikwissenschaften oder die politische Philosophie vermocht, globalisierte Märkte, das Konzept des Nationalstaates, liberale Prinzipien und die Bewegungsfreiheit von Menschen miteinander zu versöhnen (Schwartz, 1995).

2. Ursachen der Zunahme der Migration im Zeitalter der Globalisierung

Dreierlei Gründe und Ursachen können für die Zunahme der Migration im Zeitalter von Globalisierung, Neoliberalismus und technologischem Fortschritt genannt werden. Erstens wurden zuvor nicht-kapitalistische Subsistenzökonomien oder vorkapitalistische Ökonomien an die Weltwirtschaft angebunden und damit auch deren Bevölkerungen in die weltweiten Sozialprozesse integriert. Die Integration dieser Staaten in die internationalen Wirtschaftssysteme integrierte deren Menschen auch in die internationalen Migrationssysteme. Zweitens haben der Fortschritt in der Informations- und Kommunikationstechnologie sowie im Transportwesen Risiko und Preise in einem Maße reduziert, dass immer mehr Menschen Zugang zu den notwendigen Informationen über Migrationsziele, die dortigen Bedingungen, Unterkunft und Arbeitsplätze haben. Außerdem sind die Transportkosten und auch das Transportrisiko drastisch gesunken. Und drittens hat das zunehmende globale Handelsungleichgewicht sowie die damit einhergehende Einkommensungleichheit die Notwendigkeit zur Migration erhöht. Im Zuge der Liberalisierung wurden zwar die Weltmärkte für westliche Produkte geöffnet, nicht aber im gleichen Maße die westlichen Märkte für Produkte aus dem Süden. Beispielsweise subventionieren die USA die einheimische Baumwollproduktion und die EU Agrarprodukte (Zucker, Milch, Fleisch, Getreide), dazu kommen Exportsubventionen einerseits sowie Importzölle auf Waren aus dem Süden andererseits. Ausgenommen hiervon sind nur die AKP-Staaten (einige afrikanische, karibische und pazifische Staaten), für die Sonderregelungen gelten. Diese Subventionen summieren sich laut Ziegler (2005) auf 349 Milliarden Dollar Produktions- und Exportsubventionen jährlich seitens der Industriestaaten. Während sich also der Norden die Märkte des Südens öffnet, bleiben dem Süden die nördlichen Märkte weitgehend verschlossen. Den beliebten und künstlich verbilligten Waren aus dem Norden können die Produkte des Südens nicht standhalten, den Konkurrenzkampf mit den Dumpingpreisen aus dem Norden verlieren sie. Dies entzieht den einheimischen Industrien die Geschäftsgrundlage und damit den Menschen ihre Einkommensquellen. Auf diese Art sind die sudanesische und malinesische Baumwollindustrie sowie insgesamt die afrikanische Textilindustrie oder aber die senegalesische Gemüseproduktion zugrunde gerichtet worden. All dies trägt zu wirtschaftlichen Miseren, zu Arbeitslosigkeit und Armut bei und erhöht den Zwang zur Migration. Zwar argumentieren radikale Freihandelsanhänger, dass die vollständige Freigabe des Welthandels einen enormen Wohlstandszuwachs brächte, der knapp zur Hälfte dem Süden zugute käme, doch bislang wird dies von den Industriestaaten abgelehnt. So oder so erscheint es plausibel anzunehmen, dass eine gerechtere Form des Welthandels dem Süden Wohlstand brächte und die Notwendigkeit zur Migration abnehmen würde[55].

3. Globale Arbeitsmärkte, globale Migrationssystemen, globale Akteure

Wie bereits anhand der Migrationstheorie der Migrationskanäle sichtbar geworden ist, sind im Zuge der Globalisierung nicht nur weltumspannende Märkte für Kapital, Waren und Informationen entstanden, sondern auch weltumspannende Märkte für Arbeitskräfte.

Die Arbeitsmarktforschung konzentriert sich allerdings normalerweise auf Abläufe innerhalb oder Einflüsse auf nationale Volkswirtschaften, globale Integrations- und Konvergenzprozesse werden dabei häufig übersehen. Überraschend wenig Wissenschaftler untersuchen die Globalisierung von Arbeitsmärkten unter sowohl politischen, also auch faktoralen[56] Gesichtspunkten. Die früheste Erwähnung eines "Weltmarktes für Arbeitskraft" stammt aus Fröbels et al. Klassiker (1977: 30), wenn auch gemeint war, dass sich das Kapital zur Arbeit hin bewegt und sich Arbeit höchstens lokal auf die Produktionszonen zu bewegte (siehe auch Blaschke und Greusing, 1980: 7; Potts, 1988). Und auch Hatton und Williamson (1994; siehe auch Williamson, 1995) verstehen unter der Globalisierung der Arbeitsmärkte eher die Angleichung der Bedingungen in verschiedenen Staaten, und nicht primär die Bewegung von Arbeitskräften auf einem globalen Arbeitsmarkt. Erst in jüngerer Zeit erstreckt sich die Erforschung von weltumspannenden Arbeitsmärkten auch auf die Mobilität der Arbeitskräfte (Simai, 1995; Mehmet et al., 1999; Held et al., 1999). Dies geschah unter anderem anhand von Einzelfallstudien, wie dem Weltarbeitsmarkt für Gesundheits- und Pflegekräfte (Buchan und May, 1999), für Haushaltsangestellte (Morokvasic, 1991, 1993; Lutz, 2003) sowie für Akademiker (Kritz und Caces, 1992).

Inzwischen hat die Globalisierung die Einbettung von Arbeitsmärkten in Volkswirtschaften aufgesprengt. Globale Unternehmen, globale Kooperationen und globaler Handel haben globale Arbeitsmärkte geschaffen. Unternehmen erfordern zunehmend global mobile Arbeitskräfte, die entweder den Unternehmen hinterher ziehen, oder dorthin gehen, wo die Arbeitskräftenachfrage ist. Ebenso sehr, wie Globalisierung die Verlagerung von Industrien aus der ‚ersten' in die ‚zweite' und ‚dritte' Welt beinhaltet, sosehr beinhaltet Globalisierung die Verlagerung von Arbeitskräften aus der ‚dritten' und ‚zweiten' in die ‚erste' Welt. Während ein Cha-

---

[55] Dieser Absatz basiert, sofern nicht anders angegeben, auf *Die Welt*, 10. und 11. Dezember 2005, zu den WTO-Verhandlungen sowie Germanwatch, Nr 4, 2005.
[56] Kosten der Produktionsfaktoren Arbeit und Kapital.

rakteristikum der Globalisierung die Flexibilisierung (und Präkarisierung) der Arbeit durch variable Beschäftigungsverhältnisse innerhalb nationalstaatlicher Grenzen ist, ist ein anderes Charakteristikum die Flexibilisierung von Arbeit über diese Grenzen hinweg. Kritz und Zlotnik (1992: 17) sprechen deshalb bereits von "globalen Migrationssystemen", die die bisherigen geographischen Limitationen weit hinter sich lassen.

Charakteristisch für Migrationsbewegungen unter den Bedingungen der Globalisierung und innerhalb dieser globalen Migrationssysteme ist die Wanderung von Experten, die Wanderung von Studierenden und die Wanderung von Haushaltsgehilfinnen. Diese drei Wanderungstypen haben in allen OECD-Staaten, den meisten Ölförderstaaten und regionalen Akkumulationszentren enorm zugenommen. Die UNESCO schätzt, dass allein die Anzahl der Wissenschaftler aus der ‚dritten'Welt, die in den Industriestaaten arbeiten, bei 400.000 liegt (Meyer und Brown, 1999).
Inzwischen existiert ein enges Netz zahlloser international aktiver Arbeitsvermittlungsbüros, Anwerbeagenturen, Headhunters sowie Internetseiten und Anzeigenblätter die effizient zwischen Arbeitsuchenden und Arbeitgebern vermitteln. Solche Agenturen sind unter anderem auf IT-Experten, Haushaltskräfte oder Pflegepersonal spezialisiert, daneben gibt es illegale Agenturen insbesondere im Bereich der Sexindustrie. Laut ILO (1998) wurden bis zu 80 Prozent aller in den Golfstaaten beschäftigen Asiaten über Agenturen vermittelt. Es existiert also bereits eine global agierende Migrationsindustrie, bestehend aus Reisebüros und Jobagenturen, die die globale humane Mobilität antreibt. Die Angebote von Agenturen können den Aufwand und die Risiken von Arbeitsmigration, vorausgesetzt, sie arbeiten legal, erheblich reduzieren, da sie die Arbeitssuche, die Formalitäten und oft sogar die Reise bis hin zur Unterkunft organisieren. Tatsächlich eröffnet sich damit auch jenen Menschen die Möglichkeit zur Migration, die dies bisher für sich nicht in Betracht gezogen haben, weil ihnen beispielsweise die Mühen oder Unsicherheiten zu groß erschienen.

Bislang verläuft dieser Prozess allerdings weitgehend ungeschützt und spontan. Weder gibt es eine internationale Organisation, die die Wanderung von Menschen in geregelten Bahnen ermöglicht, noch gibt es eine Organisation, die in der Lage wäre, die Menschen-, Arbeitnehmer- und Familienrechte wirkungsvoll zu schützen. Auch international agierende Migrantenorganisationen, wie etwa *Migrants Rights International*, ganz zu schweigen von globalen Gewerkschaften, existieren nur in Anfängen, beziehungsweise einigen Sektoren, wie etwa die Internationale Transportabeiterförderation (ITF).

4. Globalisierung, Migration und Terrorismus
Ein besonders beunruhigendes Merkmal der Globalisierung von Migration ist die damit einhergehende Globalisierung von Terrorismus (für dieses Kapitel siehe u.a. Krieken, 2005). So waren einige der Attentäter vom 11. September 2001 auf das World Trade Centre (WTC) in New York waren aus Ägypten, Libanon, den Vereinigten Arabischen Emiraten und Saudi Arabien (*St. Petersburg Times*, 27.9.2001). Einige der Attentäter vom 11. März 2004 auf einen Pendlerzug in Madrid waren

aus Marokko, Tunesien und Algerien (*Time Magazin*, 21.3.2005). Alle vier der Attentäter vom 7. Juli 2005 in London waren Briten pakistanischer Herkunft (*The Times*, 13.7.2005), während die Attentäter vom 21.7. aus Somalia, Eritrea und Jemen stammten (*The Times*, 27.7.2005), als ‚*Mastermind*' wurde ein Inder verdächtigt. Zahlreiche weitere Staaten (Kenia, Tansania, Syrien, Malaysia, Palästina und andere) werden als Herkunftsstaaten von Terroristen genannt. Einige der Terroristen, beziehungsweise der Verdächtigten, gehörten zur zweiten und häufig bereits eingebürgerten Generation der eigentlichen Arbeitsmigranten. Sie sind US-amerikanische, britische oder schwedische Staatsbürger. Andere kamen als Flüchtlinge und lebten viele Jahre in ihren Aufnahmestaaten. Wieder andere kamen als Studierende aus überwiegend mittelständischen Familien. Und einige bewegen sich innerhalb der Gruppe der Geschäftsreisenden und Touristen. Auch sind Sie überwiegend keine Armutsflüchtlinge sondern verfügen über teils beträchtliche finanzielle Mittel. Insofern sind sie Migrationskategorien zuzuordnen, die entweder gewollt und erwünscht sind, wie etwa Studierende, Geschäftsreisende und Touristen, keineswegs aber handelt es sich um Teilnehmer verdächtiger Bewegungen. Oder sie gehören zur international anerkannten und geschützten Gruppe der Asylsuchenden. Nur in einem Fall, dem von Jamal Ahmidan, einem der Attentäter von Madrid, handelte es sich um einen illegalen Migranten, der der Polizei zudem auch noch als Drogendealer und Kleinkrimineller bekannt war (*Time Magazin*, 21.3.2005).

Sofern es angesichts der dünnen Datenlage überhaupt möglich ist, können drei Muster ausgemacht werden: (i) Terroristen, die in die Gruppe der Expertenmigration fallen, wie im Fall der Täter vom 11. September 2001, (ii) Terroristen der so genannten zweiten Generation von Einwanderern, wie im Fall der Täter vom 7. Juli 2005, und (iii) Terroristen, die der Kategorie der Flüchtlinge und deren Angehörige zuzuordnen sind, wie im Fall der Täter vom 21. Juli 2005.

Als charakteristisch für die globale Mobilität dieser Generation von Terroristen kann vielleicht Mohammed Atta, einer der Attentäter auf das WTC vom 11.9.2001 angesehen werden. 1992 kam er als Student aus Ägypten nach Deutschland, er reiste u.a. nach Syrien, Spanien, die Schweiz, und über die Tschechische Republik in die USA. (*St. Petersburg Times*, Florida, 27. 9. 2001). International grenzenlose Kommunikation per Email und Handy, international grenzenlose Information per Internet und internationale Mobilität per Migration bilden die Voraussetzungen für die Formierung (loser) globaler (Terror-) Netzwerke.

Bei diesen Personen, die nach New York, Madrid oder London jetten, um dort weitere Täter zu rekrutieren, oder selber Anschläge zu koordinieren oder durchzuführen, handelt es sich allerdings um einen nur verschwindend geringen Anteil des weltweiten Reise- und Wanderungsgeschehens. Sie bewegen sich im millionenfachen Strom von Reisenden und ihre wahren Intentionen sind ihnen nicht anzusehen. Und darin besteht auch das Dilemma: einerseits sind diese Bewegungen erwünscht und inhärenter Bestandteil der Globalisierung, während die Täter andererseits mit den Mitteln der Migrationskontrolle kaum auszumachen sind, da sie sich ja ganz legal bewegen. Stattdessen ist es wohl eher die klassische Polizeiarbeit, der es obliegt, solche Personen zu identifizieren, zu verfolgen und festzunehmen.

5. Migrationsparadoxon im Zeitalter der Globalisierung

Im Zeitalter der Globalisierung zirkulieren global mobile Akteure durch die Nationalstaaten hindurch, während die Bürger dieser Nationalstaaten ihrerseits aus diesen Staaten hinaus und durch andere hindurch zirkulieren. Dies sind idealtypischerweise gleichermaßen komplementäre wie kongruente Kreise, wenn auch mit verschiedenen Ausgangs- und Endpunkten.

Grafik 10.1: Globale zirkuläre Bewegungen von Menschen

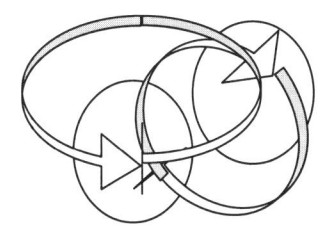

Probleme entstehen beispielsweise dann, wenn diese Kreise an einer Stelle unterbrochen werden, wenn also die zirkulären Bewegungen aufgehalten werden und Menschen entweder nicht hinaus, nicht weiter, oder nicht zurück können an ihren Ausgangspunkt.

Migration im Zeitalter der Globalisierung ist durch eine Reihe von Spannungen, ja Paradoxon charakterisiert, die mehr oder weniger alle aus einer Asymmetrie zwischen dem Möglichen und dem Erlaubten resultieren. Diese Paradoxon können entweder als Charakteristika der „widersprüchlichen Natur" der Globalisierung (Carling, 2002: 37), als Zeichen für deren bislang imperfekte politische Regulierung oder aber als Ausdruck einer Transformationsphase von einer alten in eine neue Ordnung betrachtet werden, in der die politische Ordnung den neuen Realitäten hinterherhinkt (Düvell, 2005: 239).

Tabelle 10.3: Migrationsparadoxon im Zeitalter der Globalisierung

Ein politisches Paradox resultiert aus der Zunahme von Migration bei einer gleichzeitigen Zunahme der Migrationsbeschränkungen (Düvell, 2005).	‚Enforcement paradox', je mehr Migration beschränkt wird, desto mehr wird Migration in den Untergrund abgedrängt, endet also nicht, sondern besteht fort (Engbersen, 2001; Düvell, 2005).
Das ökonomische Paradox resultierend aus der Bewegungsfreiheit von Information, Waren und Kapital bei gleichzeitiger Einschränkung der Bewegungsfreiheit von Personen (Mehmet et al., 1999).	Jene, die wohlhabend sind und migrieren dürften, haben keinen Anlass, während jene, die arm sind und einen Anlass haben, nicht migrieren dürfen (Carling, 2002: 33).
Ethisches Dilemma resultierend aus der inklusiven Logik des Liberalismus sowie der expansiven Logik der Demokratie (Tocqueville Theorem) und der exklusiven Logik gegenwärtiger Migrationspolitik (Chang, 2003).	

6. Ausblick: Neue, globale, Realitäten erfordern neue, globale, Institutionen

Seit den 1980er Jahren hat internationale Migration kontinuierlich zugenommen. Der überwiegende Anteil der Wanderungen ereignet sich allerdings zwischen benachbarten Staaten sowie innerhalb von Regionen, also innerhalb Afrikas, Asiens, der GUS und Europas. Und innerhalb dieser Regionen sind es überwiegend Paare von Staaten, zwischen denen sich die Mehrheit der Migranten bewegen, wobei sich die Paarkonstellationen allerdings im Verlauf der Geschichte ändern können. Dennoch hat sich internationale Migration auch diversifiziert, es sind mehr Herkunftsstaaten und mehr Zielstaaten involviert. Prinzipiell können in nahezu sämtlichen Staaten der Welt Personen aus sämtlichen anderen Staaten angetroffen werden, die sich dort mehr oder weniger lange zu unterschiedlichen Zwecken aufhalten. Es sind regionale, interregionale und globale Systeme entstanden, innerhalb derer Menschen migrieren. Die Welt ist in Bewegung, ökonomisch, politisch, kulturell und physisch.

Gleichwohl ist zur Kenntnis zu nehmen, dass die Zunahme internationaler Migration nur gering ausfällt. Angesichts fehlender Zahlen lässt sich zudem nicht mit Sicherheit sagen, ob der Anteil von Migranten an der Weltbevölkerung am Ausgang des 20. Jahrhunderts tatsächlich größer ist, als in vorherigen Jahrhunderten. Die Vorstellungen von einem „Zeitalter der Migration" oder von „Neuer Migration" basieren vor allem auf einem Vergleich mit den 1970er bis 1980er Jahren. Dies war nicht nur eine Zeit geringer Migrationen sondern vor allem eine spezifische, vielleicht sogar atypische Ära, charakterisiert durch eine weltweit vorherrschende protektionistische und restriktive Migrationspolitik. Bei der Annahme, Migration habe zugenommen und sei neu, scheint es sich doch vielmehr um eine ahistorische Schlussfolgerung, in jedem Fall aber um eine politisch voreingenommene Hypothese zu handeln.

Gleichwohl unterliegen die Muster beständigen Transformationen, zudem sind einige Wanderungsformen von endlicher, andere aber von wandelbarer Natur. Die innereuropäische Migration im 18. bis in die Mitte des 19. Jahrhunderts hinein war überwiegend saisonaler und temporärer Natur, die überseeische Auswanderung war mehrheitlich, aber nicht ausschließlich permanenter Natur, die europäisch-transatlantischen Nachkriegswanderungen bis in die 1990er Jahre hinein waren sowohl temporärer als auch permanenter Natur. Doch seither nehmen weltweit temporäre Migrationsformen wieder zu. Doch auch Wanderungen, die zu einem bestimmten Zeitpunkt als endgültig interpretiert wurden, beispielsweise als Auswanderung nach Amerika, stellen sich im Rückblick mitunter als ein nur vorübergehender Prozess heraus, dem die Rückkehr folgt. Wanderungen, die als vorübergehend betrachtet, und teils auch vorgesehen waren (Gastarbeitermigration), münden zum Teil in die endgültige Niederlassung. Und Wanderungen, die als transitiv interpretiert wurden (Transitmigration), enden in dem Staat, den sie nach herrschender Meinung nur durchqueren wollten. Aber auch Wanderungen aus ein und demselben Land nehmen im Verlaufe der Geschichte unterschiedliche Formen an. Am Beginn eines Wanderungsprozesses mag es sich um Auswanderung gehandelt haben, unter sich wandelnden Bedingungen werden transnationale Typen beobachtet, während angesichts neuer ökonomischer Entwicklungen Pendelmigration auszumachen ist, und schließlich können Wanderungen weitgehend einschlafen, oder sich sogar umkehren[57].

Im zweiten Drittel des 20. Jahrhunderts waren internationale Migrationen Quelle bedeutender politische Besorgnisse und Bedenken. Zwar gibt es dafür historische Vorläufer, wie etwa die Furcht vor chinesischer Einwanderung um die Jahrhundertwende in Nordamerika und Teilen Europas. Und auch nach dem Ersten Weltkrieg hatte es eine Phase des Protektionismus gegeben. Im Großen und Ganzen aber war Migration frei und der politische Umgang mit Migration war eher liberal denn restriktiv. Betrachtet man die Geschichte der aus Migration hervorgegangenen Gesellschaften, wie etwa Deutschlands, Englands, Kanadas, Nigerias oder Malaysias, so ist die Ansiedlung von Migranten, von gewaltsamer Landnahme und Eroberung einmal abgesehen, doch weitgehend friedlich und überwiegend zum Wohle der jeweiligen Gesellschaften verlaufen. Aus ökonomischer und kultureller Sicht haben Migrationen in beträchtlichem Maße überwiegend zum Fortschritt und Wachstum der Menschheit beigetragen.

Die Ressentiments, die Migrationen im 20. Jahrhundert auslösen, scheinen spezifischer Natur zu sein und müssen demnach spezifische Ursachen haben. Die besonderen Umstände, unter denen Migration verläuft bestehen in einer Reihe von Faktoren: (i) in der enormen Ungleichverteilung des weltweit zur Verfügung stehenden Wohlstandes (Geld, Einkommen, Ersparnisse) und der Ressourcen (Energie, Wasser, Rohstoffe); (ii) in der Konzentration dieses Wohlstandes in einigen wenigen Regionen (OECD Staaten, Ölförderstaaten), ja sogar Händen (den so genannten Superreichen); (iii) in der politischen Organisation der Menschheit in Nationalstaaten (seit 1919/1955); (iv) in der Einrichtung von Wohlfahrtsstaaten innerhalb der wohlhabenden Regionen, also der Umverteilung des akkumulierten Wohlstandes innerhalb dieser Regionen; und (v) in dem Protektionismus dieser Regionen gegen über Ansprüchen auf Teilhabe von außen.

Inzwischen hat Migration auch das Verhältnis zwischen Macht und Mensch verschoben. Zunächst hatte sich die Macht, um sich frei zu entfalten und jeglichem Zugriff zu entziehen, hochmobil gezeigt (Bauman, 2003: 22). Die Globalisierung zielt darauf ab, Produktionsprozesse zu dezentralisieren und zu delokalisieren. Im Kern sucht sich das Kapital auf diese Weise der Fesseln des Klassenkonfliktes zu entledigen. Oft genug hatten die Nationalstaaten, Fabriken und Büros die Form von Arenen angenommen, in denen endlose Kämpfe um Löhne, Arbeitszeit und soziale Rechte ausgetragen wurden. Ebenso mussten die Unternehmer erleben, wie ihre traditionellen Wertschöpfungsketten durch Streiks beispielsweise von einzelnen Zulieferern unterbrochen wurden. Als in den 1970er Jahren das fordistische System in die Krise geriet, verlegte das Kapital die Produktionsstandorte zunächst in die so genannte Dritte Welt. "Migration" wurde in den modernen Managementtheorien ein Synonym für Klassenkampf von oben: Das Kapital wanderte an Orte mit niedrigeren Löhnen, unorganisierten Arbeitern und ohne ökologische Standards (Oet-

---

[57] Dieser Durchlauf verschiedener Phasen lässt sich beispielsweise anhand der polnisch-deutschen Migration beobachten.

tinger, 2000). Aber es war nur einen Frage der Zeit, bis die Unternehmer auch in den neuen "freien Produktionszonen" in Übersee mit Arbeitskämpfen konfrontiert wurden. In den 1980er Jahren war es dann auch dort soweit, wie dichte Streikzyklen und gesellschaftlichen Proteste zeigten. Die seit 1987 aufeinander folgenden Börsencrashs signalisierten die Krise des "soliden" Kapitalismus. Stattdessen begann das Kapital "flüchtige" Strategien zu entwickeln (Bauman, 2003). Einerseits hat es sich mit der Globalisierung und Deregulierung Bedingungen geschaffen, die erlauben, Geld, Information und Waren, Investitionen und Unternehmen weltweit frei zu bewegen. Sind die Löhne, Steuern oder Umweltstandards zu hoch, zieht das Kapital weiter. Die angreifbaren Wertschöpfungs*ketten* sind inzwischen durch *Netzwerke* ersetzt worden. Arbeit wird prekärisiert und Kurzeitverträge lassen den Menschen nicht einmal mehr genug Zeit, um miteinander in Beziehung zu treten, sich zu organisieren und ihre Forderungen geltend zu machen. Der Wohlfahrtsstaat wurde, wo er denn existierte, zurückgebaut. Das fürsorgende Verhältnis zwischen Staat und Individuum, charakteristisch für den westlichen Wohlfahrtsstaat, wurde partiell aufgehoben, die Einzelnen sind zunehmend "selbstverantwortlich", wohingegen sich der Staat auf seine klassischen Funktionen der Kontrolle und Herrschaft zurückzog. Es ist kein Zufall, dass mit dem Beginn der Mobilität des Kapitals in den 1970er Jahren, oft beschrieben als "neue internationale Arbeitsteilung", die ersten Migrationsbeschränkungen der Nachkriegszeit eingeführt wurden. Die Produktion und Akkumulation wurde aufgeteilt auf zwei verschiedene Orte: Zentrum und Peripherie. Tatsächlich schien die Idee des frei fließenden Kapitals nur dann zu funktionieren, wenn die Bewegung der Arbeiternehmer eingeschränkt wird. Wertschöpfungsnetzwerke scheinen nur dann zu funktionieren, wenn die Arbeitnehmer davon abgehalten werden, entlang der zahllosen Fäden auch ihrerseits in die Akkumulationszentren zu ziehen. Würden sie einfach den Werten hinterher ziehen und gar ihren Anteil beanspruchen, wäre die ganze Idee sinnlos. Für die Bereiche, die nicht ausgelagert werden können – wie Dienstleistungen, Bauwesen, Fürsorge, Hausarbeit und Sexarbeit –, werden mobile Gruppen auf informeller Basis herangezogen. So wurde auch die soziale Gruppe der "illegalen Immigranten" konstruiert, die, ohne Rechte und von der politischen Gemeinschaft ausgeschlossenen, mit Abschiebung rechnen müssen, sobald sie ihre Stimme erheben.

Aber während das Kapital versucht, durch einseitige Beendigung des Fordismus dem Klassenkonflikt zumindest räumlich zu entkommen, werden gleichzeitig auch die Menschen freigesetzt, entlassen, enteignet oder vertrieben. Globalisierung geht deshalb mit einer enormen Zunahme von Migrationsbewegungen einher. Die Produktionsnetzwerke der Unternehmer finden ihre Entsprechung in den Netzwerken der Migranten. Handelssysteme haben die Voraussetzungen geschaffen für die Entstehung von Migrationssystemen. So korrespondiert der flüchtige Kapitalismus mit zunehmend flüchtigen Menschen, die zunehmend weniger beherrschbar sind, weil sie sich, ebenfalls hochmobil, dem Zugriff der Macht entziehen.

Weder scheint also Migration etwas Neues oder besonderes zu sein, vielmehr handelt es sich um ein anthropologisches und historisches Kontinuum, noch scheinen Wanderungen in einem außergewöhnlichen Maße zugenommen zu haben. Stattdessen sind es die politischen Rahmenbedingungen, die spezifisch sind für die das 20. Jahrhundert, die die Voraussetzung für eine Interpretationsweise abgeben, demzufolge Migrationen ein Problem für die politische Ordnung repräsentieren. Wenn dies stimmt, wäre dann nicht vielmehr zu untersuchen, was problematisch, ungenügend und inadäquat an den politischen Ordnungen ist, statt zu unterstellen, Migration sei *per se* ein problematisches und erklärungsbedürftiges Phänomen? Es würde sich dementsprechend auch in der Migrationssoziologie anbieten, systemische *Reframing*-Methoden anzuwenden, um mittels eines Beobachterstandortwechsels ein Phänomen aus unterschiedlichen Perspektiven zu betrachten und dementsprechend unterschiedliche, ja sogar alternative Umgangsformen, beziehungsweise Lösungsstrategien zu entwickeln (Düvell, 2005).

Damit schließt sich nun gewissermaßen der Kreis, der am Beginn dieses Buches diskutierten Problematik der Definition von Migration. Wenn Migration tatsächlich ein anthropologisches und historisches Kontinuum ist, wenn Migration darüber hinaus eine entscheidende Kraft sozialen Wandels, ja sogar sozialen Fortschritts ist, dann stellt sich die Frage, wieso Migration eingedämmt wird? Würde es nicht vielmehr dem Wohle aller dienen, Migration stattdessen zu ermöglichen? Angesichts der zunehmenden und sich vertiefenden Integration der Welt stellt sich dringlicher den je die Frage, ob die Wanderung von Menschen nicht zunehmend als Wanderung von Menschen innerhalb eines Weltsystems betrachtet werden kann und demnach eine Form der Mobilität, also Wanderung innerhalb eines Systems wäre? Die politischen Implikationen wären dementsprechend weit reichend.

So oder so, das politische System, wie es ist, wird sich verändern. Die Ära der Nationalstaaten als vorherrschende politische Organisationsform der Menschen dürfte sich als eine weitere, endliche, Periode in der Geschichte der Menschheit erweisen (siehe Pritchett, 2003). Internationales Recht wird nationales Recht in zunehmendem Maße überlagern (Soysal, 1994). Ökonomische und zunehmend auch politische Integration in Europa (EU), Nordamerika (NAFTA), Südamerika (Mercosur, Anden-Pakt), Asien (APEC) und Afrika (Afrikanische Union), die zu beobachtende Zunahme bilateraler und multilateraler Vereinbarungen und Verträge, die Notwendigkeit, die großen Krisen und Probleme gemeinschaftlich anzugehen und schlussendlich die ökonomische Globalisierung haben zunehmend die Globalisierung der Politik zur Folge. Und *vice versa* erfordern die neuen Realitäten neue politische Normen, Institutionen und Organisationsformen (Fuentes, 2003). Die bisherigen sind es nicht, sie haben sich bislang nicht als geeignet verwiesen, die neuen Realitäten, insbesondere im Hinblick auf globale Wanderungsbewegungen (siehe Koslowski, 2000) sinnvoll politisch zu begleiten.

Bibliographie

Abella, Manolo. 1997. *Sending workers abroad*. Genf: ILO.
Abella, Manolo. 1984. Labour migration from South and South East Asia: Some policy issues. *International Labour Review*, 123: 491ff.
Adepoju, Aderanti. 1995. The politics of international migration in post-colonial Africa. In Cohen, Robin. *The Cambridge Survey of World Migration*. Cambridge: Cambridge University Press, S. 166-171.
Alacchi, Pino. 2000. *Ware Mensch: Der Skandal des modernen Sklavenhandels*. München: Piper.
Albrecht, Günter. 1972. *Soziologie der geographischen Mobilität*. Stuttgart: Enke.
Alt, Jörg. 2003. *Leben in der Schattenwelt – Problemkomplex illegale Migration. Neue Erkenntnisse zur Lebenssituation 'illegaler Migranten in München, Leipzig und anderen Städten*. Karlsruhe: Von Loeper.
Amin, Samir. 1976. *Unequal development: an essay on the social formation of peripheral capitalism*. New Zork: Monthly Review Press.
Anderson, Bridget. 2000. *Doing the dirty work? The global politics of domestic labour*. London: Zed books.
Arango, Joaquim. 2005. *Irregular migration, informal labour markets and immigration policy reform: The case of Spain*. Paper presented to international conference on 'Irregular migration, informal labour and the community in Europe', Istanbul, 1. – 2. Dezember 2005.
Arbeitsstelle Neonazismus. (ohne Datum). Sozialrassismus. Düsseldorf: Fachhochschule Düsseldorf, http://www.arbeitsstelle-neonazismus.de/forschungsfragen/sozialrassismus.html
Aroca, Patricio; W. F. Maloney. 2002. *Migration, Trade and FDI in Mexico*. Washington: Worldbank.
Arowolo, Oladele O. 2004. Return migration in Africa. In Daniele Joly (Hrsg.). *International migration in the New Millenium*. Aldershot: Ashgate, S. 98-120.
Arzt, Donna E. 1997. *Refugees into Citizens: Palestinians and the End of the Arab-Israeli Conflict*. New York: Council on Foreign Relations Press.
Ascensio, Diego. 1990. *Unauthorised migration: an economic development response*. Report of the Commission for the study of international migration and cooperative economic development. Washington: US Government Printing Office.
Bach, Stephen. 2003. *International migration of health workers: Labour and social issues*. Working Paper. Genf: International Labour Office.
Bade, Klaus J. 2002. *Europa in Bewegung*. München: Beck.
Bade, Klaus J. 2002b. Historische Migrationsforschung. *IMIS-Beiträge*, 20: 21-43.
Bade, Klaus J. 2000. *Europa in Bewegung. Migration vom späten 18. Jahrhundert bis zur Gegenwart*. München: C. H. Beck.
Bade, Klaus J. 1994. *Homo Migrans. Aus und nach Deutschland*. Essen: Klartext.
Bade, Klaus. 1984. Die deutsche überseeische Massenauswanderung im 19. und frühen 20. Jahrhundert: Bestimmungsfaktoren und Entwicklungsbedingungen. In Bade, Klaus (Hrsg.). Auswanderer, Wanderarbeiter, Gastarbeiter. Bd. 1. Ostfildern, S. 259ff.
Baganha, Maria. 2005. *The industry of migration: a case study*. Paper presented at Conference on Irregular Migration, Informal labour and Community in Europe, Istanbul, 1.-2. Dezember 2005.
Bales, Kevin. 2001. *Die neue Sklaverei*. München: Kunstmann.
Baldwin-Edwards, Martin. 1998. Where free markets reign: Aliens in the twilight zone. *Southern European Society and Politics*, 3(3): 1-15.
Barclay, George W. 1958. Techniques in population analysis. New York: Wiley.
Baron, Salo W. 1952. *A Social and Religious History of the Jews*. Bd. I, 1. Teil. New York: Columbia University Press.
Basch, Linda; Glick-Schiller, Nina; Szanton Blanc, Cristina. 1992. *Towards a transnational perspective on migration; race, class, ethnicity and nationalism reconsidered*. New York: Academy of Science.

Bastyr, Ivo. 2001. *Auswirkungen des EU-Beitritts der Tschechischen Republik auf die Beziehungen zu Österreich mit Ausrichtung auf Beschäftigung, Arbeitsmarkt und Migration*. Prag: Research Institute for Labour und Social Affairs, http://www.vupsv.cz/Migrace-anal_ger.pdf.
Basok, Tanya. 2003. Mexican Seasonal Migration to Canada and Development: A Community-based Comparison. *International Migration*, 41(2): 3-26.
Bauböck, Rainer. 1994. *Transnational citizenship: membership and rights in international migration*. Aldershot: Edward Elgar.
Bauman, Zygmund. 2003. *Flüchtige Moderne*. Frankfurt: Suhrkamp.
Bauman, Zygmund. 1996. Gewalt. Modern und postmodern. In Miller, Max; Soeffner, Hans-Georg. *Modernität und Barbarei. Soziologische Zeitdiagnose am Ende des 20. Jahrhunderts*. Frankfurt: Suhrkamp, S. 36-67.
Bernal, Victoria. 2004. Eritrea Goes Global: Reflections on Nationalism in a Transnational Era. *Cultural Anthropology*, 19(1): 3-25.
Berry, John W. 1980. Acculturation as Varieties of Adaptation. In Padilla, A. M. (Hrsg.). *Acculturation: Theory, Models, and Some New Findings*. Boulder: Westview: S 9-25.
Bhagwati, Jagdish. 2003. Borders beyond control. *Foreign Affairs*, 82(1): 98-104.
Bilsborrow, Richard. 2002. Migration, population chance and the rural environment. *ECSP Report* 8: 69-94.
Bilsborrow, Richard E. 1998. The state of the art. In Bilsborrow, Richard E. (Hrsg.). *Migration, urbanisation, and development: New directions and issues*. Norwell, Dordrecht: Kluwer, S. 1-58.
Bimal Ghosh. 2000. *Managing migration. Time for a New International Regime?* Oxford: Oxford University Press.
Bommes, Michael. 1999. *Migration und nationaler Wohlfahrtsstaat. Ein differenzierungstheoretischer Entwurf*. Wiesbaden: Westdeutscher Verlag.
Bonß, Wolfgang; Kesselring, Sven. 2001. Mobilität am Übergang von der Ersten zur Zweiten Moderne. In Beck, Ulrich; Bonß, Wolfgang (Hrsg.). *Die Modernisierung der Moderne*. Frankfurt am Main: Suhrkamp, S. 177-190.
Borjas, George J. 1999. Heaven's door. *Wall Street Journal*, 28.9.1999.
Borjas, George J. 1990. *Friends or strangers. The impact of immigrants on the US economy*. New York: Basic books.
Boswell, Christina; Straubhaar, Thomas. 2003. *The back door: Temporary migration and illegal employment of workers*. Geneva: ILO.
Boubakri, Hassan. 2004. *Transit migration between Tunisia, Libya and Sub-Saharan Africa*. Paper presented at Regional Conference on Migrants in Transit countries, Istanbul, 30.9.-1.10.2004.
Breitung, Werner. 2003. *Emerging patterns of cross-boundary commuting between Hong Kong and Mainland China*. Occasional Paper No. 31. Centre for China Urban and Regional Studies.
Brettell, Caroline; Hollifield, James F. 2000. Migration Theory. Talking across disciplins. In Brettell, Caroline; Hollifield, James (Hrsg.) *Migration theory. Talking across disciplines*. London, New York: Routledge, S. 1-26.
Brown, L. A. and More, E. G. 1970. The intra-urban migration process: a perspective. *Yearbook of the Society for General Systems Research*, 15: 109-122.
Brueckner, Jan K. 2000. Welfare Reform and the Race to the Bottom: Theory and Evidence. *Southern Economic Journal*, 66: 505-525.
Bruner, Jerome. 1990. *Acts of Meaning*. Cambridge, MA: Harvard University Press.
Burnett, Jonny; Whyte, Dave. 2004. New Labour's new racism. *IRR News*, Oktober. London: Institute of Race Relations.
Butler, Richard. 1999. *Tourism and migration: The changing role of second homes*. Paper presented at Conference on 'Tourism and migration: new relationships between production and consumption', Hawaii, 23-27 Mai.
Campani, Giovanna. 1995. Women migrants: From marginal subjects to social actors. In Cohen, Robin. *The Cambridge Survey of World Migration*. Cambridge: Cambridge University Press, S. 546-550.
Caplan, Jane; Torpey, John (Hrsg.). 2000. *Documenting individual identities*. Princeton: Princeton University Press.

Carling, Jörgen. 2002a. Migration in the age of involuntary immobility: theoretical reflections and Cape Verdean experiences. *Journal of Ethnic and Migration Studies*, 28(1): 5-42.
Carling, Jörgen. 2002b. Cape Verde. Towards the end of emigration? *Migration Information Source*, http://www.migrationinformation.org/Profiles/display.cfm?ID=68, aufgerufen 16.12.05.
Cassarino, Jean-Pierre. 2003. Theorising return migration. A revisited typological approach to returnees. Working paper. Florence: European University Institute.
Castles, Stephen. 1993. Migrations and minorities in Europe. Perspectives for the 1990s: Eleven hypotheses. In Wrench, John; Solomos, John (Hrsg.). *Racism and migration in Western Europe*. Oxford: Berg, S. 17-34.
Castles, Stephen. 2000. *Ethnicity and Globalization*. London: Sage.
Castles, Stephen; Miller, Mark. 1993/2003. *The age of migration. International migration movements in the modern world*. Houndmills: Palgrave.
Central and Eastern European Network on Migration Research (Hrsg.). 1998. *International migration and economies in transition at the threshold of the 21st century*. Moskau: Russian Academy of Sciences.
Chauvier, Jean-Marie. 2005. Der Anfang vom Ende vom Anfang. Vor 20 Jahren begann in der Sowjetunion die Perestroika. *Le Monde diplomatique*, 11(6): 4-5.
Chang, Howard. 2003. Immigration and the workplace: Immigration restrictions as employment discrimination. *Chicago Kent Law Review*, 78 (1): 291-328.
Chen, Nancy; Valente, Paolo; Zlotnik, Hania. 1998. What do we know about recent trends in urbanisation? In Bilsborrow, Richard E. (Hrsg.). *Migration, urbanisation, and development: New directions and issues*. Norwell, Dordrecht: Kluwer, pp. 59–88.
Chuhan, Kooj; Jolly, Aidan. 2001. *We are here because you were there*. Manchester.
Ciafardo, Eduardo O. 1991. Cadenas migratorias e inmigracion italiana. Reflexionesa partir de la correspondencia de dos inmigrantes italianos en Argentina, 1921-1938. *Studi Emigrazione*, 102: 233-256.
Clark, James. 2000. The problems of evaluating numbers of illegal immigrants in the European Union. In Philippe de DeBruyker (Hrsg.). *Regularisations of illegal immigrants in the European Union*. Brussels: Bruylant, S. 13-22.
Codagnone, Cristiano. 1998. The new migration in Russia in the 1990s. In Kosher, Khalid, Lutz, Helma (Hrsg.) *The new migration in Europe*. Houndmills: MacMillan, S. 39-59.
Cohen, Jeffrey, Conway, Dennis. 1998. Consequences of Migration and Remittances for Mexican Transnational Communities. *Economic Geography*, 74(1): 26-44.
Cohen, Jeffrey, Sirkeci, Ibrahim. 2005. A comparative study of Turkish and Mexican transnational migration outcomes: facilitating or restricting immigrant integration. In Henke, Holger (Hrsg.). *Crossing over. Comparing recent migration in the United States and Europe*. Lanham u.a.: Lexington, S. 147-162.
Collectif des Sans Papiers Fribourg. 2001. *Manifest der Sans Papiers*. Fribourg.
Colombo, Asher; Sciortino, Guiseppe. 2004. The flows and the flood: the public discourse on immigration in Italy, 1969–2001. *Journal of Modern Italian Studies*, 9(1): 94-113.
Commission of the European Union. 2004. *First annual report on immigration and integration*. Brussels: Commission of the European Union.
Commission of the European Union. 2001. *The free movement of workers in the context of enlargement. Information note*. 6.3.2001.
Corbett, John. 2005. Ernest George Ravenstein: The Law of Migration- Santa Barbara: University of California, http://www.csiss.org/classics/content/90.
Cornelius, Wayne; Martin, Philip; Hollifield James, F. (Hrsg.). 1994. *Controlling immigration: a global perspective*. Stanford: Stanford University Press.
Council of the European Union. 1999a. *Conceptual framework to be used in the exchange of data on illegal entry in international cooperation*. Note fromPresidency to CIREFI working party. 9738/99, CIREFI 37, Brussels, 1 July 1999.
Council of the European Union. 1999b. *Action Plan for Albania*. High Level Working Group on Asylum and Immigration. 7886/1/00,JAI 40, AG 41EU, Brussels.

Coxhead, Ian; Plangpraphan, Jiraporn. 1998. Thailand's Economic Boom and Bust, and the Fate of Agriculture. *TDRI Quarterly Review*, 13(2): 15-24.
Crisp, Jeff. 2003. *A new refugee paradigm? Globalization, migration and the uncertain future of the international refugee regime*. Working Paper Series no. 100. Geneva: UNHCR, Evaluation and Policy Analysis Unit.
Crolly, Hannelore. 2005. Aufbruch und Rückkehr. Immer mehr Deutsche wandern aus. *Die Welt*, Nr. 132: 3.
Cross, Malcolm, Waldinger, Roger. 1997. *Economic integration and labour market change: a review and re-appraisal*. A discussion paper prepared for the Second International Metropolis Conference Copenhagen, 25-27 September, http://www.ercomer.org/metropolis/proceedings/CrossAndWaldinger.html.
Crush, Jonathan. 1995. Cheap gold: Mine labour in Southern Africa. In Cohen, Robin. *The Cambridge Survey of World Migration*. Cambridge: Cambridge University Press, S. 172-177.
Curtis, Richard; Friedman, Samuel R.; Neigus, Alan; Jose, Beny; Goldstein, Marjorie; Ildefonso, Gilbert. 1995. Street-level drug markets: Network structures and HIVrisk. *Social Networks*, 17(3-4), 229-249.
Cyrus, Norbert; Vogel, Dita. 2005. Managing access to the German labour market: how Polish (im)migrants relate to German opportunities and restrictions. In Düvell, Franck (Hrsg.). *Illegal Immigration in Europe*. Houndmills: Palgrave/Macmillan, S. 75-100.
Cyrus, Norbert. 2000. Komplementäre Formen grenzüberschreitender Migration: Einwanderung und Mobilität am Beispiel Polen. In Schmals, Klaus M. (Hrsg.). *Migration und Stadt*. Opladen: Leske und Budrich, S. 115-135.
DaVanzo, Julie. 1983. Repeat Migration in the United States: Who Moves Back and Who Moves On? *Review of Economics and Statistics*, 65: 552–559.
Davis, Kingsley. 1974. The migrations of human populations. *Scientific American*, 231(3): 93-105.
De Jong, Gordon F.; Fawcet, James T. 1981. Multidisciplinary frameworks and models of migration decision making. In Gordon F. De Jong und Robert W. Gardner (Hrsg.). *Migration decision making: multidisciplinary approaches to microlevel studies in developed and developing countries*. New York: Pergamon Press, S. 13-58.
Desai, M.; Kapur, D.; McHale, J. 2001. *The fiscal impact of the braindrain: Indian emigration to the US*. Weekly Political Economy Discussion Paper. Boston: Harvard University.
Deshingkar, Priya; Start, Daniel. 2003. *Seasonal Migration for Livelihoods in India: Coping, Accumulation and Exclusion*. Working Paper 220. London: Overseas Development Institute, http://www.odi.org.uk/publications/working_papers/wp220.pdf.
Dorai, Mohamed K. 2002. Palestinian Emigration from Lebanon to Northern Europe: Refugees, Networks, and Transnational Practices. *Refuge*, 21(2): 23-31.
Dumont, Jean-Christophe; Lemaitre, George. 2004. *Counting emigrants and expatriates in OECD countries*. Paris: OECD.
Düvell, Franck (Hrsg.). 2005. *Illegal Immigration in Europe. Beyond Control*. Houndmills: Palgrave/MacMillan.
Düvell, Franck. 2004. Global labour markets, global migration systems, global actors. *European Social Science History Conference*, 23-27 March 2004, Berlin.
Düvell, Franck; Jordan, Bill. 2005. Documented and undocumented workers in the UK: changing environments and shifting strategies. In Düvell, Franck (Hrsg.). 2005. *Illegal Immigration in Europe. Beyond Control*. Houndmills: Palgrave/MacMillan, S. 48-74.
Düvell, Franck. 2002. Globalisierung der Migrationskontrolle. In Franck Düvell (Hrsg.). *Die Globalisierung des Migrationsregimes – Zur neuen Einwanderungspolitik in Europa*, Materialien 7, Berlin: Assoziation A, S. 45–168.
Düvell, Franck. 1998. *Sozialgeschichtliche Dekodierung des 'schwarzen' Aufruhrs in Großbritannien 1979 bis 1989*. Dissertation. Bremen: Universität Bremen.
El-Badry, Samia; Shabbas, Audrey. 2001. *The Arab Americans. In Middle East Policy Council*. Arab World Studies Notebook. Washington: EMPC, chapter 24.
Elis, Petra. 2002. *Biographische Brüche in Ostdeutschland. Der politische Umbruch und seine Folgen für die Subjekte*. Oldenburg: Verlag Dialogische Erziehung.

Emmer, Pieter C. 2002. Migration und Expansion vom Zeitalter der Entdeckungen bis zum europäischen Massenexodus. *IMIS-Beiträge*, 20: 91-106.

Engbersen, Godfried; Leun, Joanne v.d.; Staring, Richard. 2002. Illegal immigrants in the Netherlands. *Sopemi-Report 2002*. Paris: OECD.

Engbersen, Godfried. 2001. Panopticum Europe and the criminalisation of undocumented immigrants. Paper presented to the 6. *International Metropolis Conference*, Rotterdam, 26-30 November 2001.

Endelman, Gary. 2000. Raise The Cap: Why America Needs More Essential Workers. *Immigration Daily*, 27.7.2000, http://www.ilw.com/articles/2000,0727-Endelman.shtm.

Erf, Rob van der; Jandl, Michael; Reeger, Ursula. 2005. International Migration: Concepts and Measurement. In Heinz Fassmann, Josef Kohlbacher und Ursula Reeger (Hrsg.). International Migration and its Regulation. IMISCOE. State of the Art Report. Cluster A1. Wien: Wissenschaftsakademie.

Escribano, Gonzalo; Jerch, Martin; Lorca, Alejandro. 2000. *The Impact of Migration from the Mediterranean on European Security*. Madrid: Universidad Autonoma de Madrid.

Esser, Hartmut (Hrsg.). 1979. *Arbeitsmigration und Integration*. Königstein: Hanstein.

Ette, Andreas. 2003. Politische Idee und Policy-Wandel: die Green Card und ihre Bedeutung für die deutsche Einwanderungspolitik. *IMIS-Beiträge*, 22: 39-50.

European Commission. 2001a. *The free movement of workers in the context of enlargement*. Information note, 6 March 2001. http://europa.eu.int/comm/enlargement/docs/pds/migration.engl.pdf.

European Commission. 2001b. *Employment in Europe 2001: Recent Trends and Prospects*. Luxemburg: Office for Official Publications of the European Communities.

European Communities. 2000. *Push and pull factors of international migration. A comparative report*. Luxemburg: Office for Official Publications of the European Communities.

European Observatory on the Social Situation, Demography and Family. 2002. *Immigration and Family*. Annual Seminar 2002, Helsinki: European Observatory.

Faist, Thomas. 2000a. *Transstaatliche Räume. Politik, Wirtschaft und Kultur in und zwischen Deutschland und der Türkei*. Bielefeld: Transcript.

Faist, Thomas. 2000b. *The volume and dynamics of international migration and transnational social spaces*. Oxford: Oxford University Press.

Fassmann, Heinz; Kohlbacher, Josef; Reeger, Ursula. 2005. *International migration and its regulation*. State of the art report Cluster A1. IMISCOE Network. Wien: Akademie der Wissenschaften.

Favell, Adrien. 2003. *Eurostars and Eurocities: Towards a sociology of free moving professionals in Western Europe*. CCIS Working Paper. San Diego: University of California.

Feng, Kathy; Page, Stephen. 2000. An exploratory study of the tourism, migration-immigration nexus: travel experiences of Chinese residents in New Zealand. Current Issues in Tourism, 3(3): 246-36, http://www.multilingual-matters.net/cit/003/0246/cit0030246.pdf.

Fekete, Liz. 2005. *The deportation machine: Europe, asylum and human rights*. London: Institute of Race Relations.

Fischer, Peter A.; Holm, Einar; Malmberg, Gunnar; Straubhaar, Thomas. 2000. *Why do People Stay? Insider Advantages and Immobility*. HWWA Discussion Paper 112. Hamburg: Hamburgisches Welt-Wirtschafts-Archiv (HWWA).

Findlay, A. 1990. A migration channel approach to the study of high level manpower movements: A theoretical perspective. *International Migration*, 28(1): 15-22.

Findlay, Alan; M. Garrick. L. 1990. Scottish emigration in the 1980s: a migration channels approach to the study of skilled international migration. *Transactions of the Institute of British Geographers*, 15: 177-92.

Findlay, Allan; Li, F.; Jowett, A.; Skeldon, Ronald. 1996. Skilled international migration and the global city: a study of expatriates in Hongkong. *Transactions of the Institute of British Geographers*, 21: 49-61.

Findlay, Alan M.; Li, F.L.N.. 1998. A Migration Channels Approach to the Study of Professionals Moving to and from Hong-Kong. *International Migration Review* 32(3): 682- 703.

Findley, Sally E. 2004. Mali: Seeking Opportunity Abroad. *Migration Information Source*. Washington: Migration Policy Institute. http://www.migrationinformation.org/Profiles/print.cfm?ID=247.

Findley, Sally. 2001. Compelled to move. The rise of forced migration in Sub-Saharan Afrika. In Muhammed Siddique (Hrsg.). *International migration in the 21st century*. Cheltenham: Edward Elgar.

Findley, Sally E. 1987. *Rural development and migration, a study of family choices in the Philippines*. Boulder, CO: Westview Press.

Fischer, Andreas F.; Straubhaar, Thomas. 1994. *Ökonomische Integration und Migrationin einem gemeinsamen Markt*. Stuttgart.

Fothergill, Stephen, Vincent, Jill. 1985. *The state of the nation – an atlas of Britain in the eighties*. London: Pluto.

Freeman, Gary. 2000. *Political Science and comparative immigration politics*. Paper submit to Conference on the Political Economy of Migration, 24-25 März, www.tulane.edu/~dnelson/PEMigConf/Freeman.pdf, aufgerufen 2/2003.

Frelick, Bill; Lynch, Maureen. 2005. Statelessness: a forgotten human rights crisis. *Forced Migration Review*, Issue 24 November.

Friedberg, Rachel M.; Hunt, Jennifer. 1995. The Impact of Immigrants on Host Country Wages, Employment and Growth, *Journal of Economic Perspectives*, Spring 1995, S. 23-44.

Fröbel, Folker; Heinrichs, Jürgen J.; Kreye, Otto. 1977. *Die neue internationale Arbeitsteilung*. Reinbek: Rowohlt.

Fromhold-Eisebith, Martina. 2002. Internationale Migration Hochqualifizierter und technologieorientierte Regionalentwicklung. *IMIS-Beiträge*, 19:21-41.

Fuentes, Carlos. 2003. Wissen, wie man Kathedralen baut. *Le monde diplomatique*, November 2003, S. 2.

Fuglerud, Oiving. 1999. *Life on the outside. The Tamil diapora and long distance nationalism*. London: Pluto.

Gächter, August. 2000. Entwicklung und Migration. Die unvermeidliche Abwanderung aus der Landwirtschaft. In Husa, Karl; Parnreiter, Christof; Stacher, Irene (Hrsg.). *Internationale Migration*. Frankfurt: Brandes und Apsel, S. 157-175.

Gamburd, Michele R. 2000. *The kitchen's spon handle: transnationalism and Sri Lanka's migrant housemaids*. Ithaka: Cornell University Press.

Gardner, Robert W. 1981. Macrolevel in influences on the migration decisions process. In Gordon F. de Jong und Robert W. Gardner (Hrsg.). *Migration decision making: multidisciplinary approaches to microlevel studies indeveloped and developing countries*. New York: Pergamon Press, S. 59-87.

Gentileschi M. L., Simoncelli R. (Hrsg.). 1983. *Rientro degli emigranti e territorio: risultati di inchieste regionali*. Neapel: IGI.

Glick-Schiller, Nina, Linda Baschand Cristina Szanton Blanc. 1997. From immigrant to transmigrant: Theorizing transnational migration. In Ludger Priest (Hrsg.). *Transnationale Migration*. Baden Baden: Nomos, S. 121-140.

Global Commission on International Migration. 2005. *Migrations in an interconnected world: new directions for action*. Report of the GCIM. Genf: GCIM, www.gcim.org/en/finalreport.html.

Gonzales, Nancie L. 1961. Family organization in five types of migratotry wage labor. *American Anthropologist*, 63: 1264-80.

Golub, Philip. 2004: All the riches of the East restored. *Le Monde diplomatique*, Oktober: 8-9.

Gordon, Paul; Newnham, Anne. 1983. *Different worlds. Racism and discrimination in Britain*. London: Runnymede Trust.

Gould. David M. 1994. Immigrant links to the home country: empirical implications for U.S. bilateral trade flows. *Review of Economics and Statistics*, 76(2): 302-16.

Gould, J. D. 1980. European Inter-continental Migration: the Road Home. The Return Migration from USA. *Journal of European Economic History*, 9(1): 41-112.

Gould, William T. S. 1995. Regional labour migration systems in East Africa: Continuity and change. In Cohen, Robin. *The Cambridge Survey of World Migration*. Cambridge: Cambridge University Press, S. 183-189.

Gurrieri, Pippo. 1986. *Emigrazione e liberazione sociale*. Ragusa: Sicilia Punto L.
Gresh, Alain. 2000. The world invades Saudi Arabia. *Le Monde diplomatique*, April, 2005.
Greenhouse, Steven. 2000. Foreign Workers at Highest Level in Seven Decades. *New York Times*, 4 September 2000.
Grill, Ingrid. 1992. *Das Judentum*. Göttingen: Vandenhoeck und Ruprecht.
Gurak, Douglas T.; Caces, Fe. 1992. Migration Networks and the Shaping of Migration Systems. In Kritz, Mary; Lim, Lin Lean; Zlotnik, Hania (Hrsg.). 1992. *International migration systems: a global approach*. Oxford: Clarendon Press, S. 150-176.
Haan, C. de; Steinfeld, H.; Blackburn, H. 1997. *Livestock and the environment: finding a balance*. Brussels: European Commission/FAO/World Bank.
Haas, Hein de. 2005. *Morocco's migration transition: trends, determinants and future scenarios*. Global Migration Perspectives, no. 28. Genf: Global Comission on International Migration.
Hall, Stuart. 1978. Racism and reaction. In: Commission for Racial Equality (Hrsg.). *Five views of multi-racial Britain*. London: CRE.
Hammar, Tomas; Brochmann, Grete; Tams, K.; Faist, Thomas (Hrsg.). 1997. *International migration, immobility and development*. Oxford: Berg.
Hammar, Tomas (Hrsg.). 1985. *European Immigration Policy*. Cambridge Cambridge University Press.
Hamilton, Bob; Whalley, John. 1984. Efficiency and Distributional Implications of Global Restrictions on Labour Mobility. *Journal of Development Economics*, 14: 61-75.
Haris, Sukandi; Haris, Abdul. 1997. *Indonesia. A brief overview of international migration*. UNESCO, www.unesco.org/most/apmrlabo1.doc.
Harper, Marjory (Hrsg.). 2005. *Emigrant Home comings: the return movement of emigrants, 1600-2000*. Manchester: Manchester University Press.
Harris, John R.; Todaro, Michael P. 1970. Migration, unemployment and development: a two sector analysis. *American Economic Review*, 60: 126-142.
Harris, Nigel. 2005a. *Migration without borders. The economic perspective*. Draft article. New York: Unesco.
Harris, Nigel. 2005b. *Migration and development*. Paper presented to First World International Studies Conference, Istabul, 22-27. August.
Harris, Nigel. 2002. *Thinking the unthinkable. The immigration myth exposed*. London: I.B. Tauris.
Hatton Timothy J.; Williamson, Jeffrey G. 2005. *Global Migration and the world economy. Two centuries of policy and performance*. Cambridge, Mass.: MIT Press.
Hatton Timothy J.; Williamson Jeffrey G. 2002. *What fundamentals drive world migration?* Working Paper 9159. Cambridge, Massachusetts: National Bureau of Economic Research, http://www.nber.org/papers/w9159.
Haug, Sonja. 2000a. *Klassische und neuere Theorien der Migration*. Arbeitspapiere MZEZ, Nr. 30. Mannheim: Mannheimer Zentrum für europäische Sozialforschung, http://www.mzes.uni-mannheim.de/publications/wp/wp-30.pdf
Haug, Sonja. 2000b. *Should I stay or should I go? Determinanten der Rückkehrentscheidung bei italienischen Immigranten in Deutschland*. http://www.demographie-online.de/migration/remigr.pdf.
Hazari, Bharat R.; Sgro, Pasquale M. 2003. The simple analytics of optimal growth with illegal immigrants. *Journal of Economic Dynamics and Control*, 28: 141-151.
Heckmann, Friedrich (Hrsg.) 1992. *Ethnische Minderheiten, Volk und Nation, Soziologie interethnischer Beziehungen*. Stuttgart: Ferdinand Enke.
Held, David; McGrew, Anthony; Goldblatt, David; Perraton, Jonathan. 1999. *Global transformations. Politics, economics and culture*. Cambridge: Polity.
Heleniak, Timothy. 2002. Russia beckons, but diaspora wary. *Migration Information Source*, www.migrationinformation.org/feature/print.cfm?ID=56.
Helliwell, John F. 1998. *How Much Do National Borders Matter?* Washington: Brookings Institution Press.

Hermann, Vivian; Hunger, Uwe. 2003. Die Einwanderungspolitik für Hochqualifizierte in den USA und ihre Bedeutung für die deutsche Einwanderungsdiskussion. *IMIS-Beiträge* 22: 81-98.

Higgins, Imelda (Hrsg.). 2004. *Migration and Asylum Law and Policy in the European Union.* FIDE 2004 National Reports. Cambridge: Cambridge University Press.

Hillmann, Felicitas; Rudolph, Hedwig. 1996. *Jenseits des brain drain. Zur Mobilität westlicher Fach- und Führungskräfte nach Polen.* Berlin: WZB.

Hirschman, Albert O. 1970. *Exit, voice and loyalty: responses to decline in firms, organizations, and states.* Cambridge, Mass.: Harvard University Press.

Hochschild, Arlie R. 2001. Global care chains and emotional surplus value. In Hutton, William; Giddens, Anthony. (Hrsg.). *On the edge. Living with global capitalism.* London: Sage, S. 130-146.

Hoerder, Dirk. 2003. *Cultures in contact. World migrations in the second millennium.* Durham and London: Duke University Press.

Hoerder, Dirk. 2002. Europäische Migrationsgeschichte und Weltgeschichte der Migration: Epochenzäsuren und Methodenprobleme. *IMIS-Beiträge,* 20: 135-168.

Hoerder, Dirk; Knauf, Diethelm (Hrsg.). 1992. *Fame, fortune and sweet liberty. The great European emigration.* Bremen: Temmen.

Hoffmann-Nowotny, Hans-Joachim. 1973. Soziologie des Fremdarbeiterproblems. Eine theoretische und empirische Analyse am Beispiel der Schweiz. Stuttgart.

Hoffmann-Nowotny, Hans-Joachim. 1970. *Migration. Ein Beitrag zur einer soziologischen Erklärung.* Stuttgart: Enke.

Hollifield, James F. 2000. The politics of international migration. In Brettell, Caroline; Hollifield, James (Hrsg.). *Migration theory. Talking across disciplines.* London, New York: Routledge, S. 137-186.

Hollifield, James F. 1994. Immigration and republicanism in France: the hidden consensus. In Cornelius, Wayne; Martin, Philip; Hollifield James, F. (Hrsg.). 1994. *Controlling immigration: a global perspective.* Stanford: Stanford University Press, S. 143-176.

Hollifield, James F. 1992. *Immigration, markets and states.* Cambridge, Mass.: Havard University Press.

Home Office. 2005. *EU Workers continue to make a valuable contribution to the UK economy.* Press Release, 26.5.2005.

Home Office. 2002. *Secure Borders, Safe Haven – Integration with Diversity in Modern Britain.* White Paper, Cm 5387. London: Stationary Office.

House of Lords. 2002. *European Union: Thirty-seventh report. Ordered to report A COMMON POLICY ON ILLEGAL IMMIGRATION.* London: Stationary Office, http://www.parliament.the-stationery-office.co.uk/pa/ld200102/ldselect/ldeucom/187/18701.htm, aufgerufen 2.2.04.

Hughes, Everett C. 1952/1994. *On work, race and the sociological imagination.* Chicago: University of Chicago Press.

Hugo, Graeme. 2003. Circular migration: keeping development rolling? *Migration Information Source.*

Hugo, Graeme. 1998a. International migration of women in Southeast Asia: Major patterns and policy issues. In Firdausy, Carunia M. (Hrsg.). *International migration in Southeast Asia: Trends, consequences, issues and policy measures.* Djakarta: Indonesian Institute of Sciences, S. 98-140.

Hugo, Graeme. 1998b. Migration as asurvival strategy: the family dimension of migration. In United Nations Population Division. *Population Distribution and Migration.* New York: UN-FTA.

Hugo, Graeme. 1978. *Population mobility in West Java.* Yogyakarta: Gadjah Mada University Press.

Humphrey, Robin; Miller, Robert; Zdravomyslova, Elena (Hrsg.). 2003. *Biographical Research in Eastern Europe. Altered Lives and Broken Biographies.* Aldershot: Ashgate.

Icduygu, Ahmet. 2005. *Transit migration in Turkey: trends, patterns, and issues.* MEDA Research Report. Florenz: European University Institute.

Icduygu, Ahmet. 2003. *Irregular migration in Turkey*. IOM Migration Research Series, no. 12. Geneva: IOM.
ILO. 1998. *Protecting the most vulnerable of today's workers*. Geneva: ILO, http://www.ilo.org/public/english/protection/migrant/papers/protvul/ch2.htm.
Institute for Public Policy Research (IPPR). 2005a. *Health and migration*. Factsheet. London: IPPR.
Institute for Public Policy Research (IPPR). 2005b. *Paying their way: The fiscal contribution of immigrants in the UK*. London: IPPR.
Institute National de la Jeunesse et de l'Education Populaire (INJEP). 2002. *Statistical Atlas*, http://www.injep.fr/publication/20ansmed/GB/GB_TAB_ZS_libye.htm.
Institute of Race relations (IRR) (ohne Datum). *Statistics and definitions*. London: IRR, http://www.irr.org.uk/statistics/index.html.
Institute of Tourism. 2004. *Tourism sector – data, analysis, forecasts*. Warsaw: IoT, http://www.intur.com.pl/itenglish/statistics.htm, aufgerufen 18.1.2004.
International Civil Aviation Organization (ICAO). 2005. *News Release*. Montreal: ICAO, http://www.icao.int/cgi/goto_m.pl?/icao/en/nr/search.html.
International Institute for Environment and Development (IIED). 2003. *Contribution by the International Institute for Environment and Development and its partners to the UK International Development Committee's inquiry on Migration and Development*. London: IIED, http://www.iied.org/docs/urban/IDC_submission_migration.pdf.
International Labour Organisation. 2004. *86 million migrant workers active in global economy*. Press release (ILO/04/19). Genf: ILO.
International Organization for Migration (IOM). 2004. *International Migration Law. Glossary on Migration*. Genf: IOM.
International Organization for Migration (IOM). 2003. *World Migration Report*. Geneva: IOM.
International Organization for Migration (IOM). 2003. *Facts and figures on international migration*. Migration Policy Issues, No. 2. Geneva: IOM, http://www.iom.int/DOCUMENTS/PUBLICATION/EN/MPI_series_No_2_eng.PDF
International Organization for Migration (IOM). 2003. *Forty-seventh Session of the Commission on the Status of Women*. Statements. Genf: http://www.iom.int/en/archive/DDG_CSW_050303.shtml.
International Organization for Migration (IOM). 2002. World Migration Report. Genf: IOM.
International Organization for Migration (IOM). 2001. Trafficking in Migrants. *Quarterly Bulletin*, 23.
International Organization for Migration (IOM). 1995. *Migration Information Programme - Transit Migration in Turkey*. Genf: IOM.
Iontsev, Vladimir; Ivakhniouk, Irina. 2004. Russia and the enlargement of the European Union. In Agata Gorny und Paolo Ruspini (Hrsg.). *Migration in the new Europe. East-West Revisited*. Houndmills: Palgrave/Macmillan, S. 233-245.
IPPR. 2005. *Beyond Black and White: mapping new immigrant communities*. London: Institute for Public Policy Research.
Iredale, Robyn. 1999. The need to import skilled personal: Factors favouring and hindering its international mobility. *International Migration*, 37(1): 89-123.
Iregui, Ana Martes. 2002. *Efficiency gains from elimination of global restrictions onlabour mobility: an analysis using a multiregional CGE model*. Paper presented at the World Institute of Development Economic Research conference, Helsinki, 27-28 September 2002.
Javate de Dios, Aurora. 2001. *The Philippine migration trail: Feminisation of migration*. http://www.ipsnews.net/migration/philippines/dedios.html.
Jazwinska, Ewa; Okólski, Marek (Hrsg.). 2001. *Ludzie na hustawce. Migracje miedzypery feriami Polski i Zachodu*. Warszawa: Scholar.
Jennisen, Roel P. W. *Macro-economic determinants of international migration in Europe*, http://www.ub.rug.nl/eldoc/dis/rw/r.p.w.jennissen/c3.pdf.
Joly, Daniele (Hrsg.). 2004. *International migration in the new millennium: global movement and settlement*. Aldershot: Ashgate.

Jordan, Bill. 2005. Poles apart. How each EU country gets the migrant workers it requires. In Düvell, Franck (Hrsg.). 2005. *Illegal Immigration in Europe. Beyond Control.* Houndmills: Palgrave/MacMillan, S. 197-207.

Jordan, Bill, Düvell, Franck. 2003. *Migration. Boundaries of equality and justice.* Cambridge: Polity.

Jordan, Bill; Düvell, Franck. 2002. *Irregular migration: Dilemmas of transnational mobility.* Cheltenham: Edward Elgar.

Jordan, Bill;Vogel, Dita. 1997. *Which policies influence migration decisions: A comparative analysis of qualitative interviews with undocumented Brazilian immigrants in London and Berlin as a contribution to economic reasoning.* ZeS Arbeitspapier Nr. 14. Bremen: Zentrum für Sozialpolitik.

Jungfer, Eberhard. 1993. Flüchtlingsbewegungen und Rassismus. Zur Aktualität von Hannah Arendt. *Beiträge zur nationalsozialistischen Gesundheits- und Sozialpolitik*, 11: 9-47.

Karawane für die Rechte von Flüchtlingen und Migranten, http://www.caravane-munich.tk.

Katseli, Louka; Straubhaar, Thomas; Zimmermann, Klaus F. 1999. Editorial. *Journal of Population Economics*, 12(1): 1-2.

Keller, Johanna. 2005. *Neue Nomaden? Zur Theorie und Realität aktueller Migrationsbewegungen in Berlin.* Münster: Lit.

Kessler, Alan. 1997. *Trade theory, political incentives, and the political economy of immigration restrictions, 1875-1924.* Paper submit die American Political Science Association Annual Meeting.

Kessler, Judith, 2003. *Beispiel Berlin: Jüdische Migration aus der ehemaligen Sowjetunion seit 1990.* Berlin: hagalil.com, http://www.berlin-judentum.de/gemeinde/migration.htm.

Kindleberger, Charles P. 1967. *European Postwar Growth: The Role of Labor Supply.* Cambridge, Mass: Harvard University Press.

Kleff, Hans-Günter. 1984. Vom Bauern zum Industriearbeiter. Zur kollektiven Lebensgeschichte der Arbeitsmigranten aus der Türkei. Ingelheim: Manthano.

Klostermann, Robert; Rath, Jan (Hrsg.). 2004. *Immigrant entrepreneurs. Venturing abroad in the age of globalisation.* Oxford, New York: Berg.

Knudsen, Marco D. 2003. *Die Geschichte der Roma.* Hamburg: Roma Books.

Kolb, Holger. 2003. Die ‚gap-Hypothese' in der Migrationsforschung und das Analysepotential der Politikwissenschaft: eine Diskussion am Beispiel der deutschen ‚Green Card'. *IMIS-Beiträge*, 22: 13-38.

Körner, Heiko. 1990. *Internationale Mobilität der Arbeit. Eine empirische und theoretische Analyse der internationalen Wirtschaftsmigration im 19. und 20. Jahrhundert.* Darmstadt: Wissenschaftliche Buchgesellschaft.

Konseiga, Adama. 2004. *Seasonal migration as survival strategy.* Bonn: Universität Bonn, http://www.gdnet.org/fulltext/Konseiga_Seasonalmigration.pdf.

Koslowski, Rey. 2000. *Migrants and citizens. Demographic change in the European state system.* Ithaka: Cornell University Press.

Kovats, Andras (Hrsg.). 2002. *Roma migration.* Budapest: Hungarian Academy of Science, Institute of Minority Research.

Krell, Gert. 2000. *Weltbilder und Weltordnung – Einführung in die Theorie der internationalen Beziehungen.* Baden-Baden, S. 185 – 212.

Krieken, Peter van. 2005. Terrorism and the changing paradigm of migration movements. In Henke, Holger (Hrsg). *Crossing over. Comparing recent migration in the United States and in Europe.* Lanham: Lexington, S. 47-76.

Kritz, Mary; Lim, Lin Lean; Zlotnik, Hania (Hrsg.). 1992. *International migration systems: a global approach.* Oxford: Clarendon Press.

Kubat, Daniel; Hoffmann-Nowotny, Hans-Joachim. 1981. Migration: towards a new paradigm. *International Social Science Journal*, 33(2): 307-329.

Kurzel-Runtscheiner, Monica. 1995. *Töchter der Venus. Die Kurtisanen Roms im 16. Jahrhundert.* München: C. H. Beck.

Kumin, Judith. 2001. Gender-based protection leaves the shadows. *Refugees*, 2(123): 12-13.

Kuzma, Elzbieta. 2003. *Les immigrés Polonais a Bruxelles. Analyse et description duphénomène*. Rapport de recherche réalisé pour la Région de Bruxelles-Capitale. Brüssel: Universite Libre de Bruxelles.

Kymlicka, Will. 1995. *Multicultural Citizenship. A liberal theory of minority rights*. Oxford: Oxford University Press.

Lahlou, Mehdi. 2000. *Migration networks through Morocco. Migrants survey in Morocco*. Presentation note, http://www.iussp.org/Brazil2001/s20/S27_P07_Lalhou.pdf

Leyton-Henry, Zig. 1996. *Political science and race relations*. Paper presented to PSA Annual Conference, Glasgow, 11. April.

Lienenkamp, Roger. 1999. *Internationale Wanderungen im 21. Jahrhundert. Die Ermittlung von Dispositionsräumen globale Migration auf der Basis von Fuzzy Logic*. Dortmunder Beiträge zur Raumplanung 93. Dortmund: Institut für Raumplanung.

Lim, Lin L. 1996. The migration transition in Malaysia. *Asian and Pacific Migration Journal*, 5: 2-3.

Lindstrom, Channe. 2002. *Report on the Situation of Refugees in Morocco: Findings of an exploratory study*. Forced Migration and Refugee Studies Programme. Cairo: American University of Cairo.

Lowell, L. B.; Findlay, Allan M. 2001. *Migration of highly-skilled persons from developing countries: impact and policy responses*. Genf: ILO.

Lu, Max. 1999. Do people migrate when they say they will? Inconsistencies in individual migration behaviour. *Population and Environment. A Journal of Interdisciplinary Studies*, 20(5): 467-488.

Lucas, R. E. B. 2002. *Diaspora and development: highly skilled migrants from east Asia*. Washington: World Bank.

Lucassen, Jan; Lucassen, Leo. 1997. *Migration, migration history, history: Old paradigms, new perspectives*. Bern: Peter Lang.

Lucassen, Jan. 1987. Migrant labour in Europe 1600-1900. London, Croom Helm.

Lutz, Helma. 2003. Geschlecht, Ethnizität, Profession. Die neue Dienstmädchenfrage im Zeitalter der Globalisierung. Interkulturelle Studien. *IKS – Querformat*, 7.

Lutz, Helma. 2002. At your service madam! The globalisation of domestic service. *Feminist Review*, 70: 1-16.

Lutz, Helma; Schwalgin, Susanne. 2003. *Living in the twilight zone. Illegalised migrant domestic workers in Germany*. Paper presented at workshop "Domestic service, a factor of social revival in Europe, 8-12 Mai, Essex 2003.

Macmaster, Neil. 1995. Labour migration in French North Africa. In Cohen, Robin. *The Cambridge Survey of World Migration*. Cambridge: Cambridge University Press, S. 190-195.

Mackenzie, David; Rapoport, Hillel. 2004. *Network effects and the dynamics of migration and inequality: theory and evidence from Mexico*. Stanford: Stanford Centerfor International Development (SCID).

Margolis, Maxine. 1995. Transnationalism and popular culture. The case of Brazilian immigrants in the United States. *Journal of Popular Culture*, 29: 29-41.

Marrus, Michael. 1999. *Die Unerwünschten. Europäische Flüchtlinge im 20. Jahrhundert*. Berlin: Schwarze Risse (englisch: Oxford University Press, 1985).

Martin, Philip. 2003. *Bordering on control: combatting irregular migration in North America and Europe*. IOM Migration Research Series No. 13. Genf: IOM.

Martin, Philip. 2001. *There is nothing more permanent than temporary foreign workers*. Washington: Centre for Immigration Studies.

Martin, Philip; Taylor, P. E. 1995. *Guest worker programs and policies*. Washigton: Urban Institute.

Massey, Douglas; Zenteno, Rene. 2001. The dynamics of mass migration. *Proceedings of the Academy of Sciences, USA*, 96: 5328-35.

Massey, Douglas S.; Arango, Joaquin; Hugo, Graeme; Kouaouci, Ali; Pellegrino, Adela;Taylor, Edward J. 1998. *Worlds in motion. Understanding international migration at the end of the Millennium*. Oxford: Clarendon Press.

Massey, Douglas S.; Gross, Andrew B.; Shibuya, Kumiko. 1994. Migration, Segregation, and the Geographic Concentration of Poverty. *American Sociological Review*, 59(3), S. 425-445.

McDonald, D. A.; Crush, Jonathan (Hrsg.). 2002. *Destination unknown: Perspectives on the brain drain*. Pretoria: Africa Institute.

Mehmet, Ozay; Mendes, Errol; Sinding, Robert. 1999. *Towards a Fair Global Labour Market: Avoiding a new slave trade*. London, New York: Routledge.

Meillasoux, Claude. 1975. *Femmes, greniers et capitaux*. Paris: Librairie Francoise Maspero (deutsch, die Wilden Früchte der Frau, Frankfurt: Syndikat, 1978).

Meillassoux, Claude. 1989. *Anthropologie der Sklaverei*. Frankfurt: Campus.

Mezzadra, Sandro (Hrsg.). 2004. *I confini della libertà. Per un'analisi politica delle migrazioni contemporanee*. Rome: DeriveApprodi.

Mezzadra, Sandro. 1997. *Migration, Kapitalismus, Nation. Der junge Max Weber zur Lage der Landarbeiter im ostelbischen Preußen*. Papier vorgelegt im Prof. Münkler Colloquium, Humboldt University.

Miller, Mark. 1995. Illegal Migration. In Robin Cohen (Hrsg.) *The Cambridge Survey of International Migration*. Cambridge: Cambridge University Press, S. 537-540.

Minakir, Pavel A. 1996. Chinese Immigration in the Russian Far East: Regional, National, and International Dimensions. In Jeremy R. Azrael, Emil A. Payin, Kevin F. McCarthy, und Georges Vernez (Hrsg.). *Cooperation and Conflict in the Former Soviet Union: Implications for Migration*. Santa Monica, California: RAND, S. 85-97.

Mitchell, Clyde. 1989. The causes of labour migration (first published 1959). In Zegeye, Adebe; Ishemo, Shubi (Hrsg.). *Forced Labour and Migration: Patterns of Movements within Africa*. London: Hans Zell Publisher, S. 29-54.

Moore, Stephen; Anderson, Stewart. 1997. *Cutting immigration myths down to size*. CATO dailys. Washington: CATO Institute.

Morawska, Ewa. 2001. Structuring Migration: The Case of Polish Income-Seeking Travellers to the West. *Theory and Society*, 31: 47-80.

Morocvasic, Mirjana; Rudolf, Hedwig (Hrsg.). 1994. *Wanderungsraum Europa. Menschen und Grenzen in Bewegung*. Berlin: Edition Sigma.

Morokvasic, Mirjana. 1994. Pendeln statt Auswandern. Das Beispiel Polen. In Morokvasic, Mirjana; Rudolph, Hedwig (Hrsg.) *Wanderungsraum Europa. Menschen und Grenzen in Bewegung*. Berlin, S. 166-187.

Moses, Jonathan W.; Letnes, Björn. 2002. *The economic costs of international labour restrictions*. Paper presented at the World Institute of Development Economic Research conference, Helsinki, 27-28 September 2002.

Moulier Boutang, Yann. 1998. *De l'esclavage au salariat. Économie histoire dusalariat bride*. Paris.

Mudu, Pierpaolo; Li, Wei. 2005. A comparatiove evaluation of recent Chinese immigration in the United States and Italy. In Henke, Holger (Hrsg.). *Crossing over*. Lanham: Lexington, S. 277-302.

Müller, Tobias. 1997. *Migration, dual labour markets and social welfare in a small open economy*. Cahier 97-13. Montreal: Centre de Recherche en Economie et Finance Appliquees.

Munshi, Kaivan. 2003. Networks in the modern economy: Mexican migrants in the U.S. labor market. *Quarterly Journal of Economics*, 118(2): 549-99.

Myrdal, Gunnar. 1944. *An American Dilemma: the Negro Problem and Modern Democracy*. New York: Harper, Vol. I.

National Statistics. 2001. *Implications of the 2001 census results*. http://www.statistics.gov.uk/census2001/implications.asp#errors

Nikolinakos, Marios. 1973. *Politische Ökonomie der Gastarbeiterfrage*. Hamburg: Rowohlt.

Noiriel, Gerard. 1988. *Le creuset francais: Histoire de l'immigration XIX-XXE siecle*. Paris: Seuil.

O'Dowd, Anne. 1991. *Spalpeens and Tattie Hokers. History and Folklore of the Irish Migratory Agricultural Worker in Ireland and Britain*. Dublin: Irish Academic Press.

OECD. 2004. *SOPEMI. Trends in international migration. Annual Report 2003*. Paris: OECD.

OECD. 2003. *SOPEMI. Trends in International Migration*. Annual Report 2002. Paris: OECD.

OECD. 2002a. *International migration of physicians and nurses: causes, consequences and health policy implications*. Paris: OECD.
OECD. 2002b. *International mobility of the highly skilled*. Paris: OECD.
OECD. 2001. *SOPEMI. Trends in international migration. Annual Report 2000*. Paris: OECD.
OECD. 2000. *More women in all forms of migration*. Paris: http://www.oecd.org/dataoecd/48/52/2072594.pdf.
OECD. 1994. *SOPEMI. Trends in international migration. Annual Report 1993*. Paris: OECD.
OECD. 1990. *SOPEMI. Trends in international migration. Annual Report 1989*. Paris: OECD.
Office of Immigration Statistics. 2005. 2005 Yearbook of immigration statistics. http://uscis.gov/graphics/shared/aboutus/statistics/2003yearbook.pdf.
Ohlin, Bertil. 1933. *Interregional and international trade*. Cambridge, MA.: Havard University Press.
Okolski, Marek. 1994. Alte und neue Muster: Aktuelle Wanderungsbewegungen in Mittel- und Osteuropa. In Morokvasic, Mirjana; Rudolph, Hewig (Hrsg.). *Wanderungsraum Europa*. Berlin: Sigma, S. 81-110.
Okolski, Marek. 2004. New migration movements in Central and Eastern Europe. In Daniele Joly. *International migration in the New Millenium*. Aldershot: Ashgate, S. 36-56.
Oetinger, Bolko von (Hrsg.). 2000. *Das Boston Consulting Group Strategie-Buch*. Düsseldorf: Econ.
Ouchu, John O. 1998. Recent internal migration processes in Sub-Saharan Africa: determinants, consequences, and data adequacy issues. Bilsborrow, Richard E. (Hrsg.). *Migration, urbanisation, and development: New directions and issues*. Norwell, Dordrecht: Kluwer, S. 89-120.
OXFAM. 2005. *Foreign territory. The internationalization of EU asylum policy*. Oxford: OXFAM.
Parekh, Bhikhu. 2000. The Future of Multi-Ethnic Britain. London: Runnymede Trust.
Parekh, Bhikhu. 1994. Three theories of immigration. In Spencer, Sarah (Hrsg.). *Strangers and citizens: A positive approach to migrants and refugees*. London: IPPR.
Parliamentary Library. 2004. Temporary migration: a new paradigm in international migration. *Research Note*, no. 55. http://www.aph.gov.au/library/pubs/rn/2003-04/04rn55.pdf.
Pecoud, Antoine; Guchteneire, Paul de. 2005. *Migration without borders: an investigation into the free movement of people*. Global Migration Perspectives No. 27. Genf: Global Commission on International Migration.
Pellegrino, Adela; Calvo, Juan J. 2001. *Drenaje o exodo? Reflexiones sobre lamigration califacade*. Montevideo: Universidad de la Republica de Uruguay.
Peteet, Julie. 1996. From Refugees to Minority: Palestinians in Post-War Lebanon. Middle East Report, 200.
Pethe, Heike. 2003. Die „Greencard" – Die Zukunft der Arbeitsmigration nach Deutschland. *Mitteilungen der Deutschen Gesellschaft für Demographie*, 4: 5.
Phizacklea, Annie. 1998. Migration and globalisation. A feminist perspective. In Khalid Kosher und Helma Lutz (Hrsg.) *The new migration in Europe*. Houndmills: MacMillan, S. 21-38.
Pieke, Frank. 2004. *Chinese Globalization and Migration to Europe*. Working Paper No. 94. Davis: Centre for Comparative Immigration.
Piore, MichaelJ. 1979. *Birds of Passage: Migrant Labor in Industrial Societies*. Cambridge: Cambridge UniversityPress.
Pirozhkov, Sergei I. 1996. Trends in Ukrainian Migration and Short-term Work Trips. In Jeremy R. Azrael, Emil A. Payin, Kevin F. McCarthy, und Georges Vernez (Hrsg.). *Cooperation and Conflict in the Former Soviet Union: Implications for Migration*. Santa Monica, California: RAND, S. 68-76.
Platt, Leah. 2001. The regulation of the global brothel. *American Prospect*, http://www.thirdworldtraveler.com/Women/Regulate_Global_Brothal.html.
Pflegerl, Johannes; Trnka, Sylvia. 2005. Migration and family in the European Union. *OIF Schriften*, Heft 13.
Portes, Alejandro; Guanizo, L. I.; Landolt, P. 1999. The study of transnationalism: pitfalls and promises of an emerging research field. *Ethnic and Racial Studies*, 22(2): 217-37.

Portes, Alejandro. 1997. *Globalisation from below. The rise of transnational communities*. Working Paper Series. Princeton: Princeton University.
Portes, Alejandro, Sennsenbrenner, Julia. 1993. Embeddedness and immigration: Notes on social determinants of economic action. *American Journal of Sociology*, 98, 1320-1350.
Portes, Alejndro; Walton, John. 1981. *Labor, Class and the International System*. New York: Academic Press.
Pries, Ludger. 1999. *Migration and transnational social spaces*. Aldershot: Avebury.
Pritchett, Lant. 2003. *The Future o fMigration: Irresistible Forces meet Immovable Ideas*. Paper presented to the conference 'The Future of globalization: Explorations in light of the recent turbulence', Yale University, Center for the Study of Globalization, October 10, 2003, http://ksghome.harvard.edu/~.lpritch.academic.ksg/future_talk.doc, aufgerufen 18 August 2004.
Psimmenos, Iordanis; Kassimati, Koula. 2005. Albanian and Polish workers' life-stories: migration paths, tactics and identities in Greece. In Düvell, Franck (Hrsg.). *Illegal Immigration in Europe*. Houndmills: Palgrace/Macmillan, S. 138-169.
Raffer, Kunibert; Singer, Hans. 2001 *The Economic North-South Divide: Six Decades of Unequal Development*. Cheltenham: Edward Elgar.
Rapoport, Hillel. 2002. Migration, credit constraints and self-employment: A simple model of occupational choice, inequality and growth. *Economics Bulletin*, 15(7): 1-5.
Ravenstein, Erbest G. 1885. The Laws of Migration. *Journal of the Royal Statistical Society*, 48: 167-227.
Reuters. 2004. *21 dead as dinghy capzises off Albania*. 10 Januar 2004. http://www.reuters.co.uk/newsArticle.jhtml?type=topNews&storyID=4105267, aufgerufen am 19.1.2004.
Rivera-Batiz, Francisco l. 2001. Illegal immigrants in the US economy. In Slobodan Djacic. *International Migration. Trends, policies and economic impact*. London: Routledge, S. 180-
Rodríguez, Nestor. 1996. The battle for the border: Notes on autonomous migration, transnational communities and the state. *Social Justice*, 23(3): 21-37.
Rosen, Klaus. 2002. *Die Völkerwanderung*. München: Beck.
Rowland, Donald T. 1992. Family Characteristics of Internal Migration in China. *Asia-Pacific Population Journal*, 7(1): 3-26.
Rudé, George. 1977. *Die Volksmassen in der Geschichte*. Frankfurt: Campus.
Rudolph, Hedwig, 1996: The new Gastarbeiter system in Germany. *New Community*, 22: 282-300.
Rudolph, Hedwig; Hillman, Felicitas. 1998. The invisible hand needs visible heads: managers, experts and professionals from Western countries in Poland. InKoser, Khalid; Lutz, Helma (Hrsg.). *The new migration in Europe. Social constructions and social realities*. Houndmills: MacMillan, S. 60-84.
Ruggie, John G. 1997. *Globalization and the Embedded Liberalism Compromise: the end of an era?* Working Paper 97/1, Max Planck Institute for the Studies of Societies.
Rutinwa, Bonaventure. 1999. *The end of asylum? The changing nature of refugee policies in Africa*. Working Paper No. 5. Refugee Studies Programme. Oxford: Centre for Documentation and Research.
Sabaan, Rima. 2001. *United Arab Emirates: Women in the United Arab Emirates. The case of female domestic workers*. Gender Promotion Workingpaper No. 10. Genf: ILO.
Salt, John. 2005. Types of Migration in Europe. Implications and policy concerns. European Population Conference. Strasbourg, 7-8 April 2005. Strassburg: Europarat, http://www.geog.ucl.ac.uk/mru/docs/migration_types.pdf.
Salt, John. 1990. Organisational labour migration: Theory and practice in the United Kingdom. In Johnson, John H.; Salt, John. *Labour migration – the internal geographical mobility of labour in the developed countries*. London: David Fulton, S. 53-69.
Sanchez-Crispin, Alvaro. 2000. *South of the border, down Mexico way. Major socio-economic impacts of tourism in the border towns of Northern Mexico*. Paper presented to Tourism Study Group sessions at the International Geographical Congress, Seoul, Korea, 14-18 August.
Saris, Alexander H.; Zografakis, Stavros. 1999. A computable general equilibrium assessment of the impact of illegal immigration on the Greek economy. *Journal of Population Economics*, 12(1): 155-182.

Sassen, Saskia. 1996. *Migranten, Siedler, Flüchtlinge. Von der Massenauswanderung zur Festung Europa*. Frankfurt: Fischer.
Sassen, Saskia. 1991. Die Mobilität von Arbeit und Kapital: USA und Japan. *Prokla*, 21(2): 222-248.
Sassen, Saskia. 1988. *The Migration of Capital and Labour*. Cambridge: Cambridge University Press.
Saxenian, Anna Lee. 2002. Brain Circulation: How High Skill Immigration Makes Everyone Better Off. *The Brookings Review* 20(1). 28-31.
http://www.brookings.edu/press/REVIEW/winter2002/saxenian.htm.
Schack, Ramon. 2005. Unser Feld ist die Welt. *Frankfurter Rundschau*, Nr. 123, 31. Mai: 8.
Schlögel, Karl. 2002. Planet der Nomaden. In ders. *Die Mitte liegt ostwärts: Europa im Übergang*. München: Hanser, S. 65-123.
Schlögel, Karl. 2001. *Promenade in Jalta und andere Stadtbilder*. München: Hanser.
Schmeidl, Susanne. 2001. Conflict and forced migration: a quantitative review, 1994-1995. In Aristide Zolberg und Peter M. Benda (Hrsg.). *Global migrants, global refugees. Problems and solutions*. New York: Berghahn, S. 62-92.
Smith, Michael P. 2001. *Transnational urbanism: locating globalization*. Oxford: Blackwell.
Schneider, Bertram. 1988. *The barefoot revolution*. Report to the Club of Rome. London: I.T. Publications.
Schubert, Ernst. 2002. Latente Mobilität und bedingte Sesshaftigkeit im Spätmittelalter. *IMIS-Beiträge*, 20: 45-66.
Schur, Edwin M. 1966. *Crimes without victims*. Englewood Cliffs, New Jersey: Prentice Hall.
Schuster, Liza. 2005. *The realities of a new asylum paradigm*. Working Paper No. 20. Oxford: Centre on Migration, Policy and Society.
Sen, Faruk;Goldberg, Andreas. 1994. *Türken in Deutschland*. München: Beck.
Shameem, Saira; Brady, Elizabeth. 1998. Understanding international migration. A source book. Kuala Lumpur: APIM.
Shami, Seteney. 1993. The Social Implications of Population Displacement and Resettlement: An Overview with a Focus on the Arab Middle East. *International Migration Review* 101: 4–33.
Shamsur, Oleg; Malinovska, Olena. 1994. Die Ukraine als Sende- und Zielland von Migration. In Mirjana Morokvasic und Hewig Rudolph (Hrsg.). *Wanderungsraum Europa*. Berlin: Sigma, S. 149-165.
Shrestha, Nanda R. 1987. International policies and migration behaviour: a selective review. *World Development*, 15(3): 329 – 345.
Simmons, Alan B. 1986. Recent studies on place-utility and intention to migrate: an international comparison. *Population and Environment*, 8(1-2): 120-139.
Skeldon, Ronald. 1997. *Migration and Development: A Global Perspective*, Essex: Longman.
Sklar, Judith. 1991. *American citizenship. The quest for inclusion*. Cambridge, Mass.: Harvard University Press.
Smith, Adam, 1776/1904. *An enquiry into the nature and the causes of the wealth of nations*. London: Methuen.
Smith, Michael P., Guarnizo, Luis E. (Hrsg.). 1998. *Transnationalism from below*. New Brunswick: Transaction.
Solidarité sansfrontiers. 2001. Rechte für alle. Bern.
Solomos, John; Gilroy, Paul. 1982. The organic crisis of British capitalism and race: the experience of the seventies. In Centre for Contemporary Cultural Studies (CCCS) (Hrsg.). *The empire strikes back*. London, S. 9-46.
Soysal, Yasemin. 1994. *Limits of Citizenship. Migrants and transnational membership in Europe*. Chicago, London.
Spivak, Gayatri C. 1999. *A Critique of Post-Colonial Reason: Toward a History of the Vanishing Present*. Cambridge, Mass.: Havard UniversityPress.
Stalker, Peter. 2005. Return Migration. In Peter Stalker. *Migration*, http://pstalker.com/ migration/mg_emig_5.htm#, aufgerufen 15.3.2005.
Stalker, Peter. 2000. *Workers without frontiers. The impact of globalisation on international migration*. Boulder: Lynne Rienner.

Stark, Odet. 1991. *The migration of labour.* Oxford: Blackwell.
Sivanandan, Ambervalaner. 2003. Migration und Rassismus im Zeitalter der Globalisierung. In Franck Düvell (Hrsg.). *Die Globalisierung des Migrationsregimes – Zur neuen Einwanderungspolitik in Europa*, Materialien 7, Berlin: Assoziation A, S. 175-195.
Straubhaar, Thomas. 1996. Is migration into the EU countries demand based? In Corry, Dan. (Hrsg.). *Economics and European Union Migration Policy.* London: Institute of Public Policy Research, S. 11-49.
Sumata, Claude. 2002. *Poverty, International Migration and Asylum.* Paper submit to conference on Risk aversion, international migration and remittances: Congolese refugees and asylum seekers in Western countries. 27-28 September 2002, Helsinki, http://www.wider.unu.edu/conference/conference-2002-3/conference%20papers/sumata.pdf.
Swindell, Kenneth. People on the move in West Africa: From pre-colonial polities to post-independence states. In Cohen, Robin (Hrsg.). *The Cambridge Survey of World Migration.* Cambridge: Cambridge University Press, S. 196-201.
Tafelmacher, Christof. 2001. Der Kampf der Sans Papiers in der Schweiz weitet sich aus. *Archipel*, 87: 3.
Tamas, Kristof. 2004. *Mapping study on international migration.* Stockholm: Institute for Future Studies.
Tapinos, Georges. 2000. Irregular immigration: economic and political issues. In OECD. *Combating the illegal employment of Foreign Workers.* Paris: OECD, S. 13-43.
Tapinos, Georges. 1999. Irregular immigration: economic and political issues. In OECD. *Sopemi report 1999*, S. 229-251.
Tapinos, George. 1982. European migration patterns: economic linkages and policy experiences. *Studi Emigrazione*, 19(67): 339-357.
Taylor, J. Edward; Martin, Philip L. 2001. Human Capital: Migration and Rural Population Change. In Bruce L. Gardner and Gordan C. Rausser (Hrsg.). *Handbook of Agricultural Economics*, New York: Elsevier Science.
Teferra, Damtew. 2004. Brain Circulation: Unparalleled Opportunities, Underlying Challenges, and Outmoded Presumptions. Paper prepared for the *Symposium on International Labour and Academic Mobility: Emerging Trends and Implications for Public Policy.* 21-22 October 2004. World Education Services. Toronto, Ontario, Canada, http://www.wes.org/ewenr/ symp/ DamtewTeferraPaper.pdf.
Thielemann, E. R. 2002. *Does policy matter? On governments' attemps toregulate asylum flows.* Paper presented at WIDER Conference on Poverty, International Migration and Asylum, Helsinki, 27-28. September.
Thompson, Edward P. 1980. *Plebeische Kultur und moralische Ökonomie.* Frankfurt: Suhrkamp.
Tobler, W. 1995. Migration: Ravenstein, Thorntwaite, and Beyond. *Urban Geography*, 16(4): 327-343.
Todaro, Michael P. 1969. A Model of Migration and Urban Unemployment in Less-developed Countries. *The American Economic Review*, 59: 138-148.
Tol, Richard. 2005. Trauertag für das Klima. Interview. *Der Spiegel*, 8, 21.2.2005, S. 170-172.
Treibel, Annette. 1990. *Migration in modernen Gesellschaften. Soziale Folgen von Einwanderung und Gastarbeit.* Weinheim: Juventa.
Triandafyllidou, Anna; Kosic, Ankica. 2005. Polish and Albanian workers in Italy. Between documented and undocumented status. In Franck Düvell (Hrsg.). *Illegal Immigration in Europe.* Houndmills: Palgrave/Macmillan, S. 106-137.
Triandafyllidou, Anna. 2001. *Immigrants and National Identity in Europe.* London: Routledge.
Turkish Family Health and Planning Foundation. 2004. *Population Challenges, international migration and reproductive health in Turkey and the European Union.* Istanbul: TFHPF.
Tze-Wei, Ng; Lam, Gabelle. 2005. *Cross-border commuting on rise.* Hong Kong: University of Hong Kong, http://jmsc.hku.hk/jmsc6001/pages/people/commuters.htm.
UNCTAD. 2005. *Investment Report 2004.* New York: UNCTAD.
UNDP. 2002. *Arab Human Development Report.* New York: UNDP.
UNDP. 1995. *Human Development Report 1995.* New York: UNDP.

UN. Department of Economic and Social Affairs. Population Division. 2003. Trends in total migrant stock: The 2003 revision. Geneva: UN.
UN. 2003. *International Migration Report 2002*. New York: UN.
UN. 2000a. *World Population Prospects: The 2000 Revision*. UN: Geneva.
UN. 2000b. *UN Protocol to Prevent, Suppress and Punish Trafficking in Persons Definition of Trafficking in Persons*. Geneva: United Nations.
UN. 2000c. *Replacement Migration. Is it a solution to declining and ageing populations?* Population Division. New York: UN.
United Nations. Secretariat. 1997. *International Migration and Development*. The Concise Report. Population Division. *Population Newsletter*, no. 63. New York: UN.
UN. Department of Economic and Social Affairs Statistics Division. 1998. Recommendations on Statistics of International Migration. Statistical Papers Series M, No. 58, Rev. 1. New York: United Nations, http://unstats.un.org/unsd/publication/SeriesM/SeriesM_58rev1E.pdf.
UNHCR. 2005. Asylum Levels and Trends inIndustrialized Countries, 2004. Population Data Unit. http://www.unhcr.ch/cgi-bin/texis/vtx/home/opendoc.pdf?tbl=STATISTICS&id=4224 39144 &page=statistics.
UNHCR. 1997. *State of the world's refugees*. Oxford: Oxford UniversityPress.
US Census Bureau, http://www.census.gov/population/www/socdemo/migrate.html.
Van Hear, Nick, 2005. *The end of asylum?* Vortrag gehalten bei der UN Association, Oxford, 29.11.2005.
Van Hear, Nick; Sørensen, Ninna N. (Hrsg.). 2003. The migration-development nexus. Genf: UN, IOM.
Sørensen, Ninna N. Van Hear, Nick; Engbert-Pedersen, Poul. 2003. Migration, development and conflict: state-of-the-art overview. In Van Hear, Nick; Sørensen, Ninna N. (Hrsg.) 2003. The migration-development nexus. Genf: UN, IOM, 5-50.
Venturini, Alessandra. 2003. Do immigrants working illegally reduce the natives' legal employment? Evidence from Italy. *Journal of Economic Dynamics and Control*, 28: 135-154.
Vishnevski, Anatoli. 1994. Die europäische Migration im neuen geopolitischen Kontext. In Morocvasic, Mirjana; Rudolf, Hedwig (Hrsg.). 1994. *Wanderungsraum Europa. Menschen und Grenzen in Bewegung*. Berlin: Edition Sigma, S. 31-46.
Vogel, Dita. 2005. Migration policy. In Gibney, Matthew, Hansen, Randall (Hrsg.). *Immigration and asylum: from 1900 to the present*. Santa Barbara: Clio, vol II, S. 421-426.
Wahlbeck, Östen. 2002. The Concept of Diaspora as an Analytical Tool in the Study of Refugee Communities. *Journal of Ethnic and Migration Studies*, 28(2): 221–38.
Waki, Kunio. 2005. Introduction. In Turkish Family Health and Planning Foundation. *Population challenges, interational migration and reproductive Health in Turkey and the European Union*. Istanbul: TFHPF.
Wallerstein, Immanuel. 1974. *The modern world system*. New York: Academic Press.
Walmsley, Terrie L.; Winters, Alan. 2002. *Relaxing the restrictions on the temporary movement of natural persons: a simulation analysis*. Unpublished paper. Sheffield: University of Sheffield, Economics Department.
Westphal, Manuela. 1997. Die unsichtbare Migrantin. Eröffnungsvortrag auf der Fachtagung „Migrantinnen auf dem Arbeitsmarkt" der Hessischen Landeszentrale für politische Bildung in Gießen, siehe auch in Mar Castro Varela, Maria do; Clayton, Dimitria; Oktyamaz, Berim Ö. *Disqualifiziert. Migrantinnen auf dem Arbeitsmarkt*. Münster: Unrast.
Weiner, Myron. 1995. *The global migration crisis. Challenges to states and human rights*. New York: Harper Collins.
Werbner, Pnina. 1990. Renewing an industrial past – British Pakistani entrepreneurship in Manchester. *Migration*, 8: 7–41.

Widgren, Jonas. 1993. The need for a new multilateral order to prevent mass movements from becoming a security threat in Europe. Paper presented to Conference on the *Security Dimensions of International Migration in Europe*. Washington, Centre for Strategic and International Studies.

Williams, Allan M. 1999. *International retirement migration in Europe: from tourism to residence in the Mediterranean regions.* Paper presented at Conference on 'Tourism and migration: new relationships between production and consumption', Hawaii, 23-27 Mai.

Williams, Allan M.; Hall C. Michael. 1999. *Tourism and migration: new relationship between production and consumption.* Paper presented at Conference on 'Tourism and migration: new relationships between production and consumption', Hawaii, 23-27 Mai.

Willis, Kenneth G. 1974. *Problems in migration analysis.* Westmead: Saxon House.

Wimmer, Andreas; Glick-Schiller, Nina. 2003. Methodological nationalism, the social sciences and the study omigration: An essay in historical epistemology. *International Migration Review*, 37 (3): 576.

Wohlfahrt, Michael. 2002. *Remigration: ein altes und ein neues Phänomen.* http://www.remigration.de/de/DesktopDefault.aspx?MainTabID=1&tabid=48.

Wolpert, Julian. 1966. Migration as an adjustment to environmental stress. *Journal of Social Issues*, 22: 91-102.

Wolpert, Julian. 1965. Behavioral aspects of the decision to migrate. Paper of the *Regional Science Association*, 19: 159-169.

Wolter, A. 1997. *Globalisierung der Beschäftigung. Multinationale Unternehmen als Kanal der Wanderung Höherqualifizierter innerhalb Europas* . Baden-Baden: Nomos.

World Bank. 2004. World development indicators 2004. Washington: World Bank, www.worldbank.org/data/wdi2004.

World Tourism Organization. 2005. *International tourism obtains its best results in 20 years.* News Release. Genf: WTO, http://www.world-tourism.org/newsroom/Releases/2005/january/2004numbers.htm.

Wyman, Mark. 1993. *Round-Trip to America: The Immigrants Return to Europe, 1880-1930.* Ithaca: Cornell University Press.

Young, Brigitte. 1999. Die Herrin und die Magd. *Widerspruch*, 38: 47-55.

Zayas, Rodrigo de. 2004. Spain's alien nation. *Le Monde diplomatique*, 16. Oktober.

Ziegler, Jean. 2005. *Das Imperium der Schande. Der Kampf gegen Armut und Unterdrückung.* München: Bertelsmann.

Zlotnik, Hania. 2003. *The global dimension of female migration.* Washington: Migration Policy Institute, http://www.migrationinformation.org/Feature/display.cfm?ID=109.

Zolberg, Aristide. 2001. Beyond the crisis. In Aristide Zolberg und Peter M. Benda. (Hrsg.). *Global migrants, global refugees. Problems and solutions.* New York: Berghahn, S. 1-16.

Zolberg, Aristide; Benda. M. Peter 2001 (Hrsg.). *Global migrants, global refugees. Problems and solutions.* New York: Berghahn.